Einführung in die Rhetorik

Gert Ueding

Einführung in die Rhetorik

Geschichte · Technik · Methode

Unter Mitarbeit von
Christine Brüggemann, Elfriede Callier, Jürgen Fröchling, Elke Haas, Günther Hentschel, Peter Kampers, Ulrich Reuper, Ulrich Römhild und Bernd Steinbrink

J. B. Metzler

ISBN 3 476 00322 1

Satz und Druck: Gulde-Druck, Tübingen. Printed in Germany

Der wahre Redner ist, im Sinne Quintilians, in erster Linie immer Pädagoge: Aus Gründen der Erziehung, und nicht um des sophistischen Blendungsspiels willen, hat Lessing so sehr die witzigen Aporien geschätzt – sie dienten seinem Appell, das Gegebene nicht als Fatalität aufzufassen, sondern immer auch das Gegenteil zu bedenken, sich auszumalen, die Welt wäre anders als jetzt, das Potentielle sei praktikabel und die Dinge stünden plötzlich auf dem Kopf.

Walter Jens

Vorbemerkung

Diese Einführung in die Rhetorik, ihre Geschichte, Methoden und Techniken ist aus der Arbeit eines Oberseminars hervorgegangen, dessen Teilnehmer sich ein Jahr lang, vom Sommersemester 1973 bis zum Wintersemester 1973/74 unter meiner Leitung am Institut für Neuere deutsche Literaturwissenschaft der Technischen Universität Hannover mit den Problemen der Rhetorik beschäftigt haben, mit ihrer merkwürdigen Wissenschaftsgeschichte und offenen Systematik wie ihres mehr oder weniger sporadischen Wiederauflebens in verschiedenen linguistischen, literatur- und kommunikationstheoretischen und ästhetischen Konzeptionen der Gegenwart.

Dabei ist, glaube ich, ein Werk entstanden, dessen Vielseitigkeit und ›mehrschichtiger‹ Gebrauchswert hervorgehoben zu werden verdient. Als Einführung konzipiert bietet es auch dem Leser, der Rhetorik nur als Verkäuferberedsamkeit kennt, einen leicht verständlichen Abriß der Wissenschaftsgeschichte und im zweiten Teil einen auf Übersichtlichkeit bedachten, die Differenziertheit des rhetorischen Systems und damit seinen hermeneutischen Wert aber berücksichtigenden Abriß der Methoden und Techniken des rhetorischen Verfahrens bei der Herstellung und Interpretation von Texten. So mag es als Arbeitsbuch in Schule und Hochschule seinen Zweck erfüllen.

Gleichzeitig aber haben die Autoren versucht, sich exemplarisch den vielen auf Grund der Forschungssituation ungelösten Problemen zu stellen, und hier und da bereits Antworten zu skizzieren, die freilich eine ausführlichere Beschäftigung verlangten, aber zu dieser ja auch Anreiz geben sollen. So vermitteln sie vielleicht auch etwas von der beinah »archäologischen« Spannung, die man verspürt, wenn man sich dieser immer noch verschütteten, obgleich in ihrer Bedeutung möglicherweise höchst aktuellen Wissenschaftstradition widmet. In detaillierten Exkursen, im Anmerkungs- und Literaturverzeichnis wie vor allem in den einzelne Aspekte des Wiederauflebens der Rhetorik in der Gegenwart behandelnden Kapiteln findet auch der selber nun wissenschaftlich interessierte Leser Überlegungen, Material und Hinweise für eine intensive und weiterführende Auseinandersetzung mit einer Disziplin, die ihre beherrschende Stellung als Bestandteil der gesellschaftlichen, politischen und kulturellen Entwicklung Europas bis ins 18. Jahrhundert hinein wahren konnte.

Leser, die zunächst und vor allem den Handbuch-Teil »Methoden und Techniken« benutzen wollen, seien noch darauf hingewiesen, daß sie das mit sehr viel mehr Gewinn und Erfolg tun werden, wenn sie zuvor noch die antike Geschichte der Rhetorik zur Kenntnis genommen haben.

Zu danken habe ich an dieser Stelle schließlich denjenigen Seminarteilnehmern, die sich aus persönlichen und beruflichen Gründen nicht an diesem Unternehmen beteiligen konnten, von deren Mitarbeit aber mancher Beitrag zeugt. Besonderer Dank aber gebührt Bernd Steinbrink für dessen Hilfe bei der Durchsicht der Manuskripte und der Schlußredaktion des Bandes, vor allem in dessen systematischem Teil.

Gert Ueding

Inhaltsverzeichnis

Zweiter Teil: Einführung in Technik und Methoden der Rhetorik
(Günther Hentschel, Bernd Steinbrink, Gert Ueding)

Einleitung in die Rhetorik (Gert Ueding)

Auch in Deutschland, so scheint es, hat eine Rhetorik-Renaissance eingesetzt. Über zweihundert Jahre ist die Tradition der einst als »Lenkerin der Herzen und Königin der Welt« gefeierten Beredsamkeit unterbrochen gewesen, um die Mitte des 18. Jahrhunderts begann ihr unaufhaltsamer, von Schmähungen begleiteter Abstieg. Zwar existiert an deutschen Hochschulen immer noch nur ein Lehrstuhl für Rhetorik – seit 1956 lehrt Walter Jens an der Universität Tübingen »Allgemeine Rhetorik« – doch mag der Büchermarkt hier ein zuverlässigerer Konjunkturanzeiger sein: die Veröffentlichungen zu einzelnen Problemen der Rhetorik, die Zahl der Einführungen und Handbücher (oft allerdings nur eine Aneinanderreihung von rhetorischen Figuren und Allgemeinplätzen) ist in den letzten Jahren merklich gestiegen und auch im Schulunterricht steht Rhetorik vereinzelt schon wieder auf dem Lehrplan, nachdem sich der erweiterte Literaturbegriff der Neuen Literaturwissenschaft im Deutschunterricht durchsetzen konnte, die Linguistik aber bisher nicht in der Lage war, eine praktikable Methodik der Stiluntersuchung komplizierterer Texte vorzulegen. Überblickt man die moderne Rhetorikrezeption im Ausland, wo sie schon sehr viel früher eingesetzt hat, so lassen sich vor allem zwei Gefahren aufzeigen, die einen neuen Aufstieg der Beredsamkeit auch in Deutschland begleiten könnten: sie beschränkt sich vielmehr auf die unhistorische und nur persuasiv-propagandistischen Zwecken dienende Zusammenstellung rhetorischer Techniken, so vor allem in den USA, dem Ursprungsland der Neuen Rhetorik, die die Kunst zur »Leitung der Seele« in den Dienst von Werbung und Propaganda stellte; oder sie besteht in einer mehr metaphorischen Anknüpfung an die rhetorische Tradition ohne deren detaillierte Kenntnis, die als überflüssig erachtet wird. Zumindest der frühe Roland Barthes etwa ist der Gefahr erlegen, jede Methode einer formalen Beschreibung von Wortkomplexen als rhetorisch zu identifizieren. Die Rekonstruktion des Systems, das die Botschaft des Werkes formt, mag zwar mit rhetorischer Methode am aussichtsreichsten erscheinen – diese Überzeugung gewinnt in der Gegenwart immer mehr Anhänger – sie ist aber nicht die einzig mögliche. Die moderne Ästhetik der Neuzeit läßt sich geradezu als Suche nach einer solchen unrhetorischen Methode charakterisieren. Doch wie auch immer: ob neuerstandenes Regelbuch oder mehr oder weniger vage Analogierede, beide heute zu beobachtenden Weisen der Rhetorikrezeption stehen noch im Bann jener 200jährigen Unterbrechung, die die Rhetorik ihrer historischen Kontinuität beraubte. Selbst das höchst verdienstvolle und folgenreiche Unternehmen Heinrich Lausbergs, sein *Handbuch der literarischen Rhetorik* friert die äußerst abwechslungsreiche Geschichte der Rhetorik in einer modellhaft konstruierten Systematik gewissermaßen ein. Allerdings sprengen Lausbergs Beispiele aus den romanischen Literaturen der Neuzeit die künstlich geschlossene Welt der antiken Beredsamkeit wieder. Jedenfalls ist die Gefahr solcher Verkürzung auch hier: Wiederauflage einer ausschließlich werkimmanent orientierten Literaturwissenschaft, die eine Rede Hitlers mit demselben Interesse an ihrer formalen Konstitution untersucht wie etwa das Kommunistische Manifest oder die Prosa Sigmund Freuds. Eine von rhetorischer Auffassung gar nicht scharf genug zu unterscheidende Reduktion. Eine wirklich zukunftsträchtige, vergangene Fehler und Vorurteile vermeidende Rezeption der Rhetorik bedeutet zuallererst die kritische Aneignung ihrer Geschichte, die Rekonstruktion ihrer wechselvollen Entwicklung und die Analyse der Ursachen für den in Deutschland besonders krassen Niedergang der Rhetorik.

Der Verfall der Beredsamkeit in Deutschland ist trotz entsprechender Publikationen der letzten Jahre noch längst nicht hinreichend erforscht. Die Vorurteile gegen die ars bene dicendi, die Kunst gut und wirkungsvoll zu reden, sind so alt wie diese selber. Platons Rhetorikverachtung ist die in der Antike bekannteste und mächtigste; direkt oder indirekt setzt sich jeder Rhetor mit ihr auseinander, immer wieder wurden die entsprechenden Partien aus dem Gorgias-Dialog zitiert, im Mittelalter so gut wie im 18. und 19. Jahrhundert. Daß die Wirkung solcher Urteile nicht einmal in der christlichen Einflußsphäre des Mittelalters wirklich dauerhaft sein konnten, liegt an der Tatsache, daß die Rhetorik eben nie, wie das populäre Mißverständnis glaubt, ein geschlossenes Regelsystem gebildet hat. Ihre Gesetze und Normen waren so weit interpretierbar, daß sie selbst noch für manieristische Dunkelheit und Rätselhaftigkeit die Techniken bereitstellte, ihre Theorie so offen, daß sowohl die Tätigkeit des katholischen Priesters wie das ›spontane‹ Gebet des pietistischen Laien von ihr begriffen werden konnten; ihre immer auf Parteilichkeit ausgerichteten Anweisungen waren so vielfältig interpretierbar, daß sie sowohl höfischer Konversation wie bürgerlichem Emanzipationswillen Ton und Stimme gaben. Also doch eine Magd, die mit allen geht, unzuverlässig, daher würdelos und gleisnerisch? »Die einen«, räsoniert schon Quintilian, »anerkennen in derselben [der Rhetorik] nur ein Wissen, das aber keinen ethischen Wert habe; andere eine Fertigkeit oder auch eine Kunst, welche indes weder gründliches Wissen noch Tugend voraussetze; wieder andere endlich erklären sie für eine Gewandtheit zu Schlechtem.« Solche Ambivalenz teilt die Rhetorik mit jeder Sozialtechnik, die sie auch ist, aber auch mit jeder Wissenschaft, so ›exakt‹ sie auch immer sein mag, und erklärt also durchaus nicht ihren seltsam endgültigen Niedergang im 18. Jahrhundert. Ebenso trägt der häufige, in der rhetorischen Tradition selber topisch überlieferte Hinweis auf die wesensgemäße Verbindung von Rhetorik und Republik zur Klärung nur wenig bei. Das berühmte Lehrbuch Quintilians entstand zur Kaiserzeit, höfische Beredsamkeit, Kanzel- und Briefrhetorik hatten zu allen Zeiten Blüteperioden und schließlich gelang es der feudalen Reaktion nicht einmal nach 1848 völlig, die kritischen immer noch von revolutionärem Emanzipationswillen getragenen Bürgerstimmen zum Schweigen zu bringen. Wogegen von Kant bis Schiller und von Goethe bis Hegel die Allianz der Rhetorik-Gegner reicht – und ausgerechnet ein Adam Müller wurde ihr Lobredner! Nie ist Rhetorik im 19. Jahrhundert ausschließlich Herrschaftswissen geworden, wie eine andere Vermutung lautet: Vormärz und sozialistische Beredsamkeit erwiesen sich so rhetorisch geschult wie der schillernde Höfling Müller oder der Verächter des Parlaments Bismarck. Schließlich erscheint auch die Ablösung einer rhetorischen Wirkungsästhetik von der philosophischen Ästhetik des deutschen Idealismus durchaus keine zwingende gesellschaftliche Notwendigkeit, wenn man berücksichtigt, daß in den Poetologien der Schriftsteller selber Rhetorik, ob genannt oder nicht, immer noch Kern der Argumentation ist. Vollends rätselhaft aber wird das vorläufige Ende der Rhetorik, wenn man sich vergegenwärtigt, daß die rhetorische Kunstfertigkeit, die Praxis rhetorischer Kunstübung in alter Höhe weiterbesteht, vielfach allerdings ohne rhetorischen Begriff. Gerade die rhetorischen Zweckformen Zeitungsartikel, Pamphlet, Flugblatt und Polemik, Tendenzpoesie, Reportage und Reisebericht sind zentrale künstlerische Äußerungen des 19. Jahrhunderts, das letztendlich ja das Jahrhundert der großen Prosa, des Romans und philosophischen und historischen Diskurses ist – Kunstfertigkeiten, deren Theorie nirgendwo anders als in der Rhetorik zu finden war. Und es ist das Jahrhundert jener massenhaft produzierten und verbreiteten Literatur der Unterhaltung und des Wissens, die so augenfällig wie bereitwillig dem normierten Muster folgt und beinah sämtliche rhetorisch relevanten Techniken und Methoden virtuos anwendet, in einem Maße, daß man gar von einer Rhetorik des Kitsches und der Kolportage sprechen kann. Gerade die ausdrücklich zweckgebundene und häufig nur zum kurzfristigen Gebrauch bestimmte Literatur, Leitartikel, wie Kochbuch wie Propagandarede gehören vorzüglich dazu, bleiben so ohne Theorie, unbegriffen und wenig geachtet von den gebildeten Schichten, die sich in der Poesie an denselben rhetorischen Figuren ergötzten, die sie dort als störend zweckgebunden empfanden. So lebt Rhetorik oft gerade im Werk ihrer Verächter fort: das besonders herausragende Beispiel ist immer noch Friedrich Schiller, aber auch Hegel gehört dazu und eine gründliche Analyse würde nicht nur die rhetorische Struktur seiner Prosa, sondern ebenso manch rhetorisches Moment seiner Philosophie und Ästhetik zutage fördern, von der Gattungspoetik bis hin zur Theorie der Einleitung, wie sie schon früh die *Phänomenologie des Geistes* präzise formuliert.

Beachtet man alle diese den Niedergang der Rhetorik kontrapunktisch begleitenden Erscheinungen, so wird die Einmaligkeit jenes Vorgangs deutlich, der die Tradition der Rhetorikverachtung in Deutschland begründete. Es bedarf noch ausführlicher, den Gesamtzusammenhang bürgerlicher Sozial- und Ideologiegeschichte berücksichtigender Analysen, bevor eine erneute rhetorische Theoriebildung umfassend möglich ist, die schließlich auch die neuen Medien des gesprochenen Worts und des Bildes miteinzubeziehen hätte. Denn so wenig dieser Aspekt bisher beachtet wurde, so wichtig ist er für die Geschichte der Rhetorik in einer Zeit, die keine Kenntnis mehr von ihr nimmt: Der Verfall der Beredsamkeit als einer systematischen, wenn auch offenen Theorie ist der Ausdruck einer tiefen kulturellen Krise und die Entwicklung neuer Medien seit der Wende vom 18. zum 19. Jahrhundert ist der Versuch, diese Krise, die vor allem als eine der Sprache erlebt wird, produktiv zu überwinden. Man muß sich den ungeheuren Optimismus vergegenwärtigen, mit dem die junge bürgerliche Intelligenz noch im 2. Drittel des 18. Jahrhunderts der gesellschaftsbildenden Kraft des gesprochenen Worts, des von ihnen gesprochenen Worts vertraute, um die tiefe Enttäuschung zu verstehen, mit der diese Intellektuellen auf die gesellschaftlich-politische Entwicklung reagieren. Klingt nicht durch die heftigen Schmähreden auf die Rhetorik das tiefe Ressentiment des verlassenen Liebhabers, der sich vom geliebten Gegenstand seiner Bemühungen verzweifelt aber hoffnungslos zu lösen sucht? Enttäuschung politischer Hoffnungen, Entwicklung neuer Medien: Foto, Bildergeschichte, Film – und nebenher bis zu Hofmannsthals *Brief des Lord Chandos* und weiter die verzweifelnde, aufreibende Kritik an der Sprache! Man kann zugespitzt sagen: in dem Maße, in dem das Vertrauen in die Macht der Sprache schwand, wurden die Anstrengungen der Schriftsteller größer, in immer neuen sprachlichen Präzisierungsversuchen menschliche Rede in ihrer weiten individual- und gesellschaftsethischen Bedeutung neu zu begründen. Und das mitunter sogar bewußt wieder mit Mitteln der Rhetorik, wie etwa das Beispiel Nietzsche zeigt. Aber das sind alles nur Stichworte zu einer noch nicht geschriebenen Unterdrükkungsgeschichte der Rhetorik im 18. und 19. Jahrhundert, die schließlich auch heute noch nicht beendet ist, die aber doch den Platz bestimmen wird, den Rhetorik in der Gegenwart einzunehmen hat. Die hier vorgelegte Einführung in die Geschichte der Rhetorik kann diese Lücke nur andeutungsweise füllen. Das weithin ausufernde Flußdelta der unterirdischen rhetorischen Tradition der letzten 200 Jahre ist kaum überschaubar. Rhetorische Konzeptionen sind sowohl in Kunsttheorie und Philosophie wie in Gesellschaftslehre, Pädagogik und Psychologie eingegangen, Salzmann und Campe sind ebenso wie Knigge und Schubert Zeugen rhetorischer Wirksamkeit an unvermuteter Stelle.

Gibt es für die Theorie einer Kunst keinen eigentlichern Zweck als die Praxis, so mußte gerade die Rhetorik einen sehr umfassenden Praxisbegriff entwickeln, der sich auf die Verwirklichung der Rede im weitesten Sinne zu beziehen und auch die von Platon vorgebrachten Einwände zu berücksichtigen hatte. Denn sollte die Rhetorik nur für diejenige Praxis bestimmt sein, die der Ordnung des ethisch Guten angehört, so galt es, zuerst den Redner so zu bilden, bis er selber Teil dieser Ordnung: vir bonus geworden war. Verwirklichung der Rede bedeutet zunächst Verwirklichung des Guten im Redner; Erziehung, Bildung und Übung sind ebenso wichtige rhetorische Theoriefelder wie Wirkungsabsicht, Angemessenheit, res-verba Problem. Quintilians berühmte *Institutio oratoria* ist auch ein Erziehbuch und hat als solches mindestens ebenso gewirkt wie als rhetorische Systematik. Noch Schiller lobt es ausdrücklich in dieser Bedeutung. Die Rhetorik ist immer obendrein Darstellung eines Wertesystems gewesen, wie überhaupt die Teilhabe an diesem übergeordneten Wertesystem den jeweils parteilich gebundenen Rednern (einer Gerichtsverhandlung etwa) die Möglichkeit eröffnete, Übereinstimmung und Diskrepanz zwischen den Positionen zu erkennen und gegenseitig zu erklären. Die Rhetorik geht davon aus, daß Denken und Handeln der Menschen nicht dem Muster von Befehl und Gehorsam, sondern auf höchst vielfältige Weise interpersoneller Vermittlung folgen. Nicht nur, was der Redner sagt, beeinflußt seine Adressaten, sondern ebenso das, was er, wie er ihnen zu verstehen gibt, von ihnen hält, hat bestimmte Wirkungen (vgl. etwa captatio benevolentiae) auf ihre Einstellung zu ihm, die schließlich von seiner Darstellung von sich selber geprägt wird. Gut zu sein genügt alleine nicht, es muß auch erkennbar sein, daß man gut ist. Der Redner muß also sein Publikum dahingehend zu beeinflussen versuchen, daß es ihn in einer ganz bestimmten, nämlich der seiner Charakterbildung angemessenen Weise erfährt. Die Wirkung der kunstvollsten Rede verpufft, wenn das Publikum einen Catilina sieht, wo es einen Cicero zu sehen hätte. Die Frage, ob sich der vir bonus auch heucheln läßt, ob es möglich ist, mit denselben Mitteln, mit denen sich ein wahrhaftiger zur Geltung bringt, einen unwahrhaftigen erscheinen zu lassen, diese zentrale Frage wird im allgemeinen ablehnend beantwortet – von Cicero mit der scharfen Unterscheidung von Redner und Schauspieler. Gemäß der natura-ars-Doktrin kann Kunst immer nur das Vorhandene wirkungskräftig *in Szene setzen*, es aber nicht *ersetzen*. Wie die Wirkung einer Rede hinfällig wird, wenn man die Kunstgriffe durchschaut, mit der eine Sache unangemessen, nicht der ihr immanenten Ordnung und Logik gemäß nach außen vertreten wird, so entlarvt sich auch derjenige Redner selber als Heuchler, wenn die Erkenntnis seiner Tricks die Diskrepanz zwischen Sein und Schein offenbart. Rhetorik ist ihrem Selbstverständnis nach ohne ethische Grundlegung nicht denkbar und beklagt das »verwerfliche Schisma zwischen Mund und Herz, vermöge dessen die Lehrer der Weisheit und die Lehrer der Beredsamkeit verschiedene Personen seien« (Cicero). Die Usurpation von Moral zu unmoralischen Zwecken, die Aneignung ihrer Autorität zur Beglaubigung eines durchaus fragwürdigen Standpunktes ist dadurch noch nicht verhindert – immerhin aber, und darin liegt die kritisch-aufklärerische Potenz der Rhetorik begründet, bedeutet die Kenntnis der rhetorischen Darstellungsmittel, der sprachlichen oder charakterlichen, ein Distanzierungsvermögen, das erst die Erkenntnis der Diskrepanz zwischen Sein und Scheinen, sofern eine solche vorliegt, ermöglicht. Wie hilflos der »natürliche Mensch« der geübten Selbstdarstellung ausgeliefert ist, zeigt die Praxis kirchlicher Mission überall in der Welt, zeigt täglich noch die Manipulation durch Werbung und Propaganda. Immer ist es Ziel des Redners wie jeder auf Beeinflussung ausgerichteten Handlung, das gesamte Erfahrungsfeld und das gesamte Aktionsfeld seiner Zuhörer möglichst umfassend auf den von ihm vertretenen Sachverhalt hin zu koordinieren – der Überzeugung folgend, daß seine Interpretation und Darstellung gerade in ihrer parteilichen Gestalt die eigentlich der Wahrheit angemessene ist. Trotz dieses manchmal gewiß totalitär auftretenden Anspruchs: die Wahrheit ist unteilbar, entweder du oder ich ihr Anwalt, ist die Rhetorik eine Wissenschaft, die von ihren Anfängen an den Zusammenhang von Erkenntnis und Interesse reflektiert und als deren Folge ein durchaus dialektisches und historisches Wissenschaftsverständnis entwickelt hat – wenn freilich auch nicht identisch mit unserem Verständnis der historischen Dialektik. Welches Interesse sich schließlich durchsetzt, ist damit nicht eine Frage der Offenbarung der Wahrheit – Platons Kritik – sondern auch Folge der historischen und gesellschaftlichen Tendenz, mit der der Redner verbündet ist und deren »Interesse« er vertritt. Die Wahrheit ist rhetorischer Überzeugung nach immer die einer Sache in ihrer bestimmten historischen Gestalt und es gilt, das Publikum, die Zuhörer, den Richter oder die Volksversammlung davon zu überzeugen, daß die Weise, in welcher der Redner durch seine Rede die Wahrheit zur Erscheinung bringt, auch diejenige ist, die auf der Tagesordnung der Geschichte steht. Die eigentümliche Toleranz der Rhetorik, die sich in Stellung des Redners diskrepanten Auffassungen gegenüber zeigt, hat hier ihre Wurzel. Geht man einmal davon aus, daß die geschichtliche Erscheinung der Wahrheit nicht die bare Münze ist, die sich fraglos einstreichen läßt (und davon geht die Rhetorik selbstverständlich aus), nicht das Schema, das über Recht und Unrecht, Gut und Böse manichäisch waltet, sondern daß Recht und Unrecht historisch variable Größen sind, die je neu zur Erscheinung und in der jeweiligen Zeit und ihrer Gesellschaft zur Darstellung gebracht werden müssen, so bedeutet jeder antagonistische Streit nicht ein Scheingefecht um eine von vornherein schon feststehende wenn auch verdeckte Wahrheit, sondern ist der Prozeß, in dem Wahrheit sich in ihrer angemessenen Gestalt (eigentliche Begründung des äußeren aptum) erst bildet – zwischen dem Rebellen von gestern und dem Despoten von heute liegt häufig nur eine Nacht. Aus der Unsicherheit ante diem folgt die Notwendigkeit der Toleranz auch der Redner untereinander. Denn sie sind sowohl Teil wie Ausdruck eines Prozesses, der mit ihnen entschieden wird, und so wenig der »Sieger« die ganze Wahrheit für sich reklamieren kann, so wenig fällt dem »Verlierer« die Last der ganzen Unwahrheit zu. Überspitzt läßt sich sagen: Erst der Unterlegene ja hat der Wahrheit zu ihrem Durchbruch verholfen, er selber hat sie mitgeholfen herauszuwickeln. Der Teufel ist der Geburtshelfer der Wahrheit in der kirchlichen Rechtsprechung noch heute. Die Überzeugung, daß sich Wahrheit im Prozeß von Rede und Gegenrede so bildet, wie die Redner an ihrer Entwicklung sich abarbeiten, und die Auffassung von der Interessegebundenheit und Parteilichkeit jeder rhetorisch verantwortlichen Äußerung machen auch die Wandlungsfähigkeit und Offenheit der Rhetorik aus, die sie für christliche Zwecke so brauchbar wie für rebellisch-plebejische machte. Es ist nicht Zeichen ihres Wankelmuts und ihrer Würdelosigkeit, sondern ihres zutiefst historischen Charakters und der Absage an Metaphysik und Ontologie.

Das gilt auch für die Sphäre ästhetischer Theorie. Die Wirkung der platonischen Philosophie hat die Reflexion der Entstehung des Kunstwerks, der Bedingungen und Möglichkeiten, die seiner Wirklichkeit vorher gingen, lange verhindert. Wenn die Muse den Dichter in Begeisterung versetzt und er nur als Sekretär ihres süßen Gesanges fungiert, so ist die Technik der Herstellung des Schönen dem menschlichen Beurteilungsvermögen und damit jeder rationalen Betrachtung entzogen. Mit Aristoteles, der als Lehrer der Rhetorik zwanzig Jahre lang an Platons Akademie tätig war, und von dem uns neben der Poetik ein Lehrbuch der Rhetorik erhalten geblieben ist, begann auch die ontologische Bedeutung des Schönen in der ästhetischen Diskussion zu schwinden. Die Fundierung der Kunst auf Geschichte, ihre Verpflichtung, nicht das zeitlos und ideal Schöne zu offenbaren, sondern menschliche Möglichkeiten vorzuführen, bedeutet den Bruch mit der ontologisch begründeten Ästhetik. Der Einfluß der Rhetorik auf Kunsttheorie und Ästhetik ist damit von Anfang an aufklärender Art. Das Kunstwerk wird zum Produkt eines Herstellungsprozesses, eines *Arbeits*prozesses, über dessen Verlauf diskutiert und Rechenschaft abgelegt werden kann. Reflexion des Künstlers auf die Bedingungen und den Verlauf seiner Produktion ist eng verbunden mit der Theorie der Beredsamkeit, die die Kategorien dafür bereitstellte. Da die Rhetorik als wirkungsvolle und auf tätige Wirkung abzielende aktive Teilnahme am politischen und gesellschaftlichen Leben dem Bereich der vita activa zuzurechnen ist, so läßt sich sagen, daß der mit Formkultur verbundene positive Begriff von Arbeit, der Antike fremd, durch die Rhetorik in die Ästhetik Eingang findet. Die Arbeit wird in dem historischen Augenblick zum Mittel menschlicher Vervollkommnung, als eine Klasse versucht, an die Herrschaft zu gelangen, die ihr Selbstverständnis nicht den ererbten Privilegien entnehmen konnte und einsehen mußte, daß sie nur auf ökonomischem Wege zur Macht zu gelangen vermochte. Der unbewußt schaffende Künstler benötigt diese Selbstlegitimierung nicht: ob er in göttlicher Begeisterung, durch Inspiration, als verlängerter Arm der Natur oder unter dem Diktat des Unbewußten sein Werk hervorbringt, der schöpferische Vorgang vollzieht sich *an ihm* mit einer elementaren Gewalt, der er willenlos und passiv gehorcht. Er gehört einer Klasse an, deren Herrschaft qua ihrer Privilegien gesichert ist – oder die den Anspruch auf Herrschaft aufgegeben hat und somit zur politischen Untätigkeit verurteilt ist. Die häufige Personalunion von Dichter und Lehrer der Beredsamkeit, Verfasser von Dramen und Verfasser von Rhetoriklehrbüchern, wie sie im 17. und 18. Jahrhundert üblich ist, verweist auf eine Theorie, die im Wandel des Arbeitsbegriffes das Emanzipationsstreben des Bürgertums reflektiert, und derzufolge auch Kunst lernbar, der Dichter nur als Gelehrter denkbar ist.

Rhetorische Methode ist das Verfahren einer Literaturkritik, die sämtliche Konstituenten eines Werkes aus einem sie alle übergreifenden Wirkungszusammenhang erklären will und diesen selber historisch jeweils unterschiedlich und nach Maßgabe aller gesellschaftlichen Bedingungen begreift. Das Werk ist dann nicht nur Widerspiegelung sozialer Wirklichkeit, die nach rhetorischer Ansicht jeder Autor erforschen soll, um sie seinen Interessen gemäß interpretieren zu können; es ist auch nicht bloße Formspielerei, die ja dem Anlaß und Zweck, der sozialen Verpflichtung und dem Auftrag des Autors gemäß sein soll; es ist auch nicht krude Anweisung zum Handeln, wirkungsmächtig verpackt, sondern tritt der rhetorischen Methode gegenüber als geordnete, aber doch in sich widersprüchliche (daher offene) Einheit von fehlangepaßten Erwartungen, Projektionen, Phantasien und Wahrnehmungen, die eine ganz bestimmte Reaktion des Publikums antizipiert, in sich darstellt und so zum wirkenden Bestandteil intersubjektiver Wirklichkeit wird. Das tua fabula narratur ist eine zutiefst rhetorische Erkenntnis. Denn ob das Werk als konjunktiv oder disjunktiv zur eigenen Geschichte erfahren wird, ist jeweils Ergebnis eines rhetorischen Prozesses, der darauf ausgerichtet ist, dem Publikum seine eigene Geschichte so vorzuspielen, daß seine Überzeugungen und Handlungen dann deren Richtigkeit bestätigen. Die rhetorische Methode überträgt damit in die Literaturwissenschaft, was die klassische Theorie als Lehre vom aptum oder decorum, als körperliche Beredsamkeit und rhetorische Phantasie ausgebildet hat für eine Situation, in der Redner und Hörer einander gegenüberstehen. Schillers Forderung, daß es eine Theorie des Schreibens so geben müsse wie eine des Redens unter Berücksichtigung des neuen Verhältnisses zum fernen Publikum, läßt sich nur einlösen durch eine Realisierung der rhetorischen Wirkungsabsicht, die eine kunstvoll induzierte Selbsterfahrung zum Gegenstand hat: wobei der Leser sich vermittels einer Phantasiewelt erfährt, die seine ganze Wahrnehmungswelt in einer bestimmten, vom Autor beabsichtigten Weise realisiert. Die rhetorische Methode trägt also der bewußtseinsbildenden und handlungsbestimmenden Wirkungsweise der Literatur Rechnung, indem sie nicht nur versucht, ihre subtilen Techniken zu beschreiben und dem methodischen Gebrauch zuzuführen, sondern indem sie zum Angelpunkt ihrer Theorie die effektivste Wirkungsweise macht, nämlich dadurch Einfluß auf das Publikum und seine soziale Wirklichkeit zu nehmen, daß sie ihm ein Bild von sich selber – tua fabula – übermittelt. Indem der Redner oder Schriftsteller auf die eigene höchst komplexe Erfahrung von seinem Publikum auf eine bestimmte Weise einwirkt, bestimmt er seine Adressaten dazu, ihm zu folgen. Das kann auf sehr versteckte Weise geschehen oder ganz offen, selber Gegenstand eines ironischen Spiels, wie es der Autor des Quintus Fixlein in der Vorrede mit seinem Leser spielt. Sind menschliche Handlungen immer darauf ausgerichtet, in einem oder mehreren anderen ganz spezielle Erfahrungen von einem selber zu induzieren und dadurch dessen und die eigene Wirklichkeit zu verändern, so stellt die rhetorische Methode auch die Techniken und Mittel bereit, im Adressaten zu bewirken, daß er das eigene Handeln des Redners so interpretiert, wie der es wünscht. Cicero definierte, die Aufgabe des Redners sei es, »so zu reden, daß seine Rede geeignet sei, auf das freie Streben anderer bestimmend zu wirken«. Das aber geschieht – die rhetorischen Techniken lehren es – dadurch, daß er eine Identität annimmt, in der dieses Streben sein Ziel erkennt. Die rhetorische Lehre vom vir bonus ist von Cicero bis Gottsched und Knigge die großartige Anweisung, der andere zu werden, der ich in den Projektionen, Wünschen und Sehnsüchten der anderen latent schon bin.

Erster Teil

Einführung in die Geschichte der Rhetorik

I. Die rhetorische Theorie in der Antike (Bernd Steinbrink)

1. Anfänge der Rhetorik [1]

Hier wird über »*die* Sache« gesprochen, »die leichter in wirren und unruhigen Zeiten entsteht« (Tacitus). [2] Cicero dagegen nennt die Rhetorik: »Begleiterin des Friedens, Genossin der Ruhe« [3] und erklärt ihr Aufleben durch ein gut eingerichtetes Gemeinwesen. [4] Einig sind beide darin, daß sie erkennen, daß ein Zusammenhang zwischen der Organisation des menschlichen Lebens und dem »Aufleben« der Beredsamkeit besteht. Cicero führt, Aristoteles folgend, als Gründe an, daß die Ersten, die sich mit Rhetorik beschäftigen, die Sizilianer Korax und Teisias waren, da »nach Abschaffung der Tyrannen in Sizilien Privatangelegenheiten nach langer Unterbrechung wieder bei den Gerichten angebracht wurden« [5], und er betont weiter den »scharfen Blick« dieses Volkes und den »ihm von Natur innewohnenden Hange zum Streiten«. [6]

Im Frühjahr 465 v. Chr. hatte der Sturz des syrakusanisch-gelaischen Doppelstaates der Deinomeniden durch die Vertreibung des Thrasybulos die Befreiung ganz Siziliens eingeleitet. Nach der gewaltsamen Bevölkerungspolitik der Tyrannen führte die Neuordnung der Verhältnisse zu Spannungen und Streitigkeiten, die sicherlich eine Flut von Prozessen nach sich zogen. [7]

Ein entscheidendes Moment des Entstehens der Beredsamkeit war das Vorhandensein von Streitigkeiten, von Interessengegensätzen, die von allgemeinem Interesse waren und nicht abgeschlossen von der Öffentlichkeit verhandelt wurden. Nicht ohne Grund läßt Tacitus den Maternus die Ursachen einer entwickelten Beredsamkeit in den »dauernden Volksreden« und dem (durch das Gesetz) gewährten »Recht, gerade die Mächtigsten zu beunruhigen« [8], erkennen.

Ähnliche Bedingungen waren auch in Athen, einem Ort, an dem die Beredsamkeit durch die Sophistik zu besonderer Bedeutung gelangte, im 5. Jhd. v. Chr. gegeben. Die Tyrannenherrschaft war dort beseitigt worden, große Teile der Bevölkerung wurden durch Institutionen an der Macht beteiligt; der Aufschwung des Handels nach dem Sieg über die Perser und die veränderten wirtschaftlichen Verhältnisse ließen die Macht der wenigen Adligen schrumpfen, Einrichtungen, die vormals durch Wenige besetzt waren, verloren ihre politische Bedeutsamkeit oder wurden einer breiteren Öffentlichkeit kontrollierbar gemacht.

> Die profane Gerichtsbarkeit [...] wurde dem Areopag ganz entzogen. Dabei verteilten sich seine Aufgaben – von denen das Sittenwächteramt nun weggefallen war – auf den Rat der Fünfhundert, die Ekklesia und die Volksgerichte. [9]

Um Korruption und Vorabsprachen zu verhindern, setzten sich die Volksgerichte aus Vertretern zusammen, die unmittelbar vor den Verhandlungen durch Losentscheid bestimmt worden waren. Der athenische Bürger war, wenn er einen Fall vor Gericht vertreten sollte, mit folgenden Bedingungen konfrontiert:

> 1. Der Redner sprach vor einem Kollegium von mindestens 201 bis zu 1501 Personen. Diese anderthalb tausend Personen nahmen ihm gegenüber alle den gleichen Rang als Richter ein; sie waren nicht, wie im heutigen Geschworenengericht, Beisitzer von Berufsrichtern und Zuhörer eines Vorsitzenden. Vor einem solchen Gremium war es wenig wirksam, Befragungen anzustellen. Jede Partei konnte nur in geschlossener Rede ihren Fall vollständig vortragen.
> 2. Das Kollegium der Richter war weder juristisch besonders ausgebildet, noch in irgendeiner Weise über den Fall instruiert. Es war vielmehr durch das Los für diesen Termin zusammengetreten. Die Parteien hatten also selbst die Tatbestände darzulegen, die in Frage kommenden Gesetze heranzuziehen, sie zu zitieren und nötigenfalls auszulegen.
> 3. Die Prozeßparteien mußten, und das ist vielleicht der wichtigste Punkt, soweit sie Vollbürger waren, ihre Sache persönlich vortragen. Kein Berufsredner oder Rechtskundiger konnte sie vertreten. [...] Nur eine Hilfe gab es: man konnte sich die Rede von einem Kundigen anfertigen lassen, sie auswendig lernen und als die eigene vortragen. [...]
> 4. Es gab keine Beratung des Gerichts zum Zwecke der Urteilsfindung. Das Gericht konnte auch kein Votum abgeben, das von den Anträgen beider Parteien abwich; es konnte lediglich, und das unter dem unmittelbaren Eindruck der vorangegangenen Rede, für den Antrag der einen oder der anderen Partei stimmen.
> 5. Schließlich war nicht nur die beklagte Partei von den Entscheidungen des Gerichts bedroht. Auch den Kläger traf, in dem Fall, daß sein Gegner nichtschuldig gesprochen wurde, die Geldbuße der sog. Epobelie. [10]

Unter diesen Bedingungen gewann das gesprochene Wort bedeutend an Wichtigkeit. Es galt, die entscheidende Rede so zu formulieren, daß sie die Sache der eigenen Partei im besten Licht erscheinen ließ. War der Bürger, der einen Fall vor Gericht vorzutragen hatte, wenig geschickt in der Darstellung, so bestand für ihn die Gefahr des Prozeßverlustes. Aus der Situation, daß nun ein Kundiger mit der Ausarbeitung der Rede beauftragt wurde, entwickelte sich der Berufsstand der Logographen. Dieser Beruf war in Athen sehr verbreitet, bekannte Rhetoren, wie etwa Lysias von Syrakus und Isokrates – ein Schüler des Gorgias –, übten ihn aus. Die auf diese Weise eintretende Spezialisierung führte dazu, daß die

Möglichkeiten, die zur Überzeugung geeignet waren, erforscht und systematisiert wurden, damit sie für den Erfolg des Redners jederzeit anwendbar wurden; ihr Erfolg wurde den Gerichtsschreibern zur Existenzgrundlage, sie waren gezwungen, die Mittel der überzeugenden Rede zu erforschen und trugen damit wesentlich zur Entwicklung einer Kunst der Rede bei.

Die Erkenntnisse der Rhetorik zur Zeit des Sokrates, also vor Abfassung des ersten Rhetoriklehrbuches, das erhalten ist, gibt Platon im *Phaidros* an: die Rede war bereits eingeteilt in »Eingang«, die »Erzählung«, in der »Zeugnisse« vorgebracht wurden, und die »Beweise«; schließlich kannte man noch die »Wahrscheinlichkeiten«, die »Beglaubigung« und »Nebenbeglaubigung«, die »Vorandeutung«, »Nebenlob« und »Nebenschimpf«. Teisias und Gorgias hatten entdeckt, daß sich eine Übereinstimmung von Dingen, Personen und Handlungen mit ihrer sprachlichen Umsetzung nicht eindeutig fixieren läßt (res-verba Problem), sondern daß die Wörter Dinge in einem bestimmten, dem Redner zuträglichen Licht erscheinen lassen können. Diesen Schein kann sich der Redner zunutze machen. Sie hatten entdeckt, wie in der Rede »das Kleine groß und das Große klein« erscheinen kann. [11]

Es wäre jedoch falsch zu glauben, daß die theoretischen Erkenntnisse der Rhetoren bereits so weit fortgeschritten waren, daß sie in einem Lehrbuch in der Art der Rhetorik an Alexander oder der Rhetorik des Aristoteles niedergeschrieben wurden. Vielmehr waren die theoretischen Anweisungen wahrscheinlich immer mit einer Musterrede verknüpft.

> Vor der eigentlichen Behandlung des Themas in der Rede gibt man allgemeine theoretische Anweisungen, die nicht direkt mit dem Thema zusammenhängen, die aber doch das Gebiet der Theorie betreffen, in welche die zu haltende Rede gehört. Das deutet auf Musterreden hin, die als Schulreden gedacht waren, mit denen man seine Schüler theoretisch und praktisch unterwiesen hat. Es scheint dies die Art gewesen zu sein, wie man sich um die Wende des 5. und 4. Jahrhunderts schriftlich über Theorie geäußert hat. [12]

2. Sophistik und Rhetorik

Einer der bekanntesten Rhetoren im 5. u. 4. Jhd. war Gorgias von Leontini; aus den Kreisen der Schule des Korax und Teisias stammend, begeisterte er mit seiner Redekunst die Athener; er unterrichtete zahlreiche Schüler in Rhetorik. Sehr fraglich ist es, ob er, wie vielfach behauptet, ein rhetorisches Handbuch (techné) geschrieben hat [13]; bewiesen ist jedoch, daß er Unterricht mit Musterreden hielt, mit denen er – unter Hinzufügung theoretischer Erklärungen – demonstrierte, welche Möglichkeiten die Rhetorik bietet, einen Redegegenstand in bestimmter Weise erscheinen zu lassen. Zwei solcher Musterreden sind erhalten: der *Palamedes* und die *Helena*.

Palamedes, des Verrats verdächtig, verteidigt sich in einer Rede; er gewinnt seine Überzeugungsmittel aus dem Lob seiner Person; er stellt heraus, daß er immer nur den Menschen geholfen hat, um aus dem Ansehen seiner Person die ihm vorgeworfene Tat als unwahrscheinlich darzustellen.

> Warum ich euch daran erinnere? Um euch zu zeigen, daß ich auf solche Aufgaben meinen Geist richte, und euch zu beweisen, daß ich keiner gemeinen und verwerflichen Handlungen fähig bin. [14]

In der *Helena* versucht Gorgias den Tadel, Helena habe ihren Gatten verlassen, zu entkräften.

> Helena tat, was sie tat, entweder nach dem Willen des Zufalls, dem Ratschluß der Götter und der zwingenden Fügung des Schicksals, oder weil sie mit Gewalt entführt oder durch Zureden bestimmt oder durch Liebe überwunden wurde. [15]

In keinem der Fälle trifft Helena eine Schuld, sind doch die Kräfte, die auf sie wirkten, in jedem Falle stärker als sie. Zu dieser Rede gibt Gorgias verschiedene allgemeine Anmerkungen; er gesteht, daß die Rede für Helena ein Lob ist, ihm aber nur ein Spiel. Als erster setzt er gezielt poetische Formen in der Prosarede ein.

In beiden Reden wird die Technik der Musterreden deutlich. An einem Fall, der durch die allgemeine Einschätzung für den Redner einen hohen Schwierigkeitsgrad (eine bestimmte Überzeugung hervorzurufen) erhält, demonstriert Gorgias die Möglichkeiten, die die Rhetorik bietet, »indem er es für eine Haupteigenschaft des Redners hielt, eine Sache durch Lob heben und durch Tadel niederwerfen zu können«. [16] So zeigt sich das Ziel der gorgianischen Rhetorik-Lehrstücke:

> Ziel ist der Erweis, daß der Logos alles vermag. [...] Man hat nicht das wirkliche Große gelobt, sondern gerade das Kleine, ja das Abwegige und Verwerfliche. Denn es ging nicht um das Lob, und insofern haben Gorgias und die ihm darin Folgenden keine Lobrede geschrieben, sondern alleiniges Ziel war die Machterweisung des Logos. Das laudare erwuchs nur daraus und ist etwas Sekundäres. Immerhin ist damit das laudare und vituperare, das seit Aristoteles den Inhalt des Genos epideiktikon ausmacht, entschieden in den Mittelpunkt der Rhetorik des 5. Jahrhunderts gerückt worden. [17]

Eine zentrale Stellung in der Einschätzung des Verhältnisses des Gorgias zur Philosophie und Rhetorik nimmt die Interpretation der Schrift *Über die Natur* ein, deren Inhalt durch antike Autoren tradiert wurde.

> Es existiert nichts; und wenn etwas existiert, so ist es für den Menschen unbegreiflich; wäre es aber auch begreiflich, so könnt man es doch einem andern nicht mitteilen oder erklären. [18]

Diese drei zentralen Thesen werden von Gorgias ausgeführt; sie brachten die Philologen zu verschiedenen Interpretationen des Inhalts und der Intention dieser Schrift.

Heinrich Gomperz versucht zu beweisen, daß es sich hier um Thesen handelt, an denen Gorgias wiederum versucht, die Möglichkeiten der Rhetorik vorzuführen. Er erklärt, daß Gorgias nie von zeitgenössischen Zeugnissen als »Philosoph« bezeichnet wird, Gorgias selbst sich im gleichnamigen Dialog Platons ausdrücklich als Rhetor, Meister der Redekunst, bezeichnet. [19] Als wichtigstes Argument dient ein Zitat aus dem Proömion der *Helena* des Isokrates, in dem dieser die Leute tadelt, die sich bemühen, »über eine absurde und paradoxe These [...] eine erträgliche Rede zu schreiben«, wo doch keiner den Gorgias überbieten kann, »der zu behaupten wagte, daß kein Ding existiert« und damit bewiesen hat, »daß es leicht ist, über jedes beliebige Thema, das einer vorschlagen möchte, eine unwahre Rede zu ersinnen«. [20] So wird diese Rede dahingehend interpretiert, daß für Gorgias »das positive Moment künstlerischer Vollendung im Vordergrund« stand, dem Kunstprosa ein »edles Instrument« war, in dessen Beherrschung »ihm die Erzielung eindrucksvoller Effekte und die spielende Überwindung technischer Schwierigkeiten Selbstzweck« [21] wurde.

Nichts spricht jedoch dafür, daß Gorgias Rhetorik als Selbstzweck betreibt. Das bemerkt auch Nestle, der, wenn er auch zugesteht, daß es sich um ein Spiel des Gorgias handelt, einen »Mischcharakter« der Schrift feststellt, ein »Schillern zwischen Scherz und Ernst«. [22] Die erste These richtet sich gegen die eleatische Philosophie, verstrickt diese in ihre eigenen Widersprüche und führt sie ad absurdum. Als Gegensatz zur Philosophie faßt Nestle die gorgianische Rhetorik, wenn er die Schrift als »die Absage des seiner neuen Kunst frohen Redners an die nun verlassene Philosophie« [23] bezeichnet. Ähnlich äußert sich Windelband, wenn er feststellt, Zweck dieser Arbeit sei es, »die ganze Arbeit der Philosophie als nichtig zu ironisieren«. [24]

Alle diese Interpretationen trennen streng zwischen Philosophie und Rhetorik, wobei der ersteren der Bereich der Theoriebildung, der letzteren der Bereich der Praxis zugewiesen wird. Mit dem Maßstab dieses Begriffs von Philosophie wird die Rhetorik abqualifiziert, Gorgias wird zum »antiphilosophischen Rhetor« [25], in ihm ist »die ganze Popular- und Feuilletonphilosophie gekennzeichnet« [26], ja, er »war kein tiefer Geist und nichts weniger als ein Philosoph«. [27] Gigon stellt zwar fest, daß man das Denken des Gorgias nicht »in die einfache Antithese Philosophie – Farce einspannen« darf, kommt aber auch zu der These, die er in der Frage formuliert: »Warum sollte dann nicht Rhetorik *neben*« dem philosophischen Werk des Gorgias »Platz gehabt haben?« [28]

Es soll nun versucht werden, aus der Philosophie des Gorgias, aus seiner Interpretation der Realität, sein Verhältnis zur Rhetorik, der Waffe, die auf die Realität einwirkt, zu erklären. Dazu ist es nötig, die Schrift *Über die Natur* näher zu untersuchen. Die erste These (»es existiert nichts«) und deren Ausführung, in der Gorgias »beweist«, daß weder das Nichtseiende noch das Seiende existiert, mußte Isokrates (s. o.) als »absurd« und »paradox« bezeichnen, war er doch Schüler des Gorgias und bezog dieser sich doch damit eindeutig auf die Philosophie der Eleaten, ironisierte diese und führte sie ad absurdum, indem er sie in ihre eigenen Netze verstrickte.

> Das einzige, was dieser Parmenides [Gründer der Philosophenschule in Elea] noch als wirklich existierend anerkannte, das nur mit dem Denken erfaßbare, ungewordene, unbewegliche und unveränderliche Eine, soll auch vollends als nicht existierend erwiesen werden; und wenn der Eleatismus das Sinnenzeugnis verworfen hatte, so soll gezeigt werden, daß die Welt mit dem Denken allein erst recht nicht erkennbar ist. [29]

In der zweiten These erklärt Gorgias, indem er hypothetisch annimmt, daß etwas existiert, es in diesem Fall »für den Menschen unbegreiflich« [30] wäre. In der Auseinandersetzung mit der eleatischen Philosophie, versucht Gorgias hier nachzuweisen, daß die Beschäftigung mit der Erkenntnis der Dinge die – hypothetisch zugestanden – unabhängig vom Bewußtsein des Menschen existieren, müßig ist, dem Leser sich sogar als Ironie erweisen. So weist er nach, daß der Mensch gar nicht in der Lage ist, etwas unabhängig von ihm Existierendes zu erkennen. Er bezweifelt die »objektive Erkenntnis« nur durch das Denken und die Setzung des »wahren Seins« als nur Gedachtes neben der Realität.

> Das, was gedacht wird, existiert aber nicht. Denn wenn das, was gedacht wird, existiert, dann existiert alles, was gedacht wird, und wie man es sich immer denken mag. Dies widerspricht aber der Erfahrung. Denn wenn sich jemand einen fliegenden Menschen oder Wagen, die auf dem Meere fahren, denkt, so fliegt darum doch nicht gleich ein Mensch oder fahren Wagen auf dem Meere. Also existiert das nicht, was gedacht wird. [31]

Eindeutig bezieht sich Gorgias auf die These des Parmenides: »denn dasselbe ist Denken und Sein« [32] und widerlegt sie.

Für den zweiten Teil seiner Schrift verwendet Gorgias die Wahrnehmungstheorie des Empedokles: Wahrnehmung entsteht durch Einpassen des von außen Kommenden in die Poren des einzelnen menschlichen Organs, wobei die Organe ihre Eindrücke gegenseitig nicht beurteilen und korrigieren können. Es existiert das Hörbare, auch wenn es nicht sichtbar ist, so auch »das Denkbare, auch wenn man es nicht mit Augen sieht oder mit Ohren hört, weil es von dem ihm entsprechenden Organ erfaßt wird« [33], das Denkbare ist also nicht das durch Sinnenzeugnis Ausgewiesene.

Gorgias Schrift gliedert sich nun in drei Teile:

In dem ersten beweist er, daß Nichts ist, daß man das Sein von Nichts prädizieren könne; im zweiten (subjektiv), daß kein Erkennen ist, daß auch angenommen, das Sein wäre, es doch nicht erkannt werden könne; im dritten (wieder objektiv), daß, wenn es auch ist und erkennbar wäre, doch keine Mitteilung des Erkannten möglich sei. [34]

Die Mitteilung ist deshalb nicht möglich, da das Wort nicht identisch ist mit dem – nur angenommenen – Seienden außerhalb des menschlichen Bewußtseins; nicht möglich, »da das Seiende draußen liegt. Wenn aber das Wort nicht etwas Seiendes ist, so kann es auch einem andern nicht mitgeteilt werden«. [35]

Ausdrücke, Sätze, Rede, »λόγοι [logoi] kann man freilich mitteilen. [...] Was man also nach Gorgias nicht mitteilen kann, das sind die Dinge« [36] [pragmata]. Nicht mitgeteilt werden kann also das Wort, das mit dem Seienden identisch ist, da es nicht identisch sein kann. Damit ist also keineswegs gesagt, daß Begriffe, wie sie durch die Sinneswahrnehmung und die gedankliche Reflexion entstehen, nicht mitteilbar sind. Nur der Schein des Seienden ist für den Menschen erkennbar, nur mitteilbar und damit von Nutzen, wird somit zum praktischen Sein für den Menschen. »Das Sein ist unkenntlich, weil (wenn?) es ihm nicht gelingt zu Scheinen, das Scheinen unkräftig, weil (wenn?) es ihm nicht gelingt zu sein« [37]; das Scheinen ist also dann nur eine Schimäre, wenn es – unkräftig – dem Menschen nicht von Nutzen ist. Den Schein-Täuschungscharakter des Wortes in seiner Beziehung zum Seienden leugnet Gorgias nicht, doch er stellt fest, daß es eine Täuschung gibt, »bei der der Täuschende gerechter ist als der nicht Täuschende und der Getäuschte klüger als der nicht Getäuschte«. [38]

Eine Philosophie, wie sie Gorgias vertrat, mußte andere Folgen zeigen als die des Parmenides, der »sich aus dem bewegten Leben der Politik in die Stille philosophischer Betrachtung« [39] zurückzog. Sein Schüler Melissos erklärt:

»Immerdar war, was da war, und immerdar wird es sein. Denn wäre es entstanden, so müßte notwendigerwesie vor dem Entstehen nichts sein. Wenn nun nichts war, so könnte unter keinen Umständen etwas aus nichts entstehen.« [40]

Das Seiende, Bestehende, faßt Gorgias dagegen nicht als gegenüberstehend, fremd und unveränderlich, er macht, wie Protagoras, den Menschen zum Maß aller Dinge, »Sein *ist gleich* jemandem Erscheinen« [41], es ist vom Menschen veränderbar.

Durch die Veränderung der politischen Szene seit den Perserkriegen, durch den Handel und Verkehr mit dem Orient und fremden Völkern und den damit verbundenen wirtschaftlichen Veränderungen, schließlich durch die Erfahrung, daß die Sitten und Bräuche in diesen fremden Ländern so anders waren,

> »mußte sich die Frage erheben, ob denn die Sitten der Väter, die man bisher durchaus naiv als selbstverständlich hingenommen hatte, wirklich so sein müßten, wie sie waren, woher der Unterschied in den religiösen, rechtlichen, Anschauungen, in Sprache und Lebensweise der verschiedenen Völker komme und welche objektive Geltung dies alles zu beanspruchen habe, ob es »von Natur« (φύσει) oder »durch Satzung« (νόμῳ) so geworden sei«. [42]

Der Glaube der Menschen an die göttliche Herkunft der Gesetze, an deren Bedingtheit durch die Natur, wurde erschüttert, man begann sie als menschliche Regelungen zu begreifen, die oft im Gegensatz zur menschlichen Natur standen. Das Bestehende legitimierte sich nicht länger durch sich selbst, es mußte dem Urteil der Menschen standhalten. Die Sophisten lehnten nicht *die* Philosophie ab, wie oft behauptet, sondern sie schufen sich eine andere, die als »Angriffswerk gegen Gesetz und Brauch« [43] dienen sollte. Unterdrückung durch das Gesetz stellte einen Angriff gegen die menschliche Natur dar, »Gott hat alle Menschen freigelassen; die Natur hat niemand zum Sklaven gemacht«. [44]

So kann Prodikos, aufgrund ihrer Philosophie, die Sophisten als »Zwischenstücke zwischen dem Philosophen und dem Politiker« [45] bezeichnen. Zur politischen Wirkung ist die Beschäftigung mit der Rhetorik den Sophisten unentbehrlich. Die Rhetorik verstehen sie als eine »Streitkunst«, dem Faustkampf, dem Ringen und dem Fechten vergleichbar. [46] Sie lehrten ihre Schüler jedoch nicht nur formale Kenntnisse der rhetorischen Technik, sondern darüber hinaus eine umfangreiche Allgemeinbildung.

Gorgias vergleicht die Wirkung der Rede mit der Wirkung von Giften.

> Die Wirkung der Rede verhält sich zur Stimmung der Seele ebenso wie die Bestimmung der Gifte zur Natur des Körpers. Denn wie jedes Gift wieder andere Säfte aus dem Körper ausscheidet und das eine der Krankheit, das andere dem Leben ein Ende macht, so bewirkt auch die Rede bei den Zuhörern bald Trauer bald Freude, bald Furcht bald Zuversicht, manchmal aber vergiftet und verzaubert sie die Seele durch Verführung zum Bösen. [47]

In dem Vergleich mit Giften stellt Gorgias dar, daß die Affekterregung in der Rede eine Purgation von negativen Stimmungen und Gefühlen bewirken kann; seine Erkenntnis wird später in der aristotelischen Katharsislehre verarbeitet.

Die Rhetorik ist also nach Gorgias eine Streitkunst, eine Waffe; sie wird benutzt, um auf Menschen zu wirken, sie zu beherrschen. Er erkennt, daß die Rhetorik sowohl zu guten als auch zu schlechten Zwekken zu verwenden ist und erklärt mit Platon, es sei notwendig, »daß der Redekünstler gerecht ist und daß der Gerechte gerecht handelt« [48], doch die Begriffe »gerecht« und »ungerecht« bleiben undefiniert.

So entwickeln sich in seiner Schule zwei Richtungen. Ist durch die Sophisten das, »was dem Bewußtsein als fest gilt, durch die Reflexion schwankend gemacht« [49], so erfährt das Handeln des Individuums und dessen Gebrauch der Rhetorik durch das Maß der Begriffe »gerecht« und »ungerecht« eine, das Subjekt über seine partikularen Interessen in einen allgemeinen Zusammenhang setzende Bewertung. Das partikulare Interesse des Individuums wird in der Schule vom »Recht des Stärkeren« als allgemeines, natürliches dargestellt; gesetzliches Recht ist Konvention und deshalb unverbindlich; es ist gegen die Natur, die nur das Recht des Stärkeren kennt. Die Lehre vom »Recht des Schwachen« versucht den Begriff der »Gerechtigkeit« vom Interesse des Stärkeren zu lösen und mit der Forderung nach der Möglichkeit der Glückseligkeit für alle, unter Gesetzen, die die Schwachen schützen, zu verbinden.

3. Platon und die Rhetorik

Platon versucht den Begriff der Glückseligkeit aus der subjektivistischen Definition, die ihm die Sophisten gaben, herauszunehmen und ein objektives Prinzip für die individuellen Handlungsweisen zu finden, das, interessenlos – über allen Interessen stehend – als die Idee des Wahren aus dem Prozeß der sich verändernden Dinge in der Realität genommen, unveränderlich feststeht.

So kann auch die Sprachphilosophie Platons nicht, wie die Gorgias', anerkennen, daß Sprache nur ein formales System ist, das sich der Mensch zur Befriedigung seiner Interessen geschaffen hat; er untersucht, inwieweit Sprache fähig ist, das »Wahre« darzustellen oder dieses sich bereits in ihr darstellt.

Im Dialog *Kratylos* untersucht Platon die Thesen, ob sich die Richtigkeit der Wörter auf Vertrag und Übereinkunft (Thesei-Lehre) gründet, oder ob jegliches Ding »seine von Natur ihm zukommende richtige Benennung« [50] (Physei-Lehre) hat.

Die Erkenntnis, daß die ganze Rede und ihre Teile, die Wörter, wahr oder falsch sein können, schließt aus, daß die »Richtigkeit der Wörter« durch eine subjektive, willkürliche Benennung entsteht. Platon stellt einen Werkzeugcharakter des Wortes fest; das Reden und Benennen hat sich, da es Handlungen sind, wie jede andere Handlung, der »Natur der Dinge« anzupassen, den Dingen, die »an und für sich ihr eigenes bestehendes Wesen haben und nicht nur in Beziehung auf uns oder von uns hin und her gezogen nach unserer Einbildung, sondern für sich bestehend, je nach ihrem eigenen Wesen seiend, wie sie geartet sind«. [51] Das Wort ist ein Werkzeug zum Reden und Benennen, wie das Werkzeug zum Weben die Webelade; zerbricht nun diese, so wird der Fachmann, der Schreiner, eine neue herstellen. Dabei denkt er an das Urbild, das Idealbild einer Webelade. Nach dieser Vorstellung wird er die Form der neuen bestimmen. Auch dem Wort liegt ein Urbild (eidos) vor; die Bestimmung der Wörter in ihrem Bezug zum Urbild, das, was das Wort »in Wahrheit ist«, obliegt dem Gesetzgeber (mit Beratung des Sachkundigen, des Dialektikers). Die Richtigkeit des Wortes ist abhängig von der Genauigkeit der Nachahmung des Worteidos, wobei den Buchstaben und Silben bereits Bedeutungsbestimmtheiten beigelegt sind, die in ihrer Zusammenfügung die Bedeutung des Wortes ausmachen. So könnte der Schluß nahe liegen, daß in der umgekehrten Weise, indem also das Wort lautphysiognomisch und etymologisch in seine Bestandteile zerlegt wird, dieses zur Erkenntnis des zugrunde liegenden »Wahren« führte; tatsächlich entwickelt Platon auch einige Etymologien. Dabei sind jedoch die »ironischen Untertöne« [52] zu beachten, denn schließlich wird diese Methode als untauglich zur Erkenntnis des Wahren verworfen; denn, wie es gute und schlechte Gesetzgeber gibt, so gibt es auch weniger gute und bessere Wörter. Es haben sich die weniger guten jedoch auch durch Abmachung und Verabredung durchgesetzt; damit wird die etymologische und lautphysiognomische Analyse als Erkenntnisprinzip wertlos. Schließlich ist das Wort sogar notwendig falsch, denn wäre es eine getreute Nachahmung, so existierte das Nachgeahmte doppelt; eines würde somit unnötig. [53]

So nimmt Platon eine Position zwischen den beiden anfangs aufgestellten Thesen ein, die anerkennt, daß bei der Wortung auch Abmachung und Übereinkunft eine Rolle spielen; die Abmachung und der Vertrag erhalten jedoch eine negative Bewertung, da sie schließlich die Unrichtigkeit der Wörter hervorrufen. So beharrt Platon darauf, das nicht der Nutzen, den der Mensch davon hat, die Richtigkeit des Wortes ausmacht, sondern der größte »etymologische Informationsgehalt« (Derbolav) in Anbetracht des unveränderlich Wahren der Idee. Das bedeutet auch, daß die Wörter nur Schein der Dinge sind, die deren a priori festgelegtes Wesen nur verzerrt nachahmen; im einzelnen Wort ist somit bereits die Prädikation enthalten, sein Sinn ist also schon ohne Satzzusammenhang erkennbar.

Indem das Wort notwendig nur den Schein des Wesens der Dinge darstellt, ist auch die anfangs von Sokrates vertretene Theorie vom Worteidos nicht mehr haltbar (s. o.).

Das Worteidos war gleichsam als Platzhalter der späteren Idee entworfen, unter der Voraussetzung, daß die natürliche Sprache bereits die Erkenntnis der Dinge liefere. Wenn sich nun aber die »natürlichen Namen« nicht mehr als *Wesens*bedeutungen der Dinge – als ihr bestimmter Sinn –, sondern nur als *Erscheinungs*bedeutungen – als ihr noch unvermittelter Sinn, wie er eben in der Sprache zunächst aufgenommen und in Worten fixiert wird – erwiesen, so mußte das Worteidos zwangsläufig eine Entwertung erfahren, die zu seiner Preisgabe führte. [54]

Sprache wird als untaugliches Instrument zur Erkenntnis der Ideen der Wesenserkenntnis gegenübergestellt; sie ist nur ein Schritt zur Erkenntnis des »unveränderlich Wahren«. Platon spricht von einer »Ohnmacht der Sprache« [55]; »wahre Erkenntnis« ist nur möglich, indem sie, »vermöge der langen Beschäftigung mit dem Gegenstande und dem Sichhineinleben, wie ein durch einen abspringenden Feuerfunken plötzlich entzündetes Licht in der Seele sich erzeugt und dann durch sich selbst Nahrung erhält«. [56] Diese Erleuchtung ist Wiedererinnerung (Anamnesis) an die Ideen, die in der Seele schon vor der Geburt lagen.

Im »Phaidros« hatte Platon den mythischen Grund (oder auch die mythische Einkleidung) dieser total retrospektiven Erkenntnislehre weiter und glänzender ausgeführt. Danach hat die Seele vor ihrer Geburt, als Reigengenossin der Götter, die vorzeitlichen Ideen geschaut, und die Wahrnehmung ähnlicher körperlicher Erscheinungen (selber an diesen Ideen wie Schatten teilnehmend) ruft die Erinnerung an jene im Erdenleben vergessenen Urbilder zurück. [57]

Lernen – im Sinne der Erkenntnis eines noch nicht Gewußten – ist demnach nicht möglich, Erkenntnis ist Erinnerung an nicht mehr Gewußtes, Vergessenes.

Menon: Ja, Sokrates, aber meinst du dies so schlechthin, daß wir nicht lernen, sondern daß, was wir so nennen, nur ein Erinnern ist? Kannst du mich wohl belehren, daß sich dieses so verhält?
Sokrates: Schon eben sagte ich, daß du schlau bist, Menon; auch jetzt fragst du, ob ich dich lehren kann, der ich doch behaupte, es gebe keine Belehrung, sondern nur Erinnerung, damit ich nur gleich mit mir selbst im Widerspruch erscheine. [58]

Lernen wird zur Erinnerung an vorwelthafte Ideen. Die sinnlich erfaßbaren, sich verändernden Dinge können zwar einen Erkenntnisprozeß einleiten, da sie an den Ideen teilhaben, die Idee als das unveränderliche, absolute Sein ist jedoch nie in der »Sinnenwelt« vorhanden, sondern von dieser stets getrennt und kann nur gedacht werden. Der politischen Philosophie der Sophisten, die sich mit der Veränderung der Welt befaßte, setzte Platon eine Lehre entgegen, die den Menschen, um sich selbst zu begreifen – sich aus der Subjektivität des Meinens zu lösen –, sich abwenden läßt von äußeren Fragen, die die Glückseligkeit als Ziel menschlichen Lebens in die Erkenntnis der Ideen, des außerweltlichen wahren Seins, legt.

Diese Abwendung vom Äußeren, Konkreten, muß sich auch in Platons Beurteilung der bestehenden Rhetorik niederschlagen; ist diese doch ein Mittel, deren Ziel die Wirkung auf die Außenwelt ist, wird sie doch als »Waffe« bezeichnet, mit der ein Parteiinteresse wahrgenommen wird, bemüht sich die Redekunst doch nicht, wie andere Künste, um die Erkenntnis des Wahren, sondern stellt nur das Wahrscheinliche dar; so erklärt Sokrates:

> Mich dünkt also, Gorgias, es gibt ein gewisses Bestreben, das künstlerisch zwar gar nicht ist, aber einer dreisten Seele angehört, die richtig zu treffen weiß und von Natur stark ist in Behandlung der Menschen; im ganzen aber nenne ich es Schmeichelei. [59]

Kann selbst Sprache nicht die Erkenntnis der Wahrheit vermitteln, so noch weniger die Kunst der Rede, nützt sie doch den »Schein-Charakter« der Worte aus. Themistokles, auch andere Staatsmänner, Perikles, Miltiades oder Kimon haben das Volk nicht durch ihre Reden gebessert, der Wahrheit offener gemacht, denn sie mußten, um zu wirken, reden, wie das Volk es wollte. In dieser Weise kann das Volk nicht gebessert werden; falls der Redner dem Volk nach dem Munde reden muß, das »äußere aptum« erfüllt, so erfüllt er damit die Bedürfnisse seiner Zuhörer; das Ausgesagte wird nicht »um seiner selbst Willen« dargestellt, sondern muß bestimmte empirische Bedürfnisse einlösen, um im Parteiinteresse zu wirken. Die Erkenntnis des Wahren bezieht sich jedoch nicht auf empirische Zusammenhänge, löst keine speziellen Bedürfnisse ein, sondern steht außerhalb all dessen. Das Volk kann durch Reden nicht belehrt werden; die Unwissenden für sich zu gewinnen ist die Tätigkeit des Redners, denn nur bei ihnen wird er mehr Glauben finden als der Wissende. Nicht gemäß der Wahrheit der Sache, sondern gemäß der Wirkung auf die Nichtwissenden wird die Rede ausgerichtet.

Mit den Worten, dem »verzerrten Schein des Wahren«, wird wiederum dem Nichtwissenden Schein erzeugt. Der »Schein des Scheins« tritt an die Stelle der Wahrheit, was, falls die Wirkung auf das Publikum nicht anders erreicht werden kann, dazu führt, daß der Redner bewußt die Unwahrheit vorträgt, falls sie als wahrscheinlicher angenommen werden kann, als die Wahrheit.

> Denn ganz und gar kümmere sich vor den Gerichtsstätten niemand das mindeste um die Wahrheit [...], sondern nur um das Glaubliche, und dieses sei das Scheinbare, worauf also derjenige seine Aufmerksamkeit zu wenden habe, der kunstgerecht reden wolle. Denn bisweilen dürfe er das Geschehene gar nicht einmal sagen, wenn es nicht zugleich auch den Schein für sich hat, sondern nur das Scheinbare, in der Anklage sowohl als Verteidigung, und auf alle Weise müsse, wer redet, nur dem Scheinbaren nachjagen, dem Wahren völlig Lebewohl sagen. [60]

Im *Gorgias* kritisiert Platon die bestehende Rhetorik als Schmeichelei, die von wahrer Erkenntnis wegführt; im *Phaidros* entwickelt er eine immanente Kritik der Rhetorik, indem er in Abgrenzung zur bestehenden erklärt, wie eine *Kunst* der Rede auszusehen hätte. [61]

> *Sokrates:* Muß nun nicht, wo gut und schön soll geredet werden, des Redenden Verstand die wahre Beschaffenheit dessen erkennen, worüber er reden will? [62]

Wie der Redner Dialektiker sein und die Wahrheit über die Redegegenstände erkannt haben muß – wie anders könnte er ohne diese eine richtige, der Sache angemessene, Disposition der Rede vornehmen? –, so muß er auch die »Natur der Seele« dessen kennen, »dem er seine Reden anbringen will«. [63] Ein berühmter Redner wird, wer von »Natur rednerische Anlage« hat und noch »Wissenschaft und Übung« [64] hinzufügt.

Platons idealer Redner ist ein Dialektiker, ein Redner, der die Methoden der Dialektik anwenden kann. [65] Sein Entwurf einer Redekunst unterscheidet sich beträchtlich von der sophistischen Rhetorik; die Kritik stellt sich dar, indem er auf der Grundlage und im Sinne seiner Philosophie, die Erkenntnis der Wahrheit zur conditio sine qua non der Redekunst erhebt. [66]

Die grundsätzliche Kritik des Sokrates wird also nicht aufgehoben, die sich auf die Rhetorik als eine auf Wirkung bedachte, sich mit den konkreten Dingen der äußeren Welt befassende Kunst bezieht. Die Beschäftigung mit der von Sokrates entworfenen Rhetorik ist eine

> »Anstrengung, welcher sich der Vernünftige nicht um mit den Menschen zu reden und zu verhandeln unterziehen soll, sondern nur um den Göttern wohlgefällig alles nach Vermögen auszurichten« [67]; denn »könnten wir aber dieses [das Wahre] finden, würden wir uns dann noch irgend um menschliche Urteile kümmern?« [68]

Sokrates bricht der symbuleutischen und dikanischen Rhetorik als Waffe die Spitze ab; die einzige Form ihrer legitimen Anwendung besteht in der Selbstanklage. [69] Der Unrecht handelnde Mensch kann nicht glückselig sein, auch wenn er dies selbst meint; nach Sokrates ist der Unrecht erleidende glückseliger, da er, im Sinne der Idee des Guten, besser handelt; wahre Glückseligkeit ist also nicht mit dem Handeln nach subjektiven, veränderlichen Maßstäben zu erreichen, sondern nur in bezug auf die Idee des Guten. Der Strafe mißt Sokrates nun eine, von schlechten Taten reinigende Wirkung bei. [70] Der Gestrafte, Gereinigte ist glückseliger als der, der ungestraft Unrecht getan hat und vor das, von Platon als Mythos dargestellte, durch Zeus eingesetzte Gericht nach dem Tode kommt. [71] So gelangt Platon zu der Feststellung, daß der Mensch ein Recht auf seine Strafe hat. Und nur in diesem Fall darf sich der Mensch der Mittel der Rhetorik bedienen: das Unrecht, das selbst oder von guten Freunden getan wurde

> ans Licht zu bringen, damit der Täter Strafe leide und gesund werde, und um sich selbst und andere zu bewegen, daß man nicht feige werde, sondern sich mit zugedrückten Augen tapfer hinstelle vor den Arzt zum Schneiden und Brennen, immer dem Guten und Schönen nachjagend, das Schmerzhafte aber nicht in Rechnung bringend, wenn einer Unrechtes, was Schläge verdient, begangen hat, zum Schlagen sich hergebend, was Gefängnis, zum Einkerkern, was Geldbuße, zum Bezahlen, was Verbannung, zur Flucht, wer aber was den Tod, zum Sterben, jeder als erster Ankläger seiner selbst und der andern, die ihm zugetan sind und eben dazu sich der Redekunst bedienend, um durch Bekanntmachung der Vergehungen von dem größten Übel entledigt zu werden, von der Ungerechtigkeit. [72]

Übles wird dem Feinde getan, verhindert man seine Strafe, hilft man ihn am Entkommen; dies veranlaßt den Sophisten Kallikles festzustellen, daß Sokrates das Leben verkehre und daß gerade immer das Gegenteil getan wird, von dem, was getan werden sollte. Platon will die Rhetorik zur Selbstanklage und zur Reinigung in Anbetracht der außerweltlichen Ideen verwendet wissen, während die sophistische Rhetorik ihr Wirkungsfeld in der realen, von Parteiinteressen bewegten Welt findet.

Doch Platon stellt nicht nur die dikanische Rhetorik auf den Kopf, er verändert auch die Theorie des Genos epideiktikon, wie sie von den Sophisten begründet wurde. In dieser Gattung wird nicht mehr anhand eines Streitfalls eine Übungsrede, in der bestimmte rhetorische Formen demonstriert werden, gehalten, sondern Sokrates betätigt sich im *Symposion* als Lobredner, indem er sich auf etwas Feststehendes, auf das Schöne im ontologischen Sinne seiner Ideenlehre, bezieht. Der Redegegenstand ist nicht strittig, er ist erkannt und steht fest. Sokrates spricht nicht primär um der Menschen willen, sondern um den »Göttern wolgefällig« (s. o.) das Schöne um seiner selbst willen zu loben.

Platons Rhetorikverständnis demonstriert sich auch teilweise recht deutlich in seinen Schriften, in dem »Vorrat an Erinnerungen« [73], wie er die schriftliche Fixierung von Gedanken nennt. Als zentrales Stilmittel wendet er die Frage an. »Siehst Du wohl, Menon, wie ich diesen nichts lehre, sondern alles nur frage?« [74], erklärt Sokrates. Der Befragte spricht nur über etwas, das er schon weiß und nur vergessen hat. Die Fragen des Dialektikers helfen ihm zur Wiedererinnerung (Anamnesis). Ein ebenfalls häufig verwandtes Darstellungsmittel in den Dialogen Platons ist der Mythos (z. B. der Mythos von der Bestimmug der Seele im *Phaidros* oder der des »gerechten Gerichts« über die Toten im *Gorgias*), der gleichnishaft eine feststehende Wahrheit darstellt.

> [D]er mythische Inhalt ist an sich nicht der des echten Gleichnisses, als eines Echos *offener* Bedeutungen mit Incipit vita nova darin. Ist doch dieser mystische Gleichnisinhalt nicht zuletzt deshalb abgelaufen, weil er nichts noch Schwebendes in sich hat, weil er sich als fertig ausgemacht gibt, hoch droben bei gegossenen Göttern. [75]

Platons Kritik an der bestehenden Rhetorik, sie ließe den Zuhörer nicht das »Wahre« erkennen, wirkt sich auch auf seine Beurteilung der Dichtkunst aus. Er wirft ihr vor, sie führe nicht zur wahren Erkenntnis, sondern rufe nur Meinungen hervor, führe somit zur Sicht dessen, »was ›möglich‹, und nicht dessen, was ›wirklich‹ ist«. [76] Den Grund findet Platon darin, daß der Dichter – im Gegensatz zum Dialektiker – nicht weiß, wovon er spricht und sich nicht selbst erklären kann.

> Ich erfuhr also auch von den Dichtern in kurzem dieses, daß sie nicht durch Weisheit dichteten, was sie dichten, sondern durch eine Naturgabe und in der Begeisterung, eben wie die Wahrsager und Orakelsänger. Denn auch diese sagen viel Schönes, wissen aber nichts von dem, was sie sagen. [77]

Der Dichter handelt im göttlichen Wahn (mania), er ist sich seines Handelns nicht bewußt, sondern göttliche Inspiration trägt es ihm auf. [78]

Platon definiert Kunst als Nachahmung (Mimesis), die sich auf die Gegenstände der äußeren Welt, den Schein des Wahren, bezieht. [79] Die Handlung der Dichtung und die damit verbundene Darstellung der Gegenstände im göttlichen Wahn bewirkt nun, daß das Kunstwerk nicht bloß als zweite Stufe des Scheins abgetan werden kann, sondern auf das Wahre, das Wesensmäßige der Dinge hinweist.

Das wahrhaft Schöne kann nicht in den äußerlichen, sich verändernden Dingen erkannt werden, sondern diese können auf die »Idee des Schönen« verweisen. Zur Erkenntnis des wahrhaft Schönen ist, so Platon, Einsicht nötig, der Erkennende muß in sein Wesen eingeweiht sein. Denn auch die Schönheit hat die Seele als vorzeitliche Idee bei den Göttern geschaut und deren Erkenntnis ist Wiedererinnerung an das Schöne, das a priori in der Seele des Menschen liegt. Nur der Philosoph, der »menschlicher Bestrebungen sich enthält und mit dem Göttlichen umgeht« [80], wird, da er durch den steten Umgang mit dem Göttlichen »noch frischen Andenkens ist« [81], das wahrhaft Schöne erkennen. Die Dinge der empirischen Welt haben Teil am Schönen; durch ihre Teilhabe verweisen sie auf das Ideal, auf die außerhalb aller historischen Entwicklung liegende, nicht sinnlich, sondern nur geistig erfaßbare Idee des Schönen.

Dichtung kann zur »Unterhaltung des Philosophen« dienen, denn er ist sich der Wahrheit bewußt und wird stets zu ihr geführt werden, sie kann jedoch, wird sie vom Unwissenden falsch verstanden, Schein erzeugen, weswegen sie von Platon als Mittel der Volkserziehung in seinem Idealstaat abgelehnt wird. [82]

> *Ion:* Welchen deutlichen Beweis hast du mir da aufgestellt, Sokrates! Denn ich will dir nichts davon verheimlichen. Wenn ich nämlich etwas Klägliches vortrage: so füllen sich mir die Augen mit Tränen, wenn aber etwas Furchtbares und Schreckliches, so sträuben sich die Haare aufwärts vor Furcht, und das Herz pocht. [...]
>
> *Sokrates:* Und weißt du wohl, daß ihr auch unter den Zuschauern gar viele ebendahin bringt?
>
> *Ion:* Gar sehr weiß ich das. Denn ich betrachte sie jedesmal oben herab von der Bühne, wie sie weinen und furchtbar umherblicken und mitstaunen über das Gesagte. [83]

Ion berichtet weiter, daß es seine Aufgabe ist, die Zuschauer in diesen Zustand zu versetzen, denn sie empfinden Lust dabei und werden nur in dieser Weise zufriedengestellt.

Die Darstellung von Schrecken- und Furchterregendem stellt Platon hier als Aufgabe des Dichters heraus; damit diese Affekte auf den Zuschauer wirken, müssen sie sich zuvor beim Rhapsoden zeigen. Dieser handelt dann nicht mehr mit eigener Vernunft, sondern mit göttlicher Inspiration, im göttlichen Wahn. Dieses Hervorrufen von Affekten muß für Platon, der als Ziel menschlichen Handelns die Glückseligkeit (Eudaimonia) als die Einsicht in die Wahrheit der Ideen begründet hat, ein Grund sein, die Aufnahme des Dichters in den Idealstaat abzulehnen: es soll ihm verwehrt sein, alle die »schrecklichen und furchtbaren Namen« zu gebrauchen, die

> alle Hörer schaudern machen. Und vielleicht sind sie gut zu etwas anderem, wir aber fürchten für unsere Wehrmänner, daß sie uns nicht durch eben diesen Schauder aufgelöster werden als billig. [84]

Indem Platon den Dichter als göttlich inspiriert beschreibt und ihn nicht rational planen und handeln läßt, unterscheidet er ihn vom Redner, der gerade die Hervorrufung von Affekten zur Wirkung seiner Rede planend einsetzt. Die Wirkung von Affekten auf den Zuschauer war bereits Gorgias und den Sophisten bekannt; sie versuchten jedoch, sie für den Redner als Kalkül praktisch verwertbar zu machen.

Aristoteles beschrieb die Affektwirkung, die die Zuschauer Lust an Schauder und Schrecken gewinnen läßt, in seiner Poetik als Mittel der Tragödie.

> Denn die Tragödie soll nicht jeden beliebigen Genuß verschaffen, sondern nur den ihr gemäßen. Da nun der Dichter durch Nachahmung den Genuß in der Richtung auf Mitleid und Furcht erzeugen soll, so ist es offensichtlich, daß man die Handlung danach einrichten muß. [85]

Als Mitleid und Furcht werden diese Affekte, die die Tragödie hervorrufen soll, eleos und phobos, seit Lessing übersetzt. Dieser übertrug sie als Mitleid im Sinne christlicher Brüderliebe, hinter dem die Furcht zu einem untergeordneten Affekt wird. Die Anwendung dieser Affekte in der Tragödie hat eine Reinigung (Katharsis) von negativen Affekten zur Folge und zielt auf ethische Vervollkommnung in Richtung christlich-humanitärer Prinzipien. Die Tragödie wird als »moralisches Correctionshaus« (Jacob Bernays) betrachtet.

Wolfgang Schadewaldt wies nun darauf hin, daß diese gebräuchliche Übersetzung nicht das trifft, was Aristoteles darunter verstand.

> Halten wir hier vorläufig inne, so erblickt Aristoteles die Wirkung der Tragödie also zunächst darin, daß sie im Zuschauer die Elementarempfindungen des Schauders (Schreckens) und des Jammers (der Rührung) hervorruft, und er bringt mit diesem Teil der Definition soweit durchaus nichts Neues, sondern übernimmt, wie so häufig auf die Volksmeinung, δόξα, [doxa], zurückgreifend, damit zunächst lediglich eine ältere volkstümliche Definition. [86]

Phobos und eleos sind also »Elementaraffekte«, wie in Platons »Ion« beschrieben, die den Zuschauer weinen, das Herz pochen und die Haare sich sträuben lassen. Doch gerade in dem Hervorrufen dieser Affekte sieht Aristoteles, im Gegensatz zu Platon, einen positiven Effekt für den Zuschauer; phobos und eleos bewirken die Katharsis, die Reinigung von diesen Affekten, die eben durch ihre Hervorrufung bewirkt wird. Katharsis ist in früherer Verwendung ein medizinischer Begriff und bezeichnet die Reinigung und Ausstoßung von etwas, das den Menschen belastet und quält; danach fühlt er sich erleichtert. Den Zuschauern einer Tragödie wird, nachdem die Affekte hervorgerufen sind und wieder abklingen, wenn sie also wieder in den Normalzustand zurückkehren,

> je nach dem Maß, in dem der einzelne von ihnen befallen wird [den Affekten], eine »Art von Purgierung« und eine mit einer elementaren Lust verbundene Erleichterung zuteil. [87]

Das Hervorrufen der Empfindungen des Schauders und Jammers hat also keine pädagogische Aufgabe im Sinne ethischer Vervollkommnung, sondern die Aufgabe zu erbauen, Erholung von der Arbeit zu schaffen.

Das darf jedoch nicht zu dem Ergebnis führen, daß, wenn der Zweck der Katharsis in der unterhaltenden und erbauenden Evokation des Schauders und Jammers besteht, die Tragödie einzig in der kunstvollen Erregung von eleos und phobos aufgeht, was zu dem Schluß führt: »Wie sie diese Wirkung erzielt, ist gleichgültig. Und völlig gleichgültig ist ihre Thematik.« [88]

> Die Tragödie ist die Nachahmung einer edlen und abgeschlossenen Handlung von einer bestimmten Größe in gewählter Rede, derart, daß jede Form solcher Rede in gesonderten Teilen erscheint und daß gehandelt und nicht berichtet wird und daß mit Hilfe von Mitleid und Furcht [Jammer und

> Schauder] eine Reinigung von eben derartigen Affekten bewerkstelligt wird. [89]

Die Katharsis ist also eine – der Tragödie eigentümliche – Reinigung von negativen Affekten. Aristoteles verlangt aber, die Tragödie solle Nachahmung (Mimesis) einer edlen Handlung (Praxis) sein. Die deutsche Übersetzung »Nachahmung« und »Handlung« trifft jedoch nicht das, was mit den Begriffen »Mimesis« und »Praxis« gemeint ist.

> Zwei Hauptbedeutungen scheinen sich mit der Mimesis zu verbinden: offenbaren – aus dem Verborgenen hervortreten lassen – und tauschen, verwandeln, also ein Zeigen von etwas, das aus dem Tausch hervorging, das Ursprüngliche nicht so bewahrt, wie es war: Trugbild, Täuschung, Schein. [90]

Der Mimesisbegriff bezeichnet also nicht die genuine Nachahmung der Realität, sondern eine Verwandlung in eine scheinhafte Darstellung, die das in der Realität Verborgene als Möglichkeit hervortreten läßt. Ziel der Dichtkunst ist die Mimesis der Praxis, des Handelns, das seinen Sinn in sich selbst hat, zweckfrei ist, »denn das gute Handeln ist selbst ein Ziel«. [91]

> [Die Mimesis] richtet sich demnach nicht auf jede beliebige Handlung, die sich als Gegenstand der Mimesis darbietet, sondern ausschließlich auf *menschliche Praxis,* in der ihr eigens zukommenden Möglichkeit, gut, schlecht oder durchschnittlich zu sein und *in ihrer Sinngebung durch das Ethos.* [92]

Das Ziel der künstlerischen Darstellung richtet sich also nicht, wie bei Platon, auf die Teilhabe am Wahren, sondern auf das Zutage-Treten-Lassen von Möglichkeiten, die mit der Verwandlung durch die Kunst aus dem Verborgensein in der Realität geholt werden; dazu ist die Mimesis der Praxis, der Menschen mit ihren Handlungen nötig, die ihr Ziel in sich selbst haben. Der handelnde Mensch wird sowohl in der Tragödie, als auch in der Komödie nachgeahmt, aber »die eine ahmt edlere, die andere gemeinere nach, als sie in Wirklichkeit sind«. [93]

Die Komödie ist die Nachahmung des Häßlichen, der Fehler, die jedoch nicht den Menschen bedrohen und so das Lächerliche ausmachen. [94] Die Tragödie ahmt die edlen Handlungen nach. [95] Wenn in der Tragödie die Katharsis bewirkenden Affekte »Schauder und Jammer« hervorgerufen werden sollen, so muß dabei beachtet werden,

> daß nicht anständige Leute beim Umschlag von Glück in Unglück gezeigt werden sollen (denn dies erzeugt nicht Furcht oder Mitleid [Schauder oder Jammer], sondern Widerwillen) und auch nicht der Übergang schlechter Menschen von Unglück zu Glück (denn dies läuft der Tragödie völlig zuwider, da keine der geforderten Wirkungen sich einstellt [...]), noch darf der gar zu Schlechte von Glück in Unglück stürzen ([...] Mitleid [Jammer] entsteht nur, wenn der, der es nicht verdient ins Unglück gerät, Furcht [Schauder], wenn es jemand ist, der dem Zuschauer ähnlich ist [...]) [96]

Um Affekte zu evozieren, muß der »Schein der Nähe« [97] zum Zuschauer erzeugt werden; dem Zuschauer muß etwas Sinnfälliges vorgespielt werden, daß ihn in die Lage versetzt, die vorgespielte Handlung als wirklich zu empfinden; der Schauspieler muß, um die Affekte, die er im Zuschauer hervorrufen will, selbst zu zeigen, Vorstellungsbilder (phantasíai) evozieren; der Zuschauer soll sich mit dem Schauspieler identifizieren, »und über ihn in die Stückfigur« [98] einfühlen.

Im Gegensatz zu Platon, der den Dichter seine Handlungen nicht selbst bewußt ausführen läßt, ihn im göttlichen Wahn handeln läßt, ist die Poetik des Aristoteles eine Bestandsaufnahme der Mittel, die für bestimmte Arten der Dichtung und Kunst verwendet werden können.

> Die Poetik des Aristoteles ist beides in einem: eine Antwort auf die Frage, was Dichtung sei, und eine Anleitung, wie ein Epos, ein Drama am besten zu machen seien. [99]

Die Mittel, die Aristoteles dafür vorschlägt, beruhen auf wissenschaftlicher Erforschung ihrer Wirkung und der Ursachen von Affekterzeugung.

Voraussetzung für den Dichter ist die Kenntnis der Rhetorik. »Was die Gedanken betrifft, so sollen die Darstellungen in den Büchern über die Rhetorik hier vorausgesetzt sein.« [100] Die rhetorische Tugend der Klarheit ist zu beachten, rhetorische Formen, wie die Metapher, Erweiterung und Verkürzung, werden zur Anwendung vorgeschlagen, die Beachtung der Angemessenheit (aptum-Theorie) des Ausdrucks in bezug auf das Auszudrückende ist verlangt. [101] Dem Dichter wird ein Verstoß gegen die Regeln der Poetik und Rhetorik zugestanden, falls er dadurch die von ihm intendierte Wirkung erreicht. [102]

Die Tatsache, daß die Rhetorik ihre Argumente nicht aus der Wahrheit gewinnen muß, sondern aus der Wahrscheinlichkeit, das Hauptargument Platons gegen die zeitgenössische Rhetorik, erkennt Aristoteles für die Dichtungstheorie als verbindlich an. »Man muß das Unmögliche, das wahrscheinlich ist, dem Möglichen vorziehen, das unglaubhaft ist« [103], denn die Dichtung muß, um auf den Zuschauer zu wirken, ihn glauben machen können, daß das Dargestellte wahr sei.

Ziel der Dichtkunst ist es nicht, das im Sonderfall Mögliche, aber allgemein Unwahrscheinliche, sondern das allgemein Wahrscheinliche darzustellen, denn in ihrem Anspruch, das Allgemeine zu beschreiben, unterscheidet sie sich von der Geschichtsschreibung.

> Darum ist die Dichtung auch philosophischer und bedeutender als die Geschichtsschreibung. Denn die Dichtung redet eher vom Allgemeinen, die Geschichtsschreibung vom Besonderen. [104]

Die Rhetorik des Aristoteles nun ist eine systematische Darstellung der Mittel, die dem Redner helfen,

> bei jedem Gegenstand die durch ihn möglichen Überzeugungsmittel zu überblicken [...]. Denn dafür ist keine andere Kunst zuständig, weil jede andere nur über den ihr eigenen Gegenstand lehrt und überzeugt. [105]

Die Rhetorik zielt auf die Darstellung der Mittel der Rede für die Praxis (die Ausführung selbst – actio – ist im aristotelischen Rhetorikbegriff nicht enthalten) vor Gericht und in der Politik; sie ist die Kunstübung, deren Sache es ist, die Ursachen zu betrachten, »welche die einen durch Gewöhnung, die andern von ungefähr das Rechte treffen läßt«. [106]

Der ideale Redner des Aristoteles ist ein Dialektiker, der weiß, wie ein logischer Schluß zu ziehen ist, und die Kenntnisse, die in der Topik dargelegt sind, anzuwenden weiß.

Bevor nun näher von der Konzeption der Rhetorik gesprochen wird, ist es nötig, die Frage zu beantworten, weshalb Aristoteles, im Gegensatz zu Platon, die Rhetorik, die Kunst, glaubend zu machen, nicht ablehnt; dies ist nicht zu trennen von seiner Interpretation der Realität und muß bei seiner Kritik der platonischen Ideenlehre beginnen. [107]

Platon, der mit der Definition der Dinge das Allgemeine suchte, meinte,

> die Definition betreffe etwas anderes als die Sinnesdinge; es sei nämlich unmöglich, über irgendeines von den Sinnesdingen eine allgemeine Definition aufzustellen, da diese ja einer ständigen Veränderung unterworfen seien. Dinge dieser anderen Art nun (auf die die Definitionen zutreffen) nannte er Ideen und meinte, die Sinnesdinge existieren neben diesen und würden vermöge ihrer Beziehung zu diesen bezeichnet. [108]

Ich habe bereits ausgeführt, wie sich bei Platon das Verhältnis von Rhetorik und Philosophie, die der Außenwelt Teilhabe (Methexis) an einem festen, ins Denken verlegten, absoluten Sein zukommen läßt, sich gestaltet. Diese Trennung der äußeren, sinnlich erfahrbaren Realität von den absoluten Ideen kritisiert Aristoteles.

> Weiter dürfte es unmöglich erscheinen, daß das Wesen gesondert von dem existiert, wovon es Wesen ist. Wie können demnach die Ideen, die ja die Wesen der Dinge darstellen, gesondert von ihnen existieren? [109]

Aristoteles verlegt das Wesen der Dinge in die Dinge selbst, er holt den »Himmel der Ideen« auf die Erde zurück. Das Ding wird definiert durch die Form (morphé), in der es sinnlich wahrnehmbar wird, und durch den Stoff (hýle), der der Form als Vermögen zugrunde liegt. Der Stoff wird zum Ermöglichenden der Form, die Form zu einer Möglichkeit des Stoffs, der weitere Möglichkeiten enthält.

> Als Fazit liegt jedenfalls nahe: die angebliche Gleichgültigkeit des aristotelischen Stoffs dem gegenüber, was aus ihm wird, ist nicht nur das zufällige Auch-Anders-Sein-Können, sondern ebenso das unabgeschlossene Noch-Nicht-Sein, ja Viel-Mehr-Sein-Können im Vergleich zu den bereits geworde-

nen Formen. Die Materie wäre danach, in heute erst spruchreif werdender Konsequenz, potentiell reicher als jede ihrer bisherigen entelechetisch bestimmten Form-Gestalten. [110]

Aristoteles interpretiert die Realität als offenen, noch nicht abgeschlossenen Prozeß, in der der Stoff, der dem Ding das Vermögen gibt, etwas noch nicht Seiendes zu werden, Möglichkeiten enthält, die nicht zu jeder Zeit in beliebigen Formen Bestimmtheiten annehmen können, sondern Produkte eines geordneten Prozesses sind; das chaotische, unbestimmte Verändern der Dinge der »Sinneswelt«, das Platon konstatierte, wird als prozessuales, geordnetes Verändern begriffen.

Ebenso, wie nun der Dichter das Wahrscheinliche darstellt, das als Möglichkeit im Bestehenden erkennbar ist, ermöglicht die Offenheit des Prozesses, in dem sich die Dinge befinden, dem Menschen das Eingreifen in diesen Prozeß, von dem er einen Teil darstellt. Die Rhetorik ist ein Vermögen (dýnamis) aus Wissen, in diesen Prozeß einzugreifen, d. h., bei offenen Fragen zur Entscheidung zu verhelfen, zur Realisierung einer Möglichkeit zu gelangen, die vom Redner erkannt ist.

Die Rhetorik ist keine Einzelwissenschaft (episteme). Sie ist daher allein gar nicht lebensfähig [...], sondern lebt von anderen philosophischen Disziplinen, d. h. sie muß ihren Stoff aus anderen Epistemai entlehnen, mit denen sie dadurch untrennbar verbunden ist. [111]

Aristoteles erkennt drei verschiedene Anwendungsgebiete für die Rhetorik. Vor den Volksvertretungen wird die Ratsrede gehalten, die zu- oder abrät; sie klärt die Frage des Nützlichen oder Schädlichen für die Zukunft. Vor Gericht verhilft die Gerichtsrede zur Entscheidung dessen, was Recht und Unrecht ist bei etwas in der Vergangenheit Geschehenem. [112] Von diesen beiden Redegattungen, dem Genos symbuleutikon und dem Genos dikanikon, die beide von etwas noch nicht Entschiedenem handeln, unterscheidet sich das Genos epideiktikon. Die Prunk- oder Festrede erteilt Lob und Tadel über »etwas Vorliegendes« [113], sie muß »auf den Betrachter gleichsam als entscheidenden Richter abgestellt sein« [114] Das »Vorliegende«, der Redegegenstand der Festrede, ist etwas Feststehendes über das kein Zweifel besteht, das also keiner Entscheidung bedarf. »In Festreden ist der Hörer der Beurteiler der Fähigkeit des Redners.« [115] Es kommt darauf an, wie der Redner den Redegegenstand darstellt. So teilt Aristoteles die Rhetorik in zwei Gruppen auf:

In der einen Gruppe werden jene gekennzeichnet, die es mit einem Agon zu tun haben, während das epideiktische Genos [...] durch den Gegensatz bestimmt ist, eben nicht über Dinge zu handeln, die strittig sind. [116]

Das Genos epideiktikon nimmt also eine Form an, die den Lobredner verlangt, wie ihn Sokrates im *Symposion* darstellt; hier knüpft Aristoteles an die platonische Rhetorikkonzeption an; die Entwicklung einer Theorie der Rats- und Gerichtsrede entspringt jedoch einer – von Platon verschiedenen – Interpretation der Realität, die der sophistischen Theorie teilweise verbunden ist.

Für den Einzelnen und die Gemeinschaft gibt es ein Ziel, »auf das man es im Streben und Meiden abgesehen hat« [117], die Glückseligkeit. Aristoteles untersucht nicht, ob der Unrecht Erleidende glückseliger ist als der Unrecht handelnde, ob der Philosoph sogar in der Folterkammer glücklich ist, er definiert »Glückseligkeit« als den Besitz innerer und äußerer Güter durch den Menschen.

> Die inneren Güter sind die der Seele und des Leibes, die äußeren die Geburt, Freunde, Wohlstand und Ehrung. Hinzukommen muß nach unserer Auffassung auch Einfluß und Glück, da so erst das Leben recht gesichert ist. [118]

Die Glückseligkeit des einzelnen Menschen ist abhängig von der richtigen Einrichtung des Staates [119], denn der einzelne Mensch als Zoon politikon ist funktionaler Teil des Gemeinwesens. Zur inneren Glückseligkeit gehört die Tugend, die höchste bezeichnet das Streben nach überindividuellen Interessen, das Schaffen von Voraussetzungen, in denen die Glückseligkeit der Einzelnen möglich ist. So muß der, der sich im Einsatz für eine Sache der Redekunst bedient, nicht nur – wie zum Teil von den Sophisten vertreten – sein eigenes, von den Interessen der Allgemeinheit abweichendes Interesse vertreten, sondern damit rechtes, »aus Tugend entspringendes Handeln« [120] demonstrieren. »Die höchsten Tugenden müssen die sein, die für die andern am nutzbringendsten sind, wenn anders die Tugend eine Kraft des Wohltuns ist.« [121]

Es wurde bereits erwähnt, daß der ideale Redner für Aristoteles ein Dialektiker ist; ein Dialektiker muß aber nicht schon ein guter Redner sein.

Die *Topik* befaßt sich mit dem dialektischen Schluß, »der aus wahrscheinlichen Sätzen gezogen wird«.

> Wahre und erste Sätze sind solche, die nicht erst durch anderes, sondern durch sie selbst glaubhaft sind. Denn bei den obersten Grundsätzen der Wissenschaft darf man nicht erst nach dem Warum fragen, sondern jeder dieser Sätze muß durch sich selbst glaubhaft sein. Wahrscheinliche Sätze aber sind diejenigen, die Allen oder den Meisten oder den Weisen wahr scheinen. [122]

Ist nun das Wahrscheinliche das, was nach der Erkenntnisfähigkeit der Menschen als wahr erscheint, so kann Aristoteles feststellen,

> daß die Wahrheit der menschlichen Natur zugänglich genug ist und die Menschen auch meist mit der Wahrheit zu tun haben. Die Treffsicherheit für das Wahrscheinliche entspringt also derselben Begabung, wie die für das Wahre. [123]

Die Rhetorik befaßt sich mit dem Wahrscheinlichen; ihr Ziel ist es, Mittel bereitzustellen, die den Redner in die Lage versetzen, die Zuhörer zu überzeugen. Es ist die auf praktische Umsetzung zielende Behandlung der durch die Dialektik gewonnenen Erkenntnisse, die sich nicht allein auf die Richtigkeit des Schlusses bezieht (inneres aptum), sondern auch auf die Erkenntnisfähigkeit des Zuhörers (äußeres aptum), denn der Zuhörer »ist richtunggebend. Der Zuhörer muß betrachten und beurteilen, beurteilen entweder Geschehenes oder Kommendes.« [124]

Aristoteles bezeichnet die Rhetorik als »das Gegenstück zur Kunst des Lehrgesprächs«. [125] So erfahren auch die Formen der Schlüsse, wie sie in der *Topik* dargestellt sind, ihre Veränderung, damit sie dem Zuhörer verständlich werden, denn es gibt

> Menschen, die man, selbst wenn man das klarste Wissen besäße, von diesem aus nicht leicht überzeugen könnte, weil Belehrung oder die Gedankenführung der Wissenschaft bei ihnen unmöglich ist. [126]

Der Syllogismus wird als »rhetorischer Schluß« in das Enthymema verwandelt, das Beispiel tritt an die Stelle des Erfahrungsbeweises, der Trugschluß erscheint als scheinbares Enthymema. [127] Aristoteles bezeichnet das Enthymema als »das Kernstück des Überzeugens« [128], denn es bezieht sich sowohl auf das, was den Menschen für wahr scheint, als auch auf die Aufnahmefähigkeit des Zuhörers, indem es Schritte des Syllogismus, die den Zuhöhrer langweilen oder verwirren, ausläßt. Selbst die Sentenz (gnomé) ist ein Unterfall des Enthymems. [129]

Es ist nicht die Pflicht des Redners, in jedem Falle zu überzeugen. Das von ihm vorgetragene Wissen über den Redegegenstand muß mit den Mitteln der Dialektik begründbar sein; Pflicht des Redners ist es, die im Redegegenstand liegenden Überzeugungsmöglichkeiten zu finden. Falls die Rede trotzdem dem Zuhörer nicht einsichtig ist, ist Überzeugung nicht möglich. Dies ist vergleichbar mit anderen Gebieten:

> [A]uch die Heilkunst soll ja nicht gesund machen, sondern nur tun, was sie kann; kann man doch auch diejenigen richtig pflegen, die nicht wieder gesund werden können. [130]

Ist das Enthymema nun das »Kernstück des Überzeugens«, so ist mit ihm nicht nur die rationale Überzeugung, die durch den Syllogismus hervorgerufen werden kann, gemeint, sondern auch die emotionale:

> [S]o hat man nicht nur darauf zu sehen, daß die Rede beweisend und überzeugend sei, sondern man muß auch sorgen, sich selbst und den Beurteiler in eine bestimmte Verfassung zu bringen. Denn es macht für die Überzeugungskraft viel aus, [...] daß die Hörer selbst gerade in einer gewissen Stimmung sind. [131]

Es ist die Aufgabe des Redners, das Publikum in die Stimmung zu versetzen, die es geneigt macht, sich von dem Vorgetragenen überzeugen zu lassen. Dies erreicht er durch das Ansehen seiner Person, seine Würde und Ehrbarkeit; schließlich erreicht er seine Wirkung dadurch, daß »man ihn [den Hörer] durch die Rede zu einer Leidenschaft hinreißt«. [132] Nur zusammen mit den Mitteln des ethos und pathos gelangt die Rede, die sich auf logische Schlüsse stützt, dahin, das Publikum von der bestmöglichen Lösung eines offenen Problems zu überzeugen. [133]

Am Anfang seiner *Rhetorik* kritisiert Aristoteles die bestehende Redekunst, wie sie an den Redeschulen seiner Zeit praktiziert wird. Die Mittel der Affekterregung sind nicht mit den richtigen, durch die Dialektik begründbaren Redegegenständen verbunden, sondern mit Trugschlüssen, wie sie Aristoteles in den »Sophistischen Widerlegungen« [134] dargestellt hat; der Inhalt ist nicht das mit dem Syllogismus verwandte Enthymema, ihr Inhalt ist nur »Beiwerk« [135]: die Mittel der Affekterzeugung – die mit dem Enthymema verknüpft sein sollten – in Verbindung mit dem Trugschluß; so wird dieser als scheinbares Enthymema auftreten.

Das ist eine deutliche Kritik an Rhetoriklehrbüchern in der Art der *Rhetorik an Alexander*. Diese Rhetorik, die in sophistischer Tradition steht, stellt nicht den – für den Zuhörer verständlich gemachten – logischen Schluß in den Mittelpunkt ihrer Theorie, wie es Aristoteles fordert, sondern gibt dem geschickten Redner die Mittel, die ihn in die Lage versetzen, seine Zuhörer mit subjektiver Willkür zu überreden. [136] Ebenfalls richtete sich diese Kritik möglicherweise gegen Isokrates, der zu der Zeit, als Aristoteles an der Akademie unterrichtete, einer der bedeutendsten Rhetoriklehrer war.

5. Cicero und die Rhetorik

Auf die Theorie der Rhetorik zwischen dem Erscheinen der Rhetorik des Aristoteles und der Rhetorik an Herennius soll nur kurz eingegangen werden, da kein Rhetoriklehrbuch – wie etwa die eben erwähnten oder die Bücher Ciceros und Quintilians – aus dieser Zeit erhalten ist.

> Der Niedergang der griechischen Stadtstaaten, der dem Emporkommen Mazedoniens und den Eroberungszügen Alexanders des Großen folgte, hatte seine Wirkung auf die Rhetorik. In den Tagen der großen, von absoluten Monarchen regierten Königreiche wurde die Macht des Redners stark beschränkt, und die in den Tagen der Sophisten für die Rhetorik erhobenen Ansprüche ließen sich kaum aufrechterhalten. Die Oratorik wurde mehr und mehr von der praktischen Politik getrennt. [137]

Die symbuleutische und dikanische Rhetorik verstehen sich als parteiische Kunst, die nur dann richtig existiert, wenn Möglichkeiten bestehen, Parteiinteressen gesellschaftlicher Gruppen oder Klassen öffentlich auszutragen mit der Intention, auf den Zuhörer durch die Rede eine den Parteiinteressen zunutze kommende Wirkung auszuüben.

Nicht mehr ein reales politisches Parteiinteresse wurde durch den Redner wahrgenommen, es wurde nur vorgespielt. Themen und Gerichtsreden, wie sie früher vor den Volksversammlungen und -gerichten gehalten wurden, wurden erörtert und vorgetragen, nur dieses Mal nicht in der Wahrnehmung eines historischen, das Gemeinwesen betreffenden Interesses [138], sondern vor dem Hintergrund der Monarchie als verstaubte »Prunkstücke«. Die Rhetorik wurde von dem Moment getrennt, das sie einst zur Existenz brachte: der intendierten Wirkung im Interesse einer Partei. Marx bemerkt, in Anlehnung an Hegel, am Anfang des *Achtzehnten Brumaire,* daß sich alle großen weltgeschichtlichen Tatsachen sozusagen zweimal ereignen; er fügt hinzu: »das eine Mal als Tragödie, das andere Mal als Farce.« [139] Der Vortrag früherer Reden, die wichtige Entscheidungen in den Volksvertretungen bewirkt hatten, wurde hier – unter der Herrschaft von Monarchen – zur geduldeten historischen Farce.

In dieser Zeit des Hellenismus ging die Beschäftigung mit der Rhetorik zu den Schulen über.

> In einer seiner Entwicklungsphasen – wir wissen nicht wann – nahm ein Erziehungssystem Gestalt an, in dem auf die »Grammatik«, das Studium der Sprache und der Literatur, die »Rhetorik« folgte. [140]

Die Rhetorik erstarrte zu einem formalen, trockenen und technischen System; von jeder Möglichkeit der Wirkung in der praktischen Politik getrennt, ging mit dem Fehlen der Wirkungsintention das Ausbleiben des bedeutenden Inhalts einher.

> Von den Rhetoren der hellenistischen Epoche wurde der Anspruch erhoben, durch die Techne zur Bürgertugend zu erziehen. Aber in Verkennung ihrer Kräfte suchte die Rhetorik, wenn überhaupt, die Normen in sich selbst, und darum konnte die Philosophie ihr nachweisen, daß sie bei dem leeren Anspruch stehenbleiben mußte. [141]

Das Spektrum der Beschäftigung mit der Rhetorik in den Philosophenschulen reichte von einer gänzlichen Ablehnung durch die Epikureer (erklärbar durch ihren Verzicht auf politische Wirksamkeit) bis zu einer Beschäftigung mit Teilen der Rhetorik – im Schatten der Grammatik – bei den Akademikern, Peripatetikern und Stoikern. [142]

Bei den Stoikern wird Rhetorik zumeist als Bestimmung von Formen für die Dichtkunst behandelt, getrennt von politischer Rede. In der Diskussion über Platons *Kratylos* entsteht eine Sprachschöpfungstheorie, die, rekurrierend auf die Physei-Lehre – damit im Gegensatz zur Thesei-Lehre des Aristoteles –, die Urwörter (protai phonai) durch ihre lautliche Struktur als Nachahmung der Dinge darstellt. Die Sprachneuschöpfung, die sich auf noch nicht benannte Dinge bezieht, ist eine Übertragung der Urwörter, die dabei eine Veränderung in ihrer Lautstruktur erfahren. Diese Veränderung entsteht durch eine Ähnlichkeit (similitudo), Nachbarschaft (vicinitas) oder durch das Gegenteil (contrarium) des Inhalts des zu Benennenden gegenüber dem Benannten. Aus dieser Wortschöpfungstheorie entwickelte die Stoa die Lehre von den Tropen.

Tropen sind übertragene Wörter – in der Theorie der Stoa nur einzelne –, die entweder in Notwendigkeit für ein fehlendes Wort ein bereits existierendes auf den Gegenstand übertragen (Bsp.: Katachrese), oder als Schmuck die »eigentlichen Wörter« durch andere ersetzen und dadurch bestimmte Eigenschaften besonders hervortreten lassen (Bsp.: Metapher). Bei dieser Übertragung sind, wie bei der Wortschöpfungstheorie, die Ähnlichkeit, Nachbarschaft und das Gegenteil die Bezugspunkte. Neben der Weiterentwicklung der Figurenlehre des Theophrast entwickelten die Stoiker eine neue Lehre von den Figuren. [143]

Diese Tropen- und Figurenlehre hatte Einfluß auf die spätere Entwicklung der Rhetorik als »praktische« Kunst, sie war von den Stoikern jedoch nicht als Mittel der politischen Rede konzipiert worden.

> Bei der Schöpfung der Tropenlehre war für die Stoiker gewiß nicht die Rücksicht auf die Prosarede maßgebend; denn wir wissen, daß sie einem einfachen und schlichten Stil huldigten [...]. Aber es ist selbstverständlich, daß sie den Dichtern das Recht auf schmuckvolle Ausgestaltung ihrer Sprache zuerkannten; und mit Rücksicht auf sie haben sie offenbar ihre Tropenlehre geschaffen. Man versteht nun, weshalb auch die Grammatiker, deren Haupttätigkeit ja den Dichtern galt, sich mit der Tropenlehre beschäftigten, und weshalb die Tropen geradezu als grammatische oder dichterische bezeichnet wurden. [144]

Die Auffassung von der Rhetorik als eine die Formen nur beschreibende Wissenschaft, die im Rahmen der Grammatik zu behandeln ist, herrschte auch an den anderen Philosophenschulen. Erst als die Kenntnis der Rhetorik für den Politiker, der im öffentlichen Leben Roms nach Macht strebte, zur unabdingbaren Voraussetzung wurde, begannen die Akademiker Philon von Larissa – der nach Rom geflohenen Lehrer Ciceros – und dessen Nachfolger Antiochos von Askalon, Rhetorik in ihren Vorlesungen zu behandeln – nicht nur als formales System, sondern auch bereits mit Zugeständnissen an die rednerische Praxis.

Bereits zur Zeit der Gracchen begehrten unterdrückte Bevölkerungsschichten gegen die Optimaten und ihre Privilegien auf. Tiberius Gracchus wurde, nachdem er eine Bodenreform durchgesetzt hatte, die Vorteile für die verarmten und abhängigen Schichten des Volkes brachte, zusammen mit Saturnin von den Optimaten umgebracht. – Drusus, seit 93 v. Chr. Volkstribun, wurde ebenfalls von den Optimaten ermordet.

– Sulpicius wollte die Abhängigkeit der Senatoren von den Geldern der Reichen abschaffen; er wurde durch Sulla festgenommen und hingerichtet. Mit Gewalt versuchten die Optimaten ihre Herrschaft aufrecht zu erhalten.

Mittel, die ihre Macht gefährden konnten, wurden von ihnen unterdrückt; auch die Rhetorik, war sie doch ein Instrument zur Machterlangung im politischen Leben, wurde 92 v. Chr. als Lehrgegenstand verboten. Die Censoren Crassus und Domitius Ahenobarbus erließen ein Edikt mit dem folgenden Inhalt:

> Man hat uns berichtet, daß es Männer gibt, die eine neue Lebensart eingeführt haben, und daß die männliche Jugend deren Schulen besucht; daß diese Männer den Namen Lateinische Rhetoriker angenommen haben; und daß junge Männer bei ihnen ganze Tage in Müßiggang zubringen. Unsere Vorväter haben festgelegt, was ihre Kinder lernen und welche Schulen sie besuchen sollten. Diese Neuerungen, die den Gebräuchen und Traditionen unserer Vorväter zuwiderlaufen, mißfallen uns, auch halten wir sie für rechtswidrig. Weshalb wir es für richtig erachten, denen, die diese Schulen betreiben, und denen, die sie besuchen, klarzumachen, daß wir ihr Verhalten nicht billigen. [145]

Zum erstenmal wurde in Rom die Redekunst in lateinischer Sprache unterrichtet und war deshalb auch von breiten Schichten der Bevölkerung zu erlernen. Mit diesem Verbot versuchten die Optimaten die Beschäftigung mit der Rhetorik, die auch in Gruppen, die politisch für Rechte des Volkes eintraten, verbreitet war, zu unterbinden. Doch mit der weiteren Entwicklung der Republik konnte auch ein Verbot der Rhetorik nicht länger bestehen. In den Jahren zwischen 86 und 82 v. Chr. entstand die *Rhetorik an Herennius.*

Lange Zeit wurde sie Cicero zugeschrieben, dann jedoch erkannt, daß dessen Autorenschaft nicht in Frage kommt. Cornificius wurde als Autor in Betracht gezogen und wird verschiedentlich noch heute als der Verfasser bezeichnet. Der Name des Autors läßt sich jedoch, wie bei der *Rhetorik an Alexander,* nicht mit Sicherheit ausmachen. Aufgrund der Beispiele, die er für die Anwendung der rhetorischen Mittel gibt, läßt sich jedoch sagen, daß er aus Kreisen kommt, die der marianischen Partei nahestanden und in ihrer Kritik sich gegen Sulla richteten. »Es ist doch kein Zufall, daß in den Beispielen, die zur Erklärung der rhetorischen Vorschriften gegeben werden, die Optimaten schlecht wegkommen.« [146]

Der Autor der *Rhetorik an Herennius* will für die Rede Vorschriften geben, die »praktisch angewendet werden müssen«. [147]

> Die Aufgabe des Redners ist, über die im bürgerlichen Leben durch Herkommen und Gesetze bestehenden Verhältnisse, so weit es angeht, mit Zustimmung der Zuhörer sprechen zu können. [148]

Die Rhetorik ist für den Autor ein Mittel, um strittige Fälle zur Entscheidung zu bringen. Dies wird in der Behandlung der drei Gattungen der Redegegenstände bewiesen: die deliberative (symbuleutische) und iudiciale (dikanische) Gattung ist für ihn wichtig; zur epideiktischen Gattung wird zwar erklärt, daß sie nicht zu vernachlässigen sei, doch erhält sie eine ähnliche Bewertung wie bei den Sophisten; sie wird der deliberativen und iudicialen Gattung als Hilfsmittel zugeordnet.

> Diese Gattung darf darum, weil sie selten im Leben vorkommt, nicht nachlässiger behandelt werden. Denn man muß sich in den Stand setzen, Das, was möglicherweise eintreten kann, auf die angemessenste Weise zu thun: und wenn diese Gattung abgesondert nicht so oft behandelt wird, so kommen doch bei gerichtlichen und berathenden Reden oft große Parthien von Lob oder Tadel vor. Deßwegen glauben wir, daß man auch auf diese Gattung der Rede allen Fleiß verwenden müsse. [149]

Die *Rhetorik an Herennius* ist in einer, für das Volk verständlichen Sprache geschrieben und fordert diese auch vom Redner. Der »sermo plebeius« des Autoren bestimmte auch in späteren Zeiten häufig die Konzeptionen des Rhetorikunterrichts, falls er für die Rede mit dem Volk ausbilden sollte. [150]

Kurz nach der *Rhetorik an Herennius* entstand auch Ciceros erstes Werk über die Redekunst, die vier Bücher *Von der rednerischen Erfindungskunst (De inventione rhetorica).* Dieses Frühwerk Ciceros zeigt starke Ähnlichkeit mit der *Rhetorik an Herennius* und ist vorwiegend eine auf die rhetorische Technik bezogene Anleitung zur Beredsamkeit.

Auch für Cicero, für den die Rhetorik als Mittel zur politischen Wirkung konzipiert ist, ist die Untersuchung der epideiktischen Rhetorik nicht von großem Belang. Eine ähnliche Trennung wie Aristoteles' Differenzierung zwischen der Rhetorik, die sich mit strittigen Fällen beschäftigt und der, die etwas Feststehendes, Unbestrittenes darstellt, nimmt auch Cicero vor; er unterscheidet zwischen einer praktischen und einer nichtpraktischen Rhetorik; die praktische könnte »contentio« benannt werden, die nichtpraktische bezeichnet Cicero als »sermo«. [151] Zum »sermo« gehört »der Philosophen Rede«:

> [Sie] ist sanft und für die stille Studierstube bestimmt, nicht mit Gedanken und Worten für das Volk ausgestattet [...]; in ihr ist nichts von Zorn, nichts von Neid, Drohung, Klage, List; sie ist, man möchte sagen, eine keusche, bescheidene, reine Jungfrau. Daher nennt man ihre Art zu reden vielmehr Unterhaltung *(sermo)* als Rede im engeren Sinne *(oratio).* [152]

Cicero entwirft eine Theorie der Beredsamkeit für die oratio, für die auf Wirkung im Parteiinteresse bedachte Rede. Er will die zum sermo gehörende Rede, wozu zweifellos auch die Lobrede gerechnet werden muß (es darf jedoch hier nicht der Eindruck entstehen, als gehörte die Evozierung von Affekten nicht zur Lobrede; es fehlen nur die oben erwähnten parteiischen Leitaffekte, Neid etc.) nicht behandeln, »weil sie des Vergnügens wegen, ich möchte sagen zur Augenweide geschaffen ist«. [153]

So geht Cicero, in der Betonung der »praktischen« Rhetorik, auf die Tradition der Sophisten zurück; ebenso wie diese versuchten, Philosoph und Politiker – wozu notwendig auch die Kenntnis der Rhetorik gehörte – in einer Person zu vereinigen, versucht auch Cicero, die Rhetorik als Mittel zur praktischen Umsetzung philosophischen Wissens darzustellen.

> Aber so wie es manche gab, und zwar nicht wenige, die im Staat durch die zweifache Weisheit des Handelns und Redens, die sich nicht von einander trennen läßt, hervorglänzten, wie Themistokles, Perikles, Theramenes, oder die zwar selbst nicht an Staatsgeschäften teilnahmen, aber doch Lehrer der Staatsweisheit waren, wie Gorgias, Thrasymachos, Isokrates, so fanden sich dagegen auch Männer, die, obwohl mit Gelehrsamkeit und Geistesgaben reichlich ausgestattet, doch aus Grundsatz sich des Staatswesens und der öffentlichen Geschäfte enthielten und diese Redeübungen verspotteten und verachteten. Unter diesen war Sokrates die Hauptperson [...]. Dieser hat [...] die in Wirklichkeit zusammenhängenden Wissenschaften, weise zu denken und schön zu reden, in seinen Untersuchungen getrennt. [154]

Für Cicero ist das Auffinden von Gedanken durch den Philosophen mit der Intention verbunden, diese zur Wirkung im Staatsleben gelangen zu lassen. Die Verbindung von Philosophie und Rhetorik stellt sich für ihn als die Verbindung der Theorie mit der Praxis dar.

Konfrontiert mit der Kritik an der Beredsamkeit, die erklärt, Rhetorik könne auch für »schlechte Zwecke« eingesetzt werden, sie sei die »Kunst«, die es versteht, auch die schlechtere Sache als die bessere erscheinen zu lassen, fordert Cicero vom Redner Kenntnisse in der Philosophie und kritisiert die Redeschulen, die nur die formale rhetorische Technik lehren. Er geht davon aus, daß ein Redner aufgrund seiner philosophischen Unkenntnis, aber der Kenntnis der rhetorischen Mittel, das Schlechtere als besser darstellen kann. Die parteiische Rede, die das Interesse eines Einzelnen oder einer gesellschaftlichen Interessengruppe vertritt, ist für ihn nicht schon deshalb schlecht, weil sie parteiisch ist, sondern diese Interessenwahrnehmung ist ein notwendiger Bestandteil im Staatsleben der römischen Republik zur Zeit Ciceros. Der Mensch hat – so Cicero – von Natur aus einen Drang zur Tugend und ein »ausgeprägtes Gefühl anhänglicher Verpflichtung gegenüber dem Gemeinwohl« [154a], das er nicht nur besitzen, sondern mit Hilfe der Rhetorik praktisch umsetzen soll. Somit kann die Rhetorik, zusammen mit philosophischer Einsicht, nur dem Nutzen des Staates dienen.

Als historisches Beispiel für den Nutzen der Beredsamkeit, gleichsam als Legitimation der Rhetorik in Verbindung mit der »Staatskunst«, führt Cicero die Befreiung des Menschen aus dem Naturzustand an, in dem

> einst die Menschen ohne Natur- und Staatsrecht zerstreut und einzeln umherschweifend auf den Feldern lebten und nur so viel besaßen, wie sie durch das Faustrecht unter Mord und Blutvergießen an sich raffen oder behaupten konnten. [155]

Der Mensch in diesem Naturzustand war, so Cicero, schlecht und verdorben.

> So mißbrauchte, aus Irrthum und Unverstand, die Leidenschaft diese blinde und tollkühne Herrscherin, zu ihrer Befriedigung die Kräfte des Körpers, eine höchst verderbliche Begleitung. Da erkannte denn Einer – gewiß ein großer und weiser Mann – welcher Stoff und welches so bequeme Mittel für die wichtigsten Dinge in dem menschlichen Geiste liege, wofern nur Jemand sie hervorzulocken und durch Vorschriften zu veredeln im Stande wäre. [156]

Derselbe, der es verstand, mit seinem Verstand die Unzulänglichkeiten des Naturzustandes zu erkennen, gewann durch die Rede Einfluß auf die Menschen und bildete sie um, so daß sie Staaten bilden, Gesetze und Rechte anordnen konnten. [157]

Cicero entwirft für die Redekunst ein Idealbild des Redners, ein Bild, an dem sich jeder Redner messen soll, daß er jedoch nie erreichen wird. Der Ausgangspunkt zu diesem vollkommenen Redner (perfectus orator) ist die Verbindung von umfangreichem Wissen mit Rhetorik, die den Redner zu »richtigem« Handeln befähigen soll. Die Grundlage zu diesem Wissen ist die – schon von den Sophisten geforderte – Allgemeinbildung (enkyklios paideia), das Wissen, das später in den artes liberales Bedeutung hat. Für den Redner unerläßlich ist die Kenntnis der Gesetze, die er nicht nur für Reden vor den Volksversammlungen und dem Senat braucht, sondern auch in Kriminalprozessen (causae publicae). Deren Ausgang

> hing nicht selten von der Redegewandtheit ab, mit der Ankläger und Verteidiger ihre Sache zu führen verstanden; und sie hatten vielfach einen rein politischen Charakter. Selbst bei Streitigkeiten in Zivilsachen *(causae privatae)* war der Erfolg weitgehend bestimmt von der rednerischen Geschicklichkeit der Sachwalter *(patroni)*. Und auch diese Prozesse hatten im politischen Leben eine gewisse Bedeutung: Sie waren für den aufstrebenden Politiker ein Mittel, um in den breiten Massen der Bevölkerung sich bekannt und beliebt zu machen und auf diese Weise seine Person für die Wahlen zu empfehlen. [158]

Verbunden mit der Gesetzeskenntnis muß das Wissen um die Verwaltung und Lenkung des Staates sein. Die Geschichte gibt schließlich dem Redner einen Vorrat an Beispielen, gleichsam nützlich für die gedankliche Reflexion, wie auch als Überzeugungsmittel vor dem Senat, dem Gericht oder der Volksversammlung.

Cicero teilt die Philosophie in ihre drei Teile auf: die Naturwissenschaft, die Dialektik und die Ethik (die »Lehre von dem Leben und den Sitten«, die »vom Redner gründlich erlernt werden« [159] muß). Während die ersten beiden Disziplinen eher vernachlässigt werden können, ist die Kenntnis der dritten unbedingt notwendig, wenn der Redner auf das Volk wirken will; er muß die Sitten des Volkes kennen, er muß sie zu beurteilen wissen, er muß um das »Schickliche« wissen.

> Die Grundlage der Beredsamkeit aber, wie von allen anderen Dingen, ist das richtige Taktgefühl. Denn wie im Leben, so ist in der Rede nichts schwieriger als die Einsicht, was sich schickt; πρέπον [prépon] nennen es die Griechen, wir dürfen es wohl *decorum* nennen. [...] Der Redner hat [...] auf das Schickliche [...] zu sehen. [160]

Cicero verlangt schließlich die »ganze Staatswissenschaft und Gelehrsamkeit« [161] als Wissensgebiet des Redners. Der Redner muß über »alles, was auch immer bei den Menschen Gegenstand der Erörterung werden kann« [162], gut, d. h. wirkungsvoll, reden können. Dieses Ideal der »perfectus orator« ist schon vor Cicero in ähnlicher Weise bestimmt worden. Es ist ihm nicht nur durch den Akademiker Philon von Larissa, seinen Lehrer, übermittelt worden [163], sondern ebenso begründet in der Tradition der Sophisten – behauptet doch Gorgias, er wisse über jedes Thema gelehrt zu reden – und des Aristoteles, der die Rhetorik als die Kraft bezeichnete, in allen Dingen das Überzeugende zu finden [164], einer Tradition also, die zum Selbstverständnis des Redners seine politische Wirksamkeit rechnete. Die Forderung der »universalen Beredsamkeit« beinhaltet jedoch nicht, daß der Redner ausnahmslos alles wissen muß.

> Nicht jedoch will ich den Rednern, zumal den unsrigen, deren Zeit von den Geschäften des Staatslebens so sehr in Anspruch genommen wird, eine so große Last aufbürden, daß ich ihnen nicht vergönnen sollte, einiges nicht zu wissen. [165]

Der ideale Redner muß ein umfangreiches Wissen besitzen, er muß in der Lage sein, über jedes Gebiet eine Rede zu halten, was jedoch nicht ausschließt, daß er sich in speziellen Fällen von einem Fachwissenschaftler Rat holt, da er – selbst kein Fachwissenschaftler – sich nicht in jedem Fall auskennen kann. Notwendig ist jedoch, daß er die speziellen Fälle verarbeiten, d. h., sodann wirkungsvoll über sie sprechen und sie, um sie besser beurteilen zu können, in einen allgemeinen Zusammenhang stellen kann.

> So sucht der Redner, nicht jener gewöhnliche, sondern der ausgezeichnete, von dem wir sprechen [...], immer die Streitfrage womöglich von den einzelnen Personen und Zeitumständen fernzuhalten. Es läßt sich umfassender über die Gattung als über die Art sprechen, so daß, was vom ganzen bewiesen ist, auch vom Teile als bewiesen gelten muß. [166]

Der Redner muß also versuchen, jeden speziellen Fall (Hypothesis) zu einem allgemeinen (Thesis) zu machen. In der Darstellung des besonderen Falls als allgemeinen werden erst »größere«, »gewichtigere« Aspekte und Zusammenhänge deutlich, die die Rede »gewichtig und geschmackvoll«, »besonders licht- und wirkungsvoll« machen. [167]

Cicero kritisiert die Schulrhetoren, da sie nur über die besonderen Fälle sprechen können. Es ist die Kritik an der minimalistischen Anforderung an das Wissen des Redners, der nicht in allgemeinen Zusammenhängen über ethisch-philosophische und politische Probleme sich äußern kann, sondern meint, es genüge,

> von den Sitten der Menschen das zu wissen und zu sagen, was den Sitten der Menschen nicht zuwiderläuft. [...] Die Schriften der Philosophen aber spare er sich für eine solche tusculanische Erholung und Muße, wie wir sie jetzt genießen, auf. [168]

Cicero selbst war besonders durch die Philosophen Philon und später Antiochos beeinflußt worden. So erklärt er von sich:

> [A]ndrerseits bekenne ich, daß ich als Redner, wenn ich einer bin, oder was ich auch immer sein mag, nicht aus den Werkstätten der Rhetoren, sondern aus den Hallen der Akademie hervorgegangen bin. [169]

In der Methode der Akademiker und Peripatetiker, sowohl für als auch gegen jeden allgemeinen Satz zu reden [170], sieht Cicero eine praktische Übung, die auch dem Redner von Nutzen ist.

> Sollte aber dereinst einer auftreten, der nach des Aristoteles Weise über alle Gegenstände für und wider seine Ansicht vortragen und nach dessen Regeln bei jeder Sache zwei entgegengesetzte Vorträge halten oder nach des Arkesilios und Karneades Weise gegen jeden vorgelegten Satz gründlich reden und mit dieser wissenschaftlichen Bildung auch die Übung der Rednerschule und die Fertigkeit im Reden vereinigen könnte, so würde ich sagen, der ist der wahre, der vollkommene, der einzige Redner. [171]

Cicero sieht hier bereits in der Übungsrede die Möglichkeit, entgegengesetzte Standpunkte einzunehmen, so für die rednerische Praxis zu lernen, den eigenen parteiischen Standpunkt besser zu vertreten, da die Argumente des Gegners bereits bekannt sind und »entschärft« werden können (z. B. mit den Figuren: subiectio, conciliatio, praeparatio, concessio u. a.). Zur Übung rät Cicero allgemeine Themen zu behandeln (s. o.); dies versetzt den Redner in die Lage, über den besonderen (über jeden) Fall in der Praxis überzeugend zu sprechen.

Die Beschäftigung mit der Philosophie und den genannten Wissenschaften sieht Cicero immer im Zusammenhang mit der Rhetorik unter praktischen Aspekten. Wie Isokrates warnt er vor einer zu intensiven Beschäftigung mit der Philosophie, die schließlich die praktischen Aspekte der Rhetorik aus dem Auge verliert. [172] Cicero ist ein Eklektiker, der die verschiedenen Philosophien stets unter dem Gesichtspunkt der Brauchbarkeit für die rednerische Praxis betrachtet und bewertet.

Häufig betont er, daß es nicht ausreicht, nur über die Kunstvorschriften der Rhetorik (ars), Bescheid zu wissen.

> [E]s müssen noch gute Veranlagung *(natura), imitatio* (Studium mustergültiger Vorbilder und deren Nachahmung), *exercitatio* und eine gründliche Allgemeinbildung hinzukommen: lauter Dinge, die mit der *ars* nichts zu tun haben und die man unter dem gemeinsamen Begriff *artifex* zusammenfassen kann. [173]

Als Voraussetzungen des Redners, die durch keine Kunst lehrbar sind, daher seiner Natur zuzurechnen seien, fordert Cicero

> eine bewegliche Zunge, eine klangvolle Stimme, eine starke Brust, Leibeskräfte und eine gewisse Bildung und Gestaltung des Gesichtes und Körpers [...] das Gemüt und der Geist müssen eine schnelle Beweglichkeit besitzen, so daß sie in der Erfindung Scharfsinn und in der Entwicklung und Ausschmückung Reichhaltigkeit zeigen und das dem Gedächtnis Anvertraute fest und treu behalten. Und sollte jemand meinen, diese Eigenschaften könnten durch Kunst erlangt werden – das ist aber falsch. [174]

Cicero schätzt sehr wohl die Möglichkeiten, die durch die technischen Mittel der Rhetorik gegeben sind und wendet sich gegen die Philosophen, die erklären, ein gewichtiger Inhalt bedürfe zur Darstellung keiner kunstmäßigen Rede, sondern der Mensch besitze »von Natur aus, die Fähigkeit, diesen angemessen darzustellen; er räumt jedoch ein, daß der ideale Redner gewisse Voraussetzungen der »natura« mitbringen muß, um die »ars« zu erlernen.

Die Regeln der Rhetorik sind Ergebnisse einer Erfahrungswissenschaft, sie sind entstanden und entstehen durch »Beobachtungen, die man in der Erfahrung und Ausübung der Rede macht, von einsichtsvollen und erfahrenen Männern bemerkt und aufgezeichnet, durch Worte bestimmt, nach den Gattungen erläutert und in gewisse Abteilungen gebracht«. [175]

Die Rede muß, so Cicero, »aus der Erkenntnis der Sachen [...] erblühen« [176], da weder der Schmuck der Worte sich finden lasse ohne erzeugte und deutlich ausgedrückte Gedanken noch irgendein Gedanke lichtvoll sein könne ohne das Licht der Worte. [177] Der Erkenntnis der Sachen legt Cicero als »Richtschnur« für den Redner die Wahrscheinlichkeit zugrunde, denn nichts ist zuverlässiger als das, »was in jedem Falle für mich den höchsten Grad der Wahrscheinlichkeit hat, da die absolute Wahrheit im Verborgenen liegt«. [178] Die Feststellung, daß die absolute Wahrheit der menschlichen Erkenntnis nicht zugänglich ist, hat für Cicero nicht die Absage an die »Welt des Scheins« zur Folge, vielmehr wirkt der Redner auf das Bestehende mit seiner Kunst ein, indem er zum Stoff der Rede das Wahrscheinliche, das Erkennbare und Nützliche macht.

Wie nun über jeden Gegenstand je nach der Parteizugehörigkeit des Redners verschiedene Standpunkte vertreten werden können, so folgt auch der Nutzen eines Gegenstandes dem Streit der Parteien. Der Redner hat die Aufgabe, dem Nutzen seiner Partei (Partei-utilitas) durch die Wahl seiner Worte und die Ausführung seiner Rede zu dienen. Dabei wird er versuchen, den Willen der Zuhörer zu lenken. Ein vollkommener Redner ist,

> wer auf dem Forum und in Zivilprozessen so spricht, daß er *beweist* [probare], *unterhält* [delectare] *und den Willen der Zuhörer beherrscht* [flectere]. Beweisen ist notwendig, Unterhaltung angenehm; wer aber den Willen der Zuhörer zu bestimmen weiß, der trägt den Sieg davon; [...] Der Zahl der Pflichten eines Redners ist die Zahl der Redegattungen gleich; die *schlichte* Gattung ruht im Beweisen, die *gemäßigte* im Ergötzen, die *stürmische* bemächtigt sich des Willens der Zuhörer. [179]

Entsprechend jeder Redegattung bedient sich der Redner der drei Stilarten: stilus tenuis oder humilis, stilus medius oder mediocris und stilus grandis oder gravis. Die Anwendung der drei Stilarten richtet sich sowohl nach den Zuhörern als auch nach dem Redegegenstand. Das »Niedrige [muß] schlicht, das Erhabene mit Würde, das zwischen beiden Liegende in rechter Mischung« [180] vorgetragen werden. Der Redner darf das innere und das äußere aptum nicht verletzen, er muß angemessen von einer Sache für ein Publikum reden.

Bei der Wahl der Wörter, die unter Berücksichtigung der »Schicklichkeit« – wie der gesamte Vortrag – zu erfolgen hat, unterscheidet Cicero zwischen eigentlichen und uneigentlichen. Dem Gegenstand ist nicht immer ein bestimmtes Wort zugeordnet, oder aber dies Wort läßt ihn vielleicht nicht im rechten Licht (im Sinne der Partei-utilitas) erscheinen; so kann der uneigentliche, übertragene Gebrauch eines Wortes den Gedanken oft treffender bezeichnen oder eine Sache kürzer ausdrücken (in Wortverbindungen) als das eigentliche Wort (verbum proprium). Auch finden

> die Menschen an den uneigentlichen, wenn sie mit Verstand gewählt sind, ungleich größeren Gefallen. Dies kommt, glaub' ich, daher, teils weil es von Scharfsinn zeugt, wenn man das vor den Füßen Liegende überspringt und anderes aus der Ferne herbeiholt, teils weil der Zuhörer dadurch mit seinen Gedanken zu anderen Vorstellungen geführt wird. [181]

Die uneigentlichen Ausdrücke gehören zum Schmuck (ornatus) der Rede, den der Redner anwendet, um den Zuhörer emotional zu beeinflussen, um ihn gefällig zu stimmen oder ihn mitzureißen. [182]

Nun gab es in Rom verschiedene Auffassungen von der Anwendung des Redeschmucks. Die eine wird mit dem Schlagwort »Asianismus«, die andere mit »Attizismus« bezeichnet (als dazwischen liegend charakterisiert man den »rhodischen Stil«). Als Asianismus wird die Stilrichtung bezeichnet, die in stärkerem Maße Redeschmuck verwendet; Hortensius, ein Prozeßgegner Ciceros, gilt als deren bedeutendster Vertreter der Zeit. Die Attizisten dagegen bedienen sich vorwiegend der schmucklosen, nüchternen Sprache; Cicero wendet sich in seinem Buch *Der Redner (orator)* gegen diese Auffassung des Attizismus. Nach dem Vorbild des Demosthenes muß sich »wahrer« Attizismus durch seine Wirkung auszeichnen. Ein Redner darf zwar keinen unnötigen, aufgedunsenen Schmuck benutzen, sich jedoch auch nicht auf eine bestimmte Redeweise festlegen. Er muß den Verhältnissen entsprechend entweder Schmuck benutzen oder aber schmucklos reden, je nach Gegenstand und intendierter Wirkung.

Die Schönheit der Rede besteht in ihrer Wirkung, in ihrem Nutzen. Auch in der Natur ist die Schönheit stets mit dem Nutzen verbunden. Anmut und Schönheit eines Körpers kann nicht von dessen Tüchtigkeit getrennt werden! Die These von der Verbundenheit von Schönheit und Nutzen wendet Cicero nicht nur auf die Betrachtung der Natur an, sondern auf alles, was der Mensch schafft, sofern es zweckmäßig hergestellt ist. [183] Er erklärt im Buch *Vom Redner (de oratore):*

> Was ist an einem Schiff so notwendig wie der Bord, der hohle Schiffsraum, das Vorderteil, das Hinterteil, die Segelstangen, die Segel, die Mastbäume? Und doch haben diese Dinge auch für das äußere Ansehen eine solche Schönheit, daß sie nicht bloß zur Sicherheit, sondern auch zum Vergnügen erfunden zu sein scheinen. [184]

Die Dinge, die den größten Nutzen in sich schließen, zeigen die größte Schönheit, »die meiste Würde, ja oft auch die meiste Anmut«. [185]

Auch in der Kunst verbindet sich Schönheit mit dem Nutzen. Der Künstler ahmt bei der Ausführung seines Werkes nicht die Realität nach, »sondern in seinem eigenen Geiste ruhte ein Ideal der Schönheit«. [186] Die Nachahmung des Künstlers bezieht sich auf »die Form der Dinge *(forma),* welche Platon ›Idee‹ nannte«. [187] Die platonische Kunsttheorie erfährt jedoch eine Veränderung; die Kunst wird nicht mehr als Nachbildung der »bewegten Welt« in göttlicher Inspiration zu einer dritten Wirklichkeitsstufe erklärt, sondern Cicero versucht das gedachte Idealbild als Maß an die Wirklichkeit zu legen und diese entsprechend zu gestalten. Das Unvollkommene soll in Richtung des vorgestellten Vollkommenen verändert werden. [188]

> Sofern Schönheit das Offensichtlichwerden des Seins ist und dieses in seinem Sich-Zeigen in Grenzen, in Maß und Ordnung auftritt, bekundet das Schöne sich immer zugleich als ziel- und sinnvoll. Deswegen ist es auch jeweils nützlich und alles Nützliche schön. [189]

Die absolute Schönheit, das wahre Sein, liegt dem Menschen im Dunkeln. Der erkennbare Teil, das vorgestellt Vollkommene, gilt dem Menschen als Leitbild des Handelns in der realen Welt. Cicero muß erkennen, daß die Urteile über das Schöne »mannigfaltig« sind; er erklärt die Urteilskraft, den Geschmack (iudicium) als angeboren. Geist und Seele haben beim Sachverständigen ein natürliches Maß für die Schönheit. [190] Der Geschmack wird bei Cicero zu einem natürlichen Gefühl, zu einem angeborenen Sinn, der mit den anderen Sinnen in seinem Verhalten in bezug auf Entzücken und Mißfallen zu vergleichen ist. [191]

Am nahesten der Rhetorik verwandt ist die Dichtkunst. [192] Die Unterschiedlichkeit wird in der freieren Wortwahl und in der Einteilung in verschiedene Arten (in das Tragische, Komische etc.) gesehen. Cicero verlangt vom Dichter, ebenso wie Horaz, nicht nur das ingenium, die Naturanlage, sondern auch die Kenntnis der ars, der Regeln der Poetik und Rhetorik, denn Dichtung, die wirken will, muß sich ihrer Möglichkeiten dazu bewußt sein.

Wie nach Cicero »*movere* und *docere* die Aufgabe des Redners, so sind nach Horaz *prodesse* [...] und *delectare* die Aufgabe des Dichters« [193]; nicht allein Gefallen, auch Belehrung wird intendiert. »Bei Horaz [...] beruht die Objektivität der Kunst nicht mehr auf der Vermittlung metaphysischer Ideen, sondern auf ihrer geschichtsbildenden Wirkung.« [194]

6. Kritik am Verfall der Beredsamkeit / Pseudo-Longin

Mit der Abschaffung der römischen Republik wandelte sich auch der Charakter der Rhetorik. Wie schon nach der Auflösung der griechischen Stadtstaaten wurde die Redekunst aus der praktischen Politik zurückgedrängt. Im Kaiserreich fand sie ihren Ort der Betätigung an den Schulen; wieder zielte ihre Wirkung nicht auf Bereiche der praktischen Politik, in denen es galt, Entscheidungen zu fällen, die für das Gemeinwesen von Wichtigkeit waren. Die Redner dieser Zeit gefielen sich darin, selbst bei der Darstellung strittiger Themen, diese nicht mit der Intention der Durchsetzung eines Parteiinteresses vorzutragen, sondern diese auch den Forderungen der epideiktischen Rhetorik unterzuordnen, die an die Art und Weise, *wie* etwas dargestellt ist, ihr Maß anlegt, wobei der Redegegenstand nicht zum Nutzen einer Partei vorgeführt wird.

Zur Welt des Redners wurde das Theater. Als Schauspieler versuchten die Lehrer der Beredsamkeit und deren Schüler, dem Publikum Vergnügen zu bereiten, indem sie virtuosenhaft die Figuren und kunstvollen Vorschriften der Rhetorik in ihren Deklamationen verwendeten. Der Inhalt dieser Deklamationen war romantisch und wirklichkeitsfremd, bewegte sich teilweise in komplizierten Scheinproblemen; ein Beispiel:

Das Gesetz bestimmt, daß im Falle einer Vergewaltigung die Frau entweder den Tod ihres Verführers oder ihre Heirat ohne Mitgift fordern kann. Ein Mann vergewaltigte zwei Frauen in einer Nacht; die eine verlangte seinen Tod, die andere die Heirat. [195]

Zwar war auch die Lösung dieses Falles strittig und der Redner konnte seine Meinung vertreten, doch war diese keiner Partei von Nutzen, sodaß sie austauschbar wurde und der Zuschauer mithin nur noch die Form der Darstellung beurteilte; der Inhalt – unter dem Aspekt des Nutzens betrachtet – wurde zur Nebensächlichkeit.

Cicero erklärte bei der Darstellung der Drei-Stil-Lehre, daß dem Gegenstand (wie dem Publikum) gemäß gesprochen werden müsse; erhabenen, wichtigen Redegegenständen war der Stilus gravis vorbehalten; die Unwichtigkeit ihres Redegegenstandes versuchten die Deklamatoren zu kompensieren, indem sie mit schwerem Schmuck (ornatus) im stilus gravis redeten und Wichtigkeit vortäuschten. Das nicht vorhandene Parteiinteresse wurde durch schmucküberladene Sprache ersetzt, die es zumindest als vorhanden vortäuschen sollte. Von der Sentenz beispielsweise erklärt Aristoteles, sie mache die Rede »gesinnungstüchtig« [196]; die Deklamatoren benutzten die Sentenzen zwar häufig, nicht aber, um eine parteiische Gesinnung zu vertreten, sondern um diese mit Wichtigkeit vorzuspielen. Ihr einziges Ziel war das Erlangen von Beifall. [197]

Hier wird der Asianismus, der der schmuckreichen Rede verbunden war, mit dem Fehlen des bedeutenden Inhalts, zum Stil der schwülstigen, »verfallenen« Beredsamkeit, der corrupta eloquentia. [198]

Von verschiedenen Seiten wurde Kritik am »Verfall der Beredsamkeit« geübt. Petronius sah die Schuld daran in der Erziehung an den Rednerschulen, weil dort nichts Praktisches gelehrt würde und weltabgewandte Themen in unangemessenen Formen behandelt würden. Er gibt als Regeln zur Ausbildung des Redners an:

Wes Sinnen auf die Wirkung ernster Kunst gerichtet sei, / Wes Geist nach Großem strebt, der bilde seine Sitten erst nach strenger Regel reiner Einfachheit. / Der blicke nicht erhobnen Haupts nach stolzem Königshof, / [...]; auch sitz' er als Klaqueur / Nicht im Theater, wo die Bühne sein Gelach erkauft. / [...] Die ersten Jahre widm' er unbeirrt der Dichtkunst sich / Und labe mit beglückter Brust sich an Homeros Quell. / Frei lock'er dann die Zügel, von sokrat'schem Geist erfüllt, / Und schüttle kühn Demosthenes' gewaltge Waffen drauf. [199]

Der schwülstigen Beredsamkeit seiner Zeit stellt Petronius die Beredsamkeit Ciceros als Beispiel entgegen, dem nachzustreben sei.

Auch Seneca (Rhetor) erkannte und kritisierte den Verfall der Beredsamkeit und die Praxis der Deklamatoren. Er sieht die Ursachen in einem allgemeinen Verfall der Sitten und dem Luxus seiner Zeit. Den Grund, der zu diesem Wandel führte, führt er auf einen unerklärlichen

»geheimnisvollen Naturvorgang« [200] zurück, auf Geschick und Verhängnis.

Tacitus läßt in seinem *Dialogus* Messalla den idealen Redner offensichtlich in Anlehnung an Cicero definieren. Die Gründe der corrupta eloquentia liegen in der veränderten Erziehung der Jugend und an der politischen Praxis der Prozeßredner, die Gesetze und Senatsbeschlüsse nicht kennen, »das Recht der Gemeinde von sich aus verlachen, vor dem Studium der Philosophie gar und den Lehren der Weisen im Innersten zurückschrecken«. [201] Maternus hält Messalla entgegen, daß der früheren Beredsamkeit nicht nachzutrauern sei und erkennt dabei, daß die Gründe der Ausprägung dieser Beredsamkeit in der Austragung gesellschaftlicher Interessenkonflikte liegen, die er aber ausgeschaltet wissen will.

> Nicht über eine geruhsame und friedliche Sache sprechen wir, die sich über Rechtschaffenheit und Bescheidenheit freut, sondern es ist diese große und denkwürdige Beredsamkeit ein Zögling der Willkür, welche die Toren Freiheit nennen, Begleiterin von Bürgerkriegen, Stachel für ein zügelloses Volk ohne Fügsamkeit, ohne Wahrhaftigkeit, frech, leichtfertig, anmaßend, die nicht in wohlgeordneten Staatswesen entsteht. [202]

Die Abwertung der Austragung parteilicher Interessen entspricht der Ideologie des Kaiserreiches. Maternus fordert einen geordneten Staat, in dem keiner gegen die Gesetze verstößt und in dem die Regierten »fügsam« gegenüber den Regierenden sind. »Was sind denn lange Meinungsabgaben im Senat nötig, da die besten schnell im Einverständnis sind?« [203] Die Parteilichkeit, die nach Cicero als Selbstverständlichkeit dem politischen Handeln zugrunde lag, wird im Sinne der Monarchie abgewertet. So werden auch die Forderungen Ciceros und Horaz' an die Dichtkunst nicht mehr anerkannt; Dichtung entfernt sich vom gesellschaftlichen Geschehen.

> Wälder aber und Haine und eben die Abgeschiedenheit [...] bringen mir soviel Genuß, daß ich es zu den vorzüglichsten Früchten der Gedichte rechne, daß sie nicht im Getriebe, nicht, indem der Prozessierende vor der Tür sitzt, nicht unter kläglichem Aufzug und Tränen von Angeklagten angefertigt werden, sondern die Seele in reine und lautere Orte entweicht und sich heiliger Heimat erfreut. Das ist der Anfang der Kunst des Wortes, das ihr innerstes Heiligtum. [204]

Aus der Zeit des Verfalls der Beredsamkeit ist die Schrift *Vom Erhabenen* erhalten, eine theoretische Abhandlung über die Beredsamkeit. Im 17. und 18. Jahrhundert sah man Kassios Longinos als Autoren dieser Schrift an; es gilt jedoch als erwiesen, daß weder Kassios noch Dionysios Longinos, unter dessen Namen die Schrift tradiert wurde, Verfasser dieser fragmentarisch erhaltenen Abhandlung sind.

> [A]uch sonst ließe sich keiner der uns bekannten Rhetoren bisher als Urheber erweisen. Selbst die Zeit der Abfassung kann man nicht genau fixieren,

die vorsichtige Vermutung geht auf das erste nachchristliche Jahrhundert. Die Diskussion über den Niedergang der Beredsamkeit [44], über den auch der ältere Seneca, Petron, Tacitus und Quintilian schrieben, wäre kaum zu einer späteren Zeit möglich. [205]

Bei der Frage nach den Gründen der »verfallenen Beredsamkeit« läßt der Verfasser der Schrift einen Philosophen die Frage diskutieren, ob nicht die Despotie die Redekunst in Schmeichelei verwandle. [206] Der Verfasser entgegenet jedoch dem Philosophen, daß es leicht sei, das Gegenwärtige zu tadeln; nicht in der Gesellschaftsform, nicht in der Unterdrückung der Interessenwahrnehmung sucht er die Gründe des Verfalls der Beredsamkeit, er stellt als Ursachen krankhafte Triebe fest, die zur »Natur des Menschen« gehöre, und, falls sie nicht unterdrückt werden, auswuchern. Indem er durch diese Anthropologisierung die gesellschaftlichen Ursachen des Verfalls leugnet und diesen als Begleiterscheinung des allgemein menschlichen Verfalls, als Schuld »des« Menschen, individualisiert, kann er zu dem Schluß kommen, daß nicht Bedingungen geschaffen werden müssen, die es den Menschen erlauben, ihren Interessen nachzugehen, sondern er erklärt, daß die Herrschaft über Menschen notwendig sei.

Vielleicht ist es für Menschen wie uns besser, beherrscht zu werden als frei zu sein, sonst würden die unersättlichen Begierden, wenn sie, wie aus einem Zwinger entwichen, sich völlig entfesselt auf den Nächsten stürzen könnten, die Welt mit der Flut der Übel überschwemmen. [207]

So beklagt Longin – wie ich den Autor dieser Schrift weiter nenne –, daß keine großen und überragenden Naturen, die die Anlage zum idealen Redner haben, mehr geboren werden, und kritisiert den Asianismus der Deklamatoren; diese können das »Erhabene« in ihren Reden nicht zur Geltung bringen, denn ihnen fehlt der entsprechende Redegegenstand. So wird aus dem Pathos ein »hohles« Pathos, aus scheinbar kunstvollem und gefälligem Schreiben »überspannte Geziertheit«. [208] Auch der Schwulst entsteht durch diesen Fehler. Die Angst vor der kraftlosen und trockenen Sprache führt zur künstlichen, überreicherten, dem Gegenstand unangemessenen.

Aber wie beim Körper, so sind im Sprachlichen gedunsene und künstliche Schwellungen häßlich und führen zweifellos zu ihrem Gegenteil; nichts, heißt es, ist dürrer als der Mann mit Wassersucht. [209]

Doch nicht nur gegen den Asianismus wendet sich die Longinsche Schrift, sondern auch gegen die rhetorischen Schulen des Kaikilios und des Dionys von Halikarnaß [210], die als strenge Attizisten, das Erhabene nicht im Sinne seiner Theorie darstellen können. Denn erhabene Sprache, vorgetragen durch den Redner, der nicht »niedrig und gemein« gesinnt ist, faßt die »Macht des Göttlichen« und bringt sie zum Ausdruck. Longin gibt verschiedene Quellen des Erhabenen an:

> Es gibt fünf Quellen, könnte man sagen, die für die erhabene Sprachkunst am fruchtbarsten sind, wobei diese fünf Formen als ihre gleichsam gemeinsame Grundlage die Begabung, sich sprachlich auszudrücken, voraussetzen. [...] Das erste nun und wichtigste ist die Kraft zur gedanklichen Konzeption [...] Als zweites folgt das starke, begeisterte Pathos. [211]

Beruhen diese Quellen größtenteils auf »natürlicher Anlage« (natura), so können die nächsten durch die Kunst (ars) erlernt werden:

> Die besondere Bildung der Figuren [...], dann eine edle Ausdrucksweise. [...] Die fünfte Ursache, die zugleich alles vor ihr Liegende abschließt, ist die würdevoll-hohe Satzfügung. [212]

Longins Rhetorikkonzeption bezieht sich nicht auf die deliberative oder iudiciale Gattung, er entwirft eine Form der epideiktischen Rhetorik in Anlehnung an Platon. Das »Erhabene« wird als etwas Feststehendes aus dem historischen Prozeß herausgenommen. »Kurz, halte das für wahrhaft und vollkommen erhaben, was jederzeit einem jeden gefällt.« [213]

Als wichtigste Quelle des Erhabenen faßt Longin die »Kraft zur gedanklichen Konzeption« (s. o.), die zur »natura« des Redners gehören muß; Voraussetzung dazu ist die »Seelengröße«.

> [Die Natur hat] unseren Seelen sogleich ein unzähmbares Verlangen eingepflanzt nach allem jeweils Großen und nach dem, was göttlicher ist als wir selbst. Darum genügt selbst der ganze Kosmos nicht für die Betrachtungen und Gedanken, die der menschliche Geist wagt, sondern häufig überschreitet unser Denken die Grenzen dessen, was uns umgibt. [214]

Durch diese Überschreitung der Grenzen durch das Denken wird nicht eine andere Möglichkeit der Realität antizipiert, sondern das Denken löst sich von der Realität und verlegt sich in ein Eigenreich. Der Redner steht zwar noch in der Realität und ist mit ihr durch die Redesituation eng verbunden, deshalb kommt es bei ihm noch auf »den Gehalt an Wirklichkeit und Wahrheit« [215] an, der Dichter aber neigt »zu Übertreibungen, die ins Fabelreich gehören und alles Glaubwürdige überschreiten«. [216]

Ciceros Auffassung des Schönen als des Nützlichen kann unter diesen Aspekten von Longin nicht akzeptiert werden, denn »das Nützliche oder auch das Notwendige ist uns leicht bei der Hand, Bewunderung jedoch erregt immer das Unerwartete«. [217] Dabei ist jedoch notwendig, daß es der Redner versteht, die Kunstmittel seiner Rede – darin folgt Longin der rhetorischen Tradition seit Aristoteles – als natürlich erscheinen zu lassen.

> Die Kunst nämlich ist dann vollkommen, wenn sie Natur zu sein scheint, die Natur wiederum erreicht ihr Ziel, wenn sie unmerklich Kunst in sich birgt. [218]

Die »Nachahmung der Natur« durch die Kunst erfährt jedoch bei Longin eine Umdeutung gegenüber dem ciceronischen Begriff, denn sein Naturbegriff bezieht sich nicht primär auf die erfaßbare Außenwelt, in der der Mensch lebt und deren Teil er darstellt, sondern – abgetrennt davon – auf die menschliche Seele und die »göttliche Eingebung«. [219] »Das Erhabene ist der Widerhall einer großen Seele.« [220]

Ist das Göttliche, das Nachzuahmende, getrennt von dem menschlichen Leben (Longin kritisiert Homer genau an dem Punkt wo er »die Götter zu Menschen gemacht hat« [221]), so soll der Dichter das außerzeitliche, außerhalb der Realität liegende Göttliche darstellen.

> Auf diese Weise hat auch der Gesetzgeber der Juden, ein außergewöhnlicher Mensch, die Macht des Göttlichen würdig gefaßt und dargestellt. [222]

Zur Verbesserung der eigenen Darstellungsweise ist die Kenntnis der alten Schriftsteller und das Lernen daraus, wie sie das Erhabene »würdig gefaßt« haben, nötig. Der Mensch hat mit der Kunst der Rede, mit den passenden Worten das Göttliche, Erhabene angemessen darzustellen. Dabei steht der sprachliche Ausdruck als Möglichkeit, »die Rede in einem bestimmten Glanz wie eine herrliche Statue erstrahlen« [223] zu lassen und als bestimmten »Höhepunkt und Gipfel der Rede« [224] das Erhabene darzustellen, das, »wie ein Blitz«, die Zuhörer überwältigt und bewegt. [225]

7. Quintilian und die Ausbildung zum Redner

Quintilian begann am Ende der Regierungszeit des Domitian seine »Ausbildung des Redners« – in zwölf Büchern – abzufassen. Er, der »berühmteste Professor der Rhetorik in Rom und der erste Mensch des Abendlandes, von dem wir wissen, daß er [...] einen öffentlich besoldeten Lehrstuhl innehatte« [226], eignete sein Werk dem Marcellus Vitorius zu, zur Erziehung seines Sohnes, »dessen frühe Jugend schon unverkennbar das Licht der Begabung« [227] zeigte.

So ist dieses Werk nicht ein Handbuch der Rhetorik, das »rhetorische Kniffe« für die Gerichtspraxis oder deren Gebrauch den Deklamatoren vermitteln will, sondern eine umfangreiche Schrift über die Erziehung, deren Ziel durch die Person des »idealen Redners« gekennzeichnet wird. Damit verbunden ist für Quintilian die Aufarbeitung dessen, was bisher auf dem Gebiet der Rhetorik erforscht und geschrieben wurde; hierin steht er in der Folge Ciceros und erweist sich als »Erbe des *augusteischen Bildungsbewußtseins*« (Rahn):

> Was in dem noch *rude saeculum* des Cato begonnen, ist jetzt zur Reife gediehen: griechische und römische Bildung haben sich quantitativ und quali-

> tativ vereinigt, und so sind denn auch die Voraussetzungen gleichsam durch Addition zu errechnen, daß aus der Summierung des Guten die Verwirklichung des Besten, des *perfectus orator,* näher gerückt ist. [228]

Die Erziehung zum Redner läßt Quintilian bereits im frühen Kindesalter beginnen. Schon die Amme sollte nicht fehlerhaft sprechen, da das Kind sich nicht an eine Sprache gewöhnen darf, die es später wieder verlernen muß [229]; zur Erziehung empfiehlt Quintilian nur die besten Lehrer an den öffentlichen Schulen, da die Gemeinschaft mit anderen Schülern für die Ausbildung förderlich ist.

> Vor allem soll sich der künftige Redner, der ja in aller Öffentlichkeit und mitten im Licht des Staatslebens stehen muß, daran gewöhnen, schon von zarter Jugend an keine Angst vor Menschen zu haben oder in einem Einsiedlerleben wie im Schatten dahinzudämmern. [230]

Weiter verfolgt Quintilian den Erziehungsgang des idealen Redners, wie er als Kind dem Grammatiker übergeben wird [231], seinen Rhetorikunterricht beginnt [232], sich das notwendige Wissen des guten Redners aneignet, dann schließlich, nachdem er seine Ziele als Redner verwirklicht hat, sich im Alter früh genug zurückzieht, damit er sich nicht als Mann präsentiere, an dem die negativen Wirkungen des Alters erkennbar werden, und um dem Vorwurf zu entgehen, er »wolle lieber ver- als entsagen«. [233]

Quintilian will die Erziehung zum ciceronischen »perfectus orator« beschreiben; sein vollkommener Redner ist – nach Cato – »ein Ehrenmann, der reden kann (vir bonus dicendi peritus)«. [234]

> Dem vollkommenen Redner aber gilt unsere Unterweisung in dem Sinne jener Forderung, daß nur ein wirklich guter Mann ein Redner sein kann; und deshalb fordern wir nicht nur hervorragende Redegabe in ihm, sondern alle Mannestugenden. [235]

Die Tugend ist nach Quintilian in der menschlichen Natur enthalten, sie kann durch Schulung (Bildung) entfaltet und hervorgebracht werden. [236] Dazu benötigt der Redner die Kenntnis der Philosophie, besonders der Moralphilosophie, aber auch der Naturphilosophie und Logik, der Unterrichtsgegenstände, die die Philosophen lehren, die der Redner aber gleichsam als sein »Eigentum« zurückfordern muß. Quintilian kritisiert die Philosophenschulen seiner Zeit, die, entfernt von jeder Praxis, Moralphilosophie betreiben. So faßt er

> die Weltanschauungsfragen von einem praktischen Gesichtswinkel aus ins Auge, er naht sich der Philosophie mehr vom Standpunkt der Ethik und sucht sie als Lehrmeisterin der charaktervollen Denkungsart grundlegend für den Redner zu gestalten. [237]

Ziel von Quintilians Ausbildung ist somit nicht ein Philosoph nach dem Selbstverständnis der damaligen Rednerschulen, sondern ein praktisch handelnder, »ein römischer Weiser [...], der nicht in abgeschiedenen Erörterungen, sondern in praktischen Versuchen und Leistungen sich als ein Mann von echter Bürgerart erweist«. [238]

Die Philosophie der Philosophenschulen bekommt bei Quintilian eine propädeutische Rolle in der Ausbildung zur praktischen Redekunst. Der stoischen Ethik verpflichtet, stellt er fest, daß die praktische Tätigkeit Vernunft und Tugend erweisen soll. Als tugendhafte praktische Tätigkeit versteht Quintilian die Tätigkeit des Redners. »Philosophie kann man nämlich heucheln, Beredsamkeit nicht.« [239]

Bereits in früher Jugend muß der angehende Redner sich mit den grundlegenden Wissenschaften zu seiner Allgemeinbildung befassen, die die Voraussetzung für das praktische Handeln darstellt. Diese Allgemeinbildung umfaßt – neben der Rhetorik – die Gebiete der Philosophie, Grammatik, Musik, Geometrie (der Zahlen und Figuren) und Astronomie, also die späteren artes liberales.

Um die Kunst der Rede zu lernen, ist zuerst einmal die grammatisch richtige Sprache notwendig; dazu soll die Sprachlehre verhelfen. Ferner ist es Aufgabe des Grammatiklehrers, die bekanntesten Dichter und Redner zu lesen und zu erklären. (Quintilian gibt im 10. Buch, 1. Kap. ausführliche Erläuterungen, welche Dichter, welche Redner und Geschichtsschreiber zur Lektüre empfohlen werden können.) Dabei ist darauf hinzuweisen, daß der Dichter sich nicht so streng wie der Redner davor hüten muß, die rhetorischen Tugenden (virtutes oratoris) zu verletzen. Verstöße haben bei »den Verfassern von Gedichten [...] Nachsicht verdient« oder müssen »sogar zum Lobe angerechnet« [240] werden. Der Dichter ist in der Wahl seiner Worte nicht so sehr gebunden wie der Redner, denn der Verszwang entschuldigt ihn, »es sei denn, sie träfen die Wahl zwischen zwei Wörtern, ohne daß die Fügung der Versfüße ein Hindernis bildete«. [241] Die Interpretation der Werke der Dichter schult die Urteilskraft. Daneben verschafft sich der angehende Redner – ebenso wie bei der Lektüre der Redner und Geschichtsschreiber – Beispiele, die er in seinen Reden verwenden kann. [242] Lehrreich ist, neben einigen Tragödien auch die Behandlung der Komödie, »die ja für die Beredsamkeit soviel bieten kann, da sie alle menschlichen Typen und Gefühlsregungen durchläuft«. [243]

Auch die »sogenannte Affektlehre der Musik« [244] ist dem Redner von Nutzen; die Rhythmik der Musik ist der Metrik verwandt, die Tongebung ist brauchbar, da auch der Redner durch Ton, Heben Senken und Modulation seiner Stimme beim Zuhörer Affekte erzeugt. Quintilian führt das Beispiel des C. Gracchus an, von dem es heißt, er habe sich vor der Rede durch einen Musiker mit einer kleinen Pfeife die Tonlage geben lassen, um seine Stimme auf die richtigen Grundtöne einzustellen. [245]

Die Geometrie braucht der Redner zur Entfaltung seines Scharfsinns; sie teilt sich in die beiden Bereiche der Zahlen und Figuren. Es wäre unschön für einen Redner, müßte er sich, in Unkenntnis der Zahlen, vor Gericht der Fingergebärde bedienen, um einer Rechnung zu widersprechen; die Geometrie kann bei Streitfragen um Landvermessungen nützlich sein. [246]

Eng verbunden mit der Geometrie ist die Astronomie, die Bestimmung und Berechnung der Gestirne und des Kosmos; sie gehört zur Allgemeinbildung des Redners, da durch sie Orts- und Zeitberechnungen durchgeführt werden können; scheinbar »unerklärbare« Sonnenfinsternisse, die Furcht einflößen, werden durch sie erklärt. [247]

Voraussetzung zum Unterricht der Rhetorik ist also die Allgemeinbildung, »der Kreis des Wissens [...], den die Griechen ἐγκύκλιος παιδεία [enkyklios paideia] nennen«. [248]

Schließlich wird der Schüler dem Rhetoriklehrer zum Unterricht übergeben. Er lernt die Mittel, den Stoff einer Rede aufzufinden, ihn zu ordnen, sich gut auszudrücken (Quintilian lehrt, daß bei der Drei-Stil-Lehre zwischen den einzelnen drei Hauptstilarten deren Mischungen liegen und trägt damit den Theorien seiner Zeit, die die drei Stilarten um diverse andere vermehrt hatten, Rechnung) und das Gedächtnis zu schulen, schließlich noch den Vortrag [249]; der Redner sieht dabei auf die Gestik und das Mienenspiel des Schauspielers und verwendet Brauchbares für seinen Vortrag. Für das Auftreten des Redners gibt Quintilian bis ins Detail gehende Ratschläge, etwa, wie die Körperhaltung dem würdigen Auftreten des Redners gemäß ist [250], wie die Hände dem Vortrag gemäß bewegt werden sollen [251], wie die Fußstellung angemessen wirkt [252], sogar den »gepflegten Anzug« ohne »Besonderheiten« rät Quintilian dem Redner und gibt genaue Regeln zur Beachtung. »Denn sowohl die Toga wie das Schuhwerk und Haar bietet gleichen Anstoß durch zu große Sorgfalt wie Vernachlässigung.« [253]

Der Redner hat zu wissen, nicht nur, was nützlich für die Rede ist, sondern auch, was sich ziemt.

> Manchmal indessen kommt es [...] hierbei zu Widersprüchen, doch sooft beides gegeneinander steht, wird über die reine Nützlichkeit das siegen, was sich ziemt. [254]

Das Schickliche, sich Ziemende, erfährt neben seiner Bestimmung durch Moralphilosophie und Konvention eine weitere Bestimmung durch die Person des Redners. Entsprechend seines Alters, seiner körperlichen Konstitution, seiner sozialen Stellung etc. hat er seinen Vortrag zu gestalten.

> Deshalb möge jeder sich kennen lernen und nicht nur aus den allgemeinen Regeln, sondern auch aus seiner natürlichen Eigenart die Überlegung gewinnen, wie er seinen Vortrag zu gestalten hat. [255]

»Die Hauptsache bei der Kunstlehre sei, daß sich schicke, was man mache« [256], und die Rhetorik ist die Wissenschaft des guten Redens (bene dicendi scientia). [257] Diese Definition beinhaltet, daß der Redner zwar das Interesse einer Partei vertritt, verlangt aber, daß er bei seinem Vortrag die »Schicklichkeit« nicht verletzt.

> Unser Redner aber und seine Kunst, [...] ist nicht vom Erfolg abhängig: zwar strebt nach dem Sieg, wer redet, doch wenn er gut geredet hat, hat er, auch wenn ihm der Sieg nicht vergönnt ist, geleistet, was die Kunst ausmacht. [258]

Quintilian definiert die Rhetorik sowohl als »eine sittliche Leistung« [259] als auch »als Kunst der praktischen Betätigung oder politischen Lenkung« [260], bei der die Wirkung im Sinne der Partei-utilitas als Ziel verstanden wird. Den Redner, der seine Kunst nur um der Kunst willen betreibt, vergleicht er mit dem »Künstler«, den Alexander der Große sah: dieser brachte es fertig, Kichererbsen aus einem bestimmten Abstand durch ein Nadelöhr fallen zu lassen, ohne daß eine daneben fiel. Für seine »Kunst« gab Alexander ihm als angemessene Belohnung – Kichererbsen. [261]

Damit die Beredsamkeit stets dem tugendhaften Handeln verpflichtet bleibt, soll sie nicht dazu benutzt werden, Geld zu verdienen,

> denn sobald erst einmal die Zunge eine Erwerbsquelle zu werden begonnen hatte und es zum festen Brauch wurde, die gute Gabe der Beredsamkeit zum Schlechten zu gebrauchen, ließen die, die für geschickte Redner galten, die Sorge um die Sitte beiseite. [262]

Der Redner, der genügend Geld besitzt, darf keinen Gewinn aus seinem Talent ziehen, derjenige aber, der darauf angewiesen ist, soll sich nicht entlöhnen lassen, sondern das Geld mit dem Bewußtsein annehmen, »selbst bei weitem mehr geboten zu haben«. [263]

Der ideale Redner Quintilians ist somit ein Ehrenmann, der ohne materielle Zwänge die Fragen der »Schicklichkeit« – das, was sittlich »gut oder verwerflich« ist – mit den Kenntnissen der Philosophie und Ethik entscheiden kann. Denn wie ein Feldherr, so bedient sich auch der Redner in manchen Fällen des falschen Scheins; doch wenn er zuweilen Falsches sagt und dem Richter die Wahrheit vorenthält, so tut er dies stets um der Wahrheit willen, denn viele Handlungen sind nicht an sich gut zu heißen, aber doch nach ihren Beweggründen. [264]

> Wir wollen hier gar keinen Zweifel lassen: Angenommen es hat jemand einen Anschlag auf einen Tyrannen gemacht und ist deshalb angeklagt: Wird dann etwa nicht der Redner, so wir wir ihn fordern, es wünschen, daß ein solcher Mann heil davonkommt? [265]

Quintilian erklärt, daß selbst die »strengsten Stoiker« gelten lassen müssen, »daß ein ehrenhafter Mann einmal in die Lage kommen wird, eine Lüge auszuprechen« [266] sei es in harmlosen Fällen, z. B. bei der Erkrankung von Kindern, oder aber, um einen »Strolch davon abzubringen, einen Menschen zu erschlagen«. [267] Quintilian sieht das Ziel der Darstellung der Wahrheit nicht in der bloßen Nachzeichnung dessen, was ist oder gewesen ist, wobei der Wahrheitsgehalt sich nach der formalen Identität des Dargestellten mit dem tatsächlich Geschehenen richtet, sondern aus parteilicher Sicht unter Berücksichtigung ethischer Prinzipien, denen der ideale Redner verpflichtet ist.

> Denn gäbe man mir Philosophen als Richter, beständen die Volksversammlungen und alle Sitzungen aus Philosophen, hätte der Neid, hätte der Einfluß keine Macht, auch die vorgefaßte Meinung nicht und die falsche Zeugenaussage, so wäre der Raum für die Rhetorik recht schmal und könnte fast einzig im genußreichen Vortrag bestehen. Wenn aber die Zuhörer so schwankenden Sinnes sind und auch die Wahrheit so vieler Bosheit ausgesetzt ist – so heißt es, mit Kunstkniffen zu kämpfen und einzusetzen, was nützen kann. [268]

Dem Vorwurf, daß die Rhetorik zwar den rechtschaffenen Mann fordere, aber durch die Vertretung entgegengesetzter Parteiinteressen durch zwei Redner mit sich selbst in Widerspruch gerate, hält Quintilian entgegen, daß in diesem Fall »die Sache [...] gegen die Sache, nicht die Rhetorik gegen sich selbst steht« [269] und daß »bisweilen gerechte Streitfälle zwei weise Männer in Gegensatz bringen«. [270] Es ist somit legitim für den Redner, ein parteiliches Interesse wahrzunehmen und in der Rede

> den Richter nicht nur zu dem zu treiben, wohin ihn auch die Natur des Vorgangs von selbst führen wird, sondern Erregung der Leidenschaft, die noch nicht vorhanden ist, zu schaffen oder sie über das Vorhandene hinaus zu steigern. [271]

Die Regeln, die die Rhetorik dazu gibt, sind keinesfalls unumstößlich, sondern Ratschläge, die entsprechend der Situation und dem Nutzen der Partei verändert werden können. [272]

Quintilian kritisiert die bestehende »Redekunst« als schwülstig, entartet und fehlerhaft. »In erster Linie leitet Quintilian den Verfall der Beredsamkeit analog zu Seneca (ep. 114) von der Verderbnis der Sitten her.« [273] In der Bestimmung dieser Ursache und der Kritik der Deklamatoren, deren Welt, »Zauberer, Pestilenzien, Orakelworte, Stiefmütter« [274], vor der Realität des Prozeßredners zusammenbricht, stimmt Quintilian mit seinen Zeitgenossen überein. Er kritisiert den Verfall der Beredsamkeit als Geschmacksverirrung, die Fähigkeit, über natürliche Schönheit zu urteilen, ist pervertiert.

> Jene Erscheinungen jedoch, wie verenkt sie auch immer sind, bestaunen wir als erlesener, nicht anders als bei manchen Herren verkrüppelte und irgendwie entstellte Körper höher im Preise stehen als solche, die von den Vorzü-

gen ihres Aussehens nichts eingebüßt haben. Glauben doch auch Leute, die sich vom Schein blenden lassen, die Schönheit bei Menschen, die ihre Haare am Körper glatt ausrupfen, sich Locken brennen und in Farbe erstrahlen, die nicht ihr eigen ist, sei größer, als sie die unverdorbene Natur verleihen kann, so daß es scheint, als käme die Schönheit des Körpers von der sittlichen Mißgestalt des Geistes! [275]

Cicero folgend, definiert Quintilian den Geschmack (iudicium) als nicht lehrbar, als angeboren, und vergleicht ihn mit dem Geschmackssinn (gustus) und dem Geruchssinn. Der Geschmack (iudicium) ist zwar dem Menschen angeboren, gehört also zur natura [276], ist aber gefährdet und birgt in sich die Möglichkeit der Geschmacksverirrung (nicht des Verfalls oder Wegfalls). So ist es notwendig, durch die Erziehung den Redner zu einem gefestigten und nicht mehr gefährdeten Geschmacksurteil [277] zu führen, denn die Lehre vom Urteilsvermögen ist eng mit allen Bereichen der Redekunst verbunden.

Quintilian versucht, den Verfall der Beredsamkeit und die »Geschmacksverirrung« seiner Zeit durch seine bis ins Detail geplante Erziehung zum Redner zu überwinden. Unter diesem Aspekt versucht er das Erbe der rhetorischen Tradition in der Linie der Sophisten, Aristoteles' und Ciceros anzutreten und für diese Erziehung zu verarbeiten. Entsprechend jener Tradition ist der »ideale Redner« Quintilians ein politisch handelnder Mensch, kein Redner-Schauspieler in der Art der Deklamatoren seiner Zeit.

In der »Natur des Menschen« ist – so Quintilian – seine Bildungsfähigkeit begründet.

Geistig stumpfe und ungebildete Menschen jedoch kommen natürlicherweise nicht häufiger zur Welt als durch Mißgestalt und Mißbildungen gezeichnete Körper. [278]

Die Natur des Menschen schafft also die besten Voraussetzungen, Aufgabe der Erziehung ist es, diese zu entwickeln und zu ihrem Ziel, dem idealen Menschen in der Person des praktisch handelnden Redners zu führen. [280] Anlage und Begabung (ingenium) jedoch sind verschieden,

eine von der Stoa ebenfalls betonte und vertretene Ansicht; *der Fortschritt bei Fabius* liegt vor allem in der Betonung der Pflicht des Lehrers, der Individualität des Schülers sorgsam nachzugehen und auf Grund der gewonnenen Erkenntnisse seinen Unterricht und seine Erziehungsarbeit einzurichten. [281]

Zur Ausbildung zum Redner sind also die natürliche Anlage (natura), die Regeln der rhetorischen Theorie (ars), der Fleiß (studium) und die Übung (exercitatio) und schließlich die Nachahmung (imitatio) anerkannter Vorbilder notwendig; die Nachahmung darf sich jedoch nicht auf die bloße Kopie des bereits Gesagten oder Geschriebenen richten, sondern die Rede des idealen Redners muß sich durch ihre Originalität, ihre Eigenheit als Produkt des in der bestehenden Wirklichkeit wirkenden Subjekts auszeichnen.

> Schimpflich ist es geradezu, sich damit zu begnügen, nur das zu erreichen, was man nachahmt. Denn noch einmal: was wäre geschehen, wenn niemand mehr zustande gebracht hätte als sein Vorgänger. [282]

II. Die Rhetorik im Mittelalter (Ulrich Reuper)

Immer wieder kann man lesen, daß das Mittelalter das »dunkle Zeitalter«, »das niedere Zeitalter« sei, eine Unterbrechung der Weltkultur, eben das Mittelstück – media aetas – das Mittelalter. [1] Hier hat sich die humanistische Auffassung mit ihrer Verdammung des scholastischen Formalismus durchgesetzt, aber das Mittelalter besteht eben nicht nur aus der Scholastik, sondern auch aus einer karolingischen-, einer ottonischen Renaissance, und der des zwölften Jahrhunderts. So gesehen ist es Teil einer Entwicklung, Voraussetzung des Folgenden.

Die Überlieferungen antiken Gedankengutes werden erst durch mittelalterliche Handschriften ermöglicht, das Verstehen dieser Schriften durch die »freien Künste« (artes liberales), die seit Martianus Capella, um 420, das Unterrichtswesen bestimmen [2], auch die Methode der Beschäftigung mit dem Text (lectio und interpretatio) wird im Mittelalter weiter entwickelt.

Das Mittelalter stellt sich also als eine Zeit der Auseinandersetzung zwischen antikem Denken und christlicher Lehre dar, in dem steten Bemühen, beides in einem Bildungsideal zu vereinen, dabei wirkt, je nach gesellschaftlicher Situation, einmal der eine, einmal der andere Pol stärker.

Schwierigkeiten macht eine genaue Eingrenzung des zu behandelnden Zeitraumes. Wir gehen aus von Boethius (480–525) und bis hin zu Dante, den wir für einen der ersten Autoren einer neuen Zeit halten. Es ist allerdings notwendig, die Spätantike teilweise miteinzubeziehen, da die in dieser Zeit lebenden Kirchenväter, die Autoritäten des Christentums darstellen und ihre Werke die Grundlage der christlichen Lehre sind, die so bestimmend für jenen Zeitraum ist.

1. Die Tradierung der Rhetorik im Mittelalter

Das Christentum entsteht als Volksbewegung in dem antiken Kulturraum des Mittelmeeres. Trotz oder gerade wegen der Verfolgung gewinnt die Bewegung im römischen Reich an Stärke und Bedeutung, 380 wird sie anerkannt, 391 zur Staatskirche. Mit dieser verstärkten Bedeutung geht eine Umorientierung einher. Die Kirche als Institution versteht sich nicht mehr als reine Volksbewegung, sie will auch Macht und Einfluß auf die geistig und politisch führenden Schichten gewinnen, ihnen also muß sie etwas bieten.

Die Mehrheit der gebildeten Heiden empfindet das urchristliche Schrifttum als lächerlich und abstoßend, denn es ist in griechischer Volkssprache und Frühlatein abgefaßt, dem geistigen und sozialen Stand der ersten Christengemeinden entsprechend. Nun wird dieses Schrifttum umgeschrieben [3], die Theologie als philosophische Untermauerung unter Aufnahme hellenistischer Elemente ersonnen, als Versuch, die hellenistische Philosophie mit ihren eigenen Waffen zu schlagen, mit Beweis, Überzeugung, Überredung – mit Rhetorik.

Nach dem Schrifttum wandeln sich auch Predigt, Litanei und Gebete, sie werden zum Sinnspiel, zum Genuß des Klanges, aufgebaut nach der Überlieferung der Rhetorik in der antiken Schultradition. Oft wird geklatscht und Beifall wird laut, wenn eine Figur besonders gelungen ist. Um diese Rhetorik zu vermitteln und sie gleichzeitig in das Gebäude christlicher Weltanschauung einzuordnen, werden eigene Schulen und Lehranstalten notwendig. Die christlichen Ideen und Gedankengänge müssen den Heiden des Mittelmeerraumes fremd, ja paradox erscheinen, wie sollen sie begreifen, daß wer sich selbst erniedrigt, sich erhöht? Diese Ideen sind ihnen nur über die Kunst der wirkungsbezogenen Rede zugänglich zu machen. So macht sich die Kirche die klassische Rhetorik in ihren Formen zu eigen, unterwirft sie aber den biblisch-christlichen Inhalten. Diese praktische Verwendung bei verändertem Inhalt führt zu einer veränderten Gewichtung im rhetorischen System oder doch zumindest zu einer Begriffsunsicherheit.

So zum Beispiel in der Lehre von den drei Stilen: Schon in der Spätantike beginnen sich uneinheitliche Stilauffassungen durchzusetzen, oder doch zumindest neben der reinen Dreistillehre zu existieren. So verwendet Hermogenes um 250 n. Chr. anstelle der drei Stile zwischen sieben und zwanzig Sprachfarbtönen, Diomedes um 300 n. Chr. vier Dichtstile, die er mit Beispielen aus den Werken des Vergil belegt. Fortunatianus um 400 n. Chr. unterscheidet drei Spracharten und zwar nach Quantität, Qualität und Größe, die er wieder in je zwei Unterarten teilt, so daß sich im ganzen sechs Stile ergeben. [4] Diese Vielfalt der Stile setzt sich durch das Mittelalter hindurch fort.

Die kirchliche Autorität, die wesentlich dazu beigetragen hat, daß sich die Dreistillehre dennoch durch das Mittelalter hindurch erhält, ist Augustinus, aber schon in seiner Auffassung zeigt sich ein grundlegender Unterschied zur Antike. Geht die klassische Auffassung von der Abstufung der Redegegenstände aus, d. h. die Behandlung kleiner, mittlerer und großer Gegenstände erfolgt im jeweiligen Stil, so ist dies nach der christlichen Auffassung anders: nach ihr sind alle Gegenstände der Betrachtung groß und erhaben, auch die niedrigsten, denn selbst diese werden durch die Berührung mit dem Christentum zu bedeutenden. Dennoch ist die Dreiteilung für den christlichen Redner sehr wertvoll. Es sei unsinnig, so Augustinus, die Waffe der Beredsamkeit nur den Vertretern der Lüge zu überlassen und sie denen der christlichen Wahrheit vorzuenthalten. [5] In der Verwendung der Stile nach der zu erreichenden Absicht folgt Augustinus wieder Cicero, so will er den niederen Stil für Lehre und Schrifterklärung verwenden, den mittleren für Lob, Tadel und Mahnung, den großen und erhabenen für die Gemütserregung des Menschen, die zum Handeln führen soll. [6] Was das aptum anbetrifft, so bezieht sich die Angemessenheit in der Folgezeit immer weniger auf die Redegegenstände und immer mehr auf die soziale Stellung der anzusprechenden Personengruppe, so daß hier die Grundlage einer ständischen Stilunterscheidung liegt, wie sie z. B. später in den Predigtanweisungen für verschiedene Publikumsgruppen zu finden ist; denn angemessen reden heißt immer mehr sprachliche Berücksichtigung der sozialen Ordnung. Dem entspricht auch der sich allmählich vollziehende Übergang von der antiken virtus zu einer Berufs- und Standesethik.

Zu Zeiten der Volkskirche, wie auch zu Zeiten der Mission wird immer wieder besonders die Stellung der einfachen Redeweise (sermo humilis) betont, deren pejorative Bewertung allmählich schwindet und sich ins Positive wandelt, wie z. B. der so bewertete Ausdruck »Wort in Knechtsgestalt« zeigt, der sich bis in die Kirche der Gegenwart erhalten hat.

In der Folgezeit verlagert sich die politische und damit auch die kulturelle Entwicklung immer stärker in den germanischen Raum. Im Jahre 719 wird von Papst Gregor dem Großen die Missionierung befohlen. In der nun folgenden Zeit kommt Rhetorik für den öffentlichen Vortrag in ihrer klassischen Form nicht mehr in Betracht, denn dafür gibt es kein Publikum in Germanien. Von daher ist wohl auch Gregors Ablehnung der Rhetorik zu erklären, die er in der offiziellen Tradition der Kirche mit seinem Hiobkommentar durchsetzt, in dem er sich gegen Grammatik, Redekunst, Eleganz des Stils, »humane Kunst« überhaupt ausspricht. Ähnlich äußert er sich in einem Brief an Bischof Desiderius, den er scharf zurechtweist:

> Die Kunde drang zu uns, an die wir ohne Scham nicht denken können, daß Du, Bruder, einigen Schülern die Grammatik darlegst, [...] Im gleichen Munde können nicht das Wort Jupiters und das Lob Christi wohnen. Und wie schimpflich und frevelhaft es ist, wenn ein Bischof lobt, was nicht einmal einem frommen Laien zukommt, das überlege dir selbst. [7]

Direkt auf die Rede bezieht er sich in seinem Brief an den Bischof Leander von Sevilla aus dem Jahre 595:

> Ich bitte dich aber, wenn du den Text dieses Werkes durchliest, erwarte auch gar nicht einen Blattschmuck aus schönen Worten, denn Gottes Wort verwehrt seinen Erklärern ausdrücklich einen nichtigen Wortschwall, der keine Frucht trägt; es verbietet nämlich, um den Tempel Gottes einen Hain anzupflanzen [...] Und wir alle wissen doch immer, wenn die Halme der blühenden Saat sich allzu üppig belauben, schwillt das Korn in den Ähren nicht so reichlich an. Deshalb habe ich es auch verschmäht, mich an die eigentliche Redekunst, wie sie uns ein oberflächlicher Lehrbetrieb aufdrängt, zu halten. Wie schon der Wortlaut dieses Briefes zeigt, hüte ich mich nicht vor dem holprigen Mytacismus, noch meide ich die Sprachvermengung des Barbarismus, ich lege keinen Wert auf die Wortstellung, die Formen der Verben und die Stellung der Präpositionen; denn ich halte es für ganz unwürdig, die Worte des himmlischen Orakels auf die Regeln des Donatus festzulegen. [8]

Gregor vertritt also die Meinung, daß die Mission auf einen volksnahen Stil in Volkssprachennähe angewiesen sei, und der Rhetorik nicht bedürfe. Dem liegt aber eine sehr eingeengte Sicht von Rhetorik, als einer prunkvollen, stark ausgeschmückten Sprache zugrunde, die verkennt, daß in dieser historischen Situation gerade die einfache Sprache am besten der rhetorischen Wirkungsabsicht entspricht. So benutzt auch die gregorianische Zeit, wenn auch ablehnend und daher unbewußt, rhetorische Kategorien, sowohl in der Rede, als auch besonders in der Schreibkunst, zu der sie sich immer mehr wandelt, aufgrund ihrer politischen Irrelevanz in den bestehenden Herrschaftsstrukturen.

Im Reich der Frankenkönige erhält die Kirche eine verstärkte Bedeutung. Sie allein ist das Bindeglied dieses Vielvölkerstaates. Immer wieder betont der Hof die Verbindung mit ihr, bei allen Unternehmungen, also auch der Mission, stehen Ansehen und Anspruch der fränkischen Vorherrschaft dahinter. Mission ist ebensosehr politisch-wirtschaftliche wie religiös-geistige Tat. Der Klerus wird Teil des Staatsapparates, Geistliche besetzen die wichtigsten Posten am Hof. Sie sind schreib- und geschäftskundig und zuverlässiger als die rivalisierenden Höflinge, sie sind vertraut mit dem Recht und wirtschaftlichen Belangen. Die Kirche fördert im eigenen Interesse diese Entwicklung, ihre Güter sind wichtiger Teil der innerstaatlichen Struktur. Der Klerus genießt alle erdenklichen Privilegien, dafür fördert er die Vorstellung von der gottgewollten und gottverordneten Obrigkeit. Während nun die Mission der unteren Volksschichten mit brutaler Gewalt vorangetrieben wird, als Beispiel sei hier das Blutgericht zu Verden erwähnt, wird die Feudalschicht am Hof zusammengezogen, wo der Klerus Sitte und Kultur verkörpert. Hofbibliotheken und Hofschulen entstehen, meist in Verbindung mit Klöstern und Domen, denn Erziehungs- und Wissenschaftswesen können die

Germanen, zumindest im machtpolitisch angestrebten Sinne, selbst nicht fördern, sie sind auf die Hilfe der römischen Kleriker angewiesen.

Zu dieser Zeit wird der Mönch Alkuin, Berater Karls des Großen, zum Wiedererwecker augustinischen Gedankengutes. Er geht sogar noch darüber hinaus, indem er die freien Künste (artes) aus der engen Verbindung mit der Bibel löst und ihnen einen eigenen Stellenwert zugesteht. So kommt auch die Rhetorik aus ihrer gregorianischen Verbannung hervor.

Nach einem Erlaß Karls des Großen soll in den von ihm neu eingerichteten Schulen nicht nur Religion, sondern auch Literatur und die Kunst der Rede gelehrt werden. Karl ist der Ansicht, Gottes Wohlgefallen solle auch durch eine schöne Redeweise erregt werden. Die Schriften selbst seien voll von Wörtern, die genau erklärt werden müßten, ebenso wie die Bilder und Redefiguren in ihnen. Dazu sei rhetorische Bildung anhand der Werke der antiken Autoren notwendig. Nach Karl ist ein Streiter der Kirche nicht nur fromm, sondern auch gebildet und ein Meister der Rede. [9]

Alkuin verbindet in seinen Schriften Rhetorik und Moral, literarische Erziehung und menschliche Bildung. Durch die Vernunft und die Rede, so sagt er, werden die Menschen zivilisiert. Die Rede ist das Werkzeug der Erkenntnis und des menschlichen Zusammenlebens, sie ist mit dem Geist verbunden, deshalb ist die Vervollkommenung des inneren Menschen, der Seele, nur möglich, wenn diese Werkzeuge des menschlichen Zusammenlebens vervollkommnet werden. [10] Damit greift er die augustinische Vorstellung wieder auf, daß der Mensch die irdischen Güter nutzen soll, d. h. die antiken Autoren und die Künste gelten als Stufen, auf denen der Mensch seine höchste Bestimmung erreichen kann. So entsteht unter Alkuin auch das Postulat einer erzieherischen Wissenschaft, die nicht nur Wissen vermitteln, sondern die Schüler gleichzeitig über den Lehrstoff zum Glauben bringen soll. Der Intention nach ist karolingische Renaissance christlich-ethisch, formal, in ihrer Behandlung von Tagesereignissen und Geschichtlichem durchaus weltlich, sie holt ihre klassischen Vorbilder in die Gegenwart hinein und versucht, ihnen von der christlichen Ethik her einen neuen Sinn zu geben.

Ab dem 10. Jahrhundert läßt sich, ausgelöst durch die politische Bedeutungslosigkeit der Rhetorik in der Kaiserzeit und ihrem verstärkten Auftauchen in Theologie, Juristerei u. a. m., eine Akzentverschiebung mit der Tendenz zu einer Neugliederung der Wissenschaften im Sinne einer Spezialisierung erkennen. Diese gipfelt zu Beginn des 12. Jahrhunderts in der Auseinandersetzung des Johannes von Salisbury und seiner Anhänger mit denen der Scholastik. Sein Kampf war gegen die Beschränkung der Erziehung auf Kosten einer formal-technischen Ausbildung gerichtet, der auch die Beredsamkeit zum Opfer zu fallen droht, zwar nicht als formal-technisches Gebilde, aber als Möglichkeit, eigene Gedanken zu versprachlichen und von ihnen zu überzeugen.

> Harmonie zwischen Logik und den konkreten Wissenschaften, zwischen Beredsamkeit und Weisheit, Form und Inhalt und zwischen den einzelnen Zweigen des Wissens, Einheit zwischen Theorie und Praxis [...] mehr als eine Verteidigung der Literatur und der literarischen Bildung gegen die Naturwissenschaften, die vom neu erwachten Aristotelismus begünstigt wurden – eine Warnung, der formalistischen Logik, den Spezialisierungen nicht zu trauen, die einem unmittelbaren und partiellen Vorteil die tiefste und wahre Nützlichkeit einer umfassenden menschlichen Bildung opfert. Es war eine fast prophetische Verurteilung des abstrakten technischen Denkens der Scholastik. [11]

Doch die Entwicklung ist zumindest auf dem Kontinent nicht mehr aufzuhalten, wenngleich eine oppositionelle Bewegung bestehen bleibt. Die Kultur verlagert sich in die großen Städte und führt zum Aufbau von Universitäten, die sich mehr und mehr spezialisieren. Sie entgleiten der Hand des Klerus und öffnen sich mehr und mehr dem Laienstudium, was zu Spannungen zwischen Theologen und Medizinern und Juristen führt. Im 13. Jahrhundert wird dem Klerus das Studium der freien Künste per Dekret verboten.

2. Christliche Interpretation von Rhetorik und hermeneutisches Interesse

Die Tradierung der Rhetorik im Mittelalter geschieht weitgehend in den Schulen über die sieben freien Künste, die artes, von denen sie eine ist:

> Es gibt sieben Disziplinen der freien Künste, die erste ist die Grammatik, Kenntnis der Sprache; die zweite ist die Rhetorik, die man vor allem für die Fragen des öffentlichen Lebens, wegen des Glanzes und des Reichtums der Beredsamkeit für notwendig hält. Die dritte ist Dialektik, auch Logik genannt, die durch subtilste Dispute das Wahre vom Falschen trennt. Die vierte ist die Arithmetik, die sich mit den Verhältnissen der Zahlen und ihrer Teilung befaßt, die fünfte ist die Musik, die aus der Liedkunst und Dichtkunst besteht, die sechste ist die Geometrie, die die Maße und Dimensionen der Erde umfaßt und die siebte die Astronomie, deren Inhalt die Gesetze der Sterne sind. [12]

Die ersten drei Künste bilden das sogenannte Trivium, die übrigen das Quadrivium. Ihnen fügt Isidor um 630 noch Medizin und Jurisprudenz hinzu.

Aber die mittelalterlichen Schulen werden zunehmend von Spitzfindigkeiten im Dienste der Theologie beherrscht. Ihr höchstes Ziel ist die Erwerbung des Glaubens und seine Verteidigung, diesem Ziel wird alles untergeordnet. Die Antike wird nicht ignoriert, sie ist allgegenwärtig, aber man benutzt sie, spannt sie für die eigenen Zwecke ein. Antike Autoren werden nur in soweit gelesen als sie die eigene Wahrheit, die einzige Wahrheit bestätigen, als Autoritäten, die Argumente für den eigenen Standpunkt liefern. Die Künste, als Ausfluß des Göttlichen, denn nur Gott allein ist schöpferisch, können als Stufen auf dem Weg zur ›letzten Wahrheit‹ dienen.

Dies ist eine eindeutige Verkürzung antiken Gedankengutes, eine Unterordnung unter ihm fremde Zwecke; aber diese Art der Einbeziehung in das theologische Studium ist auf der anderen Seite vielleicht auch die einzige Möglichkeit der Tradierung dieses Gedankengutes durch diese Zeit.

Im Mittelalter steigert sich mit der zunehmenden Bedeutung des Christentums und seines Hauptwerkes, der Bibel, sowie mit der Verlagerung der Macht in den germanischen Raum und der damit verbundenen Entwicklung der Rhetorik von einer Rede- zu einer Schreibkunst die Bedeutung des Buches. Dementsprechend kommt auch verstärkt ein spezielles Interesse an Rhetorik zur Geltung, das der Exegese, das hermeneutische Interesse, das Interesse an der Auslegung. Rhetorik lehrt eben nicht nur, wie man Texte macht, sondern auch wie man sie interpretiert.

Diesen Aspekt betont schon Augustinus zu Beginn des zweiten Buches der Schrift *de doctrina christiana,* wo er sich mit den Zeichen beschäftigt. Diese Zeichen sind für ihn Wörter und ihre fixierte Form die Buchstaben. Diese sind göttlichen Ursprungs und aus ihnen besteht die heilige Schrift. Ursprünglich waren sie allen Menschen verständlich, aber als Strafe für menschlichen Übermut wurden sie beim Turmbau zu Babel getrennt. Diese Trennung kann aber durch Kenntnis der Sprachen überwunden werden. Aber damit allein sind die Schwierigkeiten für die Erkenntnis noch nicht behoben, denn die Bedeutung vieler Schriftstellen ist zusätzlich verhüllt. Anweisungen zum Eindringen in diese Geheimnisse gibt Augustinus im dritten Buch, in dem von Dingen die Rede ist, die das Verstehen erleichtern. Hier behandelt er auch die Künste, die sehr vieles enthalten, was für die Erkenntnis der Schrift nützlich ist.

Außerdem ist die heilige Schrift von verschiedenen Verfassern geschrieben worden, in einer sehr vielfältigen und nicht immer leicht verständlichen Sprache. Hier ist es die Aufgabe des ›doctor christianus‹, den man möglicherweise in der Tradition des vir bonus sehen könnte, unter Berücksichtigung der aufgestellten Glaubenssätze den Sinn zu ergründen und zu vermitteln. Die Verfasser der Schrift gebrauchen rhetorische Figuren, deren Anwendung allgemein ist: die Tropen. Ihre Kenntnis ist für den Interpreten ebenso wichtig wie die der Sprachen, wenn er seiner Aufgabe gerecht werden will. Es ist zwar nicht notwendig, diese rhetorischen Figuren den Zuhörern zu erläutern, aber der Interpret muß sie kennen. [13]

Diese exegetische Technik wird immer mehr differenziert, führt aber in der Scholastik zu starr festgelegten Schritten, die die eigenständige Beschäftigung mit einem Text sehr erschweren, wenn nicht gar verhindern, denn nur an von Autoritäten nicht einwandfrei belegbaren Stellen stellt sich überhaupt die Frage, ob eine Disputation denn lohnt. Auch eine festgelegte Technik des Lesens (lectio) entstammt dieser Zeit. Bald ist das gesamte Studium peinlichst genau festgelegt, jeder Schritt, jedes dazugehörige Buch, die Ordnung des ganzen Jahres. Zuwiderhandeln wird streng bestraft.

In der Scholastik besteht Wissenschaft aus Lesarten und Kommentar, Gegenstand des Wissens ist nicht der Mensch (res), sondern ein Text über ihn (verba). Die Worte werden zur Verlängerung der Gegenstände. Wenn man aber an die Stelle der Welt ein komplexes System von Zeichen setzt, wird die Beziehung zur Welt selbst bedeutungslos. Hier wird kein kritisches Denken gefordert, kein Vernunfturteil, das man in rhetorischer Form verbreiten, d. h. von ihm überzeugen kann, sondern eine ›gültige‹, das bedeutet eine durch bekannte Autoritäten verbürgte Interpretation.

3. Das Erziehungs- und Bildungssystem

Zwischen der Spätantike und der karolingischen Renaissance liegen zweihundert Jahre, in denen Bildung weitgehend Bildung des Klerus ist (Mädchen ist der Zugang zu jeglicher Bildung verwehrt). Sie besteht in der Vermittlung technischer Fähigkeiten, die zur Ausübung seiner Aufgaben notwendig sind, wie z. B. lesen, schreiben und die Kenntnis, d. h. meist Auswendiglernen von Bibel, Liturgie und Kanon. In diesem Rahmen heißt das allerdings auch Kenntnis von Rhetorik, die in der gegebenen Situation der Kirche im Mittelmeerraum notwendig und in der Neubearbeitung der christlichen Schriften angelegt ist.

Gregors Ablehnung schafft hier eine Zäsur. Erst Karl der Große macht 789 die Schule und damit Bildung allen Kindern, allerdings auch hier nur der höfischen Oberschicht, zugänglich. Verschiedene Lehrer unterrichten getrennte Klassen nicht mehr in der althergebrachten Art des Klerus, ihr Interesse gilt einer umfassenden Bildung, die die Künste aus ihrer Bindung an die kirchlichen Schriften löst und, nach der genauen Bestimmung des Lehrstoffes durch Karl den Großen, mit ihnen auch Allgemeinbildung vermittelt: in Gesang, Literatur, Kunst der Rede und anderem mehr.

Mit der Aufforderung zum Studium der freien Künste verbunden ist auch der Aufruf zum genauen Abschreiben der antiken Vorlagen, was für die Tradierung der Künste allgemein und Rhetorik speziell von entscheidender Bedeutung ist. Dennoch, die Bindung an die christliche Lehre bleibt, Höhepunkt ist Kenntnis und Verstehen der Heiligen Schrift.

Der Schulunterricht beginnt mit dem Elementarunterricht in Lesen und Schreiben, durchläuft dann die sieben Künste, die in ihrer Einteilung übernommen von Quintilian und überliefert durch die Kirchenväter als Unterrichtsdisziplinen eingeführt werden, also auch Rhetorik, und gelangt schließlich zum Ziel allen Lernens, dem Verständnis der Heiligen Schrift. Die Künste bleiben vor allem wesentlich, um den Sinn der Schrift verstehen zu können. In dieser Zeit wird auch die Methode der Schriftexegese als Lesung und Kommentar in ihrer späteren scholastischen Form vorbereitet.

Die Anweisungen des Erzbischofs von Reims, Adalberon, aus dem 10. Jahrhundert zeigen, wie diese praktisch ausgesehen hat: Den einzelnen Künsten sind verschiedene Autoren zugeordnet, anhand derer man sich die Inhalte aneignet, dies sind die Schriften des Porphyrius für die Dialektik, die Abhandlung des Aristoteles über die Kategorien oder Praedicate, sowie seine Schrift *de interpretatione*. Die Schriften des Cicero bilden die Grundlagen der Topik und des Beweises, sie werden ergänzt durch die sechs Bücher der Erläuterungen des Boethius. Rhetorik erfährt eine sehr intensive Behandlung, die inventio wird anhand der Schriften des Vergil, Terenz, Iuvenal und Horaz gelernt, der Aufbau des Studiums folgt streng den antiken Regeln. Am Ende dieses Teiles der Ausbildung steht das Streitgespräch in allen Künsten. [14]

Zur gleichen Zeit etwa beginnt der Disput über die Ordnung der Künste, über die Frage, ob die Philosophie den Höhepunkt bilde, oder alles der Theologie unterzuordnen sei. Auf die Auseinandersetzung der Scholastiker mit Johannes von Salisbury, sowie die Trennung der Künste in Einzelwissenschaften ist schon hingewiesen worden, doch die Auseinandersetzung um spezielle oder antik-universelle Bildung bleibt bis in die Zeit des Humanismus hinein stets präsent und umstritten.

Die sich durchsetzenden Methoden des scholastischen Unterrichtes bilden ein genau vorgeschriebenes, starres Verfahren. Erziehung besteht in der Lesung von Texten, Wissenschaft aus den Lehren von Autoren, die als allein gültige Autoritäten anerkannt sind, der Lehrer ist stets Leser, nie Autor. – So erhält Albertus Magnus zum Beispiel einen Verweis, als er es wagt, seine eigene Meinung wie die einer Autorität zu verbreiten. Um dies zu gewährleisten, erlassen die Universitäten Listen und sorgen dafür, daß die auf ihnen aufgeführten Bücher, die für einzelne Künste vorgeschrieben sind, von den Studenten zu festen Preisen erworben werden können. Für Rhetorik sind dies die Bücher von Cicero und Quintilian.

4. Ars praedicandi – die Kunst der Predigt

Die gesamte Auseinandersetzung des Christentums mit der Rhetorik macht sich an der grundlegenden Frage fest, ob denn die christliche Wahrheit überhaupt der Einkleidung in Formen der wirkungsbezogenen Rede bedürfe, um sich durchzusetzen. In der Spätantike wird diese Frage noch weitgehend bejaht, denn die führenden Männer der Kirche sind meist rhetorisch gebildet oder sogar Rhetoriklehrer wie zum Beispiel Augustinus. Die vollständige Übernahme der Formen der Rhetorik sowie des Wissens aller Künste legitimiert sich aus ihrem Vorhandensein in der Bibel. (Das ist allerdings umstritten, da es erst für die Umdichtung des Hieronymus zutrifft, aber da diese Behauptung bei Augustinus als einer Autorität so steht, wird sie so angenommen.) Auf dieser Grundlage ist es das Bestreben, von den heidnischen Künsten all das zu übernehmen, was der Förderung des christlichen Glaubens dienen kann. Im Prolog zu Augustinus' *de doctrina christiana* heißt es, es sei Vermessenheit zu glauben, daß göttliche Inspiration allein zum Verständnis der Heiligen Schrift ausreiche, denn sowohl die Sprache, als auch die Erkenntnis seien nur durch Zuhören und die Vermittlung eines Lehrers zu lernen. Auf menschliche Hilfe zu verzichten sei Übermut. Wenn aber menschliche Hilfe notwendig sei, um zur Erkenntnis zu gelangen, so impliziere dies gleichzeitig die Pflicht, gewonnene Erkenntnisse weiterzugeben. [15]

Der Streit um diese Grundfrage steht lange im Vordergrund, eine vollständige Predigttheorie bildet sich noch nicht heraus. Wenn die Grundfrage bejaht wird, so beinhaltet dies eine Übernahme der vorliegenden rhetorischen Lehre, allerdings mit veränderten Inhalten, die auf die christliche Lehre und die Entwicklung der ständischen Gesellschaft zurückzuführen sind.

Wie schon erwähnt, lehnt Papst Gregor der Große zur Zeit der germanischen Mission die Rhetorik für die Verkündigung christlichen Glaubens ab, dennoch sind bei ihm zwei Dinge bemerkenswert, die später wieder aufgegriffen werden. Das eine ist sein Hinweis auf die Verschiedenheit der Zusammensetzung des Zuhörerkreises, das andere die Anfügung von Musterpredigten, die sich genau nach den einzelnen Zuhörergruppen richten. Trotz der offiziellen Ablehnung der Rhetorik in dieser Zeit ist sie dennoch latent vorhanden, im Aufbau, der Findung von Beweisen, der Topik. So gesehen bezieht sich die Ablehnung eigentlich nur auf eine bestimmte Art von Rhetorik, nämlich den prunkvollen Stil, der als stellvertretend für die Gesamtrhetorik hingestellt wird, ohne die Erkenntnis, daß eben gerade die Abwendung von diesem Stil zu einer einfachen persuasorischen Redeweise wirkungsbezogen und so rhetorisch ist. Bei der Hinwendung zu einfacheren Volkskreisen in der

Mission ist eine Verschiebung von der belehrenden Redeform (docere) zu der bewegenden (movere) festzustellen, was eine stärkere Beschäftigung mit der Affektenlehre nach sich zieht. Die moralische Unterweisung wird immer stärker unterstützt durch eine hohe Darstellung der Tugend und eine besonders abschreckende Darstellung des Lasters. Der Schmuck, als äußerer Zierrat antiker Rhetorik angesehen, wird dennoch in dieser Phase zurückgedrängt und verhilft der Regel der Verständlichkeit zu ihrem Recht.

Im 12. Jahrhundert taucht durch das Aufleben des Laiengedankens ein Begriff auf, der dem in der Antike benutzten des ›vir bonus‹ entsprechen könnte, nämlich die ›praedicatio in facto‹, in ihr verkörpert sich ein Laiengedanke, der das Vorleben einer als gut und wahr empfundenen Weltanschauung zum Inhalt hat und der sowohl eigene Erfahrung als auch besonders das eigene Beispiel über theoretisches Bücherwissen stellt. Ergänzend hinzu kommt, daß allein in der Predigt eine Strömung sich behauptet, die in den anderen Bereichen verschüttet zu sein scheint, eine stärkere Betonung der weltlichen Belange (res) ihrer theoretischen Behandlung (verba) gegenüber.

Die erste predigttheoretische Arbeit, die *summa de arte praedicatoria* des Alanus ab Insulis, die erste Schrift dieser Art, die sich über die Grenzen einer Gemeinde hinaus an ein größeres Publikum wendet, macht die widersprüchliche Haltung zur Rhetorik noch einmal ganz deutlich. Schmuck- und prunkvoller Stil werden als stellvertretend für die gesamte Rhetorik hingestellt und diese Art der Predigt der Ketzerei verdächtigt. Gleichzeitig richtet man sich jedoch nach angeführten Autoritäten, bei denen in Anordnung und Aufbau der Predigt die Kategorien der rhetorischen dispositio unbewußt einen starken Raum einnehmen, so daß trotz verbaler Ablehnung doch immer wieder auf rhetorische Elemente zurückgegriffen wird. Das Beifügen von Musterpredigten hat sich in dieser Zeit schon durchgesetzt, so daß auch im Werk des Alanus 36 ständisch geordnete Beispiele zu finden sind. [16]

Alle theoretischen Schriften, seit der Verlagerung der Kultur in den germanischen Raum bis zu dieser Zeit, sind Ausdruck der Tatsache, daß bis zum Beginn des 13. Jahrhunderts die Predigt nur eine beschränkte Wirkung hat, da die Bischöfe den Gemeindepfarrern Vollmacht zum Predigen erteilen müssen und diese nur auf Diözesen und Gemeinden beschränkt ist. Im 13. Jahrhundert ändert sich dies und man kann es daher als dasjenige ansehen, in dem Predigttheorien im eigentlichen Sinne entstehen. Ausschlaggebend dafür ist die Tatsache, daß zu dieser Zeit Predigerorden wie zum Beispiel der Dominikanerorden gegründet werden. Deren Prediger nehmen eine Sonderstellung ein, sie sind nicht mehr Untergebene der Bischöfe, sondern arbeiten neben dem bestehenden Klerus in eigener Sache. Die Predigt ist ihre zentrale Aufgabe, daher werden sie auch in ihr ausgebildet, das Studium der Rede wird zur Verpflichtung, bald wird sie zu den Künsten gezählt und kann gelernt und gelehrt werden. Diese Kunst der Predigt und ihre Lehre stützt sich im wesentlichen auf zwei Grundpfeiler, die fragmentarischen Theorien der Kirchenväter, die unumstrittene Autoritäten bleiben, und die Überlieferung der antiken Rhetorik, der Kunst des wirkungsvollen Sprechens.

Im ausgehenden 13. Jahrhundert entsteht daneben eine spezielle Art der geistlichen Rede, die sich an ein exclusives, gebildetes, meist nur aus Klerikern bestehendes Publikum richtet. An Form und Aufbau dieser Rede werden höchste Ansprüche gestellt. Diese Entwicklung, an deren Anfang besonders genau die Anweisungen der antiken Rhetorik befolgt werden, führt mit der Zeit zu einer eigenen Terminologie und wird immer manieristischer, eine nur von wenigen Eingeweihten verstandene Wortspielerei. So kann es zum Beispiel sein, daß ihre Gliederung an mehreren Worten erfolgt, die alle aus einer bestimmten Bibelstelle einen symbolischen Gehalt beziehen, der den Text nur denen verständlich werden läßt, die diese Symbolik kennen. Diese Art der Predigt ist noch sehr wenig erforscht, wenn auch sehr reizvoll und von künstlerischer Bedeutung.

5. Die Juristenrhetorik

Die gesamte mittelalterliche Rhetorik hat ihre Herkunft nie ganz verleugnen können, der Rhetorikunterricht ist immer auch eine Unterweisung in Rechtsgeschäften, selbst die Predigt hat etwas von der Art einer Gerichtsrede, eines Plädoyers.

In den germanischen Staaten ist das römische Recht lange vergessen, erst im 11. Jahrhundert wird es von der Kirche wiederaufgegriffen und aus den Archiven geholt, als diese einen staatlichen Absolutheitsanspruch stellt, Zivil- und Kirchenrecht betreibt und sich selbst das kanonische Recht gibt. In dieser Zeit wird auch das Interesse an der forensischen Rhetorik der Spätantike und deren Vorbildern wieder lebendig, meist unter dem Zweck wirkungsvoll zu schreiben. Die päpstliche Kanzlei knüpft mit ihrem Stil an die spätrömische Tradition an. Rom, Monte Cassino, Bologna, Florenz und Pavia werden Zentren der Rechts- und Kanzleitätigkeit, dort werden auch die theoretischen Schriften über die Verwendung antiker Vorschläge für das wirkungsvolle Abfassen von Schriftstücken und Reden wiederentdeckt und verarbeitet, so in den Arbeiten Alberichs von Monte Cassino um 1075.

Dies geschieht in einer Zeit, da das Gefüge der artes als der allgemein bildenden Künste zu zerfallen beginnt. Die Rhetorik, jetzt isoliert und immer stärker zur Schreibkunst werdend, erstarrt in den Kanzleien zur reinen Formalkunst. Das äußere aptum ist zwar als Begriff noch vorhanden, aber es ist eben ständisch und dient der Darstellung des Sozialbezuges von Adressent und Adressaten. Der ornatus ist nicht mehr bezogen auf den Inhalt, sondern wird reiner Zierat und Schmuck. Nun kann man natürlich sagen, daß auch diese Überbetonung eine wirkungsbezogene Funktion haben kann, aber mir scheint diese Entwicklung dennoch eine Einengung des in der Antike Bezweckten zu sein. Besonders betont wird die Kategorie der grammatischen Korrektheit (latinitas). Es kann nicht ausgeschlossen werden, daß diese juristische, kanzleimäßige Art der Rhetorik einen gewissen Einfluß auf den späten Minnesang ausgeübt hat, der dadurch in die Gefahr der Schablonendichtung geriet.

Zu dieser Zeit entstehen auch die ersten Regel- und Briefmusterbücher, die bis ins 14. und 15. Jahrhundert wirksam sind und wohl auch den Beginn des Briefes als literarischer Gattung darstellen. Ob diese Betonung des Formalen in der Lage war, das Vertrauen in die Wirksamkeit des Wortes und den Glauben an die Macht der Sprache zu stärken, kann nicht eindeutig entschieden werden. Darauf hinzuweisen scheint die Tatsache, daß um 1215 in Bologna Bouncompagno seine *antiqua rhetorika* schreibt. Er wendet sich scharf dagegen, die antike Rhetorik nur als elegante Einkleidung eines beliebigen Inhalts zu verschwenden. Für ihn ist die Rhetorik eine Schreibart, die dazu befähigt, die höchsten einem Menschen zu denken möglichen Gedanken zu versprachlichen. Diese neue Rhetorik des Bouncompagno ist ein neuer Anfang. Man beginnt einzusehen, daß Rhetorik für Besseres zu gebrauchen ist als für Briefmuster, erkennt ihre ungeheure Biegsamkeit und Anpassungsfähigkeit und daß selbst für tiefste, innere Gefühle eine Ausdrucks- und Mitteilungsmöglichkeit im antiken Formenreichtum sich eröffnet.

Daraufhin entsteht 1240 die Marburger Kritik am Formalismus früherer Juristen. Man kritisiert die Einengung des Einzelnen durch starre Regeln, wie vorgegebene Muster und die formale Trennung zwischen Schriftsteller, Rhetor und Kanzlist. Man ruft dazu auf, die Nachahmung aufzugeben, denn jeder, auch der Jurist kann in dem Augenblick zum Schriftsteller werden, wo er erkennt, daß die rhetorische Form zum Ausdruck jedes geistigen Gehalts verwendet werden kann, ohne starre Regeln und Formulare. Die lange Zeit im Formalen gefangene Rhetorik beginnt hier wieder als Kunstart aufgefaßt zu werden. Die Scholastik suchte in den antiken Autoren nur Regelsammlungen, die Juristen, die es anfangs ebenso gemacht hatten, geben nun einen neuen Anstoß.

6. Der Briefstil

Die Technik der Rhetorik zu beherrschen heißt für den Kleriker und künftigen Notar des 11. Jahrhunderts in erster Linie Urkunden verfassen und Briefe schreiben. Der Ausbildung dieser Fähigkeiten dient der Schulunterricht, die Lehre der ars dictaminis, die Kunst des Briefschreibens und die zusammenfassende Darstellung rhetorischer Kategorien am Anfang von Formelbüchern und Urkundensammlungen. Es wird gezeigt, daß die klassischen Teile der Rede vom exordium bis zur conclusio im Bereich des Briefschreibens ebenso anwendbar sind wie Gruß-, Bitte-, Findungs-, Lob- und Schmuckanweisungen der Rhetorik. Das hat Karl Erdmann in seinen Studien zur Briefliteratur 1938 hinreichend genau nachgewiesen. [17]

Obwohl sich erst im 11. Jahrhundert mit seiner schon erwähnten Verstärkung des Geschriebenen und der Trennung und Spezialisierung der einzelnen Künste die ›ars dictaminis‹ herausbildet, weist Curtius darauf hin, daß der Brief in Prosa und Poesie, als Teilen der Rhetorik in ihrer epideiktischen Form, als Mahnung und Trost, schon im Griechenland der Antike existiert, daß er schon im römischen Kaiserreich Teil rhetorischer Übungen ist und daß sich auch in der Spätantike bei vielen Autoren Anleitungen zum Abfassen von Briefen finden. [18] Dort und auch in der ›ars dictaminis‹ werden Briefe immer noch als gebundene Kunstrede verstanden. In der Form können sie abgefaßt sein sowohl in Prosa als auch in Poesie, diesem entsprechen auch rhetorische Begriffe, wie rhetoricus sermo und eloquentia prosa, daneben gibt es die einfache Mitteilung. Stilmäßig wird eine Grobunterteilung in sermo simplex und sermo artifex vorgenommen, wobei der letztere schon ab dem 5. Jahrhundert immer manieristischer wird. Allgemein aber ist festzustellen, daß es für den Brief keine reine Dreistillehre gibt, sondern viele Stile sich kreuzen. Eine besondere Bedeutung erhält im Brief des Mittelalters die Schmuckanweisung, die sich besonders ausgeprägt im ›bunten Stil‹ des Notker Balbulus darstellt. Abgesehen von memoria und actio, die eindeutig auf die vorgetragene Rede zugeschnitten sind, lassen sich alle klassischen Teile der rhetorischen Rede in den Formelbüchern und Briefmustern des Mittelalters nachweisen. Unterschiedlich ist, je nach der Mode der Zeit, die Häufigkeit bestimmter Formen. So wird zum Beispiel im 11. Jahrhundert besonders die Erweckung des Wohlwollens des Lesers (captatio benevolentiae) betont, im Mittelalter wird sie besonders durch die Bescheidenheitsformel (diu multumque dubitavi) verwirklicht, in der der Schreiber seine eigene Unzulänglichkeit betont, dem Gegenstand gerecht zu werden. Hans Bruhm hat 1911 eine Vielfalt dieser Termini der ›affectierten Bescheidenheit‹ belegt. [19] Diese Vorliebe gilt übrigens auch für die Dichter. Eine weitere Besonderheit, die sowohl im Brief als auch in der Dichtung zu finden ist, ist die von klassischer Lehre abweichende Auffassung von der Abschweifung und der damit zusammenhängenden Einheitlichkeit des Inhaltes (digressio). In der Antike galten Abschweifungen als empfehlenswerte Ausschmückungen der Rede, da erlaubt, wo sie für die Behandlung der Sache nützlich waren. Diese Einschränkung wird nun im Mittelalter außer acht gelassen, so daß es zum Beispiel vorkommen kann, daß mitten in der Beschreibung eines Bauwerkes ein Beitrag zur Sittenlehre zu finden ist. Solche Fälle zeigen, daß die Berufung auf unverstandene und aus dem Zusammenhang gerissene Grundstrukturen der Rhetorik unter Umständen zur Strukturlosigkeit führen kann.

7. Rhetorik und Dichtung

Die Vorstellung von dem, was Dichtung zu leisten hat, hängt im Mittelalter entscheidend von der von Augustinus geprägten Theologie des Frühmittelalters ab. Die Verknüpfung theologischen Denkens und literarischen Arbeitens nimmt hier ihren Anfang. In der Lateinschule wird die Grundlage gelegt für die Einbeziehung der Künste, zu denen auch die Rhetorik gehört, und zu dieser gehört die Dichtung, die noch keine eigene Theorie hat und noch bis Dante als gebundene Form der Kunstrede verstanden wird. Augustinus verknüpft die Künste noch nicht mit dem späteren scholastischen Gedanken einer Vorbestimmung, sondern neigt mehr der neuplatonischen Auffassung zu, daß die Künste der Fähigkeit des Menschen, durch eigenes Streben und Schaffen zur christlichen Wahrheit zu gelangen, dienbar seien.

In den Schulen des Mittelalters ist die lateinische Poetik vorherrschend, Gedichte abzufassen ist Teil des Unterrichts, im Gegensatz dazu hat die Prosa keinen eigenen Raum, sondern ist Teil des Grammatik- und Rhetorikunterrichts. Es muß immer wieder betont werden, daß nach antiker Auffassung Poesie und Prosa nicht wesentlich unterschieden sind, daß sie immer noch unter dem Oberbegriff der Rede stehen.

Eine Eigenart mittelalterlicher Literatur sind die Doppelfassungen. Der christliche Dichter Sedulius wollte den heidnischen Dichtern seine Virtuosität beweisen und legte ein eigenes Werk in doppelter, prosaischer und poetischer Fassung vor. Sedulius wurde eine Autorität und seine Doppelfassungen von vielen Nachfolgern kritiklos nachgeahmt, so daß von vielen Werken des Mittelalters eine prosaische und eine poetische Fassung vorliegen.

Nachdem eine Zeitlang Dichtung nur in engster Verbindung mit der Bibel möglich war und sie sich in der gregorianischen Zeit durch Verbreitung christlichen Gedankengutes im Rahmen von Volksgeschichten ausdrückt [20], greift Alkuin die augustinischen Gedanken wieder auf. Er gibt der Dichtung wieder Spielraum, löst sie von ihrer allzu engen Bindung an die Bibel, gesteht ihr einen Eigenwert zu. Dichtung wird zu einem Fach, daß man frei ausüben kann, sie wird am karolingischen Hof zu einer Disziplin, die aus sich selbst zu schaffen in der Lage ist; daran ändert auch die Tatsache nichts, daß sie dem christlichen Glauben verhaftet bleibt, wenn Alkuin ihr zugesteht, sie könne die antike Dichtung im Sinne des christlichen Glaubens wertvoller machen. Aber Dichtung kann eben wieder frei, für sich geschaffen werden. Diese Entwicklung wird dadurch unterstützt, daß sich die Künste als Schulwissenschaften aus dem Verband der nur biblischen Exegese lösen und die Auffassung sich durchsetzt, jede Kunst für sich könne auf ihrem Gebiet, in der ihr eigenen Art zum Glauben führen. Dieses Verhältnis von antiker und neuer Dichtung besteht bis in das 12. Jahrhundert.

Das Bewußtsein der hohen Aufgabe, nämlich der »Befreiung« der antiken Dichtung, ihrer Veredelung zum Guten, gibt den Dichtern dieser Zeit ein gesteigertes Selbstgefühl; allerdings erliegen sie seit Eriugenas Symboltheorie vom Wesen der Weltdinge der Versuchung, die Worte an die Stelle der Dinge zu setzen – in der Scholastik ist diese Wendung bereits vollzogen. Allerdings nicht von allen, denn sowohl im 9. als auch besonders im 12. Jahrhundert wird diese Gefahr besonders von jenen meist höfischen Dichtern erkannt und bekämpft, die sich ausgehend von den Studien in Chartres und Orleans dem Neuplatonismus verschrieben haben. Ihr Erziehungsideal ist der sich im platonischen Sinne erhebende Mensch, der sich aus eigener Kraft in Regionen schwingt, in die ihn nach scholastischer Anschauung nur Gottes Gnade hinaufziehen kann. Diese Dichter wenden sich dagegen, als begnadete dargestellt zu werden und auf die Gnadenmittel der Kirche angewiesen zu sein. Der Kampf der Theologie gegen ihre Rivalen, die höfischen Dichter, wird von der Kirche mit Unterstützung von Literaten geführt, die sich den Gedanken einer neuen Dichtung, einer poetica divina im scholastischen Sinne zu eigen machen. Aber dies ist nicht nur eine Auseinandersetzung unter Dichtern, es ist der Widerschein des Machtkampfes von Kirche und Hof.

Die poetica divina entsteht aus der Pariser Schultheologie, Pariser Ästhetik wird zur einzigen Richtschnur theologischer Dichtung. Danach gilt nur Gott als Schöpfer, dem Menschen bleibt nur, sein Kunstwerk zu preisen, um ihm Anerkennung zu verschaffen. Soziologisch gesehen erfaßte die Scholastik mit ihrer Theorie breitere Volksschichten (siehe Formulare für alle Stände), aber sie betrachtet alle nur als Werkzeuge. Die höfischen Dichter dagegen betonen das schöpferische Moment des Menschen, das auch in den antiken Künsten zum Ausdruck kommt, die selbständig zur sittlichen Erhöhung führen. Noch gilt dies nur für einen

Stand, denn Dichtung in neuplatonischer Form kann zu dieser Zeit nur von einem gebildeten, aber eben doch nicht einseitig gebildeten Stand entwickelt werden. Die Pflichten des Geistlichen sind durch Gregor den VII. festgelegt, und gegen die anderer Stände abgegrenzt, er wird zum Seelsorger, der für das Jenseits lebt. Der Stand jedoch, der in dieser Welt lebt, ist der angesehene und aufstrebende Ritterstand, der in seiner Ethik das weltliche Leben mit dem allgemeinen ›Gottesdienst‹ verbindet. Dieser Stand setzt nun weitgehend eigene Verhaltensnormen. Seine Dichtung bildet die ritterliche Kultur, in der sich das sinnvolle Ausgestalten weltlich-literarischer Motive mit religiösen Werten verbindet. Diese ritterliche Kultur lehnt sich in Formen, Lebensgefühl und Tugenden an typisch antike Muster an, die in ihrer Verbindung mit der höfischen Gegenwart die Ethik und Moral des Ritterstandes bilden.

Dieser Ethik und Moral entstammt auch der höfische Minnesang, von den Scholastikern als rein fleischliche Lust abqualifiziert – hier taucht wieder einmal der alte Dualismus auf, der sinnlich als tierisch und nicht als vernunftbegabt bewertet. Die Minnesänger sind es auch, die beklagen, daß die Rhetorik in ihrer sinnentleerten scholastischen Form über diejenigen siegt, deren Teil die menschlich schöpferische Dichtung ist. Sie werfen den Scholastikern vor, Beredsamkeit als Gelehrsamkeit auszugeben, denn sie brächten die Beredsamkeit zwar fast allen Ständen bei, aber isoliert vom Inhalt, es werde zwar geredet, aber nicht geforscht, Predigt sei nur noch spitzfindiges Auslegen nach Autoritäten, Sekretärskunst nur noch elegantes Schreiben, das Plädoyer nur noch ein Zergliedern von Begriffen, die Kunst des Arztes nur noch Disputieren aber nicht das Verstehen der Heilmittelkunst, Dichtung nur noch Mittel der Verkündigung.

Ob lateinische Hymnendichtung und Dramatik, die vor allem in dem Kreis der Geistlichen gediehen, ob volkssprachliche Lyrik und Epik bis hin zum Minnesang, die von Adel und Bürgertum gepflegt wurden – Dichtung und Literatur des Mittelalters sind ganz noch der rhetorischen Ästhetik verpflichtet, trotz Plotin und des Neuplatonismus, und überlieferten sie damit der Neuzeit. Zwar läßt sich neben dem geschmückten und gelehrten Stil auch bereits ein deutliches Streben nach Naturnähe beobachten. Doch bedeutet, der Natur gemäß zu schreiben, nicht Abweichung von rhetorischer Lehre, sondern deren erneute Bekräftigung: erhob sie doch den Anspruch, dem ordo naturalis, der natürlichen Ordnung selber auf den Leib geschrieben zu sein.

III. Humanismus und Barock
(Christine Brüggemann / Elke Haas)

1. Die Rhetorik im Bildungswesen der Zeit und ihr gesellschaftlicher Stellenwert

Humanismus und Barock [1] sind in die deutsche Geschichte als große Zeitalter der Rhetorik eingegangen. [2] Für uns heute unmittelbar ablesbar daran, daß zum einen nie wieder so viele Rhetorik-Lehrbücher geschrieben wurden und zum anderen, daß praktisch jeder zeitgenössische Text eine rhetorische Formung erhalten hat.

Welchen Stellenwert hatte nun aber die Rhetorik in der von mir beschriebenen Zeit? – Wie beschränkt allein schon der Ort der Rhetorik ist, umreißt Meyfart im folgenden:

> [...] were zuwünschen / daß in den Auditorn der Academien und / Gymnasien / in den Choren der Kirchen und Capellen / in den Pallästen der Monarchen und Potentaten / in den Säälen der Cantzleyen und Rathhäuser auffzöge die Wohl – Redenheit / [...] [3]

Berücksichtigt man nur die wichtigsten Einflußsphären der Rhetorik, so ergeben sich insgesamt vier Bereiche, in denen sie eine umfassende Wirksamkeit entfaltete:

1. Schul- und Universitätsbetrieb
2. Literatur
3. Politik (Gericht, Hof, Rat)
4. Religion

Die Rhetorik ist im Humanismus in erster Linie Sache der gelehrten Welt. Im Gymnasium, dessen erfolgreicher Abschluß Voraussetzung ist für jeden Gelehrten und für jeden, der die Universität besuchen will, wirken die antiken rhetorischen Regeln dominierend. Die Übungstechniken sind in den theoretischen Schriften der großen Schulmänner des 16. Jahrhunderts (bes. Melanchthon und Sturm) wiederzufinden.

Das Gymnasium ist in sechs Klassen aufgeteilt – classis sexta, quinta, quarta, tertia, secunda, prima, wobei jede dieser einzelnen Stufen auf das Ziel der eloquentia ausgerichtet ist, »[...] den Menschen in der ihm eigenen Fähigkeit zum Wort auszubilden, ihm die Konventionen des sprachlich-repräsentativen Miteinanders einzuprägen«. [4] Rhetorik bedeutet aber nicht nur das traditionelle Fach, sondern wirkt sich auch in den anderen, d. h. nichtliterarischen Fächern aus. So muß ein Schüler z. B. in der Lage sein, eine ihm gestellte Aufgabe in der Mathematik in klarer und eleganter (!) Weise zu erläutern. Der gesamte Gymnasialunterricht vollzieht sich in der lateinischen Sprache. (Auf das Problem Latein-Muttersprache wird im weiteren noch einzugehen sein.)

Während die classis sexta als Vorschule in Lesen und Schreiben zu verstehen ist, steht in der quinta und quarta die Grammatik im Vordergrund. Die tertia, in der die Grammatik abgeschlossen und mit der originalen Klassikerlektüre begonnen wird, bildet den Übergang zur secunda und prima, der eigentlichen Stufe *rhetorica*.

Mit dem Lesen von Lektüre wird so früh wie möglich begonnen, denn der Schüler soll sich auf diese Weise in grammatischen Regeln üben, er soll Vokabelkenntnisse und einen Vorrat an Floskeln, Formeln und vorgeprägten Sätzen erwerben. »Zum mobilen Schatz an fixierten Formeln kommt, meist mit Beginn der eigentlichen Klassikerlektüre, die systematische Anlage schriftlicher Sammlungen, der sogenannten Kollektaneen oder Schatzkammern.« [5] Der Schüler kann aus diesen Schriften ganze Redewendungen oder Floskeln herausgreifen und sie wörtlich übernehmen, um so seiner Arbeit den gewünschten eleganten Stil zu geben. Schon Aretino sagt:

> aber zu Höchstem gelangt sicherlich niemand, der nicht durch den Gebrauch all dieser Regeln geübt und mit ihrer Anwendung vertraut ist. Denn schließlich bin ich, was die litterae betrifft, folgender Ansicht: daß man alles kennen sollte, was an Sprachlich-Formalem in Gebrauch zu kommen pflegt, und außerdem auf Schönheit, Eleganz und ästhetischem Höhepunkt bedacht sei und daß man für jede Art des Schreibens einen bestimmten Putz und Schmuck habe, gewissermaßen einen reichlichen Hausrat, mit dem man versehen ist und den man hervorholt, wenn es nötig ist, und ihn dann ins Licht stellt. [6]

In Melanchthons Kursächsischer Schulordnung ist zu lesen: »Abents, wenn die Kinder zu haus gehen, sol man yhn einen sentenz aus einem Poeten oder andern fürschreyben, den sie morgens wider auff sagen.« [7]

Nachdem sich der Schüler einen gewissen Vorrat an Regeln angeeignet hat, wird mit der *compositio* einfacher Formen begonnen. Aber nicht das Abfassen von rhetorischen Texten, erst der freie Vortrag und das Beherrschen einer längeren freien Rede führt zur wirklichen *eloquentia*. Die freie (in der Schule bedeutet das die auswendig gelernte) Rede ermöglicht es dem Schüler, sich eine überzeugende *actio* anzueignen. [8] Weise sagt dazu, daß »es auch so wol im Bürgerlichen als in politischen Hof-Leben niemahls dahin kömmt / daß sich ein Redner biß über den halben Leib darff mit Brettern verschlagen lassen« [99]

In diesem Zusammenhang sei auf das Schultheater hingewiesen, in dem der Affektenlehre besondere Bedeutung zukommt. Der Schüler soll lernen, actio und pronuntiatio mit den verba in Einklang zu bringen und zur wirksameren Bezeichnung und Verdeutlichung der res einzusetzen.

Alle diese Übungen müssen in Latein gehalten werden, und es gibt sogar »Aufpasser«, die »darüber [...] wachen, daß niemand gegen das Grundgesetz des *latine loqui* verstieß«. [10] Die Schüler sollen »zu jederzeit Lateinisch reden, auf der Gassen, in Kirchen und Schulen, welche Übung viel dienet zur Lehr und Geschicklichkeit«. [11] Die Themen der Übungen sind zumeist von untergeordneter Wichtigkeit (keine aktuellen Themen), und die Gefahr der Realitätsferne wird durch die *exercitationes* (Übungen) in Latein noch verstärkt.

In dieser strengen Form vermag sich allerdings das Lateinische nicht überall zu halten und es wird nach und nach auf die höheren Schulstufen beschränkt. Der Streit um Muttersprache oder Latein wird zum zentralen Problem des 17. Jahrhunderts. [12]

Die Altdorfer Schulordnung von 1575 schließlich weist die Lehrer an, »das sie wöchentlich, vnd ein jeder in seiner classe, ein materiam, oder Argumentum in Deutscher sprach, dasselbige in das Latein zu transferirn, proponire vnd fürgebe«. [13]

Allein in den Jesuitengymnasien gibt es »keine stete Auseinandersetzung mit den Bestrebungen der Reformpädagogik, keine Konzession an die Realisten und an die Vertreter der Muttersprache«. [14] »Unbestritten bleibt der Primat des Lateinischen, unbestritten vor allem auch die klare Ausrichtung auf das Ziel der eloquentia.« [15]

Die Macht der Jesuiten, die im Laufe der Zeit immer mehr zunimmt, wird »durch planmäßig gepflegte Beziehungen zu den einzelnen katholischen Höfen« [16] gestützt und es entsteht eine starke Verbindung zwischen dem geistlichen und weltlichen Adel. Die geistlichen Pädagogen werden nicht nur als Beichtväter und Berater, sondern, in der Rolle des Hofmanns, für die Prinzenerziehung eingesetzt.

> [...] im Gegensatz zur bürgerlichen Gelehrtenschulpraxis bleibt sie [die Adelserziehung d. Verf.] dem Vorbild der romanischen Nachbarländer verpflichtet, und die Auseinandersetzungen zwischen dem alten, von Rittertraditionen bestimmten Adelsbewußtsein und dem neuen, geistigen Hofmanns-Ideal erstreckt sich über die gesamte Barockzeit. 17]

Ritterakademien werden gegründet, als ein Versuch, »aus dem Dilemma der ritterlich-gelehrten Privaterziehung herauszufinden«. [18]

> Für das Gesamtbild der Adelserziehung im 17. Jahrhundert sind die Ritterakademien freilich nur von begrenzter Bedeutung. Zu spät setzte der eigentliche Aufschwung dieser Schulen ein, und zu gering blieb ihre Zahl. Der niedere Adel war ohnehin kaum in der Lage, die beträchtlichen Kosten eines Aufenthalts in der Ritterakademie zu bestreiten. [19] [...] und je mehr im Laufe der Barockzeit das Interesse des Adels an gelehrten Studien zunahm,

desto häufiger entschlossen sich vornehme Familien, ihre Kinder – faute de mieux – auf die Gelehrtenschule zu schicken, wo sie dann auch in den Rhetorikbetrieb hineinwuchsen. [20]

Auch in den Ritterakademien stehen die rhetorischen Übungstechniken an hervorragender Stelle, aber hier kommt es besonders auf die Aktualität politischer Themen an. Der Lehrer stellt ein Thema aus dem Bereich der Politik, und die Schüler haben dazu in gewandter Weise Stellung zu nehmen.

Ebenso wie in der Schule, ist auch auf der Universität die Rhetorik ein wichtiger Bestandteil des Unterrichts.

Die Grundform der disputatio bestand darin, daß unter der Leitung eines Präsidenten (seine Tätigkeit: arguere) eine bestimmte Anzahl von Thesen (argumenta, sophismata) in logisch-schlüssiger Form diskutiert wurde, wobei der einen Partei vornehmlich das opponere, der anderen das defendere (oder respondere) zukam. [21]

Während die ars disputandi in allen Fakultäten und Rängen gepflegt wird, bleibt die Disziplin Rhetorik institutionell an die Artistenfakultät gebunden, die ihrerseits nur Vorstufe der drei oberen Fakultäten ist (theologische, juristische, medizinische). [22] – Die Absolventen dieser drei Fakultäten repräsentieren die gesellschaftliche Schicht, in der die Rhetorik über die Ausbildungszeit hinaus wirksam bleibt.

In der Barockzeit hat die Rhetorik in weiten Bereichen nur eine »affirmative« Funktion. [23] Meyfart erwähnt in oben genanntem Zitat den Hof und das Stadtregiment als Orte der Beredsamkeit. In der Nähe des Fürsten hat die Rede allerdings nur eine affirmative Funktion, allenfalls in der Konversation [24], nicht in der politischen Entscheidung wird dem Hofmann ein Freiraum zugestanden. Die Wirkungsabsicht im traditionellen Verständnis verengt sich hier auf die Absicht, Karriere zu machen und die Gunst des Fürsten zu gewinnen. Auch die Räte der Städte regieren nicht demokratisch, in ihrem geschlossenen Kreis erübrigt sich die echte Überzeugungsrede wohl meist von selbst. Aufgezählt von Meyfart wird die Gerichtsrede [25], die seit der Übernahme des römischen Rechts in Deutschland nicht mehr wie in der Antike öffentlich und dazu in lateinischer Sprache gehalten wird. Hingegen preist Meyfart an anderer Stelle: »Wie nützlich und herrlich die Wol-Redenheit in dem Kriegswesen sey« [26]; offenbar hat hier die klassische öffentliche Rede ein Refugium gefunden.

Sind die Möglichkeiten für politische Reden also sehr eingeschränkt, so gibt es doch für das Bürgertum im privaten Bereich eine Unzahl von Anlässen, in anspruchsvoller Weise zu sprechen und zu schreiben. Es sind Hochzeiten, Begräbnisse, Begrüßungen, Glückwünsche, Korrespondenzen privater Art und solche mit der Bürokratie. Mit der gehobenen Form der Rhetorik wird hier offenbar einem Bedürfnis nach Würde und Weihe entsprochen. »Gegenüber der alle Volksschichten beanspruchenden Reformationsbewegung gehörte diese formbedachte Literatur offenbar zu einem Bildungsbewußtsein, das sich gern auf seinen Gegensatz zum Pöbel und dessen barbarischem Sprechen berief.« [27]

Jetzt erscheinen auch Formular- und Titelbücher in deutscher Sprache, aber auch Redelehrbücher wie das von Kaspar Goldwurm, 1535, mit dem Titel:

Schemata Rhetorica, Teutsch. Das ist / Etliche nötige vnd nützliche Stück / so zu zierlichen / förmlichen und artigen reden gehören / dadurch den Menschen lust / lieb vnd begird zuzuhören / auch die hertzen geriert vnd bewegt werden mögen / Welche allen Predicanten vnd auch andern personen / so in sollichen künsten vnerfaren / nützlich vnd hoch von nöten sein [...]

Das Interesse an der rhetorischen Technik einer »zierlichen, förmlichen und artigen« Rede führt dazu, daß Musterreden veröffentlicht werden, in denen präzise Angaben zu *actio, pronuntatio* und äußerem *aptum* vermerkt sind. So zum Beispiel in der Druckverfassung der Friedensrede von Paris von dem Werder:

Friedens - Rede / In Gegenwart vieler Fürsten / Fürstinnen vnd Fraewlein / auch grosser Anzahl Hochadeliger / Gelehrter vnd anderer vornehmen Mannes- Frawens- vnd Jungfraewlichen Personen: Mit recht abgewechselter Stim̄e vnd Außrede / wie auch tapffern schoen bequembten Bewegungen vnd zierlichsten Gebaerden aller Leibs-Gliedmassen; Sehr behertzt vnd nachtrucklich mit sonderbarer Geschicklichkeit fuergebracht vnd abgelegt Durch PARIS VON DEM WERDER, Einen wolgestalten Fuenffzehenjaerigen Edlen Knaben. [28]

An der Stelle im Text, wo der Redner ausruft »O ich vnglueckseliger Friede!« heißt es in einer Anmerkung von dem Werders: »Allhier breitete er beyde Arme von sich thät ein par zierliche Tritt.« – Der Redetext wurde als eine Art Regiebuch verstanden, das auch nötige Anweisungen für die körperliche Beredsamkeit enthielt, die sich aus der actio entwikkelte. Der Redner erhielt auch für die Aufführung der Rede bestimmte Winke und Erläuterungen – der Ansatz für eine rhetorische Schauspielertheorie.

2. Rechtschaffenheit und Weltklugheit als Normen für den Redner

Die Rhetoriklehre tradiert seit der Antike eine ideale Vorstellung vom Redner. Cicero und Quintilian zählen die Beredsamkeit zu den sittlichen Lebensäußerungen des Menschen. Und daraus folgt für sie, daß nur der den Namen des Redners verdiene, der Rechtschaffenheit und praktische Vernunft – Kategorien aus einer stoisch geprägten Ethik – in sich vereinigt. Diese geforderte Haltung umschließt der Begriff des »vir bonus«, des »guten Mannes«. [29]

Für die Rhetoriker im Humanismus und im Barock gilt ein solch hoher sittlicher Anspruch unverändert fort. Der Redner wird als sittlich handelnder Mensch schlechthin definiert. In ihrer immerwährenden Auseinandersetzung mit der Philosophie bestimmt sich die Rhetorik als die Kunst, die im Unterschied zu den müßigen oder auch demagogischen Spekulationen der Sophisten, die Wahrheit ausspricht. Als Kostprobe dieses Selbstverständnisses sei auf Meyfarts *Teutsche Rhetorica* (1634) verwiesen, die nicht müde wird, mit erhobenem Zeigefinger vor dem Mißbrauch zu warnen, den »Sophisten« mit Hilfe bestimmter Stilmittel betrieben: Sie bauschten auf, verwirrten die Zuschauer, stellten sich selbst zur Schau, schmeichelten und lögen. [30] All das ist für den wahren Redner ein Schreckbild, und in dieser Gesinnung steht ihm der Poet in nichts nach. Auch sein Selbstverständnis verlangt, daß er mit seinem Werk allein das moralisch Richtige fördert. So verbietet, um einige Beispiele zu nennen, Scaliger (1540–1609) dem Poeten jederlei Unwahrscheinlichkeit, da er mit den Mitteln seiner Kunst die Wahrheit abzubilden habe. [31] Für Opitz (1597–1639) ist die Poeterey »eine erzieherinn des lebens von jugend auff« [32], Johann Klaj (1616–1656) beschwört den Redner als einen guten Mann (vir bonus) [33] ebenso wie Harsdörffer (1607–1658), der »die Liebe zur Tugend / durch ein lebendiges Gemähl« [34] einpflanzen will.

Woher bezieht aber nun der »vir bonus« des 16. und 17. Jahrhunderts die notwendigen Maßstäbe für Rechtschaffenheit und Weltklugheit? Während die moralischen Kategorien aus der stoischen und vor allem christlichen Tugendlehre stammen, ist die Weltklugheit als Norm unmittelbar aus der Rhetorik-Lehre abgeleitet: Wenn der Redner das Ziel, seine Hörer zu überzeugen, erreichen will, muß er dem praktisch Vernünftigen, dem Angemessenen Rechnung tragen. Er wird Hörer, Zeit, Ort, Gelegenheit und sich selbst als Person bei seiner Rede berücksichtigen müssen. Die Rhetorik faßt diese Angemessenheit mit dem Begriff des »äußeren aptum« [35] (der korrespondierende Begriff ist der des »inneren aptum«, das die angemessene Einpassung der Teile der Rede in das Ganze der Rede verlangt). Das »äußere aptum« würde z. B. nicht erfüllt, wenn ein junger Mann in einer Prunkrede Lebensweisheiten von sich gäbe, die nur einem gereiften Menschen anstünden.

Im Humanismus bringt es die Rückbesinnung auf die Antike mit sich, daß man in der Rhetorik neu zu lesen beginnt. Die Humanisten entdekken dabei jene Potenz der Rhetorik, mit der sie am verknöcherten scholastischen Wissenschaftsbetrieb fundamentale Krtik zu üben vermögen. Sie stellen ein Bildungsideal auf, das sich von allen bisherigen Zielen abhebt: Ein »gemeinsamer Sinn für das Wahre und das Rechte, der kein Wissen aus Gründen ist, aber das Einleuchtende [. . .] zu finden gestattet« [36] solle geschult werden. Das praktische Wissen müsse gleichberechtigt neben das theoretische treten, weil allein dieses die konkreten Umstände einbeziehen könne in ein Urteil, welches Tunlichkeit und Angemessenheit berücksichtigt. Kurz, die Wahrheitsforschung komme weniger der Philosophie als der Rhetorik zu. [37] Diese Ideen setzen eine überaus fruchtbare Entwicklung in der Wissenschaft in Gang. [38]

Das praxisorientierte Bildungsideal der Rhetorik zeigt aber nicht nur Sprengkraft auf der Universität, eine Initialzündung von kaum abschätzbaren Folgen geht von ihm aus, als die Höfe es für sich usurpieren. Die wichtigste Quelle hierfür ist das *Buch vom Hofmann* (*Cortegiano,* 1527) des Grafen Baldesar Castiglione (1478–1529). Es zeigt die Verschmelzung von Hofideal und humanistisch-rhetorischer Sittlichkeit. Das Buch übt den größten Einfluß auf den europäischen Adel aus und fördert dadurch in entscheidender Weise »den Durchbruch zu einer geistigen, auch den humaniora geöffneten Hofkultur«. [39]

> Der Hofmann soll, wenn es ihm gelegen kommt, beredsam und in Gesprächen über den Staat klug und vorsichtig sein und soviel Urteil besitzen, daß er sich den Sitten der Nationen, bei denen er sich befindet, anzupassen weiß; in kleineren Dingen sei er gefällig und spreche über alles verständig; vor allem aber strebe er immer nach dem Guten und sei nicht neidisch und verleumderisch; und nie lasse er sich dazu herbei, Gnade und Gunst auf lasterhaftem Wege und durch unanständige Mittel zu suchen. [40]

Aus diesen Worten ist nicht zuletzt auch abzulesen, wie stark das Spannungsfeld ist zwischen dem humanistischen Gedanken vom Eigenwert des Menschen und den Forderungen des Hofes und Herrn nach Unterwerfung. Der »vir bonus« der klassischen Rhetorik dient Castiglione als Leitbild [41], das sich allerdings, wie schon das Auf und Ab seines eigenen Lebens als Hofmann exemplifiziert, hart an den gesellschaftlichen Bedingungen der Zeit stößt. Mit jener ethischen Norm des »vir bonus« hat Castiglione jedoch die moralische Gleichberechtigung mit dem sich absolut setzenden Fürsten genial begründet. Es dauert nicht lange, bis dies Ideal integrierender Bestandteil auch der bürgerlichen Emanzipation [42] wird. Harsdörffer macht folgende Verse auf das Erkennungszeichen der Mitglieder der »Fruchtbringenden Gesellschaft« (ein Gesellschaftspfennig, am Band zu tragen). Sie besteht zu dreiviertel aus Adeligen.

> Reichbelobtes Tugendband /
> Wann du keine Gleichheit findest /
> Unter hoh= und schlechtem Stand /
> Sag / wie du sie gleich verbindest:
> Teutschgesinnter Tugendmut
> Ist das reich= und gleichste Gut. [43]

Im 18. und 19. Jahrhundert löst das Bürgertum dann bestimmte Tugenden vom »vir bonus« der Rhetorik ab und benutzt sie dazu, dem höfischen Leben Scheinheiligkeit und Laster nachzuweisen. [44] Bis zum Ende der Barockepoche wird noch die Forderung, der Redner müsse »vir bonus« sein, von Autor zu Autor weitergegeben. Dann aber bestreiten unter anderem Weise (1642–1708) und sein Nachfolger Talander (1661–1708) den ethischen Anspruch der Rhetorik:

> Die Redekunst ist ein Vermögen dem Zuhörer alle Dinge ein- und auszureden [45] [...] was die Politischen Ministros betrifft / so werden solche in Consiliis schlechte Expedition erhalten / wenn sie nicht die Gemuether zu gewinnen / und nach Belieben einen guten boesen Affekt einzupflanzen wissen. [46]

Weise wie Talander geben der Rhetorik das praxisorientierte Ziel, »daß die Jugend durch anmuthige Wege fortgebracht und durch nuetzliche Ubungen zu dem Nutze des Maenlichen Lebens vorbereitet werde«. [47] Die Jugend soll Karriere machen, und das kann sie am absolutistischen Hof oder im Stadtregiment dann besonders gut, wenn sie sich anpaßt und nach dem Munde redet. »Damit aber erhält der alte Topos von der Bindung der Beredsamkeit an die Staatsform eine neue Bedeutung« [48], schreibt Barner, der ausführlich über Christian Weise gearbeitet hat. Vor allzu einfachen Schlußfolgerungen muß jedoch gewarnt werden, denn immerhin hat ein italienischer Renaissance-Hof auf der Grundlage der vir-bonus-Ideologie das Leitbild des Hofmannes geboren, und die Barockfürsten wie ihre Höflinge identifizierten sich mit ihm.

Eine interessante Position gegenüber der Rhetorik nehmen die Reformatoren ein. Während Melanchthon als Humanist die Rhetorik für befähigt hält, das Gute in der Gesellschaft zu bewirken [49], verneint Luther diese Möglichkeit. Der Mensch ist für ihn »wieder nichts als ein gefallener Sünder« [50], den allein die Gnade Gottes tragen kann. Luther begreift die Rhetorik einzig als ein Mittel, nicht als Träger einer selbständigen Wertvorstellung.

> Aber diese Wort wissen zu verteidigen wider die Rottengeister und Widersacher; da gehöret mehr zu, will einen haben, der in der heiligen Schrift wohl erfahren und geübet ist, das muß man nehmen [...] aus der Theologia. [51]

Luther zeigt sich hierin noch ganz als ein Kind des Mittelalters und unterscheidet sich nicht von vielen katholischen Theologen, die gleichfalls die Überzeugungen des Humanismus nicht teilen.

Jedoch auch jene Autoren, die der klassischen Rhetorik sehr nahe stehen, verweisen auf den Maßstab, den das Christentum für sie gesetzt hat.

> Niemandes Rede wird schön klingen, wenn sie nicht mit der Person des Redners übereinstimmt und den Dingen nicht angemessen ist [...] Dazu erwirbt man das Wissen, die Philosophie, die Beredsamkeit, um Christus zu verstehen, um Christi Ruhm zu feiern. (Erasmus, 1466–1536) [52]

> Wegen der Ruchlosigkeit einiger Heuchler ist jedoch die Dichtung nicht in Bausch und Bogen zu verbannen, von der so viele Tugenden, Ratschläge, Prophezeiungen und Beispiele der Dichter ausgehen, die darauf bedacht waren, die himmlischen Gedanken höchst geistvoll, mit größter Ehrbarkeit und mit elegantem Stil und Wortschaft zu beschreiben. (Boccaccio, 1313–1375) [53]

> [Die Tugend] ohne Wissenschaft / und Erkäntniß des Göttlichen Willens ist mehr Heydnisch / als Christlich (Harsdörffer, 1607–1658). [54]

Diese Äußerungen, die sich anscheinend in völliger Übereinstimmung mit dem christlichen Dogma befinden, können aber nicht darüber hinwegtäuschen, daß durch die Wiederaufnahme des rhetorischen »vir-bonus«-Ideals das bisherige System in entscheidender Weise geöffnet wird: zum einen durch einen pragmatischen Aspekt – der freilich allzuleicht durch die politische Realität korrumpiert werden kann – und zum anderen durch den emanzipatorischen. Dieser verpflichtet den Menschen, in jeder konkreten Situation ein selbständiges Urteil zu fällen.

3. »Dinge« und »Worte«

Die Neuzeit beginnt nicht mit einer Revolutionierung des Weltbildes. Der Mensch lebt nach wie vor im Einverständnis mit einer Welt, die theologisch determiniert ist. Man glaubt, daß alle Dinge und Abläufe in der Natur, in der Gesellschaft und im individuellen Leben in eine sinnvolle Ordnung eingebettet seien. Und diese Ordnung erscheint der menschlichen Erkenntnis grundsätzlich zugänglich, wenn auch seiner Einwirkung entzogen.

Die klassische Rhetorik arbeitet in ihrer didaktischen Ausformung ebenfalls mit geordneten Systemen. Das wichtigste besteht in dem geregelten Bezug der vom Redner zwecks Bearbeitung des Behandlungsgegenstandes gefundenen Gedanken (»res«) und deren sprachliche Konkretisierung (»verba«). [55] Über die »res« wird in der Phase der »inventio« (Auffindung des Stoffes) gehandelt und über die »verba« gesondert in der Phase der »elocutio« (des sprachlichen Ausdrucks). Alle Autoren des 16. und 17. Jahrhunderts behalten diese Trennung bei.

Opitz übersetzt die Termini »res« und »verba« mit »dinge vnd worte« [56] und Harsdörffer in ähnlicher Weise mit »Sachen« und »Worte«. [57] Die genannten Übertragungen ins Deutsche haben einen zweifachen Sinn, einmal wird darunter der Gedankeninhalt verstanden [58], zum anderen aber auch der konkrete Gegenstand selbst [59], erst der Kontext gibt über die gemeinte Bedeutung Auskunft. Wichtig ist nun, daß die Rhetorik den Redner verpflichtet, den realen »res« Gerechtigkeit widerfahren zu lassen. Für die Zeit des 16. und 17. Jahrhunderts hieß das konkret, daß der christlich geordnete Kosmos in rechter Weise abzubilden sei. Dem modernen Leser wird wegen seiner andersartigen Weltsicht der Gedanke fremdartig sein, daß man überzeugt ist, dieses Ziel mit einem lehrbaren Regelwerk (wie es z. B. die Dreistillehre konkretisiert [60]), das bestimmte »Worte« fest an die ihnen zukommenden »Dinge« bindet, erreichen zu können. Die Rhetoriker des 16. und 17. Jahrhunderts aber isolieren »res« und »verba« voneinander und fügen sie in der ihnen einzig richtig erscheinenden Weise wieder zusammen. Die klassische Rhetorik hat ihnen zwar vorgearbeitet, wir begegnen hier aber einem noch weiter ausgearbeiteten System und einer Sprachhaltung, in der Naivität und Spontaneität miteinander verbunden sind.

Die beschriebene Grundanschauung wird von den beiden sprachphilosophischen Richtungen geteilt, die sich seit dem Altertum bis in die Epoche des Barock erhalten haben und über die Herkunft der Sprache widerstreitend theoretisieren. Die eine Auffassung behauptet, daß es eine natürliche Übereinstimmung von Wort und Sache gebe (Ähnlichkeitsprinzip/Physei-Lehre), die andere sieht in Übereinkunft und Übung den Ursprung der Wortbedeutung (Konventionsprinzip/Thesei-Lehre).

Einige bedeutende Sprachtheoretiker – die Humanisten Becanus, Reuchlin, Paracelsus und auch der große Grammatiker des Barock, Schottel – stehen der Physei-Lehre nahe. [61] Über »Adams Sprache« philosophiert der Mystiker Jakob Böhme. [62] Den gleichen Hintergrund haben auch die beliebten etymologischen Spekulationen der Zeit, die die Herkunft der Wörter dadurch zu ergründen suchen, daß man ihr lautmalendes Urbild rekonstruiert. Den meisten sprachwissenschaftlichen Erörterungen liegt freilich das Konventionsprinzip zugrunde, wie etwa bei Bibliander und Scaliger.

Für die Praxis der Rhetoriker und Poetiker spielt der Streit zwischen Physei- und Thesei-Lehre in einem grundsätzlichen Punkt keine Rolle: In jedem Fall hat das Wort eine feste Beziehung zur Sache, die lehrbar ist. Erst in dem Augenblick, wenn eine Sache mit der ihr allein zustehenden, objektiv richtigen Formulierung benannt ist, ist diese Sache wirklich und dann auch kunstvoll bewältigt. Man geht davon aus, »daß Sprachkunst eine überpersönlich-allgemeine Äußerungsform des Menschen darstellt«. [63]

> Man kennt die Dinge nur durch die Worte; wem die Macht über die Sprache fehlt, der wird notwendigerweise kurzsichtig, verblendet und närrisch in seinem Urteil über die Dinge sein. (Erasmus) [64]

Dem heutigen Leser wird demnach niemals eine individualistische »Sprachnot« im Selbstverständnis der zeitgenössischen Autoren begegnen, höchstens die Klage über mangelnde Fertigkeit und über Zeitnot.

Eine bedeutsame Folgerung ergibt sich aber für den Umgang mit neuartigen Sprachfügungen. Der barocke Poet und Theoretiker Harsdörffer setzt in seinem *Poetischen Trichter* zwei scheinbar widersprüchliche Aussagen nebeneinander:

Ob nun wol der Poet bemühet ist neue Erfindungen an das Liecht zu bringē / so kan er doch nichts finden / dessen Gleichheit nicht zuvor gewesen / oder noch auf der Welt wäre. [65]

Es findet / bildet / weiset / mahlet / stellet / setzet der Poet was nie gewesen ist / zufassen eine Lehre / dahin er abzielt. [66]

Das zuletzt wiedergegebene Zitat beurteilt das Vordringen zu origineller Sprache durchaus positiv, während der erste Satz die neuen Erfindungen anzweifelt. Beide Aussagen sind nur begreiflich, wenn man weiß, daß hier ein Dichter spricht, der sich zu den Anhängern der Physei-Lehre rechnet. Er will in die Geheimnisse der Welt eindringen, indem er sich der Sprache als Schlüssel bedient. Wenn Sprachexperimente mit Worten, Buchstaben, Zahlen und Bildern angestellt werden, können sie demnach auch einem mythisch-magischen Zweck dienen. Die Physei-Lehre begünstigt offenbar das Ausbrechen aus der Konvention, wie wir es bei dem bedeutendenden Manieristen Harsdörffer [67] finden. Es wird aus dem bislang Gesagten verständlich sein, daß die Manieristen mit solchen Aussagen nicht nur als Gegner der überkommenen Rhetorik-Lehre, sondern auch als Herausforderer der bestehenden Ordnung beargwöhnt wurden.

Die Dichtkunst besitzt von jeher weite Freiräume (»licentia poetarum«) für Abweichungen von der erwarteten Form, z. B. für neue Bilder, aber auch veraltete Ausdrücke, bizarre Vergleiche, »falsche« Wortstellung usw. Da sie seit der Antike gegenüber der Rhetorik nicht selbständig ist – alle Prinzipien und Formen sind *hier* erarbeitet worden – [68], verwundert es andererseits nicht, daß sie auch die Grundüberzeugung der Rhetorik teilt, das ungewohnte Wort müsse in jedem Fall durch die Wirkungsabsicht des Ganzen gerechtfertigt sein. Der substantielle Unterschied zwischen Rhetorik und Poetik besteht allein darin, daß das Thema der letzteren in weit stärkerem Maße das uneigentliche Sprechen ist. Humanismus und Barock fügen dieser traditionellen Akzentsetzung keinen neuen Aspekt hinzu:

Die andere dagegen ist die übertragene Redeweise, die auf etwas anderes hindeutet, als sie unmittelbar aussagt, und so durch Ähnlichkeit die Phantasie anregt und schließlich durch den zweifachen Sinn des Intellekt berührt und bildet. Das ist die Sprache der Dichter. (Salutati, 1331–1406) [69]

Um den »rechten Grieff« zu lernen (»ars«), wie Opitz es ausdrückt [70], müssen die Poeten in die Schule der klassischen Rhetorik gehen. Soll aber ein großes Kunstwerk entstehen, dann ist freilich noch mehr vonnöten. Bis gegen Ende des Barock werden die antiken Metaphern von der Naturgabe (»natura«) und der göttlichen Eingebung wiederholt. [71] Boccaccio zitiert, stellvertretend für viele Autoren, Cicero, wenn er sagt, daß der Dichter »von Natur aus durch die Kräfte des Geistes erregt und durch einen fast göttlichen Geist angehaucht« [72] werde. Dies macht deutlich, daß der Zeit trotz ihrer mechanischen Auffassung von Sprache die Einsicht in die Beschränktheit ihres Standpunktes nicht gefehlt hat.

4. Die Dreistillehre

Die Ausarbeitung eines Schemas von drei Stilarten geht auf die Antike zurück. Dort leitet die Rhetorik die Art und Weise, über einen Gegenstand zu sprechen, von der Redeabsicht des Redners ab. Will der Redner durch Tatsachen überzeugen (»docere«), gebraucht er den pragmatischen Stil, will er seine Hörer erschüttern und Affekte erregen (»movere«), den pathetischen Stil, will er aber unterhalten und erfreuen (»delectare«), bedient er sich einer sanfteren Affektstufe, des ethischen Stils. Es gibt eine Reihe lateinischer Fachbegriffe und deutsche Übertragungen für diese Stilarten, am gebräuchlichsten sind: »genus humile«, »genus grande« und »genus medium« [73] sowie »niederer«, »mittlerer« und »hoher« Stil.

Schon früh ordnet man den Stilarten bestimmte Objektbereiche zu, um sie auf diese Weise angemessen behandeln zu können, aber erst im Mittelalter wird die soziologische Kategorie des Standes an den Stil geknüpft. [74] Dabei dienen die Werke Vergils als eine klassische Beglaubigung für diese neuartige Interpretation. In der *Bucolica* sieht man den niederen Stil verwirklicht, in der *Georgica* den mittleren und in der *Aenëis* den hohen. Diese Stufung wird ausgearbeitet, indem man typische Gegenstände der Umwelt jener als Stände aufgefaßten Berufe von Hirten, Bauern und Kriegern, von denen in Vergils Dichtungen die Rede ist, katalogisiert. Das Ergebnis ist ein verbindliches Muster der »Dinge«, welche in den jeweiligen Stilarten vorkommen sollen und untereinander nicht austauschbar sind. Folgende anschauliche Übersicht findet man bei Lausberg, sie wird hier auf deutsch wiedergegeben. [75]

Stilart	niedere	mittlere	hohe
Stand	Hirte, friedlich	Bauer	Krieger, herrschend
Eigennamen	Tityrus, Meliboeus	Triptolemus, Caelius	Hector, Aiax
Tiere	Schaf	Rind	Pferd
Werkzeuge	Stab	Pflug	Schwert
Ort	Weide	Acker	Stadt, Burg
Pflanzen	Buche	Obstbaum	Lorbeerbaum, Zeder

Der Humanismus rückt von diesem festen Schema ein wenig ab. Das geht einher mit der neuen Auffassung vom Menschen, der nicht mehr vornehmlich nach seinem Stand eingeordnet wird. So meint Ramus

(1515–1572), man könne über jeden Gegenstand in allen Stilarten schreiben, jedoch schließt er grundsätzlich eine Beziehung der drei Stilarten zu entsprechend wertigen Gegenständen nicht aus:

> Vollkommen ist der Redner, der von Unbedeutendem anspruchslos sprechen kann, von Mittelmäßigem gemäßigt und von Großem erhaben. [76]

Bei Scaliger (1484–1558) treten in entschiedener Weise die dramatischen Gattungen der Tragödie und Komödie neben und an die Stelle der Werke Vergils: Im niederen Stil sollen z. B. Hirten oder Personen beschrieben werden, die in der Komödie aufzutreten pflegten. Während der hohe Stil in der Tragödie seine Entsprechung findet, bleibt der mittlere Stil ohne Bezug zu einer Gattung. [77] Obgleich die Zeit die drei Stilarten deutlich in ihrem Rang unterscheidet, muß doch jede von ihnen den hohen Ansprüchen der rhetorischen Tugenden genügen: Die sprachliche Ausgestaltung hat angemessen (»aptum«), verständlich (»perspicuitas«), grammatisch korrekt (»puritas«) und mit Schmuck versehen (»ornatus«) zu sein.

Auch nach dem Mittelalter besteht die Opposition von christlichen Theoretikern gegen die vom Heidentum erarbeiteten kunstvollen Redemittel fort. [78] Petrarca (1304–1374) und Salutati (1331–1406) sehen sich daher veranlaßt, die Dichtung zu verteidigen, die sich dieser Mittel bedienen. Sie weisen wie manch ein Autor vor ihnen auf die rhetorischen Kunstgriffe in der Bibel und bei den Kirchenvätern hin. [79] Für Luther (1483–1546) wird auf der Höhe der Reformation noch einmal wie im Mittelalter die Rhetorik Magd der Theologie, welche aus der Redekunst nur in beschränktem Umfang Mittel für die Glaubensrechtfertigung schöpft. Luther sagt:

> Ein Prediger soll ein Dialektikus und Rhetor sein, das ist, er muß können lehren und vermahnen. Wenn er nu von einem Dinge oder Artikel reden will, soll er's erstlich unterscheiden, was es eigentlich heißet; zum anderen definieren, beschreiben und anzeigen, was es ist; zum dritten soll er die Sprüche aus der Schrift dazu führen und damit beweisen und stärken; zum vierten mit Exempeln ausstreichen und erklären; zum fünften mit Gleichnissen schmücken; zuletzt die Faulen ermahnen und munter machen, die Ungehorsamen, falsche Lehre und ihre Stifter mit Ernst strafen, also doch, daß man sehe, daß es aus keinem Widerwillen, Haß oder Neid geschehe, sondern allein Gottes Ehre und der Leute Nutz und Heil suche. [80]

Luther gibt mit dem Kern dieser Aussage eine allgemein gültige Beschreibung des pragmatischen Stils und der zugehörigen Redeabsicht des Belehrens. Die protestantische Predigtlehre propagiert in der Nachfolge Luthers weiterhin den niederen Stil für die Vermittlung des Evangeliums [81], während die katholische Kirche im Glaubenskampf auch einen entgegengesetzten Weg beschreitet und den hohen Stil in lateinischsprachigen Reden bevorzugt. [82] Luthers Adressat ist vornehmlich das einfache Volk, der katholische Rhetor hingegen appelliert in jenem Fall an ein höfisches und gelehrtes Publikum.

Die Barockrhetoriken schenken dem niederen Stil wenig Aufmerksamkeit. Wie Scaliger schreibt Opitz der »Tragedie« den hohen Stil vor und der »Komödie« den niederen Stil, doch ist im Grunde für ihn nur die erstere beschreibungswürdig. Man beachte die feste Bindung des Stils an die ständische Ordnung:

> Hergegen in wichtigen sachen / da von Göttern / Helden / Königen / Fürsten / Städten vnd dergleichen gehandelt wird / muß man ansehliche / volle vnd hefftige reden vorbringen / vnd ein ding nicht nur bloß nennen / sondern mit prächtigen hohen worten vmbschreiben [...] Die mittele oder gleiche art zue reden ist / welche zwar mit jhrer ziehr vber die niedrige steiget / vnd dennoch zue der hohen an pracht vnd grossen worten noch nicht gelanget [...]. [83]

In diesen Worten wird die Vorliebe des Barockzeitalters für den hohen Stil mit seinen Möglichkeiten für Pathos und Bildlichkeit symptomatisch deutlich. [84] Harsdörffer scheint die mittlere Stillage eher mit einer positiven Wertung versehen zu wollen, er ordnet ihr zudem – möglicherweise als einziger Barockautor [85] – den »gemeinsamen Burgersmann« zu:

> Wie nun dreyerley Hauptstände / also sind auch dreyerley Arten der Gedichte, welche auf den Schauplatz gesehen und gehöret werden. I. Die Trauerspiele / welche der Könige / Fürsten und grosser Herren Geschichte behandeln. II. Die Freudenspiele / so deß gemeinen Burgermañs Leben außbilden. III. Die Hirten oder Feldspiele / die das Bauerleben vorstellig mache / und Satyrisch genennet werden. [86]

> Zierlich ist / wann man hohe Dinge mit hohen prächtigen Machtworten / mittelmässige mit feinen verständigen / und nidrige mit schlechten Reden verträget [!]. [87]

Dieser Satz ist im Text ausdrücklich als ein Zitat Scaligers gekennzeichnet (welcher wiederum nur eine Äußerung Ciceros wiedergibt). Es wäre zuviel gesagt, daß sich der Patrizier Harsdörffer in Anknüpfung an die humanistische Tradition für seinen Stand eine eigene Ausdrucksweise in Form der mittleren Stilart erobert hätte, denn die »Hirtenspiele« sind nicht etwa in der niederen Stilart verfaßt, sondern als modische Schäfereien möglichst in eleganten Versen. Für das Barock gilt allgemein: »Lehre und Praxis der Stilebenen geraten [...] in Bewegung, nach oben und nach unten. Die eigentliche humanistische Mittelage wird [...] nur selten theoretisch gerechtfertigt oder praktiziert. Wir beobachten eine Zentrifugalbewegung von der mittleren Ebene weg.« [88] Trotz aller guten Warnungen der Theorie, die sich der antiken Rhetorik verpflichtet weiß, folgt die Praxis einem immer größer werdenden Prunkwillen. Bei den Autoren der sogenannten Zweiten schlesischen Dichterschule überschwemmt der hohe Stil die ihm gesetzten Grenzen, d. h. er verliert die Abgestimmtheit mit Sache und Publikum. Die Stilmittel, schon immer ungeheuer wichtig im Barock, verselbständigen sich zum Schwulst. Und im selben Augenblick vermag das Sprachkunstwerk nicht mehr zu überreden, zu überzeugen. [89]

Das 18. Jahrhundert entwickelt unter dem Leitbegriff des Natürlichen einen Literaturstil, der in der Dreistiltheorie den mittleren Rang einnehmen würde. Die neuen Theoretiker, allen voran Gottsched, schmähen nicht nur den Schwulst, sondern den hohen Stil des Barock insgesamt, denn seine Wertungen erscheinen nun suspekt. Wir können diesen Wandel der Anschauungen bei Christian Weise (1642–1708) studieren. Er unterscheidet nur noch zwei Stilarten: eine »weitläuffige fliessende« [90] und eine, die »sehr kurtz, nervos und nachdencklich« [91] ist. Beide Stilarten können wiederum in drei Stilhöhen erscheinen, die noch den überlieferten drei Stilarten entsprechen, jedoch die Gebundenheit an eine ständische Wertordnung abzustreifen suchen: »leicht und natürliche / künstliche und mittelmäßige / schwere und weit-ausgeführte« [92]. Weise sagt klipp und klar, was er vom hohen Stil hält: Er ist für ihn der »hohe oder mühsame Stylus« [93], der nur »zu verdrüßlichen Zeiten« geraten will, hingegen schreibe man den »simplen Stylus« »zu glückseliger Zeit« – »so kan ein jeder gedencken, von welchem ich den besten Staat mache«. [94]

Die Abwertung des hohen Stiles mit einer politisch-soziologischen Erklärung zu versehen, wie etwa, daß das Bürgertum hier nun endlich seine eigene Ausdrucksform gefunden habe, ist deswegen nicht unproblematisch, weil der Modewandel schon in der 2. Hälfte des 17. Jahrhunderts gerade an den Höfen selbst feststellbar ist. [95] In Berlin, Dresden und anderswo wird die kunstlose Sprache eines Canitz (1654–99) oder eines Besser (1654–1729) von der adeligen Gesellschaft gefeiert. Trotzdem hat der ätzende Hohn des 18. Jahrhunderts über den »Schwulst« schon deswegen eine gesellschaftliche Spitze, weil der hohe Stil des Barock sich mit der ständischen Kategorie des Höfischen identifizieren läßt: Jedes bedeutungsvolle Thema wird allein im höfischen Bereich angesiedelt, und der große Schmuck des Sprachkunstwerkes ist entsprechend auch nur hier zu finden.

Die Dichter oder Redner des 17. Jahrhunderts können über die Wirklichkeit des Lebens nicht frei verfügen, sondern sind auf »angemessene« Gegenstände festgelegt, die wiederum bestimmte Ausdrucksweisen erfordern. In der Tragödie oder im höfischen Roman dürfen z. B. nur Standespersonen als handelnde Figuren auftreten. »Wird gegen dieses Gesetz verstoßen, dann macht sich der Dichter der Unwahrscheinlichkeit und damit der Unwahrheit schuldig: Er würde sich der Lächerlichkeit preisgeben oder als literarischer Revolutionär mit dem Unverständnis der Leser rechnen müssen.« [96]

Für die Interpretation literarischer Werke – Poesie oder Prosa – aus dem 16. und 17. Jahrhundert ist es wichtig zu wissen, daß sowohl die Gattungen wie auch die einzelnen Sprachmittel den festgelegten Stilbereichen zugeordnet sind. Über die Unterscheidung von Tragödie und Komödie ist schon gesprochen worden. Entsprechend gibt es den höfischen und den nichthöfischen Roman. Die Satire ist dem niederen Stil vorbehalten. Die deutsche Predigt und das protestantische Kirchenlied sollen ebenfalls einfach in Wortwahl und Aufbau sein. Eher höfisch sind katholische geistliche Dichtungen der Mission, da sie auf ein anderes Publikum abzielen. Reden, Briefe und Gedichte stellen gleichfalls auf eine bestimmte Empfängergruppe ab: Der hohe bzw. der niedere Stil zeigen, ob die Ausrichtung mehr oder weniger höfisch ist. In einem solch festen System ist z. B. Gryphius' Drama *Cardenio und Celinde* bemerkenswert, weil es ein bürgerliches Thema in der Form der Tragödie behandelt. Wir werden auch auf den Unterschied einer von einem Laien gehaltenen Leichenrede und einer vom Geistlichen gesprochenen Leichenpredigt aufmerksam, beide folgen einem anderen Stil. Nicht uns, aber der Zeit ist es selbstverständlich, daß es Autoren gibt, wie z. B. Grimmelshausen, die sowohl höfische wie auch satirisch-volkstümliche Romane schreiben.

Die Stilarten erreichen sogar das einzelne Sprachmittel. In den Rhetoriken des 16. und 17. Jahrhunderts werden die antiken Kategorien und Vorschriften bei nur geringen Abwandlungen tradiert. Für die Umsetzung in die deutsche Sprache ist Meyfarts *Teutsche Rhetorica* (1634) am bedeutendsten. Im hohen Stil haben alle von ihm beschriebenen Tropen und Figuren, es sind etwa 50, ihren Ort. Für besonders wirkungsvoll erklärt er die Metaphern, die Steigerungs- und Wiederholungsfiguren, Umschreibungen, Umstellungen, Häufung, Ausruf und Gegensatz. Meyfart warnt allerdings bei jedem Sprachmittel, das er definiert und mit Beispielen erläutert, vor einem Zuviel des Guten:

> Im ANfang aber ist zu erinnern / das bey den Tropen müsse ein sittsame Maß in acht genommen werden [...] [97]

> Diese Art wird Ellipsis genennet / vnd muß von dem Redener sparsam gebrauchet werden [..:] [98]

> Ein gelehrter Redener kan stattliche vnd prächtige Paronomasien [»Paronomasien« = Wortumbildung zur Erreichung eines Nebensinnes] machen / wenn er die Zuhörer belüstigen / vnd nicht so gar auff die Warheit sehen wil. In Rathschlagungen vnd Gerichtshandelungen sol der Redener dieser Figur sich enthalten / denn man mercket leichtlich / daß / wenn der Redner so offt mit der Paronomasien gezogen kömmet / er grossen Fleiß vnd Kunst auff seine Reden gewendet habe. Ist aber dem also / kan der Zuhörer leichtlich muthmassen / der Redner suche nicht für allen die Warheit / Redligkeit / Dapfferkeit / vnd Ernsthafftigkeit / sondern wie er die Ohren vnd Gedancken der Zuhörer belüstigen / verwirren vnd übermeistern wolle. [99]

In der Praxis des Barock macht aber gerade erst die Vielzahl der Kunstmittel auf engem Raum die wahre Meisterung der erhabenen Sprache aus. Der niedere Stil dagegen verlangt Zurückhaltung und Maßhalten. Nur wenige Figuren sind in dieser Stilart ganz verboten, zu ihnen gehört etwa der Ausruf. Meyfart sagt:

> Von der Rufffigur ist zuwissen / daß sie nur in wichtigen Sachen vnd vornehmen Materien muesse gebrauchet werden. Wer dieser Rufffigur sich in schlechten Händeln gebraucht / vnterstehet sich aus einer Mucken den grossen Elephanten zumachen / aus grosser Thorheit. [100]

In der Theorie haben demnach die sprachlichen Zeichen, sowohl was ihren Inhalt wie auch was ihre formale Gestalt betrifft, eine bestimmte Wertigkeit. Um so leichter ist der »Stilbruch« zu erkennen. Die satirische Produktion arbeitet mit ihm und besitzt davon ein schier unerschöpfliches Reservoir. [101]

5. Manierismus

Bei dem Bestreben des Redners, sein Publikum für sich zu gewinnen, erweist sich die Erzeugung von Affekten als am wirkungsmächtigsten. Die Affektenlehre ist deshalb ureigenstes Gebiet der Rhetorik, ein Stück angewandte Psychologie. Man unterscheidet zweierlei Weisen der emotionalen Beeinflussung der Zuhörer. Die sanftere Affektstufe heißt »ethos«, und ihr Ausdruck ist das »delectare« (erfreuen, ergötzen), während die heftigere Affekstufe »pathos« heißt und ihre intendierte Wirkung das »movere« (bewegen, erschüttern) darstellt. [102] Die Rhetorik hat besonders zwei Mittel ausgearbeitet, die in den Dienst der Affekterregung genommen werden können, zum einen die Mimik und Gestik des Redners [103], und zum anderen die Formungen des Sprachmaterials in Tropen und Figuren. Die Rhetorik-Lehrbücher des 16. und 17. Jahrhunderts bieten deshalb auch alles andere als »öden Formalismus« bei der Behandlung der rhetorischen Figuren: Der Adept der Beredsamkeit sollte nicht etwa, weil es so üblich war, seine Rede mit diesem oder jenem Kunstmittel aufputzen, sondern die Tropen und Figuren werden immer konkret auf ihre emotionale Wirkung hin befragt und damit der Redeabsicht sinnvoll untergeordnet. [104]

Der Redner ist zu allen Zeiten der Versuchung ausgesetzt, die Redemittel um ihrer selbst willen paradieren zu lassen und den Bezug zur Sache zu vernachlässigen. Die Zuhörer durch Sprachkunststücke zu verblüffen oder durch Überfülle von großen Worten zu berauschen, kann dann durchaus Zweck genug sein. Die Antike hat entsprechende Tendenzen mißbilligend mit dem Begriff des Asianismus gekennzeichnet. [105] In der weiteren Geschichte der Beredsamkeit haben Schulen, insbesondere aber der Zeitgeschmack in unterschiedlicher Weise festgelegt, welche Gewichte den intellektuellen und den emotionalen Redefunktionen gegeben werden sollen.

Im Humanismus ist das vorherrschende rhetorische Ideal die »elegantia«. Darunter wird ein maßvoller, geistreicher und klarer Stil verstanden, in den die sprachlichen Kunstgriffe unaufdringlich eingearbeitet sind. Auch die höfische Beredsamkeit, wie sie etwa Castiglione beschreibt, betont das Maßhalten, dabei Prinzipien der klassischen Rhetorik mit höfisch-ritterlichen Leitideen vereinigend. Auf den ersten Blick bringt die barocke Rhetorik-Lehre, da sie vielfach wörtlich humanistisches wie klassisches Erbe repetiert, ebenfalls keine neue Bewertung. Im Widerspruch hierzu stehen aber doch Opitzens besondere Freude an ganz neuen Wörtern, die er durch Zusammensetzungen gewinnt [106], oder Meyfarts einer schlichten Fügung keinerlei Raum lassende prunkvolle Beispielsätze und seine mitreißende Anleitung zur Klangmalerei [107] wie auch – als letzter Beispiel – Harsdörffers vielfältige Bild-, Wort- und Klangexperimente in den didaktisch angelegten *Frauenzimmer Gesprechspielen.* Die Praxis von Rede und Dichtung im Barock geht jedoch noch weit über jenen von der Theorie gegebenen Rahmen hinaus, indem sie alle Möglichkeiten des »movere« und (oder) des »delectare« bis an die Grenzen auszuschöpfen sucht. [108]

Ernst Robert Curtius hat in seinem 1948 zuerst erschienenen Werk *Europäische Literatur und lateinisches Mittelalter* alle literarischen Tendenzen, die der Klassik zuwiderlaufen, mit dem Begriff des »Manierismus« belegt und ist damit zum Vater der jüngsten Manierismus-Diskussion geworden. Er versteht unter »Manierismus« eine Abweichung von der grundlegenden Norm der Rhetorik, die besagt, daß ein Gegenstand in natürlicher und angemessener Form dargeboten werden muß. [109] Der Manierismus sei als stilistisches und inhaltliches Phänomen eine Gesetzmäßigkeit der abendländischen Literatur. [110] In ihrer Geschichte gebe es immer wieder Zeiten, in denen der Manierismus dominiere, und eine solche sei auch das Barock. Curtius will deshalb auch den Namen »Barock« durch »Manierismus« ersetzt haben. [111]

Für die Forschung wirkte jedoch nicht Curtis globale Charakterisierung, sondern die engere Festlegung von Manierismus durch Hocke und Hauser [112] befruchtend. Sie beschreiben damit primär eine spezifische Epoche der Kunst zwischen Renaissance und Barock, die sowohl die Dichtung und Beredsamkeit wie auch die bildende Kunst umfaßt. Die manieristischen Künstler wollten, Hauser und Hocke zufolge, unterhalten (»delectare«), aber nicht mehr um einer Sache willen. Das »delectare« bedeute für sie lediglich, das Publikum zu verblüffen und in Erstaunen zu versetzen. Hocke hat für diese Haltung das vielleicht irreführende Wort »Para-Rhetorik« geprägt. [113] Das »ingenium« (die Erfindungskraft) werde auf Kosten des »iudicium« (der Urteilskraft) für souverän erklärt. [114] Letzteres habe nicht mehr zu entscheiden, wie man eine Sache am klarsten und damit am gefälligsten ausdrücken vermag, sondern nur noch, wie man sie auch oder gerade noch versprachlichen kann. [115] Folgerichtig sei die Öffentlichkeit, für die das Kunstwerk geschaffen werde, nur klein, gesellschaftlich abgehoben und bestehe aus Esoterikern. [116] An formalen Mitteln hätten die Dichter des Manierismus die »Ingenieurkunst mit Sprache« [117] geliebt, so z. B. seltsame, neuartige Bilder und Vergleiche, bizarre Metaphern, Embleme, Wortspiele, Pointen, Concetti, wie sie von den großen Theoretikern, den Tesauro, Pellegrini, Gracián u. a. eingehend erörtert worden sind. [118] Thematisch gibt es nach Hocke ebenfalls bevorzugte Gebiete, vor allem das Mystische, Magische (»die Welt als Labyrinth«), die Angst, das Erotische und das Monströs-Grausame. Eine Reihe bedeutender Wissenschaftler sehen im Manierismus in dem eben skizzierten Sinne den Ausdruck einer Krise, die auf politische, soziologische, wirtschaftliche und geistige Ausnahmezustände in der 2. Hälfte des 16. Jahrhunderts zurückgeführt werden könne [119]; eine Wiederholung unter vergleichbaren Umständen sei möglich, Hocke führt dazu entsprechende Beispiele aus dem 19. und 20. Jahrhundert an. [120]

Als Epochenstil ist der Manierismus bislang nur für die Kunst in den romanischen Ländern nachgewiesen und dort im Zeitraum zwischen 1520 und 1650 festgemacht worden. Was die deutsche Literatur anbelangt, so breitet sich eine gewisse Verlegenheit aus; manieristische Kunstwerke werden hier und dort gesichtet, aber eine einheitliche Ableitung aus gesellschaftlichen Bedingungen fällt schwer. In neuester Zeit hat Mühlemann für das 16. Jahrhundert Fischarts »Geschichtklitterung« als manieristische Groteske entdeckt. Hocke nennt für das 17. Jahrhundert vor allem Autoren aus dessen 2. Hälfte wie Harsdörffer, Czepko, Lohenstein, Klaj, Hofmannswaldau und faßt sie als Nachzügler einer europäischen Manierismus-Bewegung auf. [121] Die »argutia«-Mode (der Scharfsinnigkeitsstil) wird übereinstimmend als eines der wesentlichen Merkmale des Manierismus betrachtet [122], eine weitere Variante ist der Marinismus (Giambattista Marino, 1569–1626), welcher durch preziöse und übersteigernde Beschreibung weiblicher Schönheit gekennzeichnet ist und schon in der 1. Hälfte des 17. Jahrhunderts auch in deutschsprachigen Werken um sich greift. [123]

Als Exponent der Literaturwissenschaftler, die die geistesgeschichtlichen Ursachen des Manierismus auf sich beruhen lassen, sei Hugo Friedrich genannt. [124] Er betrachtet ihn als Stilphänomen und subsumiert darunter auch den Schwulst-Stil des Barock, dies verbindet ihn mit der traditionellen Literaturkritik seit Gottsched [125], Curtius eingeschlossen, dessen Ansatz von Friedrich nur ausgearbeitet wird. Der Manierismus ist für Friedrich durch eine »Überfunktion des Stils« ausgezeichnet. [126] Nicht bestimmte Stilmittel und auch nicht deren Häufung machten den Manierismus aus, sondern die Tatsache, daß der Stilaufwand keine Sinnsteigerung mit sich bringe. [127] M. E. läuft diese Interpretation Friedrichs Gefahr, minderwertige Literatur mit manieristischer gleichzusetzen, und wäre dann wissenschaftlich unergiebig. Friedrich nennt z. B. als Vertreter des deutschen Manierismus Christian Hofmann von Hofmannswaldau. [128]

Für die Literaturwissenschaft entstehen nicht geringe Probleme, wenn sie barocke und manieristische Kunst zu trennen sucht [129], denn beide bedienen sich der von der Rhetorik bereitgestellten Mittel, und beide tun dies in einer nicht-klassischen Weise. Auf keinen Fall darf allein aufgrund formaler Mittel, die irgendwie zuvor als Manierismen eingestuft worden sind, eine Entscheidung getroffen werden. Jedes einzelne Kunstwerk müßte vielmehr auf seine implizit enthaltene Wirkungsintention (Hockes Differenzierung in anti-rhetorisch und propagandistisch-rhetorisch für Manierismus und Barock stellt nur ein Beispiel für die in der Literatur vertretenen Ansichten dar) [130], auf das spezifische Publikum und dessen Geschmack sowie auf den gesellschaftlichen Kontext im weitesten Sinne untersucht werden. Endlich ist der deutschen Beredsamkeit und Dichtung die antiklassische Formgebung – die manieristische wie die barocke gleich welcher Definition – im 16. und 17. Jahrhundert sowohl durch die neulateinische [131] als auch durch die romanische Literatur vorgegeben. Und da beide als Vorbilder begriffen werden, muß den deutschsprachigen Autoren bei ihrer nachahmenden Tätigkeit auch eine gewisse Unschuld zugute gehalten werden. [132]

6. Rhetorik und Muttersprache

Bei ihren gründlichen Studien des klassischen Lateins entdecken die italienischen Humanisten, daß ihre eigene Muttersprache eine Geschichte hat, und kommen zu der Auffassung, die Kultur eines Volkes sei um so gediegener und wertvoller, je bewußter sie sich ihre Ursprünge und ihre Eigenarten mache. [133] Die betonte Rückwendung der gelehrten Welt zur Antike fordert schließlich eine dialektische Gegenposition heraus, die etwa einen Salutati (1331–1406) sagen läßt:

> Jetzt sagt mir aber bitte, warum und in welcher Hinsicht Ihr die Alten den Modernen, die Ihr so verachtet, vorzieht? Gebt außer dem nebelhaften Ruhm und dem Ruf des Altertums nur einen einzigen, wenn auch ganz winzigen Grund an, warum wir jene überholten und leblosen Autoren den späteren und neueren voranstellen sollen. [134]

Diese revolutionäre Haltung hat unmittelbare Auswirkungen auf das Verhältnis zur muttersprachlichen Literatur. Boccaccio (1313–1375) kann bereits berichten, daß »schon einige in wunderbarer Weise in der Muttersprache geschrieben und die einzelnen Bereiche der Poesie durchwandert haben«. [135] Die Humanisten nördlich der Alpen folgen der zuerst in den romanischen Ländern eingeschlagenen Richtung in zeitlichem Abstand. Zunächst erwacht das Interesse für die Literatur des eigenen Volkes. Beispielsweise ediert Celtis 1501 die lateinischen Werke der Roswitha von Gandersheim und liest in Wien über althochdeutsche Dichtung. Im Jahre 1639 wird dann Opitz einen Markstein durch die Herausgabe des mittelhochdeutschen Annoliedes setzen.

Waren mit der Reformation eine Reihe von Gelehrten, die Träger der rhetorischen Bildung, in ihren Schriften religiösen Inhalts von der lateinischen zur deutschen Sprache übergewechselt, so wird ab 1600 nun auch weltliche Poesie mehr und mehr deutschsprachig. Dabei sehen sich die wissenschaftlich gebildeten Autoren durch die nationalsprachige Literatur des Auslands angespornt, die bereits in hoher Blüte steht. Es kommt bald zu sehr nationalistischen Tönen und zu Versuchen, durch wissenschaftliche Argumente die Gleichwertigkeit, wenn nicht sogar die Überlegenheit des Deutschen zu beweisen. Man legt z. B. das hohe Alter wie auch die Reinheit, d. i. die Unvermischtheit der Muttersprache dar. Schottel etwa führt die deutsche »Haubt-Sprache« über das Keltische als Ursprache bis zur Babylonischen Sprachverwirrung zurück [136], womit ihre Vorrangstellung unanfechtbar erscheint.

Die vorgefundene deutsche Sprache in all ihren Ausprägungen gilt aber nicht an sich schon als Wert, sondern nur insofern, als sie der formal ausgearbeiteten und künstlerisch veredelten Sprache der lateinischen Dichtung entsprechen kann. Nur eine solche Sprache, in der Realität eine besondere Schicht der Muttersprache, ist nach Auffassung der gelehrten Schriftsteller als Mittel der Rede und der Dichtung annehmbar. Diese Argumentation steht auf dem Boden der rhetorischen Forderung nach einer wohlgestalteten und korrekt organisierten Sprache als Voraussetzung des Redeerfolges. [137] Je nach dem spezifischen Zweck der Rede, nach der literarischen Gattung wie auch nach dem allgemeinen Sprachgebrauch des Publikums ergeben sich dann gemäßigte bis höchste Ansprüche an das Medium Sprache. Da die gelehrten Autoren des 17. Jahrhunderts anstreben, Kunstdichtung zu schaffen, müssen sie sich zwangsläufig um eine Vervollkommnung der deutschen Sprache bemühen. Der größte deutsche Sprachwissenschaftler dieser Zeit, Schottel, spricht von einer »Kunstsprache«, die entstehen müsse, und nennt sie »Hoch Teutsche Sprache«. [138] Man ist sich allerdings nicht darüber einig, auf welche Weise die literaturfähige Sprache gefunden werden kann. Schottel und seine Anhänger schlagen den Weg der Festlegung aufgrund sprachwissenschaftlicher Analyse ein, denn sie glauben, daß die ursprüngliche Regelmäßigkeit der Sprache [139] auf diese Weise wieder freizulegen sei. Die Gegenposition dazu will die benötigte Sprachform an einen soziologisch und regional spezifizierten Ort des kultivierten Sprachgebrauchs binden. Schon Dante (1265–1321) hatte die Volkssprachen Italiens durchmustert und die »erlauchte, maßgebende, bei Hof gesprochene und höfische Sprache« [140] am höchsten eingestuft. Im deutschen Sprachraum stellen u. a. Fürst Ludwig von Anhalt, Gueintz, von dem Werder bis schließlich Gottsched und Adelung den Sprachgebrauch der sächsischen Höfe, später insbesondere des Meißener Hofes, sowie der »gebildeten Stände« Obersachsens als vorbildlich hin. [141] Da der mitteldeutsche Raum in der Tat im 17. Jahrhundert und späterhin eine kulturelle Führungsrolle innehat, sind die Gegner Schottels vom rhetorischen Standpunkt aus vollkommen im Recht, denn der Erfolg von Rede und Dichtung wäre gleich Null gewesen, hätte man eben jenes Hauptpublikum mit einer von ihm nicht akzeptierten Sprachform konfrontiert.

Alle Autoren, auch jene, die die sächsische Vorherrschaft anfechten, sind sich darüber einig, daß Sprachpflege not tut. Harsdörffer drückt die allgemeine Meinung folgendermaßen aus:

> Wie aber die Griechische und Lateinische Sprach / nach vieler hundert Jahren Arbeit / zu endlicher Vollkommenheit gelanget / so ist solche dieser Zeit bey dem Anfang nicht zu verhoffen / sondern beruhet alles auf genausichtiger Verbesserung glücklich. [142]

So wie die Rhetorik von der lateinischen Sprache die Tugenden der Angemessenheit (»aptum«), der Korrektheit (»Latinitas«, »puritas«), der Verständlichkeit (»perspicuitas«) und des besonderen Schmuckes (»ornatus«) verlangt, muß auch die deutsche Sprache allen diesen Ansprüchen genügen. [143] Wir begegnen mit dem Aufblühen der deutschsprachigen Kunstdichtung im 17. Jahrhundert den gelehrten Sprachgesellschaften, die sich der Entwicklung der Sprache widmen. Man sagt z. B. den Fremdwörtern den Kampf an (obwohl sie im höfischen Kreis eher zu- als abnehmen; hier führen die adligen Sprachreiniger ein bemerkenswert zwiespaltiges Sprachleben), man verfaßt Grammatiken und Orthographiebücher und plant, die von den Dialekten und der Umgangssprache abgehobenen »hochdeutschen« Wörter in Lexika zu sammeln. [144] Die Ergebnisse der sprachpflegerischen Bemühungen in Theorie und Praxis sind so gewichtig, daß im folgenden 18. Jahrhundert nicht nur die klassische Literatur geschrieben, sondern auch das große Werk der Normierung der Literatursprache abgeschlossen werden kann, das bis heute die Grundlage aller öffentlichen Rede und aller nicht-dialektalen Literatur geblieben ist.

IV. Literarische Wirkungsabsicht und rhetorische Tradition im 18. und 19. Jahrhundert (Jürgen Fröchling / Gert Ueding)

1. Das System der Rhetorik zwischen 1700 und 1770

1.1. Zur Begriffsentwicklung

Die Termini, die seit dem Beginn des 18. Jahrhunderts zur Bezeichnung dessen benutzt werden, was heute gemeinhin Rhetorik genannt wird, erscheinen dem heutigen Leser zunächst verwirrend und widersprüchlich. Daher soll anhand einiger Beispiele die unterschiedliche Verwendung und Wandlung der zentralen Begriffe aufgezeigt werden.

Um etwa 1700 benutzten die entsprechenden Autoren zur Bezeichnung der Redetheorie meist den Ausdruck Beredsamkeit; aber auch der Begriff der Redekunst wird zur Bezeichnung desselben Sachverhalts gebraucht. So stellt beispielsweise Gottsched noch im Jahr 1736 fest, eine Unterscheidung dieser beiden Begriffe sei bisher nicht üblich gewesen, und der gängige Terminus sei noch zu seiner Zeit der der Beredsamkeit. [1] Er selbst jedoch nimmt eine genauere Begriffsdifferenzierung vor und weist darauf hin, »daß die Redekunst mit der Beredsamkeit nicht vor einerley zu halten« sei. [2] Erstere bezeichne die Theorie, letztere deren praktische Anwendung. »Jene giebt die Grundlagen und Regeln der Beredsamkeit; diese hergegen übt selbige aus.« Die Theorie der Redekunst kann man nach Gottsched auch ohne jede praktische Übung und Erfahrung verstehen, während man die eigentliche Beredsamkeit erst »durch eine lange Übung im schreiben und reden erlangen« kann. [3]

Aber auch bei Autoren, die diese Begriffe nicht voneinander absetzen, werden verschiedene Formen des Sprechens unterschieden. Fabricius beispielsweise grenzt »Rede«, »Wohlredenheit« und »Beredsamkeit« voneinader ab. Während die Rede eine Fähigkeit sei, »durch einen auf vielerlei weise veränderlichen laut, andern seine gedanken und regungen, von einer sache zu erkennen zu geben«, betrachtet er die Wohlredenheit als die »vollkommenheit der rede«, in der die Konstituenten wie Redegegenstand, Affekte, Absichten und äußere Verhältnisse im Einklang sein müssen. Beredsamkeit dagegen, und hier wird die Unterscheidung sprachlich verwirrend, ist »eine fertigkeit wohl zu reden«, also die höchste Form des Redens, mit dem Ziel, »daß in denen, die unsere worte hören oder lesen, eben die gedanken und regungen entstehen, die wir ihnen beibringen wollen«. [4] Innerhalb der Beredsamkeit macht er nochmals den Unterschied »einer vernünftigen und pöbelhaftigen beredsamkeit«. [5] Die »pöbelhaftige beredsamkeit«, so schränkt er ein, verdiene das Prädikat Beredsamkeit eigentlich nicht und müsse »vielmehr eine wäscherei oder schwatzhaftigkeit heissen«. Folglich beschäftigt sich seine Arbeit ausschließlich mit der anspruchsvollen, der »vernünftigen« Beredsamkeit.

Nach anderen Kriterien stellt Gottsched zwei Formen von Beredsamkeit gegenüber. Hier ist es die tugenhafte Absicht, die die Unterscheidung bedingt. Die einzig würdige, die »wahre« Beredsamkeit habe »allezeit das Beste ihrer Zuhörer zur Absicht: Die falsche hergegen macht sich keine Bedenken ihnen auch zu schaden.« [6] Die letztere, deren Anwendung er vor den antiken griechischen und römischen Gerichten konstatiert, lehnt er entschieden ab.

Selbst dort, wo man den Begriff »Wohlredenheit« zur differenzierenden Erläuterung einfügte, besteht, was seinen Inhalt betrifft, nicht überall Übereinstimmung. Während, wie oben gezeigt, Fabricius Wohlredenheit als Vollkommenheit der Rede begreift, zählt sie später Sulzer nur mit Vorbehalten zu den Künsten, da sie »blos zu gefallen oder zu ergötzen« suche. [7]

Gottsched wiederum versteht unter Wohlredenheit die »Fertigkeit wohl, das ist zierlich, und anmutig zu reden, oder zu schreiben«. [8] Diese Fertigkeit könnten auch Menschen beherrschen, denen man die Fähigkeit der Beredsamkeit nicht zurechnen könne. [9] Der Beredsamkeit und der Wohlredenheit wird in der Mitte des 18. Jahrhunderts die Redekunst übergeordnet. Sie wird verstanden als die Abstraktion, die Theorie der Beredsamkeit, etwa als »die wissenschaft der regeln der beredsamkeit« [10], als »vernünftige Anleitung zur wahren Beredsamkeit« [11] oder als »Theorie der Beredsamkeit«. [12] Im gleichen Sinne wie die Redekunst werden die griechischen bzw. lateinischen Originalbezeichnungen Rhetorik und Oratoria benutzt. Bei Schubarth jedoch findet sich eine eigenwillige Anwendung: »Zwischen Rhetorik und Redekunst«, so stellt er heraus, »ist ein wirklicher Unterschied.« Unter Rhetorik subsummiert er die tradierten Bestandteile einer Rede, also Figuren, Bilder etc.; den Begriff der Redekunst gebraucht er wie seine Zeitgenossen in dem Sinne, daß sie »in's innre Heiligthum der Beredsamkeit selbsten« gehe. [13] Die klare Trennung von Beredsamkeit und Redekunst als deren Theorie führt er jedoch nicht durch.

Seit dem Ende des 18. Jahrhunderts wird mehr und mehr nur noch von Beredsamkeit gesprochen, jetzt allgemein als die Wissenschaft von der Rede einschließlich deren Anwendung. Wer sich in der Zeit etwa zwischen Kant und Nietzsche mit der Einteilung der Wissenschaften und Künste beschäftigt, spricht, wenn er die Rede im allgemeinen meint, von Beredsamkeit, so wie es bis etwa 1730 üblich war. In unserem Jahrhundert dagegen hat sich der griechische Ausdruck Rhetorik durchgesetzt. So ist beispielsweise das Stichwort »Beredsamkeit« in der Brockhaus-Enzyklopädie des Jahres 1967 nicht mehr aufgenommen, da die entsprechenden Informationen unter »Rhetorik« zu finden sind.

1.2. *Zur gesellschaftlichen und politischen Bedeutung der Rhetorik*

Die Bedeutung der Rhetorik seit Beginn des 18. Jahrhunderts hat in Deutschland eine Entwicklung genommen, die mancherlei Änderungen unterlag und zu gleichen Zeitabschnitten oftmals unterschiedlich, teilweise gegensätzlich beurteilt wurde. Die Autoren, die sich zwischen etwa 1700 und 1900 mit Rhetorik auseinandersetzten, haben, übrigens im Gegensatz zu Wissenschaftlern der letzten Jahre, fast ausnahmslos die Abhängigkeit der Rede vom Zustand der jeweiligen Zeitverhältnisse herausgestellt. Daher soll im folgenden versucht werden, einige Beziehungen zwischen Rhetorik und Gesellschaft nachzuzeichnen.

Für das 18. und 19. Jahrhundert ist der gesamte Bereich der Rhetorik mit all seinen Folgen kaum erforscht, was um so erstaunlicher ist, da diese Wissenschaft zum Beginn dieses Zeitraumes eine zentrale Bedeutung besaß und die Veränderungen, denen sie unterlag, zur Beschäftigung geradezu anregen müßten. Trotz des Mangels an spezieller Forschung aber besteht bei denen, die die Rhetorik jener Zeit untersucht oder am Rande anderer Probleme behandelt haben, im wesentlichen Einigkeit über die Kernfragen.

Die Kultur der Zeit vor der Epoche der Aufklärung [14] war in erster Linie getragen worden von der herrschenden Schicht, von Adel und Geistlichkeit. An deren Erkenntnisse und Traditionen konnten die gelehrten bürgerlichen Kreise der frühen Aufklärung anknüpfen. Die Rhetorik in ihrer kritischen Funktion als Hilfe zur Durchsetzung eigener Interessen und Einsichten wurde in diesem Prozeß bürgerlicher Emanzipationsbestrebungen aufgegriffen und weiterentwickelt. Bis zur Mitte des 18. Jahrhunderts gehörte die Kenntnis der Rede und ihrer Theorie zum geistigen Gemeingut; auf Höheren Schulen und Universitäten war die Übung im Verfertigen von Reden selbstverständliches Pflichtfach. Noch heute kann man jene Aktivität erahnen, wenn man sich einen Überblick der entsprechenden Publikationen jener Jahrzehnte verschafft. Eine Fülle von Redeanleitungen, theoretischen Auseinandersetzungen und Redemustern wurde damals publiziert. H. P. Herrmann, der den Zusammenhang von Poetik und Rhetorik für jene Zeit bis etwa 1740 untersucht hat, wertet diese intensive Aktivität als einen Ausdruck des »sozialen [...] Umschichtungsprozesses, in dem die humanistische Bildung allmählich von einer kleinen Gruppe Gelehrter und an die höfische Kultur Gebundener auf das an Bedeutung gewinnende Bürgertum übergeht«. [15]

In dieser frühen Phase der Aufklärung findet ein Zusammentreffen statt zwischen der Überlieferung der klassischen Rhetorik mit dem Leitbild der zeitgenössischen französischen Sprachauffassung, die sich vor allem durch Geziertheit auszeichnet. Dieser am Hofzeremoniell orientierte Manierismus sowie die nicht minder gekünstelte Rhetorik des traditionellen Kanzleistils fallen auf eine erstarkende bürgerliche Gesellschaft, so daß sich Elemente der spätbarocken mit der frührationalistischen Geisteshaltung und Sprachauffassung durchdringen. Die Folge ist der Stil der galanten Epoche, der sich durch Vermeidung »niederträchtiger« Ausdrücke, Wohlklang, Schicklichkeit und Eleganz auszeichnet. [16] Die Rhetorik als System kritischer Rede findet eine letzte ungebrochene Anerkennung, sie »verlieh dem Emanzipationswillen des Bürgertums die ideologische Durchschlagskraft«. [17]

Der sozialen Differenzierung und zunehmenden Individualisierung kann das klassische Regelsystem der Rhetorik sich jedoch nicht anpassen. Bereits um die Mitte des Jahrhunderts setzt ein deutlicher Verfall rhetorischer Bedeutung ein. Die Drei-Stil-Lehre erweist sich als nicht mehr geeignet, die komplizierter werdende Wirklichkeit zu erfassen, die rhetorische Zentralkategorie des Angemessenen verfällt – mit ihr die bis dahin anerkannte Bedeutung der Redekunst. [18] Ursache dieses Rückgangs ist die mangelnde Möglichkeit zur politischen Rede. Die Relevanz der Willensdurchsetzung mit rednerischen Mitteln nimmt ab. Reden werden fast nur noch zu affirmativen Zwecken an den verschiedenen Höfen gehalten. In diese Zeit fällt nicht zufällig die Trennung von Poesie und Rhetorik. Das Bürgertum, politisch ohne Herrschaft, beginnt in der 2. Hälfte des Jahrhunderts einen Rückzug aus der Realität und tritt die Flucht in die Kunst an. Die Poesie wird auf Kosten der Rhetorik mehr und mehr für autonom erklärt. Jens erblickt in diesem Prozeß eine Kompensation des mangelnden Einflusses im bürgerlichen Leben. [19] Die bis dahin gelehrten rhetorischen Schriften der Antike verlieren an Bedeutung, Aristoteles und Cicero hören auf, »oratorische Päpste von Unfehlbarkeit« zu sein. [20]

Die Redeschulen, die zahlreich in der ersten Hälfte des Jahrhunderts entstanden, halten die Beredsamkeit in fast jedem Falle für sinnvoll bzw. halten die Notwendigkeit zur Rede für so selbstverständlich, daß sie diese Frage kaum berühren. Manche Autoren, wie zum Beispiel Fabricius, führen die Notwendigkeit der Redekunst im Vorwort kurz aus und teilen auch eine eigene Beurteilung ihrer Wichtigkeit dem Leser mit. Für ihn ist, wie er eindeutig hervorhebt, die Redekunst »gewiß eine der nützlichsten und nöthigsten wissenschaften«. Die Begründung für dieses Werturteil entspricht den Maßstäben des bürgerlichen Intellektuellen, denn die Fähigkeit zu reden sei ein Zeichen sozialer Abgrenzung: die Wissenschaft der Rede benötige »ein jedweder mensch, der sich von dem Pöbel unterscheiden will, sonderlich ein gelehrter, er sei von welcher Gattung er wolle«. [21] Folgerichtig wendet er sich gegen »diejenigen, welche die Redekunst anfeinden«, denn diese opponieren nach seiner Auffassung gegen die Gelehrsamkeit überhaupt. Geradezu lustig macht er sich über diejenigen, die »sich einbilden von natur beredt zu sein« oder das Vorurteil hätten, Dinge wie die Rhetorik »wären erfindungen und gaben des Teufels«. [22]

Zur gleichen Zeit aber gibt es auch Stimmen, die, und zwar aus politischen Gründen, die Grenzen einer Notwendigkeit der Rede aufzeigen. Als Beispiel sei die Antrittsrede R. A. Gersdorfs in der Leipziger Deutschen Gesellschaft genannt, der dort zu bedenken gibt, daß »in einem Reiche, wo alle Macht bey seinem Oberhaupte stehet«, die Beredsamkeit nicht so wichtig sei wie in einem Gemeinwesen, »wo der Pöbel alle Gewalt in seinen Händen hat«. [23] Die demokratische Funktion der Rede ist hier erkannt, aber, wie der Ausdruck »Pöbel« verrät, darf man in diesem Falle daraus keine unbedingte Bejahung einer Volksherrschaft und einer plebejischen Redekunst ableiten.

Der Herausgeber dieser Antrittsrede, Gottsched, stellt bereits einen Rückgang der Redeaktivität und daraus folgend der Redewirksamkeit fest und bedauert diese Entwicklung ausdrücklich. Begründet sei dieser Vorgang dadurch, daß in monarchischen Staaten die Rede niemals die Vollkommenheit und Wichtigkeit wie in den antiken Republiken habe. Aus dieser politisch motivierten Prämisse ergeben sich für ihn Konsequenzen, die sogar die inhaltliche Struktur seiner Redeschule bestimmen: Grundsätzlich teilt er »wie die Alten« die Rede in drei Gattungen ein: die erweisende (Lob- und Schimpfreden), ratschlagende (»die bürgerlichen Reden an das Volk freyer Republiken«) und die gerichtliche Rede (Anklage und Verteidigung). [24] Er könne zwar alle diese Arten behandeln, aber, so entscheidet er, »die ganz veränderte Regimentsform hat gemacht, daß man in Deutschland die beyden letzten Arten so eigentlich nicht mehr brauchet, und also ist es nicht nöthig, sich lange dabey aufzuhalten«. [25] Folglich teilt er die Redegattungen neu ein und konzentriert sich auf Lobreden gegenüber hohen Personen, Lehrreden in Kirche und Schule sowie vom Prinzipal befohlene Komplimentierreden. [26] Selbst noch in dieser Einteilung werden die inhaltlichen Akzente durch die geänderten Zeitverhältnisse determiniert. Das Schwierigste und also am ausgiebigsten zu Behandelnde zeitgenössischer Rhetorik sei für den Redner die Inventio, das Auffinden des Themas, denn er müsse sich fragen, »wovon, oder was er eigentlich reden solle«. [27] Die Redner der Antike hätten dieses Problem nicht gehabt, denn sie »redeten nicht zum Zeitvertreibe, oder um ihren Witz sehen zu lassen; sondern in wichtigen Angelegenheiten«. [28] Für seine Zeit stellt er das Gegenteil fest und bedauert die eigentliche Irrelevanz der Rede im Vergleich zu den Republiken Athens und Roms: »Bey uns Neuern sollte es von rechtswegen nicht anders seyn.« [29] Den Unterschied antik republikanischer und zeitgenössischer Rhetorik stellen auch viele andere Verfasser von Redeschulen in dieser Zeit heraus, um den aktuellen Niedergang emanzipativer Rede durch diesen Kontrast zu veranschaulichen. Das folgende Zitat aus der Anleitung Hallbauers sei hier wegen seiner Deutlichkeit exemplarisch herausgegriffen:

> Es schiene der Nutzen der Beredsamkeit mit dem Flore ihrer Republiken gäntzlich verknüpft zu seyn. So lange als beredte Männer in Athen und Rom die gemeine Freyheit vertheidigten, und die Bürger zu heilsamen Entschliessungen aufmunterten; so lange stund es mit ihnen wohl, und ihre Macht, Ansehen und Herschaft konte sich wider viele gefährliche Anläuffe erhalten. Man darf auch nicht zweifeln, ob der Verfall der Beredsamkeit unter die Ursachen ihrer umgestürzten Freyheit zu rechnen sey, indem es jedem aus den Geschichten klar genug in die Augen leuchtet. [30]

Durch seine Werke wollte er eine auf die veränderte Verfassungswirklichkeit bezogene, also eine vom klassischen Ideal abgewandelte Redekunst schaffen.

1.3. *Die rhetorischen Wirkungsintentionen*

Die klassische Aufgabe der Rede ist es, gleichermaßen zu lehren, zu bewegen und zu erfreuen. Diese aus der Antike überlieferte Trias (docere, movere, delectare) war über Jahrhunderte Richtschnur aller Erziehung zur Rede. Von den Theoretikern der deutschen Aufklärung wurde diese Auffassung großenteils unmittelbar übernommen. Eine genaue Entsprechung des antiken Musters fordert beispielsweise der Schweizer Literaturtheoretiker Bodmer. Die von ihm benutzten Begriffe sind nichts anderes als eine zeitgemäße Übersetzung der lateinischen Muster: Nach seiner Meinung habe die Redekunst die Aufgabe zu unterrichten, zu überreden und zu belustigen. [31] Wenige Seiten zuvor gebraucht er im gleichen Sinne die Begriffe »überzeugen, überreden und Empfindungen wecken«. Das Überzeugen bzw. Unterrichten habe durch Beschreibung, durch Charakter, das Überreden habe durch Erfahrung, Exempel und Gleichnisse zu geschehen. Um Empfindungen zu wecken bzw. zu belustigen, habe man sich der Nachahmung und der Dichtung zu bedienen. Seine Zeit kritisiert er, indem er die mangelnde Bedeutung der Vernunft in der Redekunst aufzeigt. Werke der Wohlredenheit seien weniger nach sinnlicher Empfindung als vielmehr nach Vernunftsgründen zu beurteilen. Wolle man die drei genannten Ziele erreichen, so müsse man sich mehr als bisher in der Rede des Verstandes bedienen.

Kaum anders bestimmt Wieland die Funktion der Rede, wenn er die folgende Definition aufstellt:

> Wir verstehen unter der Red-kunst eine auf die Kenntnis der Regeln gegründete Fertigkeit, wohl zu reden, d. i. durch seine Reden die Zuhörer zu überzeugen, sich ihren Affecten zu bemeistern und sie zu dem Zweck zu lenken, den man sich gesetzt hat. [32]

Als weiteres Beispiel für die traditionelle Sicht der Redewirkung mag Fabricius herangezogen werden. Grundsätzlich stellt er der Beredsamkeit, wie der gesamten Gelehrsamkeit, die Aufgabe, der menschlichen Gesellschaft zu Glückseligkeit und Vergnügen zu verhelfen. Der Beitrag der Rede zu diesem durchaus aufklärerischen Ziel besteht nach seiner Meinung darin, »in andern eben die gedanken und regungen zu erwekken, die man selbst bei sich hat und empfindet«. [33] Zu erreichen sei diese Beeinflussung nur unter Berücksichtigung der Aptum-Regeln; Redeanlaß, Beschaffenheit des Gegenstandes und spezielle Absichten des Redners müssen dabei streng beachtet werden.

Voraussetzung für die Erfüllung solcher Aufgaben ist bei Fabricius, wie übrigens bei nahezu allen Redelehrern dieser Zeit, die hohe Qualifikation dessen, der die Rede entwirft und vorträgt. Das Prädikat Redner verleiht er wie Cicero und Quintilan nur dem allseits Gebildeten, nicht aber dem »schönen schwätzer« [34]. Ein Redner müsse die Kenntnis vieler Wissenschaften besitzen, brauche aber nicht, »wie einige alten ihn bei nahe abgeschildert haben«, allwissend zu sein. [35]

Mit gleicher Ausführlichkeit und entsprechendem Anspruch widmet sich, wie übrigens viele Verfasser von Redeschulen in dieser Zeit, Gottsched dem Redner.

So versteht er unter einem wahren Redner »einen gelehrten und rechtschaffenen Mann« [36]; ausdrücklich schließt er Menschen mit geringeren Qualitäten wie Sophisten, Schwätzer, Plauderer und bloße Stilisten von diesem Ideal aus. [37] Detailliert beschreibt er die einzelnen Eigenschaften eines echten Redners, seine Anforderungen an Intellekt, Charakter, Gestalt und Stimme entsprechen bis in Einzelheiten der antiken Vorstellung des idealen Redners. [38]

Die Aufgaben, die während der Zeit der Aufklärung der Rede beigemessen wurden, blieben nicht auf diese beschränkt, sondern wirkten auf andere, verwandte Sachgebiete. Bereits Leibniz hatte in einer Abhandlung über die deutsche Sprache Forderungen für den Gebrauch einer einheitlichen Nationalsprache aufgestellt, die im weiteren Sinne von den Regeln der Rhetorik ausgehen, sich jedoch auf die gebräuchlicher werdende deutsche Sprache im allgemeinen beziehen. [39] Auch sonst läßt sich in dieser Zeit ein gewisser Einfluß der Rhetorik auf die umfassenderen Belange der Sprache erkennen, was schon deshalb nicht verwundern kann, da doch die meisten Gelehrten, die sich mit Literatur und Sprache beschäftigen, selbst rhetorisch ausgebildet waren oder sogar an den Universitäten das Fach Beredsamkeit lehrten. Klopstock beispielsweise greift in seiner Auseinandersetzung mit der Aufgabe sprachlicher Darstellung rhetorische Elemente auf, und stellt sie in einen weiter gefaßten Zusammenhang. Er stellt neun Kriterien auf, die eine gute sprachliche Darstellung, also auch eine Rede, erfüllen muß. [40] Erstens müsse der eigentliche Gegenstand der Ausführungen aufgezeigt werden. Dann müsse der »wahre Ausdruck der Leidenschaft« getroffen sowie Einfachheit und Stärke gepflegt werden. Viertens müsse die Mannigfaltigkeit des Gegenstandes komprimiert, zusammengedrängt erscheinen. Weiter sei auf die »Wahl kleiner, und doch vielbestimmender Umstände«, auf die richtige Stellung der Gedanken, auf Innerlichkeit und auf ernsthafte Wahrhaftigkeit zu achten. Entscheidend aber sei die innere Anteilnahme an dem, was man sagen wolle. Daraus ergibt sich die Wahl des Schwerpunktes innerhalb der drei traditionellen Funktionen der Rede; bei Klopstock kommt es, entsprechend der eigenen Praxis als Dichter, auf das Elemente »movere« an:

> »Das Herz ganz zu rühren, ist überhaupt, in jeder Art der Beredsamkeit, das Höchste, was sich der Meister vorsetzen, und was der Hörer von ihm fordern kann.« [41]

Mittel und Zweck sind nicht mehr die Rationalität, bei ihm ist die pietistische Rührung an deren Stelle getreten. Emotionales Ergriffensein ist für Redner und Hörer das höchste Ziel; »es durch die Religion zu tun, ist eine neue Höhe«. [42]

Die Aufnahme der klassischen Rhetorik durch das Bürgertum der Aufklärung beginnt sich hier deutlich zu wandeln. Die Aufgaben und Intentionen, die Klopstock mit sprachlichen Mitteln durchsetzen will, glaubt er weit eher mit dichterischen als mit rednerischen Mitteln erfüllen zu können. Daraus ergibt sich, daß er im Vergleich zu Dichtkunst und Dichtern ein gewandeltes, ablehnendes Verhältnis zu Redekunst und Rednern hat. In seiner *Gelehrtenrepublik* weist er den Rednern zweierlei Funktionen zu. Einmal als Schreier des unmündigen Volkes:

> Die Republik besteht aus Aldermännern [aus Zünften gewählt], Zünften, und Volk. Wir müssen auch, weil dieses einmal nicht zu ändern ist, Pöbel unter uns dulden. [...] Er hat keine Stimme auf den Landtagen; aber ihm wird ein Schreier zugelassen, der, so oft man nach einer Stimmensammlung ausruht, seine Sache recht nach Herzenslust, doch nur eine Viertelstunde lang, vorbringen darf. Er ist gehalten, einen Kranz von Schellen zu tragen. Nach geendetem Landtage wird er allzeit Landes verwiesen. [43]

Die zweite Rolle fällt den Rednern innerhalb der Gelehrtenrepublik als Zunft zu, neben Geschichtsschreibern und Dichtern stellen sie eine eigene Gilde dar. Bezeichnend ist die Bedeutung der Dichter auch in der quantitativen Anordnung: »Noch nie ist die Zunft so groß als jetzt gewesen.« [44] Die Redner dagegen finden nur teilweise Platz in ihrer Zunft: »Viele, die dem Namen nach auch Redner sind, hat die Zunft nicht aufnehmen wollen. Sie haben sich unter das Volk begeben müssen.« [45]

Eine merkwürdige, fast polemische Sicht hat er von der Tradition der Redner: »In den ältesten Zeiten Deutschlands waren vornehmlich die Oberrichter und die Feldherrn Redner.« [46]

Bei aller Geringschätzung des Redners geht Klopstock dennoch in seinen Sprachbetrachtungen allgemein vom Primat der gesprochenen Sprache aus. In den Betrachtungen zur Rechtschreibreform, zur Einheitlichkeit der Aussprache, zu Metrik und Rhythmus etc. lassen sich, wie I. Weithase gezeigt hat [47] seine Ergebnisse nur als Folge einer betonten Auseinandersetzung mit gesprochener Sprache verstehen. Dabei geht er jedoch nicht von der Rhetorik im engeren Sinne, sondern von freiem Sprechen und der Literaturlesung aus. Die Äußerungen Klopstocks, die sich auf die Rede im engeren Sinne beziehen, lassen die rhetorische Tradition, die sich auf die Antike bezieht, außer acht. Dieses neue Verständnis, das sich auf aktuelle und systematische Fragestellungen beschränkt, steht in deutlichem und sicher nicht zufälligem Gegensatz zu den zeitgenössischen Intellektuellen, die sich der Rede in systematischen und zusammenhängenden Texten widmen.

1.4. Das Verhältnis von Rhetorik und Poetik

Bis in das 18. Jahrhundert hinein wurden Rhetorik und Poetik als eng miteinander verbunden betrachtet. In vielen theoretischen Schriften wurden beide Künste als gleichwertig, als Schwestern dargestellt. Da der Bildungsanspruch der Rhetorik sowie deren Regelsystem selbstverständliches Gemeingut waren, haben viele Praktiker und Theoretiker der Dichtkunst bewußt oder unbewußt rhetorische Prinzipien auf die Poetik übertragen. Nicht nur einzelne Regeln, sondern Zielsetzung, Aufbau und Verfahrensweisen sowie fast alle Grundbegriffe der Rhetorik sind in die Dichtungstheorie eingegangen. [48] Die Forderungen, die in jener Zeit an die Poesie gestellt wurden, sind nahezu identisch mit denen, die für die Rhetorik galten, denn die Dichtkunst habe das Herz des Lesers zu gewinnen, in gewisser Weise zu belehren und Affekte zu erregen. Diese Zielsetzung taucht in den meisten Poetiken des frühen 18. Jahrhunderts auf. Unterstützt wurde die gegenseitige Durchdringung von Rede- und Dichtkunst durch die Tatsache, daß zahlreiche Hochschullehrer dieser

Zeit beide Fächer lehrten, auch die vielen Sprachgesellschaften bemühten sich gleichermaßen um Poesie und Beredsamkeit. [49] Für Erdmann Neumeister ist die Oratoria das Fundament für die Dichtlehre; die Poesie ist demnach »nichts anders als eine galante Arth der Eloquentz«. [50] Entsprechend lautet die Auffassung in der Poetik von Johann Georg Walch. Die Poesie, so meint er, sei »eine Art der Wohlredenheit«, eine »Schwester der Beredsamkeit oder Eloquentz«. [51]

Auch die 1725 in Breslau anonym erschienene *Anleitung zur Poesie* stellt in den vier Regeln, nach denen man sich in der Poesie zu richten habe, einen auffälligen Zusammenhang zur Rhetorik her. Dort nämlich heißt es, »1. Daß man allenthalben mit der Natur einstimmen, 2. daß man durch angenehme Erfindungen den Leser ergötzen, 3. daß man allerhand und zuweilen verdeckte Lehren einstreuen, und 4. daß man das Hertz des Lesers gewinnen möge.« [52]

Erst Gottsched versucht die Eigenart der Poetik gegenüber der Rhetorik hervorzuheben. Während er dem Redner die traditionellen Aufgaben zuweist [53], unterscheidet er davon die Tätigkeit des Poeten; dieser habe ein geschickter Nachahmer aller natürlichen Dinge zu sein.

Die Grundpositionen Gottscheds können hier nur angedeutet werden [54]. In der neueren Forschungsliteratur gibt es detaillierte Darstellungen und Analysen, die auch von den alten Vorurteilen frei sind [55].

Die bei Gottsched erstmals deutlich auftretende Trennung der Poetik von der Rhetorik und ihre besondere Wertschätzung hat sich in den folgenden Jahrzehnten weitgehend durchgesetzt. Als Ursache für diesen Vorgang kann man möglicherweise den allgemein zu beobachtenden Trend des Bürgertums ins Private und Beschauliche annehmen. Da sich die Notwendigkeit der Rede verringerte, setzte offenbar eine verstärkte Verabsolutierung und Aufwertung der Poesie ein.

Parallel zur fortschreitenden Trennung von Rhetorik und Poetik ist eine Veränderung in der Stillehre zu beobachten. Die antike Dreistillehre findet zwar weiterhin Beachtung, aber gerade bei Gottsched setzt eine Betonung des mittleren Stils für die Rede ein. Den erhabenen Stil weist er in erster Linie der Poesie zu. Diese »bewegende« Sprache der Leidenschaft hält er innerhalb der Rede im allgemeinen für unangemessen. Sein Stilideal ist der »sinnreiche«, der mittlere Stil. Dieser habe kunstvoll und von scharfsinnigem Verstand geprägt zu sein und müsse auf bündigen Ausdruck bedacht sein. Aber auch vom niederen Stil distanziert er sich, sofern dieser die Grenzen zum Gemeinen und Niederträchtigen überschreite. Hierin ist eine klare Abgrenzung auch sozialer Art zu sehen.

In der Ablehnung des höfischen Kanzleistils, den er für hochtrabend hält, gibt Gottsched jedoch auch der bürgerlichen Abgrenzung von der

Aristokratie Ausdruck. Der Stil, den er bei der Rede für angemessen hält, ist eine Kreuzung zwischen nichtumgangssprachlichem niederen Stil und nichtmetaphorischem mittleren Stil. [56]

Die höhere Stilebene wird seit Gottsched vor allem der Poesie zugeordnet. Klopstock beispielsweise siedelt die Sprache des Poeten oberhalb der des Redners an. Der Redner könne zwar, »wenn er in seinem stärksten Feuer ist«, einige Schritte höher ins Poetische steigen, grundsätzlich aber trennt er den prosaischen Stil der Rede von der höheren poetischen Stilebene ab: »Wenn man alle Stufen des prosaischen Ausdrucks hinaufgestiegen ist; so kömmt man an die unterste des poetischen.« [57]

Ähnlich sieht auch Sulzer die Trennung von Poesie und Rhetorik. Die Dichtung zeichnet sich nach seiner Auffassung vor der Rede dadurch aus, »daß sie Gedanken und Ausdruck in der Absicht ihnen den höchsten Grad der sinnlichen Vollkommenheit und Lebhaftigkeit zu geben, bearbeitet«. Die Rede dagegen sei dadurch gekennzeichnet, »daß sie so wol in ihren Vorstellungen selbst, als in dem Ausdruck derselben, weniger sinnlich ist, als jene, und weniger äußerlichen Schmuk sucht«. [58]

Er bedauert jedoch den inzwischen fortgeschrittenen Prozeß der Trennung und Bevorzugung der Poesie gegenüber der Rhetorik. »Die Kunstrichter seiner Zeit«, so meint er, »nehmen sich der Dichtkunst mit so warmem Interesse, hingegen der Beredsamkeit so kaltsinnig an, als wenn sie keine eheliche Schwester jener Kunst wäre.« [59]

Schubart schließlich erkennt die Gefahren für die Rede, die aus diesem Prozeß entstehen. Für ihn sind die »vornehmsten Merkmale, wodurch die Dichtkunst sich von der Beredsamkeit unterscheidet, der abgemessene Numerus, das Metrum, und die Art des Ausdrucks, der im Gedicht weit malerischer ist, und mehr Leben braucht, als in der rednerischen Prose«. Wenn die poetische Prosa »allgemeiner Geschmack der Nation wird«, so befürchtet er, gehe sie »vor dem gänzlichen Verfall der ächten Beredsamkeit« [60] voraus.

Zu seiner Zeit waren Poetik und Rhetorik bereits weitgehend voneinander getrennt; die Poesie hatte, da die soziale und politische Wirklichkeit wenig Gelegenheit zur Rede bot, die Rhetorik in starkem Maße verdrängt.

2. Kritik und Neuansätze seit etwa 1770

Die Antike mit ihrem ausgebildeten System der Rhetorik und deren anerkannter Funktion innerhalb des öffentlichen Lebens bleibt für viele Redetheoretiker des 18. und 19. Jahrhunderts Orientierungspunkt und Prüfstein für die eigene Situation. Am Ende der Zeit, die man gemeinhin als Epoche der Aufklärung zu bezeichnen pflegt, in genau der Zeit also, in der das klassische Modell der Rhetorik keine Anwendung mehr finden kann, setzt einer der maßgeblichen Denker dieser Jahre, Sulzer, neue Zeichen: In seinem Ergebnis ist die damalige Situation genau markiert: »Deutschland scheinet (es sey ohne Beleidigung gesagt) in seiner gegenwärtigen Verfassung, ein für die Beredsamkeit ziemlich unfruchtbarer Boden zu seyn. [61] Er bestreitet, daß seine Zeitgenossen etwas Nennenswertes in der Redekunst geleistet haben, und auch ihm dient die Antike als Maßstab:

> Die Neuern haben die Theorie dieser Kunst ohngefehr da gelassen, wo die Alten stille standen. Wenigstens wüßte ich nicht, was für neuere Schriften ich einem, der den Cicero und Quintilian studirt hat, zum fernern Studium der Theorie empfehlen könne. [62]

Die Höfe, so urteilt er, seien unempfindlich gegenüber der Beredsamkeit, die Bürger seien für die Durchsetzung ihrer Ziele zu schwach. Daraus ergibt sich für ihn die Konsequenz – und damit wird er zum Befürworter eines »aufgeklärten« Absolutismus –, daß die Rhetorik bei den herrschenden Monarchen die wirksamste Anwendung finden könnte:

> In den Händen eines weisen Regenten ist sie ein Zauberstab, der eine wüste Gegend in ein Paradies verwandelt, ein träges Volk arbeitsam, ein feiges beherzt, ein unverständiges verständig macht. [63]

Die bürgerlichen Intellektuellen haben nach seinen Vorstellungen nur noch die Funktion, mit Hilfe der Beredsamkeit Lehrer des Volkes zu sein; »Einfluß auf die Entschließungen der Regenten, auf das Schicksal ganzer Völker, ist kaum mehr daher zu erwarten«. [64] Wie viele seiner Zeitgenossen revidiert er die Wirkung der Rhetorik auf die Poesie. Dieser Rückzug – repräsentativ für seine Zeit – bedeutet das vorläufige Ende der Rhetorik in der auslaufenden Epoche der Aufklärung:

> Bey diesen der Beredsamkeit so ungünstigen Umständen, müssen wir uns begnügen, wenigstens eine ganz kleine Anzahl Schriftsteller zu haben, (und diese hat Deutschland, wie wol erst seit kurzem) an denen man die zur Beredsamkeit nöthigen Talente nicht vermißt, und die die Hoffnung unterhalten, daß diese wichtige Kunst auch unter dem deutschen Himmel sich in ihrer Stärke zeigen werde, so bald die Umstände der Nation es zulassen werden. [65]

Grundsätzlich aber erkennt er den Wert der Rhetorik, losgelöst von den besonderen Umständen seiner Zeit, vollständig an. Diese Kunst, so erklärt er, müsse »in ihrer mannigfaltigen Anwendung und in den verschiedenen äußerlichen Veränderungen, die sie erlitten hat, mit Aufmerksamkeit betrachtet [...] werden«. [66] Er geht sogar so weit, »der Beredsamkeit den ersten Rang unter den schönen Künsten« zuzusprechen. Sie sei, und diese Einschätzung fand sich bereits bei Fabricius, »offenbar das vollkommenste Mittel, die Menschen verständiger, gesittreter, besser und glücklicher zu machen«. [67]

Die politische Bedeutung, die er der Rhetorik beimißt, besteht jedoch nur noch in der Hoffnung, daß die Monarchen sie anwenden mögen, um im positiven Sinne ihr Volk zu erziehen.

Antike Vorstellungen gehen bei Sulzer deutlich in die Funktionsbeschreibung der Rede ein. Für ihn ist die »Absicht, die die Beredsamkeit allemal hat, zu unterrichten, oder zu überzeugen, oder zu rühmen«. [68] Deutlich ist sein Ziel nach rationaler Aufklärung in dieser Aufgabe der Rhetorik enthalten:

> Im Unterricht setzt sie die wahre Beschaffenheit der Sachen in das helleste Licht, ohne Schmuck und ohne Zusatz; hat sie zu überzeugen, so nimmt sie ihre Beweise aus der Natur der Sache, ohne Spitzfindigkeit; sie zerstreut die Nebel der Unwissenheit und des Vorurtheils; benimmt dem Falschen den Schein des Wahren, und reißt dem Bösen gerade zu die Larve des Guten mit Gewalt ab. [69]

Hieraus leitet er die Anforderungen an einen Redner ab. Mehr als ein anderer Künstler habe er durchdringenden Verstand nötig. Mit ihm müsse er das Wahre, Wichtige und Große erkennen und überzeugend darlegen können. Nicht weniger wichtig aber seien ethische Qualitäten des Redners. Zum Dienst anderer Menschen habe er sich für Wahrheit, Ordnung und Weisheit einzusetzen, die Rechte der Menschlichkeit zu vertreten und engagiert für das Beste des Staates zu streiten. Energisch bestreitet Sulzer, daß allein Worte und Redensarten für einen guten Redner wichtig seien; entscheidend sei, daß er mit Verstand und Empfindung sein Anliegen vortragen könne.

Das grundsätzliche Urteil Sulzers über den Zusammenhang von Rede und Gesellschaft findet sich bei seinem Zeitgenossen Schubart bestätigt: »Deutschland kann, nach seiner Verfassung, keine Meisterstücke in der politischen Beredsamkeit aufweisen.« [70] Als Begründung gibt er an, daß Beredsamkeit, vor allem die mit politischen Zielen, »vorzüglich in freyen Staaten glänze«. [71] Spöttisch ergänzt er, daß es zu seiner Zeit deshalb mehr Dichter als Redner gebe, »weil die Redner meistens nur in gebildeten Staaten auftreten; da es hingegen so gar bey den rohesten Nationen manchmal gute Dichter giebt«. [72] Immerhin aber, und das ist aus dem Munde gerade Schubarts eine vernichtende Kritik, seien »doch keine üble Lobredner« [73] zu finden und seit einiger Zeit seien »die Deutschen auf den guten Einfall gekommen, bey feierlichen Gelegenheiten gewisse interessante Gegenstände rednerisch [...] zum Theil mit vielem Glück« zu behandeln. [74]

Die kritische und emanzipatorische Funktion der Rede, das darf man diesen Urteilen entnehmen, findet im ausgehenden 18. Jahrhundert keine Anwendung mehr. Geblieben ist im politischen Bereich nur die affirmative Lobrede bei feierlichen Anlässen. Gelehrte wie Sulzer und Schubart bedauern diesen Zustand aufs schärfste und erkennen die ursprüngliche Bedeutung der Rhetorik grundsätzlich an. Daher ergibt sich bei Schubart eine Akzentuierung bei der Bewertung der Redeziele, die aus der Antike übernommen ist und die politischen Ziele für seine Gegenwart einschließt. Er faßt die Aufgabe der Redelehre in dem prägnanten Satz zusammen: »Die kürzeste Definition der Beredsamkeit ist diese: Sie ist die Kunst zu überreden.« Unterricht und die Absicht zu gefallen werden stärker als bei den meisten Zeitgenossen der Überredung untergeordnet, »weil diß der leichteste Weg ist, zur Überredung zu gelangen«. [75]

Diese Ziele können auch nach Schubarts Ansicht nur von optimal ausgebildeten Rednerpersönlichkeiten in die Praxis umgesetzt werden. In den entsprechenden Passagen werden von einem Redner »vollkommene Kenntniß der Sprache« [76], »vollkommene Kenntniß der Sache, zu der er überreden will« [77] und genaue Kenntniß der Zuhörer verlangt. Dem speziellen politischen Bewußtsein Schubarts entspricht seine Forderung, »mit einem Republikaner« müsse man »ganz anderst reden als mit einem Einwohner in einem Monarchischen Staate«. [78] Daß sich dieser Unterschied nicht nur auf die sprachliche Form, sondern auch auf die inhaltliche Intention bezieht, mag man bei Schubart getrost hinzufügen, auch wenn er in seinem kurzen Artikel hierauf nicht näher eingeht.

In den letzten drei Jahrzehnten dieses Jahrhunderts wird mehr und mehr die Frage gestellt, ob und wieweit die antike Rhetorik noch Maßstab für die zeitgenössische Beschäftigung mit der Rede sein kann, da das Bewußtsein von der Krise öffentlicher Rede sich weit verbreitet hatte. Es lassen sich hier zwei Tendenzen feststellen, die beide von der Einsicht ausgehen, daß die antiken Muster verbraucht seien. Die eine Richtung spricht der Rhetorik die Legitimation grundsätzlich ab. Andere Autoren dieser Zeit dagegen versuchen, mit einer neuen, eigenständigen Rhetorik zu besseren Ergebnissen zu kommen. Beide Auffassungen aber gehen davon aus, daß mit den bisher verwandten Mitteln kaum noch gearbeitet werden kann. Das Bewußtsein vom Ende der klassischen Rhetorik war nicht nur den führenden Köpfen zwingend klar geworden, auch in der Schulpädagogik jener Jahre macht sich diese geänderte Auffassung breit.

Der Direktor der Königlichen Realschule in Berlin, A. J. Hecker, vertritt beispielsweise die Meinung, die bisherige theoretische Unterweisung, die nach den Regeln der antiken Rhetorik verlief, sei abzulehnen: »die Methode taugt nichts«. [79] Mit vielen tausend Schülern sei die Redeschulung auf diese Weise betrieben, wahre Redner aber seien nicht hervorgebracht worden. Nur auf den Kanzeln sei die Beredsamkeit noch verbreitet, und gerade dort sei man eigene Wege gegangen. Die Prediger hätten ihre Redekunst nicht der traditionellen Rhetorik, sondern ihren eigenen Methoden zu verdanken. [80] Hecker verlangt die Abkehr von der Theorie und die Zuwendung zur praktischen Schulung, bei der die Rede vor allem als eine Form sozialen Handelns geübt werden müsse. Nicht mehr die Inventio und die ihr dienende Materialsammlung, die von den Schülern inhaltlich meist doch nicht verstanden würden, seien zu unterrichten; das Schwergewicht müsse auf das tatsächliche Reden gelegt werden. Das bedeutet, daß sich seine Schüler weniger mit der Sacherfindung bekannt zu machen, als vielmehr Argumentation, Amplifikation und Eloquenz zu lernen brauchen. [81] Eine solche Ausbildung habe nicht erst auf der Universität, sondern bereits auf den Schulen stattzufinden, wobei das Hauptaugenmerk nicht auf die Erziehung gelehrter Redner, sondern im Unterricht populärer Volksredner zu liegen habe. Ein solcher Rhetor, der als sprachliche Ausdrucksebene ein Mittelding zwischen den Sprachformen der extremen Gesellschaftsschichten zu wählen habe, müsse dann, wenn er fertig ausgebildet sei, »so reden, daß das Volk deutlich unterrichtet, ergötzt, bewegt und gelenkt wird«. [82] Theoriefeindlichkeit, Ablehnung der antiken Tradition und volkstümliche Anwendung der Rede sind hier die Wege, die einer künftigen Rhetorik gewiesen werden.

Während die Rhetorik zu Beginn des Jahrhunderts eine zentrale Bedeutung gerade im aufstrebenden Bürgertum besaß, nimmt diese wichtige Rolle, ebenso wie die allgemeine Verbreitung unter Gelehrten und an Schulen, zum Ende des 18. Jahrhunderts mehr und mehr ab. Die entschiedenste Kritik wurde der Redekunst gerade durch den einflußreichsten Philosophen dieser Zeit, durch Kant zuteil. Obwohl Kants Verhältnis zur Rhetorik komplexer ist, als es hier dargestellt werden kann, so muß doch eingegangen werden auf seine vernichtenden Bemerkungen in der *Kritik der Urteilskraft,* zumal diese eine erstaunliche Wirkung bei den folgenden Rhetorikkritikern gehabt hat.

Auch Kant versteht unter Beredsamkeit die Kunst zu überreden, erläutert diese Auffassung jedoch durch die Ergänzung: »d. i. durch den schönen Schein zu hintergehen«. [83] Als Philosoph meint er, »der bloße deutliche Begriff«, das Argument als solches, habe genug Beweis- und Überredungskraft, so daß es nicht nötig sei, »noch die Maschinen der Überredung hierbei anzulegen«. [84] Beredsamkeit ist für Kant grundsätzlich suspekt, man könne sie sowohl »zur Beschönigung oder Verdeckung des Lasters und Irrtums« verwenden, wodurch der Verdacht »einer künstlichen Überlistung« nicht getilgt werden könne. Kant räumt zwar ein, daß die Kunst der Rede bisweilen zu rechtmäßigen und ehrbaren Absichten verwandt werden könne; dadurch aber, »daß auf diese Art die Maximen und Gesinnungen subjektiv verderbt werden, wenngleich die Tat objektiv gesetzmäßig« sei, kann er nicht umhin, die Beredsamkeit als »verwerflich« zu bezeichnen. [85] So kommt er, nachdem er Redekunst mit der Dichtkunst verglichen hat, zu dem folgenreichen Urteil, die Rednerkunst (ars oratoria) sei »als Kunst sich der Schwächen der Menschen zu seinen Absichten zu bedienen [...] gar keiner Achtung würdig«. [86] Bei seinen Nachfolgern wird neben dieser Bemerkung vor allem die Mißbilligung der Rhetorik als Ausdruck einer »hinterlistigen Kunst« gern zitiert. [87]

In diesen Bemerkungen ist das Unbehagen an der Rede, wie es sich seit Mitte des 18. Jahrhunderts herauskristallisiert hat, am krassesten formuliert. Wer nach Kant Argumente gegen die Rhetorik suchte, konnte sich auf diese Verurteilungen berufen. Jedem sichtbar wurde hier ein Zeichen gesetzt, daß die Rhetorik in diesen Jahrzehnten ihre Bedeutung als selbstverständliches Bildungsgut verloren hatte. Einerseits, und das soll im folgenden gezeigt werden, hat die Rhetorik in der sozialen und politischen Wirklichkeit Deutschlands keinen Platz mehr, andererseits, und darin wird Kant zum Vorbild, beginnt man, der Rhetorik die moralische Legitimation abzusprechen. Man kann diese Zeit getrost als einen Tiefpunkt in der Entwicklung deutscher Rede und Redekunst bezeichnen.

Ein deutliches Beispiel für die direkte Übernahme des Kantschen Urteils gibt Goethe in seinen eigenen Bewertungen der Rhetorik. In einem Gespräch mit Eckermann lobt er ausdrücklich die entsprechenden Ausführungen in der *Kritik der Urteilskraft* und bezeichnet sie als »vortreffliche Behandlung der Rhetorik«. [88] Daß er die Skepsis gegenüber der Redekunst in dem Ausmaße teilt, wie es Kant formuliert hat, geht auch aus einer anderen Bemerkung hervor, denn er betont, daß die Rhetorik die Vorteile und Rechte der Poesie mißbrauche, um äußere und augenblickliche Vorteile, die auch unsittlicher Natur sein können, im bürgerlichen Leben erreichen zu können. [89] Als ihm bei einer anderen Gelegenheit ein gewisser Dr. Gall eröffnete, er sei eigentlich zum Volksredner geboren, gibt er der zeitgenössischen Irrelevanz politischer Rede Ausdruck:

> Über diese Eröffnung erschrak ich nicht wenig: denn hätte sie wirklich Grund, so wäre, da sich bei meiner Nation nichts zu reden fand, alles übrige, was ich vornehmen wollte, leider ein verfehlter Beruf gewesen. [90]

Während Kant seine Beurteilung der Rhetorik aus dem Vergleich mit Philosophie und Dichtung herleitet, stellt nach ihm Herder die Frage, ob die nötigen gesellschaftlichen Voraussetzungen für die Pflege der Rede zu seiner Zeit gegeben sind. Von dieser Frage hänge es ab, ob es notwendig und sinnvoll sei, sich mit Rhetorik zu beschäftigen. Die Betrachtung seiner Zeit und seiner Nation führt ihn zu folgendem entmutigendem Ergebnis: »Um uns ist kein Griechenland, kein Rom, wir reden weder vor dem Senat, noch auf dem Markte« [91]; hieraus wird deutlich, daß Herder von der demokratischen Funktion der Rede überzeugt war und daß diese Funktion für ihn Kriterium für eine Übernahme antiker Rhetorik darstellte. In den Rathäusern, also im politischen Leben der Öffentlichkeit, gebe es keine Notwendigkeit zur Rede und auch keine Redner mehr, da die wichtigen Entscheidungen nicht mehr vom Volk, sondern von den Fürsten getroffen würden. Da ferner vor Gericht nicht mehr die Leistung eines gut redenden Advokaten, sondern nur noch die formalisierte Rechtskenntnis eines Richters für das Urteil maßgeblich sei, so folgert er, »ist die Beredsamkeit, wie es scheint, in die Tempel geflohen«. [92]

In den Kirchen, zumal in den protestantischen, sei noch der einzige Bereich zu sehen, in dem die Rede, in Form der Predigt, eine wichtige Funktion habe, denn dort könne sie nach wie vor ein breites Publikum erreichen. Auf dem Gebiet der Predigtlehre hat Herder selbst entscheidend gewirkt und Impulse auch für seine Nachwelt gegeben. Die zentrale Frage, die sich Herder für die eigene Ausformung der Predigt stellte, war die Überlegung, ob die antike Rhetorik Muster für die zeitgenössische Homiletik sein könne. Zur Zeit Herders aber war die Ablehnung der klassischen Redelehre bereits soweit fortgeschritten, daß neue und zeitgemäße Vorstellungen entwickelt werden mußten. Auch Herder selbst lehnt die Übernahme tradierter Redeformen für die geistliche Rede ab. In der Predigt solle »kein supercilium oratoris, kein Brüsten, kein rhetorischer Donnerschlag und Bliz, kein rednerischer Schwung und Pracht, und Pathos und Geberdung« zur Anwendung kommen. [93] Detailliert arbeitet er heraus, warum er sich gegen die Nachahmung antiker Rhetorik ausspricht: das deutsche Volk seiner Zeit sei ein anderes als das der antiken Stadtstaaten und folglich müsse man andere Mittel anwenden, um auf diese neuen Zuhörer zu wirken. Daneben habe sich der kulturell bedingte Geschmack geändert; da in der Kirche ein sozial differenziertes Publikum angesprochen werden solle, müsse man eine »mittlere Höhe« des Vortrags wählen, die sowohl der Gelehrte wie der »gemeine Mann« verstehen. [94] Weiterhin bestünde ein Unterschied in der Intention; da der Prediger nicht für den Zeitpunkt der Rede wirken solle, sondern auf immerwährende Grundsätze christlichen Glaubens bedacht sei, habe er sich auch entsprechender sprachlicher Mittel zu bedienen. Aus diesen Gründen spricht er sich gegen die antiken Muster aus und fordert eine neue, eigenständige Kanzelberedsamkeit. In der Abhandlung *Der Redner Gottes* führt er aus, wie der künftige Prediger zu sprechen habe:

Redner Gottes! groß im Stillen, ohne poetische Pracht feierlich, ohne ciceronische Perioden beredt, mächtig ohne dramatische Zauberkünste, ohne gelehrte Vernünftelei weise und ohne politische Klugheit einnehmend. [95]

Man kann ohne Übertreibung behaupten, daß seit dem Wirken Herders die Rede in der Kirche ihre meist verbreitete Anwendung und zu neuen sprachlichen Formen fand. Noch Nietzsche bemerkt, daß zu seiner Zeit die Predigt die »einzige Gattung öffentlicher und *ungefähr* kunstmäßiger Rede« in Deutschland sei. [96]

Nachdem Kant die Rhetorik unüberhörbar verurteilt hatte und Herder sie nur in der kirchlichen Predigtlehre unter Negation der antiken Tradition fortentwickelte, war das eigentliche Ende der Jahrhunderte dauernden Rezeption antiker Redekunst in Deutschland praktisch erreicht. Es wurden zwar weiterhin Reden gehalten. Auch Anlässe für die politische Rede ergaben sich im Laufe des 19. Jahrhunderts. Man denke etwa an die Reden in der Paulskirche und anderen Orten um das Jahr 1848, erinnere sich zuvor an Wartburgfest und Hambacher Fest, an Aufrufe des Jungen Deutschland und des Vormärz. Die dort angewandte Redepraxis aber hatte sich gelöst aus der Tradition der Antike. Freilich gab es weiterhin Publikationen von Redeschulen und Redeübungen an Schulen; von der Ebene der wirklichen geistigen Auseinandersetzung der Zeit aber war die Rhetorik verschwunden. Einen gewissen Niederschlag fand die frühere Blüte der Redekunst noch in den systematischen Auseinandersetzungen um allgemeine Fragen der Kunst und Philosophie. Will man die mannigfaltigen Erscheinungen der Rede im 19. Jahrhundert zusammenfassen, so kann man eine gewisse Dialektik erkennen von kritisch-emanzipatorischer Redepraxis, die allerdings fruchtlos blieb, und einer differenzierten mehr oder weniger ablehnenden Auseinandersetzung in Gelehrtenkreisen, die den Nutzen der Rede eher in affirmativen Zwecken sehen.

Eine wichtige Ausnahme in diesem hier skizzierten Bild stellen die Reden Adam Müllers über die Beredsamkeit dar. Auch Müller prüft, ob die antiken Regeln der Rede für seine Zeit und seine Zwecke verwendbar sind. Aber auch er kommt zu dem Ergebnis, daß nicht Rezeption alter Muster, sondern Entwicklung eigenständiger Regeln notwendig seien. Die Redelehren der Griechen und Römer sind für ihn zwar »eine Vorschule aller Erziehung, alles Unterrichts, besonders in der Sprache und der Beredsamkeit« [97], er spricht jedoch auch von den »ängstlichen Regeln der Alten« und ihren »Hausmittelchen der Überredung« [98]. Entgegen stellt er ihnen eine Qualität, die seine Zeitgenossen ihren Vorgängern voraus hätten, nämlich »ein zwar dunkles, aber starkes Gefühl«. [99] Aus dieser Irrationalität müsse eine neue Rhetorik erwachsen, die mehr den kommunikativen Aspekt des Redens berücksichtigte und sich demütig zeige »vor dem Höheren, das durch unsern Mund redet«. [100] Reden betrachtet er als eine Form des Gesprächs, bei dem es darauf ankomme, »daß es das Antworten des Zuhörers sei, welches unsre Beredsamkeit trage und steigre«. [101] Dieses sind für Müller die Kriterien einer Redebeurteilung, und diesen Akzent findet er bei antiken Rhetoren nicht. Dennoch ist er sicher, daß die Rede zur Zeit der antiken Republiken eine wichtige Funktion im politischen Leben besessen habe und möchte eine vergleichbare Bedeutung der Rede auch für seine Zeit. Aber bereits in der Eingangsfrage bekennt er, daß die Deutschen keine echte Beredsamkeit besäßen und, da hier niemals die Kunst, »mit der lebendigen Rede zu zwingen und zu verführen« [102], bestanden habe, je besessen hätten. Alle sprachlich wichtigen Vorgänge seien stumm, schriftlich oder in Fremdsprachen durchgeführt worden, und es gäbe in Deutschland nur einzelne, die bei Reden zuhörten und »keine Gemeinde, keine Stadt, keine Nation, die wie mit einem Ohre den Redner anhörte«. [103] Auch Müller vertritt den Standpunkt, daß die Beredsamkeit nur in Republiken sich entwickeln könne und zwar nicht nur, weil dort jedem zu reden erlaubt sei, sondern weil dort jeder dazu bereit sei, auf die Meinung der Mitbürger einzugehen und sie zu tolerieren, ja ihr sogar zu gehorchen. [104] Diese idealisierte Meinung von der Verfassungswirklichkeit antiker Republiken stellt er der Situation seiner Zeit gegenüber. Die Ziele, die die bürgerliche Gesellschaft seiner Zeit erstrebe, könnten gerade durch »das lebendige Wort und die lebendige Tat« erreicht werden. [105] Die »unermeßliche Macht der Rede« müsse für die Ziele des Bürgertums erkannt werden; bisher sei die Rhetorik in Stilübungen und Phrasen erstickt und schlummere in den Bibliotheken. [106]

Aus dieser Zielsetzung ergibt sich eine eigene Funktionsbeschreibung der Rede, die in offenem Gegensatz zu Kants Einschätzung steht. Die Aufgabe der Beredsamkeit ist nach seiner Meinung, den Hörer zu bezaubern und zu beherrschen, ihren Gegner wolle sie nur zwingen und reizen, vor der Wahrheit niederzuknien. [107] Während also bei Kant die Rhetorik im Verdacht steht, die Wahrheit zu verschleiern, wird ihr hier wieder zugesprochen, der Wahrheit zum Durchbruch zu verhelfen. Daraus ergeben sich Konsequenzen pädagogischer Art. Das häusliche Erdichten und Aufschreiben der Rede, »wie es die ganze neuere Rhetorik tut«, hält Müller schlicht und einfach für »verrückt«. Wenn sie der Wahrheit dienen wolle, dann müsse sie sich auf den tatsächlichen Kommunikationsprozeß einer Redesituation konzentrieren und komme nicht umhin, sich vollends auf den ganzen »Akkord von Menschen und Umständen, in den sie eingreifen soll«, einzustellen. Dieses sei das einzige Erfordernis der Beredsamkeit. [108] Die in der Praxis wichtigste Aufgabe in der Vorbereitung eines Redners sei das Zuhören. Nicht das Anwenden klassischer Muster, sondern bloßes sinnreiches und lebendiges

Anhören von Reden könne einen Schüler zu einem guten Redner machen. [109]

Während Adam Müller sich engagiert für den Gebrauch der Rede einsetzt, für seinen Appell selbst die Form von Reden wählt und den emanzipatorischen Wert einer von antiken Vorbildern befreiten Rhetorik postuliert, beschäftigt sich etwa zur gleichen Zeit Hegel aus ganz anderen Vorstellungen mit der Beredsamkeit. Er behandelt die Rhetorik im Gesamtzusammenhang der Wissenschaften und Künste und weist ihr in diesem Schema ihren Stellenwert zu. Während sich die Philosophie an das wissenschaftliche und rationale Denken wende, solle die Beredsamkeit »zu irgendeiner Überzeugung bewegen und darf, um dies Ziel zu erreichen, auf den ganzen Menschen, die Empfindungen, Anschauung usf. einwirken«. Nicht nur der rein abstrakte Begriff, sondern seine Intention seien für den Redner leitendes Interesse. Daher müsse er sich ebenso an das Gemüt richten, Leidenschaften erregen und »den Zuhörer nach allen Formen des Geistes erschüttern und überzeugen«. [110] Diese an sich urteilsfreie Funktionsbestimmung wird jedoch beim Vergleich mit der Poesie durchbrochen. Gerade das Zweckhafte der Rhetorik sei der Dichtkunst fremd, denn diese bezwecke »nichts anderes als das Hervorbringen und den Genuß des Schönen« [111], trägt ihre Funktion also als Selbstzweck in sich. Von dieser ästhetischen Wirkungsfreiheit grenzt er die Zweckhaftigkeit der Rede ab. Die Kunst hat nach Hegel in der Beredsamkeit nur die »Stellung eines zur Hilfe herangerufenen Beiwerks«. Der eigentliche Redeauftrag berühre diese Kunstelemente nicht, sondern ziele ohne deren Hilfe auf rein pragmatische Dinge wie Belehrung, Erbauung, Rechtsentscheidung etc. In Hegels idealistischem Kategoriensystem aber rangiert die Zweckhaftigkeit an untergeordneter Stelle. So wird verständlich, daß er der Beredsamkeit statt der »freien poetischen Organisation des Kunstwerks« den Makel der »bloßen Zweckhaftigkeit« [112] beimißt. Durch die Zweckbindung sei in der Beredsamkeit »die selbständige Freiheit der Darstellung aufgehoben« dafür aber »die Dienstlichkeit zu einem bestimmten, nicht mehr künstlerischen Zweck an die Stelle gesetzt«. [113] Der Dichtung wie der Philosophie gebührt bei Hegel deutlich der Vorrang vor der bloßen Zweckhaftigkeit der Beredsamkeit, letztere entspringe nicht mehr dem »künstlerisch freien Gemüt« und sei daher im Hinblick auf die Bewertung, verglichen mit anderen Disziplinen, als zweitrangig einzuordnen. Diese Beurteilung wird nicht zu Unrecht als eine extreme Position in der deutschen Rhetorikverdächtigung bezeichnet. [114]

Mit diesen Äußerungen ist die Situation der Rhetorik jener Jahre nicht umfassend dargestellt, auch wenn genügend Beispiele ähnlicher Auffassungen überliefert sind. Hier jedoch kann nicht der Raum sein, Einzelheiten nachzuspüren und Vollständigkeit zu erstreben. Wichtig bleibt, und das sollte oben gezeigt werden, daß das noch in der frühen Aufklärung fast selbstverständlich praktizierte klassische System der Rhetorik mit Beginn des 19. Jahrhunderts seine gesellschaftliche Bedeutung verloren hat und aus dem kulturellen und geistigen Leben mehr und mehr eliminiert wird. Die Ursachen für diese Entwicklung werden von den zeitgenössischen Autoren in den ungünstigen politischen und verfassungsmäßigen Bedingungen in Deutschland gesehen. Selbst die Kräfte, die sich für die Überwindung der restaurativen Strömungen zwischen etwa 1815 und 1848 engagiert haben, konnten diese Verhältnisse nur beklagen, wenn sie zur Durchführung ihrer Pläne die freie Rede forderten. In diesem Zusammenhang müßte eingegangen werden auf die Repräsentanten des Jungen Deutschland bzw. Vormärz, auf Heine, Forster, Börne, Herwegh etc. und auch auf ihre Gegenspieler. In der notwendigen Kürze können nur wenige Beispiele aus dieser Zeit referiert werden.

Einer der profiliertesten Redner in der Frankfurter Nationalversammlung, Ludwig Jahn etwa, fordert für die Reichstage, daß in einer ständisch gegliederten Auslese das ganze Volk durch gewählte Vertreter angemessen repräsentiert sein müsse und daß in dieser höchsten Versammlung die freie Rede für alle ein gleichermaßen selbstverständliches Mittel politischer Durchsetzung zu sein habe. Das Nationalparlament müsse eine »Sprechgemeinde sein, nicht eine Taubstummanstalt von Ja-Herren und Beifallnickern, nicht eine Versammlung von Gutheißern, um dem Übel etwa nur eine leidliche Gestalt zu geben«. [115]

Die zuvor übliche Diskussion, ob die Rede nach den Gesetzen der traditionellen Rhetorik zu handhaben sei oder eigene Regeln zu benutzen seien, ist für diese Generation irrelevant geworden. Antike Redemodelle stehen nicht mehr zur Diskussion. Ziel ist es, überhaupt und in irgendeiner Form reden zu können. Die formale Auseinandersetzung war nicht mehr Sache der Praktiker, allenfalls Gesprächsstoff entsprechender Schöngeister. Selbst Sprachtheoretiker behandeln Rede und Sprache unabhängig von älteren Rhetorikschulen. Ausgangspunkt für die eigene Erörterung ist nicht mehr die antike Tradition, was durchaus den Gepflogenheiten der nach-klassischen deutschen Kultur entspricht, sondern die als veränderbar erkannte gegenwärtige Gesellschaftssituation. So beklagt beispielsweise K. G. Jochmann in seiner Abhandlung über die Sprache, daß »unter dem Wechsel auch der wortreichsten Befehlshaberei und einer noch so redseligen Folgsamkeit, unter Verordnungen und Berichten, dem Commandorufe und seinem Widerhalle« keine Sprache und damit keine Rede gedeihen könne. Wo jede Verwaltung und Regierung administrativ erfolge, bilde sich »zwischen Herren und Knechten eine Kluft, über die das lebendige Wort bald nicht mehr hinüberreicht«. [116]

Entsprechend hatte bereits vorher E. M. Arndt bedauert, daß zu seiner Zeit in Deutschland »aus einem lebenden und redenden Volke immer mehr ein grübelndes und schreibendes Volk geworden« sei. [117] Den Grund für diese Misere erblickt er in dem herrschenden politischen Zustand, denn das Volk sei ohne ständische Verfassung, ohne öffentliche Darstellung und »ohne alle Gelegenheit, das Sprechen in ein Reden zu verwandeln«. [118] Er sieht einen unlösbaren Zusammenhang zwischen öffentlicher Sprache und innerem Zustand der Gesellschaft: Da die Sprache verachtet wurde, sei das Volk in seiner inneren Struktur zerrüttet worden, und die Sprache sei wiederum wegen dieser Zerrüttung nichtig geworden. Das einzige Mittel zum Durchbrechen dieses Zirkels ist nach Arndts Meinung eine verstärkte nationale Sprachpflege. Mit ihr will er auf die bestehenden Verhältnisse einwirken und als Ziel erreichen, daß die Träumer zu Tätern und die Stummen und nur Schreibenden zu Rednern und Sprechern werden. Nur auf diese Weise könne die für notwendig erachtete nationale Erneuerung erreicht werden. [119] Rhetorische Ausbildung im engeren Sinne und nach antikem Vorbild interessiert ihn dabei nicht, sein Vorhaben stützt sich auf eine nicht näher bestimmte allgemeine Verbesserung der gesprochenen Sprache und Rede.

Der letzte wichtige Beitrag zur Entwicklung der Rhetorik im 19. Jahrhundert ist die Auseinandersetzung Nietzsches mit ihr. Wichtig sind seine Arbeiten zu diesem Thema besonders deshalb, weil sie wiederum eine Ausnahme in der verbreiteten Ablehnung und Diffamierung der Rhetorik darstellen. J. Goth, der sich mit Nietzsches Rhetorik eingehend auseinandergesetzt hat, stellt einmal heraus, daß dessen Werk nicht nur entschieden aus der deutschen Rhetorik-Verachtung ausbreche, sondern daß er umgekehrt gerade diese Verachtung für den desolaten Zustand der deutschen Prosa jener Zeit haftbar mache. [120] Nietzsche selbst kritisiert, daß jeder, der in Deutschland zu sprechen versuche, »aus dem naivsten Experimentieren mit der Sprache nicht herausgekommen« sei. [121] Der Grund für diesen bedauernswerten Zustand liegt nach seiner Meinung im gänzlichen Fehlen »der künstlerischen Wertschätzung, Behandlung und Ausbildung der mündlichen Rede«. [122] Nirgends gäbe es wirkliche Schulen und Kenner, die eine fundierte Beherrschung der Redetheorie und -praxis vermitteln könnten. Ohne eine durch fähige Lehrer überwachte Anleitung aber sei es unmöglich, die Kunst wirkungsvollen Sprechens und Schreibens vollständig zu lernen. Nicht Begabung und Intuition, sondern sorgsamste Anleitung seien die wichtigste Voraussetzung zur tatsächlichen Redebeherrschung. [123] Da es aber für die Jugend unmöglich sei, angemessene Lehrer für die Redeübung zu finden, sei es nicht verwunderlich, daß die Redepraxis in Deutschland verkümmern mußte. Diese Unterentwicklung wiederum sei verantwortlich zu machen für den miserablen Gesamtzustand der deutschen Sprache: »wir haben keinen mustergültigen an öffentlicher Beredsamkeit emporgewachsenen deutschen Stil«. [124] Da Nietzsche aber von der gesellschaftlichen Notwendigkeit allgemeiner Sprachbeherrschung wie vor allem der Beredsamkeit – als einer republikanischen Kunst – überzeugt ist, fordert er, gerade wegen der beginnenden Institutionalisierung des Parlamentarismus, eine neue, politische Rhetorik. Von der wirklichen Redefähigkeit seiner Zeitgenossen kann er nur als »einer Art Tribünen-Beredsamkeit« sprechen, die bisher nur »schüchtern und plump genug ihre jungen Schwingen« rege. [125] Da für Nietzsche am Zustand von Sprache und Rede die Entwicklungsstufe einer Kultur ablesbar ist, und Fragen des Stils bei ihm durchaus ethisch begriffen werden, setzt er sich für eine Intensivierung des Sprachgefühls sowohl in der Schrift als auch in der Rede ein. Denn nur auf der Kanzel könne man seit Herder über den Umgang mit der Sprache zufrieden sein. Obwohl Nietzsche als einer der wenigen Denker seiner Zeit einen Neubeginn politischer Beredsamkeit fordert, warnt er vor einer übertriebenen Wirkungsbezogenheit des Stils. Gerade dann, wenn er intellektfeindliche und affektgeladene Texte und Reden kritisieren will, benutzt er zur Verdeutlichung in bewußt pejorativem Sinne den Begriff des Rhetorischen. In der Isolierung des Intentionalen sieht er eine ernste Gefahr, da in einem solchen Fall, wie bei jeder Übertreibung, der Charakter des Gewollten und Unnatürlichen nicht abzustreifen sei. Gerade aber die echte Nützlichkeit müsse Ziel jeder sprachlichen Äußerung sein. So taucht der Begriff »Rhetorik« in doppelter und gegensätzlicher Bedeutung bei Nietzsche auf; einmal bezeichnet er die begrüßenswerte und zu fordernde Kunst der Rede, andererseits aber wird der gleiche Begriff zur Kennzeichnung eines zu sehr affektgeladenen Stils verwandt, wie aus der folgenden Definition deutlich wird:

> »Rhetorisch« nennen wir einen Autor, ein Buch, einen Stil, wenn ein bewußtes Anwenden von Kunstmitteln der Rede zu merken ist, immer mit einem leisen Tadel. Wir vermeinen, es sei nicht natürlich und mache den Eindruck des Absichtlichen. [126]

Wenn man die Entwicklung der Rhetorik seit Nietzsche betrachtet, könnte man fast vermuten, daß nur dieser Teilaspekt beifällig aufgenommen und die eigentliche Forderung nach einer neuen und weitreichenden Beredsamkeit völlig überhört wurde.

Die tatsächliche praktizierte Art zu schreiben und zu reden nämlich stand in offenem Gegensatz zu den Forderungen der Rhetorik. Die offiziellen Kreise des wilhelminischen Deutschland redeten zwar viel, ihre Intentionen jedoch waren antirhetorisch. Das Volk wurde von kritischem Denken und Reden ferngehalten, und gerade die offiziellen Staatsreden hatten häufig den Zweck, kritische Meinungen nicht aufkommen zu lassen. In den Reden der meisten Staatsmänner wurde der Redner diffamiert. Bismarck beispielsweise, der zweifellos ein großer Redner war, bezeichnete es in einer Reichstagsrede als eine Kränkung, selbst als Redner bezeichnet zu werden, denn, so meint er, »ein guter Redner muß etwas vom Dichter haben, darf es also mit der Wahrheit nicht ganz mathematisch genau nehmen«. [127] Während also Hegel der künstlerischen und emotionaleren Darstellungsform des Dichters gegenüber der nur zweckmäßigen Absicht des Redners den Vorzug gab, wird hier umgekehrt die Rede wegen irrationaler Wirkungen abgelehnt: »Das gemütliche Element muß bei ihm vorherrschen, nicht der Verstand.« [128] Während ein Redner nur emotionale Zwecke verfolge, müsse sich dagegen der Staatsmann, und zu dieser Rolle bekennt sich Bismarck ausdrücklich, der Rationalität bedienen. Auffällig ist in diesem Zusammenhang, daß die beanspruchte Rationalität stets mit wirkungsorientierten Mitteln vorgetragen wird. Ein Blick auf die Reden Bismarcks und seiner Kreise zeigt, daß die Diffamierung der Rhetorik durchaus mit Hilfe der Rhetorik vorgetragen wurde.

Parallel zu dieser Taktik fand in jener Zeit sicher nicht zufällig von höchster Stelle die Stärkung des Untertanengeistes statt. So äußerte der letzte deutsche Kaiser öffentlich, daß gegen Demokraten nur Soldaten helfen und daß das Volk nur über »beschränkten Untertanenverstand« verfüge. [129] Solche Entmündigung der Bevölkerung blieb nicht ohne Erfolg. Trotz der gegenseitigen Bemühungen demokratisch engagierter Redner war die Redemöglichkeit und Redefähigkeit in der Gesamtbevölkerung begrenzt. Ein Zeitgenosse urteilt und begründet wie folgt:

> Man betrachte die jetzt im Reich übliche Art zu sprechen; sie geht von Preußen aus und speziell vom preußischen Offiziersstande. Daher der kurze angebundene Satzbau, die bestimmte Art, die hohe Tonlage. Natürlich hängt die Ausbreitung dieser Art zu sprechen damit zusammen, daß man die ganze Offiziersart mehr oder weniger nachahmt, das ganze Auftreten und Gehaben, man hat ein gewisses Ideal von Schneidigkeit, dem man nachstrebt. [130]

Perfektioniert wurde die offizielle Handhabung der Rede im Sinne der Herrschenden schließlich im sogenannten Dritten Reich. Kritische Redner wurden durch die Nationalsozialisten auf brutalste Weise beseitigt, geredet wurde mit affirmativem Inhalt und in excessiver Form an offiziellen Stellen der Partei. Zustimmen muß man der Auffassung Geißners, daß das Volk in Deutschland »von einem redenden Kaiser unmündig gehalten und von einem redenden Führer mundtot gemacht wurde«. [131]

3. Rhetorik und Ästhetik in Schillers theoretischen Abhandlungen

Der Rhetoriker Friedrich Schiller hat Generationen von Literaturwissenschaftlern in Verlegenheit gebracht. Nur allzu gern berief man sich auf die von ihm selber vorgetragene Abwertung seiner rhetorischen Manier und verminderte oder übersah die Bedeutung, welche die Rhetorik sowohl in der Theorie wie auch in der schriftstellerischen Praxis Schillers besaß. Der Niedergang der Rhetorik und der von ihr bestimmten Dichtungstheorie seit der Mitte des 18. Jahrhunderts in Deutschland ist noch kaum angemessen erörtert, geschweige denn auf seine gesellschaftlichen Ursachen hin untersucht worden. [1] Im Verfallsprozeß der Redekunst, der bis weit ins 19. Jahrhundert andauert und auch nur die Rhetorik als festes Lehrgebäude berührt, nicht aber die rhetorischen Elemente überhaupt aus Dichtung und Ästhetik verbannt, erscheint Friedrich Schillers Position deshalb als besonders wichtig, weil er auf der einen Seite zwar die kantisch-idealistische Abwertung der Rhetorik aufgreift, andererseits jedoch die für eine rhetorische Ästhetik zentralen Kategorien übernimmt, neu diskutiert und inhaltlich damit eine Theorie reaktiviert, die der Stürmer und Dränger noch zu den »abgeschmackten Konventionen« gerechnet hatte.

Diese Ambivalenz charakterisiert Schillers Rhetorik, sie ist Zeugnis einer zwiespältigen Haltung gegenüber den gesellschaftlichen Problemen seiner Zeit, deren scharfsinnige Analyse durch das soziale Gewissen Schillers provoziert wurde, ohne daß es ihm möglich war, einen praktischen Ausweg aus der Krise der bürgerlichen Gesellschaft in Deutschland zu finden. So projizierte er Hoffnung und politische Zukunft des Bürgertums in den Bereich der Ästhetik, ohne aber den Wirkungszusammenhang zwischen künstlerischer Interpretation der Wirklichkeit und dieser selber aus dem Auge zu verlieren. Reinheit der Kunst erschien ihm nicht als ihr letzter Zweck, sondern als Voraussetzung ihrer ganz spezifischen Wirkungsweise, ihrer fast heilsgeschichtlichen Bedeutung. Schillers Differenzierung zwischen dem falschen und dem aufrichtigen Schein steht im Dienste eines auf reale Wirkung abzielenden rhetorischen Kunstwillens, der, soll er nicht von einer als schlecht und trügerisch erfahrenen Wirklichkeit diktiert werden, von dieser Wirklichkeit sich distanzieren muß. Im Bildungsideal der Briefe über die ästhetische Erziehung des Menschen kulminiert Schillers Rhetorik. Totalität des Charakters, zerstört durch Kultur, kann nur durch eine höhere Kultur wiederhergestellt werden; Schiller läßt keinen Zweifel daran, daß dieses Ziel nicht in selbstgewählter Beschränkung auf den privaten Bereich erreicht werden kann: »*Totalität* des Charakters muß also bei dem Volke gefunden werden, welches fähig und würdig sein soll, den Staat der Not mit dem Staat der Freiheit zu vertauschen« [2] (S. 579). Den »Verderbnissen seiner Zeit (594) zu widerstehen, gehört freilich zu den ersten Aufgaben des Künstlers, ohne daß er damit schon seinen Zweck erreicht hätte, der gerade in der Aufhebung der von der *bestehenden Wirklichkeit* verlangten Trennung liegt.

3.1. Natürlichkeit, Anmut und Schönheit

Nur durch das Morgentor des Schönen
Drangst du in der Erkenntnis Land.

Betrachtet man Schillers Erweiterung der Kantschen Ästhetik, die objektive Begründung der Schönheit als Freiheit in der Erscheinung, nicht lediglich philosophiehistorisch als Schritt von Kant zu Hegel, sondern sucht dessen Bedingungen selber auf, um die weitreichenden Folgen dieser Konzeption in Schillers Ästhetik angemessen berücksichtigen zu können, so fällt zunächst auf, daß Schiller immer wieder in seinen Beispielen und illustrierenden Bildern die pädagogische Bedeutung seines Schönheitsbegriffes verdeutlicht. In den Kalliasbriefen schiebt er nach der philosophischen Erörterung »zur Erholung« seines Briefpartners [3] die Parabel vom Menschen ein, der unter die Räuber gefallen ist und nun Anlaß verschiedener Hilfsleistungen wird, von denen aber nur eine: diejenige, in welcher »die Autonomie des Gemüts und Autonomie in der Erscheinung koinzidieren« (407) auch schön genannt werden kann. Wenn »die Pflicht zur Natur geworden ist« (407), so ist damit auch die moralische Schönheit erreicht. Im weiteren Verlauf seiner Argumentation wird Schiller dann deutlich machen, daß die Schönheit eines Kunstwerkes davon abhängt, ob seine Natur »mit seiner Technik zusammenstimmend erscheint« (419). Diese Bestimmung der Schönheit als Freiheit in der Erscheinung, als »Natur in der Kunstmäßigkeit« (411) transportiert politische Forderungen des Bürgertums im Gewande ästhetischer Diskussion – einer Diskussion, an die Schiller nur anzuknüpfen brauchte. Der Anspruch, in der Natur das Maß aller Dinge, auch der ästhetischen Gegenstände, zu sehen, begleitet die Emanzipationsbestrebungen des Bürgertums und lieferte ihnen eine ideologische Legitimation. Natürlichkeit ist nicht allein Gegenpol zu adliger Künstlichkeit, zu höfischer Etikette und Konvention, sie liefert gleichzeitig den Maßstab, an welchem bürgerliche Lebensweise selber sich auszurichten hatte. »Im aufklärerischen Denkstil dient die ›Harmonie mit der Natur‹ [...] als theoretischer Rahmen für die Motivierung der im alltäglichen Leben üblichen Handlungen und Einstellungen.« [4] Die Beispiele, mit denen Schiller sehr reichhaltig die Evidenz seines Schönheitsbegriffs zu belegen sucht, stammen daher meist aus der Sphäre eben dieser Alltäglichkeit: ein schönes Gebäude, ein schönes Gefäß oder ein schönes Kleid [4a]: »Wann sagt man wohl, daß eine Person schön gekleidet sei? Wenn weder das Kleid durch den Körper, noch der Körper durch das Kleid an seiner Freiheit etwas leidet; wenn dieses aussieht, als wenn es mit dem Körper nichts zu verkehren hätte und doch aufs vollkommenste seinen Zweck erfüllt« (420 f.).

Ganz im Gegensatz zur Übereinkunft der Zeitgenossen, die in der Rhetorik nur die zweckgerichtete Künstlichkeit, die regelgewandte Verstellungskunst erblickten, ist eben dieser auf der natürlichen, freien Erscheinung beruhende Schönheitsbegriff in der rhetorischen Theorie als Muster im Bereich der elocutio vorgebildet. »Man soll seine Kunst nicht zeigen und nicht so tun, als forme man den Ausdruck, sondern als rede man natürlich«, fordert Aristoteles in seiner Rhetorik. [5] Auch Quintilian verurteilt den absichtlich gesuchten Stil; Schönheit des Stils erreicht man vor allem, wenn er natürlich erscheint. [6] Diese zunächst die angemessene Zuordnung von res und verba regelnde Vorschrift läßt sich als locus classicus durch die Geschichte der Rhetorik und der von ihr bestimmten Poetik verfolgen und wird selbst dann noch formal beibehalten, wenn inhaltlich die ›unnatürliche‹, schwülstige Redeweise unter Berufung auf ihn gerechtfertigt werden soll. [7] Bereits für die antike Rhetorik ist die Lehre von der Angemessenheit nicht allein der stilkritische Maßstab, der etwa die Anwendung der drei genera dicendi regelte, sondern ebenso Maßstab angemessener Handlungs- und Lebensweise, denn »immer muß man in jedem Teil der Rede wie des Lebens bedenken, was sich ziemt«. [8] Diese Angemessenheit im Verhalten, die gesellschaftliche convenientia bedeutet nun aber gerade Übereinstimmung mit der Natur, die wie der Mensch Teil der zweckmäßigen und vernünftigen Ordnung des Weltganzen ist. Die Verpflichtung des Redners zur Beachtung der Angemessenheit innerhalb seiner Rede (inneres aptum) wie die damit vorausgesetzte Stimmigkeit zu den sozialen Bedingungen der Rede (äußeres aptum) widerspricht also keinesfalls dem Streben nach Natürlichkeit, ist vielmehr dessen Folge und Zeichen. Innerhalb der Rhetorik sowohl als Theorie der Beredsamkeit wie aber auch als pädagogische Lehre nimmt das aptum im Sinne geregelter Natürlichkeit, einer zwanglosen Schicklichkeit den Rang eines höchsten Ziels ein, Berufungsinstanz sämtlicher Theoretiker auch zur Verteidigung der Rhetorik gegen die seit Platon immer wieder vorgetragenen Einwände und Verurteilungen. Mit Castigliones Ideal des Cortegiano findet dieses rhetorische Ideal Eingang in die höfische Bildung, es besiegelt das »Bündnis von Hofideal und humanistisch-rhetorischer Bildung«. [10] Verlangt wird vom vollendeten Hofmann die Vermeidung jeder Künstelei und eine natürliche Leichtigkeit in allem Verhalten, in Rede und Gespräch. Trotz des die gesellschaftlichen Auseinandersetzungen im 18. Jahrhundert reflektierenden Gegensatzes zwischen Natur und Hof, in der das Bürgertum polemisch-propagandistisch das alte convenientia-Ideal im

Sinne einer Übereinstimmung mit der Natur für sich beansprucht [11], greift schon der Autor der Kalliasbriefe auf diese speziell höfische Prägung des rhetorischen Bildungsideals zurück:

> Es ist auffallend, wie sich der gute Ton (Schönheit des Umgangs) aus meinem Begriff der Schönheit entwickeln läßt. Das erste Gesetz des guten Tones ist: *Schone fremde Freiheit.* Das zweite: *Zeige selbst Freiheit.* Die pünktliche Erfüllung beider ist ein unendlich schweres Problem, aber der gute Ton fordert sie unerläßlich, und sie macht allein den vollendeten Weltmann. (425)

Entgegen der bereits im 17. Jahrhundert von Schriftstellern wie Logau vorgetragenen Kritik am höfischen Leben, entgegen auch der aufklärerischen Doktrin vom Gegensatz Hof–Natur, findet Schiller im höfischen Ideal des Weltmannes seinen Begriff der Schönheit vorweggenommen. Selbst Einzelheiten des höfischen Lebensideals werden von ihm im Laufe seiner Argumentation wieder aufgenommen, dessen reale Depravierung zu Scheinhaftigkeit, leerer Floskel oder höflicher Maske allerdings scharf kritisiert. »In dieser ästhetischen Welt [...] fordert auch der Rock, den ich auf dem Leibe trage, Respekt von mir für seine Freiheit, und er verlangt von mir [...], daß ich niemanden merken lasse, daß er mir dient« (421). Entzündet sich gerade am Gegensatz von adliger Künstlichkeit und bürgerlicher Natürlichkeit das Pathos der aufklärerischen Kritik an der höfischen Gesellschaft, so stellt Schillers Schönheitsbegriff die Vermittlung der Gegensätze in Aussicht: weltmännische Haltung und Natürlichkeit schließen sich nicht aus, sondern sind eins im Reiche der Schönheit. »In der ästhetischen Welt ist jedes Naturwesen ein freier Bürger, der mit dem Edelsten gleiche Rechte hat, und *nicht einmal um des Ganzen willen* darf *gezwungen* werden, sondern zu allem schlechterdings *konsentieren* muß« (421). Schillers Entwurf einer ästhetischen Welt bedeutet also keine Restauration höfischer Lebensauffassung, sondern deren konsequent bürgerliche Aneignung auf ästhetischer Ebene. Die ästhetische Welt ist nicht mit dem höfischen Welttheater identisch, das ja gerade durch seine Sonderstellung und durch die Ausklammerung des bürgerlichen »Naturwesens« gekennzeichnet ist, vielmehr läßt sich Schillers Konzeption wie sie erstmals präzise in den Kalliasbriefen beschrieben ist, am besten charakterisieren als eine Demokratisierung höfischer Bildungsvorstellungen. Er erneuert das humane Ideal der studia humanitatis, das den freien Bürger einer freien Republik bilden sollte und behält doch die Aspekte bei, die der Hofmannserziehung ihre besondere Prägung verliehen haben: Liebenswürdigkeit und Gewandtheit, Gefälligkeit und anmutige Schönheit. Deutlich wird die derart modellierte Welt der real-politischen gegenübergestellt, was in dieser nicht möglich erscheint in der anderen verwirklicht: Freiheit und Gleichheit aller natürlichen Wesen.

Wie Castigliones Buch *Il Cortegiano* neben der pädagogischen auch die artistische Seite der rhetorischen Tradition im Idealbild vom Hofmann aufgehen läßt – der vollkommene Hofmann ist gleichzeitig Meister höfischer Beredsamkeit – so sind auch die dem Kunstschönen im engeren Sinne gewidmeten Überlegungen Schillers dem antiken eloquentia-Ideal verpflichtet. »Schön ist ein Kunstprodukt, wenn es ein Naturprodukt frei darstellt« (426). Schiller knüpft hier an die bereits im ersten Teil der Abhandlung *Kallias oder Über die Schönheit* begonnene Erörterung über den Gegensatz von Regelhaftigkeit und Natürlichkeit und dessen Aufhebung an. Eine freie und damit auch schöne künstlerische Darstellung ist nur dann gewährleistet, »wenn die Natur des Dargestellten von der Natur des Darstellenden nicht gelitten hat« (428), wenn also »das *Nachgeahmte* seine reine Persönlichkeit auch in seinem Repräsentanten behauptet, wenn das Repräsentierende durch völlige Ablegung oder vielmehr *Verleugnung* seiner Natur sich mit dem Repräsentierten vollkommen ausgetauscht zu haben scheint – kurz – wenn nichts durch den Stoff, sondern alles durch die Form ist« (429). In diesem Kapitel seiner Abhandlung wendet sich Schiller dem Stoff-Form-Problem zu, das sich im Bereich der Dichtung als das Bezugsproblem von Sachen und Worten darstellt, in der Rhetorik also im Kapitel elocutio abgehandelt wird. Schiller folgt hier ganz der traditionellen Auffassung, wie sie von der Antike her überliefert wurde. In dem alten Streit, ob zwischen res und verba eine »natürliche«, daher notwendige oder eine durch Übereinkunft geregelte Beziehung besteht, entscheidet er sich für die letztere Position: »Die Sache und ihr Wortausdruck sind bloß zufällig und willkürlich [...]« (431), wobei noch erschwerend hinzukommt, daß zwischen Sachen und Worten keine »*materiale* Ähnlichkeit [Identität] stattfindet«, ja nicht einmal durch Worte oder Wortsätze der individuelle Charakter der Dinge wiedergegeben werden kann – wobei es *dann* gleichgültig wäre, »ob dies durch *Konvenienz* oder aus innerer Notwendigkeit geschähe« (431). War für die Rhetorik aber die Beziehung zwischen res und verba immer nachprüfbar und gesichert [12], sei es durch Übereinkunft, sei es durch Notwendigkeit, so ist diese Beziehung für Schiller problematisch geworden: »Sowohl die Worte, als auch ihre Biegungs- und Verbindungsgesetze sind ganz allgemeine Dinge, die nicht *einem* Individuum, sondern einer unendlichen Anzahl von Individuen zum Zeichen dienen« (432). Für die von Schiller dem Dichter ganz traditionell zugeordnete Aufgabe der Imitatio ergibt sich so die Schwierigkeit, das Besondere und Individuelle durch das ihnen entgegengesetzte Allgemeine ausdrücken zu müssen. [13] Dieser Aufgabe kann er nur durch eine »künstliche *Zusammensetzung des Allgemeinen*« (432) gerecht werden, was nun aber wiederum die Gefahr in sich birgt, daß dem Gegenstand Gewalt angetan und damit das Ideal des Schönen verfehlt wird. Obwohl auf diese Weise für Schiller eine in der rhetorischen Theorie bereits vorgebildete Unsicherheit [14] in verschärfter Weise aktuell geworden ist, so bleibt er mit den aus dieser Erkenntnis folgenden Einsichten ganz auf rhetorischem Boden. Ja diese gibt sogar die eigentliche Begründung einer bildhaften Redeweise und übertragen gebrauchter Wortbezeichnungen, die beide um so wichtiger sind, je ungesicherter das Verhältnis zwischen res und verba angesehen wird und je weniger tauglich die Sprache ihrer Tendenz zum Allgemeinen nach für die Absichten des Dichters erscheint. »Die Sprache stellt alles vor den *Verstand,* und der Dichter soll alles vor die *Einbildungskraft* bringen [darstellen]; die Dichtkunst will *Anschauungen,* die Sprache gibt nur *Begriffe*« (432). Wie sehr Schiller sich mit solchen Auffassungen wieder in rhetorischer Tradition befindet, wird daran deutlich, daß ihm der Maßstab sprachlichen Ausdrucks nicht allein in dessen mimetischer Absicht liegt, sondern ebenso in der *Wirkung* der Darstellung auf die Einbildungskraft, ihrer Sinnlichkeit und Individualität: der rhetorische Schmuck, vor allem die Tropen und unter diesen vorzüglich die Metapher hatten für den Redner wie für den Dichter eben diesen Zweck der lebendigen, sinnlichen Intensivierung der Aussage.

Schönheit in Schillers Sinne als Freiheit in der Erscheinung realisiert der Schriftsteller allerdings nicht schon durch die künstliche Zusammensetzung der allgemeinen Begriffe zu einem besonderen, sondern erst dann, wenn durch diese »Operation«, wie Schiller in anderem Zusammenhang schreibt [15], der Gegenstand als durch sich selbst bestimmt erscheint. »Frei und siegend muß der Darzustellende aus dem Darstellenden hervorscheinen und trotz allen Fesseln der Sprache in seiner ganzen *Wahrheit, Lebendigkeit* und *Persönlichkeit* vor der Einbildungskraft dastehen« (433). [16] Deutlich weist diese letzte Zielsetzung die Dichtung als wirkungsbezogene ars aus: hinter der trias Wahrheit, Lebendigkeit und Persönlichkeit steht das rhetorische »Dispositionsschema« [16a] von res, affectus, mores.

Schillers Kennzeichnung künstlerischer Arbeitsweise als einer künstlichen Zusammensetzung des Allgemeinen, als »Operation« und seine Bezeichnung des Poeten als »Macher« [17] revidiert in entscheidendem Maße die Doktrin der zeitgenössischen Genie-Ästhetik, die den Künstler als verlängerten Arm der Natur und sein Schaffen als unbewußt wie die Schöpfungen der Natur darstellt. Seine Apologie des sentimentalischen, reflektierenden Dichters schließt direkt an seine Überlegungen über die Verfertigung eines sprachlichen Kunstwerks, wie er sie in den Kalliasbriefen vorträgt, an. Sie sind nicht denkbar ohne die Vermittlung der Rhetorik, die damit dem bürgerlichen Arbeitsbegriff im Bereich des Ästhetik wieder zur Geltung verhilft. »Soll also eine poetische Darstellung frei sein, so muß der Dichter ›*die Tendenz der Sprache zum Allgemei-*

nen durch die Größe seiner Kunst überwinden und den Stoff [...] *durch die Form* [...] besiegen‹« (432 f.). Im 22. Brief über die ästhetische Erziehung des Menschen heißt es noch eindeutiger: »Darin also besteht das eigentliche Kunstgeheimnis des Meisters, *daß er den Stoff durch die Form vertilgt* [...]« (639). Sieht man beide Äußerungen im Zusammenhang, so wird deutlich, daß Schiller mit diesen so mißverstandenen Äußerungen keine reine Formkunst nach l'art pour l'art-Auffassung fordert, sondern daß er mit diesen Begriffen die Eigentümlichkeit künstlerischer Arbeit beschreibt: als Stoff betrachtet er die »Worte und ihre Flexions- und Konstruktionsgesetze« und als Form »die Anwendung derselben« (432 f.). Vertilgung des Stoffes durch die Form ist Bedingung der schönen Darstellung als einer »freie[n] Selbsthandlung der Natur in den Fesseln der Sprache« (433). Durch das Formen des Stoffes erst entsteht Schönheit als Freiheit in der Erscheinung im Bereich der Kunst, in diesem Prozeß bewährt sich der Künstler als Meister. Sehr viel undeutlicher als später Hegel versucht Schiller hier das Wesen der Arbeit zu fassen. Wie dieser stellt er nur die positive Seite der Arbeit heraus: als einen Prozeß, dessen Produkt Freiheit erscheinen läßt, und in dem der produzierende Künstler sich selber zu bewähren hat: »seine Stärke besteht darin, einen mangelhaften Gegenstand *aus sich selbst heraus* zu ergänzen und sich durch eigene Macht aus einem begrenzten Zustand in einen Zustand der Freiheit zu versetzen« (754). Diese Selbstentäußerung, die Arbeit des Künstlers führt zur Selbstverwirklichung als der »Zusammenstimmung zwischen dem Geist und den Sinnen« (765) und bringt damit jenen ästhetischen Zustand hervor, in dem der Mensch die Freiheit als Spiel erlebt. Die Anstrengung des Künstlers als eine ästhetische, die Ergänzung, Vollendung des Gegenstandes, besteht in der Überwindung der Wirklichkeit als seiner Grenze hin auf die ihm selber zukommende Idee (vgl. 720 f.).

In Hegelschen Kategorien ausgedrückt ist der Prozeß der Bearbeitung des Gegenstandes als eines wirklichen die Entäußerung der Idee des Künstlers und der »durch eigene Macht«, eben durch Arbeit, erlangte Zustand der Freiheit die Aufhebung eben dieser Entäußerung als »Wiederherstellung unseres Naturganzen«, die von Schiller ausdrücklich der »anspannende[n] und erschöpfende[n] Arbeit« (764 f.) entgegengesetzt wird. Wie die ästhetischen Briefe über die Erziehung des Menschen zeigen, ist sich Schiller über die negative Seite der Arbeit, über deren Auswirkungen auf den Menschen durchaus im klaren. Deren positive ist in seine Konzeption einer alle Kräfte und Vermögen des Menschen harmonisch vereinigenden Spielkultur eingegangen. Während das »schöne Ganze menschlicher Natur« durch »jede Arbeit augenblicklich und durch ein arbeitendes Leben anhaltend zerstört wird«, gilt es jenen Zustand zu erreichen, in dem der Mensch »ohne zu arbeiten, tätig ist«

(768). Wenn Schiller nach einer ausführlichen Kritik am gegenwärtigen, durch Kunst [= Künstlichkeit] gekennzeichneten Stand der Kultur seine Erörterungen einer ästhetischen Erziehung beginnt und zu dem Ergebnis kommt, daß, was die Kunst zerstört hat: die Totalität menschlicher Natur, nur durch eine höhere Kunst wiederherzustellen sei, so ist ihm adliger Müßiggang keine Alternative. »Schlaffheit« und »Depravation des Charakters« der zivilisierten Klassen (580), der selige »Genuß des Nichts auf dem weichen Polster der Platitude« (766) erscheinen ihm nur als die andere Seite in jenem »Gleichgewicht des Schlimmen« (581), das den Geist seiner Zeit kennzeichnet. Schiller hält zwar an dem »Pathos des Machens« [Bloch] fest, mit dem in der Renaissance bereits die bürgerliche Aufhebung der Adelsherrschaft intendiert war, doch seine Überlegungen gelten dem Versuch, was mit dem Fortschritte der Gattung den Individuen angetan wurde, aufzuheben, ohne eben diesen Fortschritt zu gefährden. Es ist wohl kaum ein Zufall, daß in die Zeit der Konzeption dieser Gedanken Schillers Lektüre von Quintilians *Institutio oratoria* fällt, wie Karl Philipp Conz berichtet. [18] Quintilians Absicht ist die Ausbildung des vollkommenen Redners, des vir bonus, wie er bereits von Cicero beschrieben wurde, und dessen Einfluß auf das Renaissance-Ideal des uomo universale unverkennbar ist. Castigliones *Cortegiano* ist die Rekonstruktion dieses Ideals auf höfischer Ebene. Im Bildungsideal der ästhetischen Briefe sind die verschiedenen Einflüsse eine beinah ununterscheidbare Mischung eingegangen.

3.2. Vir bonus und bürgerliches Bildungsideal

> Dem prangenden, dem heitern Geist,
> Der die Notwendigkeit mit Grazie umzogen ...

Nach Überzeugung der antiken Rhetorik ist der Redner zuständig für alle nur denkbaren Fragen und Probleme des öffentlichen Lebens, der politischen und wissenschaftlichen Auseinandersetzung, des gesellschaftlichen Zusammenlebens, der individuellen Verhaltensweisen – die Anzahl seiner möglichen Redegegenstände ist unbegrenzt. Die dem Redner damit zugestandene Universalität der materia enthält als Forderung, daß er auch universal ausgebildet sein müsse. Die Rhetorik ist keine Einzelwissenschaft, sondern umgreift alle anderen Wissenschaften, einschließlich der Philosophie. Fehlt dem Redner die Kenntnis der wichtigen Gegenstände und Wissenschaften, so kann seine Rede keine angemessene Behandlung der jeweiligen causa garantieren. Rednerisches Können hat in der universalen Bildung seine Basis – eine Bildung, die nicht nur als wissenschaftliche verstanden wird, sondern ebenso die Vervollkommnung des Charakters einschließt: vollkommen kann ein Redner nur sein, wenn er auch sittlich den höchsten Maßstäben entspricht. Dieses ethische Moment wird unter dem Einfluß der platonischen Philosophie zum integrierenden Bestandteil des rhetorischen Selbstverständnisses, wie es sich im Idealbild des Redners als eines vir bonus niedergeschlagen hat. Nicht *überreden,* sondern von der Wahrheit der Sache *überzeugen* soll der Redner sein Publikum – eine Forderung, die nur dann realisiert werden kann, wenn der Redner nicht nur Meister oratorischer Kunst, sondern auch ein sittlich guter Mensch ist. So wendet sich Cicero auch energisch gegen die Trennung von Redner und Philosoph, die erst durch Sokrates entstanden sei.

> Mag man nun, wenn man will, den Philosophen, der uns den Reichtum der Sachen und der Rede lehrt, meinetwegen einen Redner oder, zieht man es vor, den Redner, der, wie ich sage, Weisheit und Beredsamkeit verbindet, einen Philosophen nennen, so habe ich nichts dagegen [...] fragen wir aber, was den Vorrang vor allem verdiene, so müssen wir dem kenntnisreichen Redner den Siegespreis reichen. [19]

Ohne Philosophie also kann der Redner nicht bestehen, weil er ohne sie weder die notwendige Kenntnis der Sachen noch auch die moralische Unterweisung recht erhalten könnte.

Besteht das Ziel des Redners nun darin, das Publikum mit Hilfe der drei officia oratoris von der Wahrheit seines Standpunkts zu überzeugen, so geschieht die Herstellung der Überzeugung auf dreifache Weise: durch die lehrhafte Argumentation (docere), durch unterhaltsam-erfreuende Darstellung (delectare) oder durch mitreißend-pathetischen Appell (movere). Mit der rhetorischen Doktrin von der parteiischen Vertretung der Wahrheit hängt ein Theorem eng zusammen, dessen Wirkungsgeschichte sich bis ins 19. Jahrhundert hinein verfolgen läßt: der Gemeinplatz rhetorischer Theorie, daß der Redner die Gefühle, die er vermitteln will, selbst empfinden muß. Damit im engen Zusammenhang stehen Schillers Erörterungen der Schönheit menschlicher Gestalt und Bewegungen, seine verstreuten Bemerkungen über den Schauspieler wie auch schließlich seine Beschreibungen des »guten Tons«.

Architektonische Schönheit (das glückliche Verhältnis der Glieder, zarte Haut, freier Wuchs, wohlklingende Stimme), schreibt er in der Abhandlung *Über Anmut und Würde,* verdankt der Mensch der Natur, sie ist »ein schöner Vortrag der Zwecke, welche die Natur mit dem Menschen beabsichtigt« (438). Ihr gegenüber (und höher zu bewerten als sie) steht die Schönheit der Gestalt unter dem Einfluß der Freiheit, die Schiller *Anmut* nennt: »Indem also die Person oder das freie Prinzipium im Menschen es auf sich nimmt, das Spiel der Erscheinungen zu bestimmen, und durch seine Zwischenkunft der Natur die Macht entzieht, die Schönheit ihres Werkes zu beschützen, so tritt es selbst an die Stelle der Natur und übernimmt [...] mit den Rechten derselben einen Teil ihrer Verpflichtungen« (445). Die anmutige Schönheit kann daher mit Fug

»ein *persönliches* Verdienst« ihres Urhebers genannt werden (446). Ist in dieser Unterteilung deutlich die rhetorische natura-ars-Doktrin gegenwärtig, so tritt Schiller nun bei der Erörterung der Anmut als jener Schönheit, die die Seele dem Körper gibt, ganz in jene rhetorisch-ästhetische Diskussion ein, die den Bereich der pronuntiatio oder actio beherrscht und der Überlegung gilt, wie der Redner seine Emotionen darzustellen habe.

In der Konzeption der beweglichen Schönheit, der Anmut, hebt Schiller die Trennung des Schönen von jedem teleologischen und moralischen Bestimmungsgrund auf, die er, Kant folgend, für die architektonische Schönheit als zwingend erachtet hatte. Schönheit der Anmut ist menschliche Schönheit, Schönheit, die der menschlichen Persönlichkeit gehört, deren Sittlichkeit sich in den vom Willen gelenkten, aber notwendigen Bewegungen seines Körpers ausdrückt, sie wird »nicht von der Natur gegeben, sondern von dem Subjekte selbst hervorgebracht« (437), ist daher ein »persönliches Verdienst« (446), ein »Vorrecht der Menschenbildung« (436). Ihr Ausdruck sind die sympathetischen Bewegungen, die eine moralische Empfindung unwillkürlicher- und daher notwendigerweise begleiten als Äußerung der Gesinnung.

Anmut zeigt sich als eine an der Person sich vollziehende, sinnlich erfahrbare Bewegung, die einer Veränderung im Gemüt als Ausdruck der Gesinnung entspricht. Der Zusammenhang von innerer und äußerer Bildung, von Schiller bereits in seiner zweiten Dissertation *Über den Zusammenhang der tierischen Natur des Menschen mit seiner geistigen* ausführlich diskutiert, ist ein Problem, das die Theoretiker der Zeit ausgesprochen intensiv beschäftigt. Lavaters physiognomische Fragmente sind der spektakulärste Versuch, das Wissen vom inneren Menschen durch die Anschauung zu begründen und er übte damit eine unglaubliche Wirkung auf seine Zeitgenossen aus – gleichwohl faßt er nur mit seinen Mitteln eine sehr viel ältere Tradition zusammen.

Schillers Konzeption der Persönlichkeit als eines harmonischen Ganzen umfaßt auch das gesellschaftliche Verhalten des Menschen, seine *Erscheinung* im weitesten Sinne. Dem Persönlichkeitsideal der Anmut muß in der Wirklichkeit auch ein entsprechendes Verhalten korrespondieren wie umgekehrt der äußeren Darstellung des Menschen seine »sittliche Fertigkeit« (459) entsprechen muß. Die Forderung nach der Einheit von innerer und äußerer Bildung nimmt die Kritik an der bloß äußerlichen höfisch-galanten Lebensauffassung auf, die schon die moralischen Wochenschriften bestimmt hatte und führt gleichzeitig eine Diskussion fort, die wesentlich wieder unter dem Einfluß der Rhetorik und der von ihr entwickelten Theorie der körperlichen Beredsamkeit entstanden war. Gerade von der ›Aufführung‹ einer Rede hängt deren Wirkung entscheidend ab: der Redner hat die Glaubwürdigkeit der von ihm vertretenen

Sache nicht nur argumentativ, sondern auch durch seine Persönlichkeit zu erweisen. Die menschlich-personhafte Glaubwürdigkeit, die seinem Parteistandpunkt Ansehen und Gewicht verleiht, offenbart sich im ethos des Redners, in der Art und Weise, wie sich in seinen Gesten, Gebärden, im Mienenspiel seines Gesichts, in der Haltung seines Körpers, im Klang seiner Stimme und im Ausdruck der Augen sein Charakter vorstellt. Identität von äußerem Vortrag des Charakters und innerer Überzeugung, von Rolle und Persönlichkeit, ist so die unerläßliche Voraussetzung für die Wirkung der Rede. Das Publikum glaubt nur dem Redner, der selber überzeugt ist von der Wahrheit seiner Rede, und eine ungeschickte Darstellung dieser Überzeugung (die beabsichtigte Nichtübereinstimmung von Rolle und Charakter schließt die Konzeption des perfuctus orator als vir bonus aus) gefährdet die virtus des äußeren aptum.

Solche Bestimmungen erweitern die Redelehre schon ausdrücklich zu einer Anweisung zum richtigen, angemessenen gesellschaftlichen Verhalten und bereiten ein Erbe vor, wie es beispielhaft Castiglione angetreten hat. Seine Definition der Anmut als derjenigen Verhaltensweise, welche »die Kunst verbirgt und bezeigt, daß das, was man tut oder sagt, anscheinend mühelos und ohne Nachdenken zustande gekommen ist« [20], überträgt die rhetorische Vorstellung schließlich völlig auf ein Ideal gesellschaftlicher Verhaltensweise, demzufolge Anmut, Freundlichkeit, Gefälligkeit als persönliche Eigenschaften ihre Träger auszeichnet und ihnen die gesellschaftliche Wirkung sichert. Bis ins 18. Jahrhundert behielt die Doktrin der Identität von Rolle und Person auch für den Schauspieler seine Gültigkeit [21], und es ist bezeichnend, daß auch Schiller die schauspielerische Darstellung als Beispiel benutzt, um eine schöne Nachahmung von einer unschönen zu unterscheiden: »Wenn Ekhof oder Schröder den Hamlet spielten, so verhielten sich ihre *Personen* zu ihrer *Rolle* wie der Stoff zur Form, wie der Körper zur Idee, wie die Wirklichkeit zur Erscheinung. Ekhof war gleichsam der Marmor, aus dem sein Genie einen Hamlet formte und weil seine [des Schauspielers] Person in der künstlichen Person Hamlets völlig unterging [...] weil alles an ihm bloß Form [bloß Hamlet] war, so sagt man, er spielte schön« (430).

Wenn auch die Scheinhaftigkeit des Hoflebens Castigliones Bildungsideal als illusionär überführte, so machte dieses selber die Diskrepanz zwischen Anspruch und Wirklichkeit erst sichtbar. Die Auffassung von Leichtigkeit und ungekünstelter Grazie als der humanen Form gesellschaftlicher Vermittlung wurde gerade von den Kritikern des höfischen Rollenspiels weitertragen und konnte in Verbindung mit dem, was Cicero und Quintilian initiiert hatten, wieder zum Moment eines Bildungsideals werden, das nicht nur rigoros die einwandfreie sittliche Lebensführung verlangt, sondern auch das äußere Verhältnis der Individuen zueinander als frei und natürlich konstituieren will. Harmonie im körperlichen und sprachlichen Ausdruck der Affekte mit dem sittlichen Gefühl ist für Schiller das Ideal der »Bewegung«, als vollkommenste Darstellung der Anmut entspricht ihm nur die schöne Seele. »In einer schönen Seele ist es also, wo Sinnlichkeit und Vernunft, Pflicht und Neigung harmonieren, und Grazie ist ihr Ausdruck in der Erscheinung« (468 f.).

Die sozusagen adlige Abstammung der schönen Seele wird noch deutlicher, verfolgt man, welchen Gebrauch Schiller in seinen Schriften außerhalb der theoretischen Abhandlungen davon macht. Im Fragment *Der Geisterseher,* dessen Schauplatz weitgehend als höfisch charakterisiert werden kann, kommt Schiller den im Buch vom Hofmann vorgetragenen Ansichten und Beschreibungen fast bis auf die Formulierung nahe. Es heißt dort von dem pantomimischen Tanz junger Knaben und Mädchen: »Leichtigkeit und Grazie beseelten jede Bewegung« (55). Charakteristisch die Koppelung von »Leichtigkeit« und »Grazie«. Die erste ist die Bedingung der Möglichkeit der zweiten – weshalb auch Castiglione eine gewisse »sprezzatura« [Lässigkeit] vom Hofmann als Voraussetzung der Grazie verlangt hatte. Gracian formuliert später ähnlich: »despejo«, Unbefangenheit, Ungeniertheit als Bedingung eines anmutigen Verhaltens. Ihr entspricht die »Leichtigkeit« bei Schiller, die er auch in »Über Anmut und Würde« als den »Hauptcharakter der Grazie« (461) pointiert. Besonders kennzeichnend für die höfische Prägung der Anmut und ihre Nähe zum Schillerschen Begriff ist die Beschreibung des Marchese von Civitella im *Geisterseher:* »Denken Sie sich die bezauberndste Figur, mit Würde und Anmut getragen, ein Gesicht voll Geist und Seele, eine offne einladende Miene, einen einschmeichelnden Ton der Stimme, die fließendste Beredsamkeit, die blühendste Jugend mit allen Grazien der feinsten Erziehung vereinigt« (120). Hier und im folgenden finden sich fast sämtliche Merkmale, die Castiglione als solche des vollendeten Hofmanns beschrieben hatte: »[...] Frohherzigkeit, Wohlwollen, Wärme des Gefühls.« Begabt mit einer Liebenswürdigkeit, »der kein Mensch widerstehen kann« (120), bietet der Marchese das Bild eines vollkommenen Edelmanns. – Solche Beschreibungen zeigen eine intime Kenntnis der höfischen Kultur, ihrer Ideale und Gesellschaftsformen an.

Wenn Schiller den Ausdruck der Anmut von der Moralität der Person, ihrer Gesinnung abhängig macht, wenn er in einer Anmerkung schreibt, daß der Schauspieler zwar Leidenschaften vorspielen darf, auch wenn er »ein Mensch von sanftem Charakter ist« (452), ohne dadurch an Bewunderung oder Achtung zu verlieren, daß aber die Anmut der Darstellung ihm als Charakter natürlich sein muß, so zeigt sich, daß diese ganze Deduktion der Anmut *strukturell* bereits von der Rhetorik geleistet war. »Indem eine Person spricht, sehen wir zugleich ihre Blikke, ihre Gesichtszüge, ihre Hände, ja oft den ganzen Körper *mitsprechen,* und der *mimische* Teil der Unterhaltung wird nicht selten für den beredtsten geachtet« (448). Seinem Ursprung nach ist der mit ethos bezeichnete sanfte Affekt nach außen gerichtet, gehört er zur Strategie der Überzeugungsherstellung, ja sogar zur Taktik der politisch-ideologischen Auseinandersetzung vor der Volksversammlung. Auch hier allerdings ist er begründet im Charakter des Redners, in seiner Gesinnung, die sich als ethos in seiner ganzen Erscheinung darstellt; er bezeichnet, so kann man sagen, die charismatische Überzeugungskraft eines großen Einzelnen, der sich als Repräsentant einer Sache, einer Partei versteht. Dort, wo Anmut dann nur noch die besonders formgerecht-leichte Art und Weise des gesellschaftlichen Umgangs bezeichnet, wie in der höfischen Kultur, als deren Beispiel uns der Cortegiano des Castiglione dient, zeigt sich dieser *Repräsentationscharakter* besonders deutlich: auf der einen Seite zeichnet Anmut die einzelne Person aus, deren Liebenswürdigkeit Erfolg verspricht, auf der anderen aber ist sie der Ausweis einer Klasse, dessen Besitz den Zutritt in eine geschlossene Gesellschaft freigibt – gerade dadurch aber garantiert er umgekehrt deren Status. Als notwendige Folge ergibt sich die höfische Formalisierung des als anmutig Bezeichneten: es verkommt zum Gefälligen um jeden Preis – gerade um den der Gesinnung. Anmut wird zur Maske und leeren Floskel, und es bedurfte einer besonderen Anstrengung, um das wieder zu aktivieren, was, trotz aller Verkehrung, an ungenutzten und damit auch unverbrauchten Möglichkeiten in diesem Begriff verborgen lag.

Schillers Konzeption der Anmut und sein Persönlichkeitsideal der schönen Seele reflektieren die Auseinandersetzung zwischen Adel und Bürgertum, die im Deutschland des 18. Jahrhunderts als Konflikt der Persönlichkeit verinnerlicht wurde, sie richtet sich gerade gegen den höfisch depravierten, auf Etikette und formal-äußerliche Verhaltensweisen reduzierten Zuchtmenschen. Die schöne Seele ist der sublimierte Ausdruck des in seinen politisch-sozialen Erwartungen enttäuschten Bürgertums, das zur Verinnerlichung seiner Ansprüche gezwungen ist und seine Klassenzugehörigkeit als Schranke vor der politischen Macht empfindet. Daraus resultiert auf der einen Seite die Feindschaft gegenüber dem heruntergekommenen Adel, auf der anderen Seite aber die Versuche zur Assimilation von Aristokratie und Bürgertum. Beide Aspekte dieses gesellschaftlichen Konflikts sind in Schillers Konzeption der »schönen Seele« erkennbar. In ihr kristallisieren sich die Sublimationsformen, die das Bürgertum infolge seiner erzwungenen politischen Trägheit ausbildete.

Schillers ästhetische Erziehung geht von der Überzeugung aus, daß, um die politischen Probleme seiner Zeit praktisch, in der Erfahrung zu lösen, es notwendig sei, zuerst im ästhetischen Bereich sich auszubilden, »weil es die Schönheit ist, durch welche man zu der Freiheit wandert« (573). Seine Absicht besteht also nicht darin, »die politische Erziehung zu einer Angelegenheit der Ästhetik zu machen«, ein Unternehmen, dem Brecht zu Recht Aussichtslosigkeit attestiert [22], und Schiller grenzt seine Intention in den ersten Briefen über die ästhetische Erziehung des Menschen scharf von all den Ereignissen ab, die den politischen Schauplatz seiner Zeit bestimmen, und die ihm allesamt als Zeichen einer Krise der bürgerlichen Gesellschaft erscheinen, nicht aber als deren Überwindung. Zur Stützung seiner These untersucht Schiller zunächst die Ursachen dieser Krise, die sich ihm als Herrschaft des Bedürfnisses und des Nutzens, als Verwilderung der niederen und zahlreichern Klassen und als barbarische Depravation des Charakters in den zivilisierten Klassen darstellen. Auf doppelte Weise ist so der Mensch sich selber entgegengesetzt und Vereinigung dieser beiden Extreme menschlichen Zerfalls in einem Zeitraum macht den spezifischen Charakter der Krise aus. Deren Ursachen aufzudecken bedient sich Schiller der kritischen Methode des Vergleichs eines schlechten Zustands mit einem glücklichen, dessen sich die politisch-philosophische Literatur seit Platon bedient. Dabei spielt es keine Rolle, ob diese Maßstab setzende Gegenwelt utopisch konstruiert oder als in der Vergangenheit bestanden behauptet wird. Für Schiller ist diese paradigmatische Welt die der Griechen: »Damals, bei jenem schönen Erwachen der Geisteskräfte, hatten die Sinne und der Geist noch kein strenge geschiedenes Eigentum; denn noch hatte kein Zwiespalt sie gereizt, miteinander feindselig abzuteilen und ihre Markung zu bestimmen« (582). Die Rousseau entlehnte Terminologie (Ursache der Ungleichheit unter den Menschen) verrät den politischen Inhalt der Analyse. Erst durch die Trennung des Ganzen und die Überführung der so entstandenen Teile in das Eigentum einzelner entstand die Voraussetzung für jene unglückliche Vereinzelung, die Schiller als Stigma seines Zeitalters betrachtet, für die Entzweiung der ehemals harmonisch vereinten Kräfte. Immer wieder bricht bei Schiller durch die idealistische Hülle die Einsicht in gesellschaftliche Ursachen der Krise, die aus der Zersplitterung der Individuen und der Desintegration der verschiedenen menschlichen Vermögen im einzelnen Individuum selber besteht. »Ewig nur an ein einzelnes kleines Bruchstück des Ganzen gefesselt, bildet sich der Mensch selbst nur als Bruchstück aus, ewig nur das eintönige Geräusch des Rades, das er umtreibt, im Ohre, entwickelt er nie die Harmonie seines Wesens« (584). Für Schiller steht fest, daß die Wiederherstellung menschlicher Totalität weder von dem derart ausgebildeten Individuum noch auch von der Gesellschaft insgesamt zu erwarten ist, die sich eben jene staatliche Form gegeben hat, welche die Ursache des Übels darstellt. Auch der Staat, »wie ihn die Vernunft in der Idee sich aufgibt« (588) kann keine Wendung zum Besseren bringen, denn er verlangte als Begründung eine bessere Menschheit, die vom bestehenden Staat gerade verhindert wird. Eine weitere Erschwerung hatte Schiller schon im 3. Brief zu bedenken gegeben: daß nämlich »um der Würde des Menschen willen seine Existenz nicht in Gefahr geraten darf« (575), eine Gefahr, welche die Zerstörung der Gesellschaft mit sich führt, wobei schon sicher scheint (diesem Nachweis gilt die referierte Argumentation), daß das bloß mögliche Ideal von Gesellschaft auf diesem Wege nicht zu verwirklichen ist. Das Dilemma, in das Schiller durch diese Überlegungen gelangt, provoziert den Entwurf einer ästhetischen Erziehung in politischer Absicht. Daß die durch Kunst bewirkte Wiederherstellung menschlicher Totalität als Voraussetzung einer politisch gesellschaftlichen Veränderung des Bestehenden allerdings nicht Ergebnis erschütterungslosen Umdenkens sein wird, daran läßt Schiller keinen Zweifel: der Zusammenhang dieses Prozesses mit der französischen Revolution wird sprachlich manifest: der 8. Brief liest sich über weite Strecken wie eine Rechtfertigung jenes Geschehens, das ihm immer noch »der freigebige Augenblick« (580) oder in der Formulierung der Xenien: die große Epoche, der große Moment (I, 260) ist. Die Vernunft wird zwar nicht selber am Kampf teilnehmen, aber einen würdigen Streiter wählen, der mit göttlichen Waffen und »durch seine siegende Kraft die große Entscheidung« (591) bewirkt. Für Schiller ist dieses Werkzeug die schöne Kunst, weil sie allein sich »von aller politischen Verderbnis rein und lauter erhalten« (393) und damit über die Veredlung des Charakters auch eine Verbesserung im Politischen erreichen kann. Insofern der Künstler der einzige ist, der dieses Werkzeug zu bedienen versteht, kommt ihm die hervorragendste Stellung zu. Nicht um sein Jahrhundert »mit seiner Erscheinung zu erfreuen« ist er »unter fernem griechischen Himmel« zum Manne gereift, sondern als fremde Gestalt kehrt er zurück, »furchtbar wie Agamemnons Sohn, um es zu reinigen« (593). Dergestalt beschreibt Schiller metaphorisch die Aufgabe des Künstlers als eine umwälzende, apokalyptische. Der Künstler soll der Welt, auf die er wirkt, die Richtung zum Guten geben, ohne sich aber in die bedenkliche Gesellschaft seiner Zeitgenossen einzulassen: »Denke sie dir, wie sie sein sollten, wenn du auf sie zu wirken hast, aber denke sie dir, wie sie sind, wenn du für sie zu handeln versuchst wirst« (596). Schillers Auffassung vom Künstler läßt sich leicht entziffern als die Wiederaufnahme und militante Verschärfung des rhetorisch-humanistischen Ideals der Menschenbildung, wie es von Cicero und Quintilian vorbildhaft im vir bonus gedacht wurde. Dessen allseitige Erziehung und einwandfreie Charakterbildung wird schon bei Quintilian durch eine frühzeitige Isolierung von seiner Umgebung und durch den Eintritt des Kindes in die Rhetorenschule gewährleistet. Nur so kann verhindert werden, daß die fachtechnische Unterweisung später zum Mißbrauch der Redekunst verführt und an die Stelle der Überzeugungsherstellung die Überredung des Publikums tritt. Die Überzeugung, daß die Rhetorik als Muster »besonders den menschlichen Charakter bilde, das künstlerische Gewissen wecke und schärfe« [23], daß die rhetorische Erziehung erst den Menschen zur Verwirklichung aller seiner Anlagen führe und der Rhetor daher als der vorbildliche Mensch überhaupt zu gelten habe, hat zusammen mit dem Wirkungsaspekt rhetorischer Kunstäußerung überhaupt jene so weitreichende Vorstellung »von der die menschliche Gesellschaft begründenden und erhaltenden Macht der Rede« [24] erzeugt, wie wir sie in zeitgemäßer terminologischer Verkleidung noch in Schillers ästhetischen Schriften wiederfinden. Ablesbar selbst noch an jener Kategorie der »Veredlung«, die den Prozeß der Charakterbildung bezeichnen soll und auf das humanistische Hofmannsideal des Cortegiano verweist. Während aber Castiglione den vollkommenen Hofmann lediglich im geborenen Edelmann verwirklichbar findet, eine »Veredlung« von Menschen niedriger Herkunft nicht möglich erscheint (und herrschten auch bei ihnen dieselben Tugenden wie bei den Adligen), so bedeutet für Schiller Veredlung das tätige Erwerben eines hohen Grades von geistiger, sittlicher und künstlerischer Vollkommenheit. Veredlung bedeutet den Prozeß der Annäherung an das Ideal vollkommener Menschlichkeit und steht also mit der höfischen Adelsvorstellung nur insofern in einer Beziehung, als es auch bei Schiller zunächst Zeichen eines auserlesenen Charakters ist: des Dichters. Doch auf diesen allein beschränkt es sich nicht. Der Dichter soll die ganze Menschheit »von allen zufälligen Schranken befreien« (767) und sie damit zu der Höhe der Vollendung heraufführen, die er selber bereits erreicht hat.

Daß eine solche Veredlung durch Schönheit zu erreichen sei, obwohl doch die Erfahrung ein eher gegenteiliges Zeugnis ablegt, versucht Schiller vom 11. Brief an zu erweisen. Über die an Fichte und Kant anknüpfende Erörterung der beiden den Menschen bestimmenden »Triebe«, »Formtrieb« und »Stofftrieb«, befindet sich Schiller bei dem Entwurf einer Spielkultur, die auf dem harmonischen Wechsel, dem Gleichgewicht der beiden, den Menschen jeweils einseitig anspannend bestimmenden Kräfte beruht, bereits wieder in der europäischen Diskussion, die in Kant ihren einseitigen Abschluß gefunden hatte. Schiller entdeckt den »vorkritischen« Geschmacksbegriff wieder und findet in ihm alle die Eigenschaften versammelt, die er dem ästhetischen Zustand zuschreibt.

3.3. *Geschmack und Geselligkeit*

> Und ungesellig, rauh wie er,
> [...]
> – So stand die Schöpfung vor dem Wilden.

Wenn im ästhetischen Urteil die ganze Natur, also auch der Mensch, als Darstellung von freien, ihr eigenes Leben und Gesetz erfüllenden Wesen erscheint, das Kunstwerk also den Vorschein menschlicher Wahrheit als einen ästhetischen Zustand entwirft, so muß dieser ästhetische Zustand auch das pädagogische Endziel einer Erziehung sein, die die Vervollkommnung und Veredlung des Menschen als ihre Aufgabe begreift. In der europäischen Geschmacksdiskussion, die weitgehend unter dem Anstoß und der Ägide Gracians geführt wurde, bezeichnete der Begriff nicht lediglich ein Unterscheidungsvermögen geistig-ästhetischer Art, sondern »ein allgemeines Kulturelement [...], kein nebensächliches, sondern [...] die Wurzel aller, ja [...] die treibende Kraft der gesamten Kultur« [25]. Die Auffassung von der kulturstiftenden Wirkung des Geschmacks, der allein »Harmonie in die Gesellschaft (bringt), weil er Harmonie in den Individuen stiftet« (667), konstituiert Schillers Humanitätsideal. Geschmack bezeichnete schon für Gracian das Zusammenstimmen von Natur und Kunst, die künstlerische Veredlung, Vervollkommnung der Natur, ohne daß Künstlichkeit entsteht, die vielmehr selber wieder als Natur erscheinen soll. [26] Schillers Aufnahme dieses Geschmacksbegriffs ist Zeichen seines Protestes gegen eine Kultur, welche die Vereinzelung, Zerstückelung und Entfremdung des Menschen bewirkt. Wie »das Reich des Geschmacks ein Reich der Freiheit« (424 f.), so ist auch der freie, seine sinnlichen und geistigen Kräfte harmonisch vereinigende Mensch ein Produkt des Geschmacks, vielmehr: Produkt eines Erziehungsprozesses durch Geschmack, der auch das soziale Wesen des Menschen ›kultiviert‹.

> Der Geschmack befördert nicht nur unsre Glückseligkeit, sondern *zivilisiert* und *kultiviert* uns auch. Der Mensch darf nicht ganz allein genießen, sondern muß auch bedacht sein, seine Vergnügen mitzuteilen ... *Allgemeine Mitteilbarkeit* seiner Empfindungen muß sich der Mensch zum Gesetz machen. In dem Vermögen, diese Eigenschaft zu äußern [...] zeigt sich der Geschmack. (1021)

Wie sich Schiller schon in den ästhetischen Vorlesungen mit einer möglichen »Frivolität des Geschmacks« (1022) auseinandersetzt, so erörtert er auch, ungleich ausführlicher, im 10. Brief über die ästhetische Erziehung die Einwände, die sich gegen eine Geschmackserziehung vorbringen lassen. Die »Reize des Schönen«, räsonniert er, »können in guten Händen zu löblichen Zwecken wirken, aber es widerspricht ihrem Wesen nicht, in schlimmen Händen gerade das Gegenteil zu tun und ihre seelenfesselnde Kraft für Irrtum und Unrecht zu verwenden. Eben deswegen, weil der Geschmack nur die Form und nie den Inhalt achtet, so gibt er dem Gemüt zuletzt die gefährliche Richtung, alle Realität überhaupt zu vernachlässigen und einer reizenden Einkleidung Wahrheit und Sittlichkeit aufzuopfern« (598). Schiller bringt hier die traditionellen Einwände vor, die von den Philosophen (vor allem von Platon) gegen die Rhetorik und deren Anspruch, die Jugend zu erziehen, gerichtet waren und die von den bürgerlichen Intellektuellen des 18. Jahrhunderts wieder aufgegriffen wurden als Instrument der polemischen Auseinandersetzung mit der höfischen Geschmackskultur. Und wenn Schiller die dafür bezeichnenden Beispiele in der »vergangenen Welt« Athens und Spartas aufsucht, so gilt die Feststellung, »daß Geschmack und Freiheit«, wohin immer man blickt, »einander fliehen« (599) in ihrer Allgemeinheit auch der unmittelbaren Vergangenheit und seiner eigenen Gegenwart. »Aber vielleicht ist die *Erfahrung* der Richterstuhl nicht, vor welchem sich eine Frage wie diese ausmachen läßt«, schließt er vorläufig seine Erörterung, um sich der Aufgabe zuzuwenden, die Schönheit »als eine notwendige Bedingung der Menschheit« aufzuzeigen (600).

Schillers Auffassung vom Menschen als einem Wesen, das durch zwei einander entgegengesetzte Triebe, den Form- und den Stofftrieb, bestimmt wird, versucht auf anthropologischem Wege die Ursachen für die in der Erfahrung vorfindbaren Deformationen des Menschen zu bestimmen. Auch seine Lösung, den Antagonismus von Form- und Stofftrieb, der zu einer wechselseitigen Unterordnung des einen unter den anderen führt, aufzuheben in einem Zustand des wechselseitigen Ineinanderspielens beider Triebe (der Spieltrieb als Resultante dieses Vorgangs), bleibt eine anthropologische Konstruktion, die auf eine Veränderung der vereinzelten Einzelnen durch Schönheit abzielt, um sie auf diesem Wege erst fähig zu einer vom Geschmack bestimmten Gesellschaftlichkeit/Geselligkeit zu machen. Die Harmonie sämtlicher Gemütskräfte wird erst dann Ereignis im Spiel als der gemeinschaftlichen, harmonischen Wechselwirkung von Form- und Stofftrieb, wenn deren gemeinsames Objekt die Schönheit ist. Daraus folgt für die pädagogische Absicht: »So gibt es eine Erziehung zur Gesundheit, eine Erziehung zur Einsicht, eine Erziehung zur Sittlichkeit, eine Erziehung zum Geschmack und zur Schönheit. Diese letztere hat zur Absicht, das ganze unserer sinnlichen und geistigen Kräfte in möglichster Harmonie auszubilden« (634).

Wie seit Gracian der Geschmack das Zeichen des vollendet gebildeten Mannes, des Hombre universal ist, der »aus sich gemacht hat, was zu machen war« [27] und jene Vollkommenheit erreicht hat, die sich als die Totalität seines Charakters darstellt, so entwickelt auch Schiller das Ideal der allseitig, zwanglos entwickelten Individualität als ein ästhetisches, an die Person gebundenes. Die Ähnlichkeit beider verweist auf die gemeinsame Wurzel in der rhetorisch-humanistischen Bildung. Schillers Spielbegriff, die anthropologische Fassung des Geschmacks, basiert auf dem ethos der Rhetorik. Der Zustand, in dem allein der Mensch ganz Mensch sein kann, ist charakterisiert durch Zwanglosigkeit, Widerspruchslosigkeit, durch einen Ausgleich von Vernunft und Sinnlichkeit, durch Leichtigkeit – Attribute, mit denen die Rhetorik die durch Charakterdarstellung (ethos) erzielten Emotionen beschreibt. Gewiß gehört das delectare (conciliare qua Charakterdarstellung) der klassischen Rhetorik zur *emotionalen* Wirkungsart, doch im Gegensatz zum movere fehlt es ihm an eindeutigen Bestimmungen. Die Pathoserregung zielt ganz auf die heftige Überwältigung des Publikums, in ihr manifestiert sich der leidenschaftliche Wille des Redners mit größtem Nachdruck. Wogegen das delectare als ein gewisser Gegensatz dazu empfunden wird, der andererseits doch wieder in einer schwer zu unterscheidenden Ähnlichkeit aufgeht. Da die Rede ein dauerndes Beschwichtigen und Aufwiegeln, ein wechselweises Steigern und Beruhigen der Affekte verlangt, fällt dem delectare die *beschwichtigende Funktion* zu, seine Aufgabe ist »eine Temperierung und Erzielung eines emotionalen Gleichgewichtszustandes« [28]. Da es andererseits meist den intellektuellen Teil der Rede vor der Gefahr des taedium bewahren soll und so das docere im allgemeinen begleitet, nimmt es eine Art von Mittlerstellung ein: es beschwingt die heftige Spannung der Leidenschaftserregung und gibt der Beweisführung ein gefällig-einnehmendes Aussehen. Sofern sich also das delectatio-erregende ethos überhaupt eindeutig bestimmen läßt, so nur von der zunächst formalen Zwischenposition aus, die es in dem rhetorischen Dispositionsschema einnimmt. Diese aber bedeutet im Hinblick auf die Wirkung: das ethos stellt im Zuhörer eine Art von Gleichgewichtszustand her, der nicht wertneutral ist, sondern gerade im Gegensatz zu der anspannenden Wirkung des movere (Anspannung der Affekte) wie des docere (Anspannung der Verstandeskräfte) als angenehm empfunden wird und für den Redner und die von ihm vertretene Sache einnimmt. So ist an dieser Stelle eine merkwürdige Offenheit in dem sonst recht geschlossenen systematisierten Wirkungsschema der Rhetorik. In seinem Inhalt unbestimmt, in der Richtung, die damit angegeben ist, eindeutig, ist das rhetorische ethos daher besonders tauglich für Erweiterungen – eine solche hat Dockhorn bereits angedeutet, wenn er auf die Humanismusdiskussion verweist, eine andere ist Schillers Spielbegriff.

Die Entdeckung des Geschmacks als Grund der Menschlichkeit führt Schiller wie selbstverständlich an den Anfang der europäischen Geschmacksdiskussion zurück. Gebildet im weitesten Sinne nannte Gracian denjenigen Menschen, dem die »Vergeistigung seiner Animalität zur zweiten Natur« gelungen war [29], und eben diese Veredlung des physischen Menschen ist für Schiller Ergebnis einer durch Schönheit erreichten ästhetischen Gemütsstimmung, welche »die Selbsttätigkeit der Vernunft schon auf dem Felde der Sinnlichkeit eröffnet« (642), so daß der geistige Mensch sich nach Gesetzen der Freiheit aus dem physischen bloß zu entwickeln braucht. »Es gehört also zu den wichtigsten Aufgaben der Kultur, den Menschen auch schon in seinem bloß physischen Leben der Form zu unterwerfen und ihn, soweit das Reich der Schönheit nur immer reichen kann, ästhetisch zu machen, weil nur aus dem ästhetischen, nicht aber aus dem physischen Zustand der moralische sich entwickeln kann« (643).

3.4. Erhabener Stil und erhabener Charakter

> Der Menschheit Würde ist in eure Hand gegeben,
> Bewahret sie!

Die der Schönheit zu verdankende harmonische Wechselwirkung der beiden entgegengesetzten Triebe wird von Schiller deutlich als Ideal gekennzeichnet, das in der Wirklichkeit nie ganz erreicht werden kann. Für die ästhetische Erziehung folgt aus dieser Tatsache, daß sich ihr Theoretiker mit den wirklichen, empirisch erfahrbaren Wirkungen des Schönen, mit dem, was durch Schönheit real erreichbar ist, zu beschäftigen hat, um doch eine größtmögliche Annäherung an das Ideal zu verwirklichen. Als auflösend bezeichnet Schiller die Wirkung des Schönen, wenn die Schönheit den Menschen im Spiel von der einseitigen Spannung des Stofftriebs oder des Formtriebs befreit, anspannend nennt er sie dagegen, wenn sie der Erschlaffung dieser Triebe entgegenwirkt. Die eine ist somit die schmelzende, die andere die energische Schönheit. Schiller kehrt an dieser Stelle seiner Argumentation an den Anfang der Briefe zurück, als er die beiden Extreme zeitgenössischer Verderbtheit beschrieb – in der energischen und in der schmelzenden Schönheit ist ihnen ein Pendant in der ästhetischen Welt erstanden:

> Für den Menschen unter dem Zwange entweder der Materie oder der Formen ist also die schmelzende Schönheit Bedürfnis, denn von Größe und Kraft ist er längst gerührt, ehe er für Harmonie und Grazie anfängt empfindlich zu werden. Für den Menschen unter der Indulgenz des Geschmacks ist die energische Schönheit Bedürfnis, denn nur allzugern verscherzt er im Stand der Verfeinerung eine Kraft, die er aus dem Stand der Wildheit herüberbrachte (621).

Schiller gibt mit Recht die Nomenklatur »schmelzende und energische Schönheit« im Laufe seiner Erörterung wieder auf, sie wird ersetzt durch die traditionelle des Schönen und Erhabenen, wobei letztere erst in dem Aufsatz *Über das Erhabene* in dem ihr zukommenden Wert für die ästhetische Erziehung ausführlich diskutiert wird: »Ohne das Schöne würde zwischen unsrer Naturbestimmung und unserer Vernunftbestimmung ein immerwährender Streit sein [...] Ohne das Erhabene würde uns die Schönheit unsrer Würde vergessen machen [...] Nur wenn das Erhabene mit dem Schönen sich gattet und unsre Empfänglichkeit für beides in gleichem Maß ausgebildet worden ist, sind wir vollendete Bürger der Natur, ohne deswegen ihre Sklaven zu sein und ohne unser Bürgerrecht der intelligiblen Welt zu verscherzen« (807). Die Diskussion um das Schöne und Erhabene im 18. Jahrhundert reflektiert auf ästhetischer Ebene Opposition und Aspiration des aufstrebenden Bürgertums in einer das wachsende Selbstbewußtsein trefflich charakterisierenden Umwälzung der ihnen ehemals zukommenden sozialen Beziehungen. Der Bürger reklamiert das Erhabene als den ihm und seinem Wollen angemessenen Ausdruck, als Ausdruck seiner gesellschaftlichen Bedeutung, während das Schöne, häufig als Bloß-Schönes deutlich minder bewertet, eher Ausdruck der überkommenen, zur Ablösung ausstehenden Kultur des Adels ist.

> Das Erhabene verschafft uns also einen Ausgang aus der sinnlichen Welt, worin uns das Schöne gern immer gefangen halten möchte. Nicht allmählich (*denn es gibt von der Abhängigkeit keinen Übergang zur Freiheit*), sondern *plötzlich und durch eine Erschütterung* [30] reißt es den selbständigen Geist aus dem Netze los, womit die verfeinerte Sinnlichkeit ihn umstrickte, und das um so fester bindet, je durchsichtiger es gesponnen ist. Wenn sie durch den unmerklichen Einfluß eines weichlichen Geschmacks auch noch so viel über die Menschen gewonnen hat [...] so ist oft eine einzige erhabene Rührung genug, dieses Gewebe des Betruges zu zerreißen (799).

Der erhabene Charakter ist der Charakter des revolutionären Bürgers, der sich scharf von der »Erschlaffung eines ununterbrochenen Genusses« distanziert, ihm gegenüber seine Würde behauptet und erst in einem dritten Schritt die Synthese von Schönem und Erhabenem als harmonischen Endzustand antizipiert, in dem »vollendete Bürger der Natur« (807) möglich sind. Der zeitgemäßen Bildung der Kategorien an den Kampf des Bürgertums um seine Emanzipation entspricht auch ihre ›historische‹ Einordnung: »denn die Schönheit ist unsre Wärterin im kindischen Alter und soll uns ja aus dem rohen Naturzustand zur Verfeinerung führen« (800). Diese Verfeinerung und Kultivierung unserer Empfindungsfähigkeit durch das Schöne muß später durch die Entwicklung der »Empfindungsfähigkeit für das Große und Erhabene aus der Vernunft« (800) ergänzt werden, denn »der Mensch hat noch ein Bedürfnis mehr, als zu leben und sich wohl sein zu lassen, und auch noch eine andere Bestimmung, als die Erscheinungen um ihn herum zu begreifen« (802). Eben diese andere Bestimmung gibt sich mit dem »regulären Wirtschaftsgarten« nicht zufrieden, sie eröffnet dem »begeisterungsfähigen Gemüt, selbst in der bedenklichen Anarchie der moralischen Welt, die Quelle eines ganz eignen Vergnügens« (802): »Die Freiheit in allen ihren moralischen Widersprüchen und physischen Übeln ist für edle Gemüter ein unendlich interessanteres Schauspiel als Wohlstand und Ordnung ohne Freiheit, wo die Schafe geduldig dem Hirten folgen und der selbstherrschende Wille sich zum dienstbaren Glied eines Uhrwerks herabsetzt« (803). Die wohl kaum vor 1794 entstandene Abhandlung *Über das Erhabene* liest sich streckenweise wie eine Rechtfertigung der Revolution auch noch nach der von Schiller sonst als Justizmord gewerteten Hinrichtung Ludwigs XVI und läßt die vorsichtige Anfrage Frau von Steins an Charlotte Schiller, ob ihr Mann denn nun nicht mehr darüber entsetzt sei, wenn sie den Nationalkonvent als Räuber kennzeichne, in einem anderen Licht erscheinen. [31] Wir haben in dieser Schrift die kaum verhüllte Auseinandersetzung Schillers mit der französischen Revolution, eine ausführliche Diskussion der Standpunkte, die überraschenderweise nicht zur Verurteilung des revolutionären Geschesen führt, sondern es gründsätzlich bejaht: »so gefällig die Natur in ihrem *organischen Reich* sich nach den regulativen Grundsätzen der Beurteilung richtet oder zu richten scheint, so unbändig reißt sie im Reich der Freiheit den Zügel ab, woran der Spekulationsgeist sie gern gefangen führen möchte« (804). Und Schiller diskutiert und verteidigt auch die Folgerungen, die derjenige zieht, der mit der physischen Welt nicht auf Kosten der moralischen in Einvernehmen stehen will, sich daher in die »heilige Freiheit der Geister« flüchtet und gestärkt dann sogar imstande ist, »das wirkliche Leiden in eine erhabene Rührung aufzulösen« (805). Schillers Auseinandersetzung mit der französischen Revolution führt nicht zur Preisgabe ihrer Ziele, nicht einmal zur letzten Preisgabe ihrer historischen Erscheinung (»dieses gesetzlose Chaos von Erscheinungen« 802), sondern zu ihrer Projektion in den ästhetischen Bereich. Seine Absicht, die er gleichwohl hellsichtig als »Spekulationsgeist« kennzeichnet, ist, den Bürger erst auf dem Wege der ästhetischen Erziehung dem citoyen-Ideal so nahe zu bringen, daß zwischen physischer und moralischer Welt, Sinnlichkeit und Sittlichkeit, Freiheit und Notwendigkeit kein unüberbrückbarer Gegensatz mehr besteht und das Reich der Freiheit verwirklicht werden kann, ohne daß der Mensch seine Würde hingeben muß. Bis dahin allerdings muß er gelernt haben, »zu ertragen, was er nicht ändern kann, und preiszugeben mit Würde, was er nicht retten kann!« (805). Wie ambivalent Schillers Position trotz dieser ausdrücklichen Resignation, der Flucht in die überschwengliche Misere, immer noch bleibt, wie sehr seine Theorie des Erhabenen und Pathetischen revolutionären Willen kaschiert, wird immer wieder sprachlich manifest in Bildern und Worten, die der politischen Schreib- und Redeweise der Zeit entnommen sind: »Also hinweg mit der falsch verstandenen Schonung und dem schlaffen verzärtelten Geschmack, der über das ernste Angesicht der Notwendigkeit einen Schleier wirft und, um sich bei den Sinnen in Gunst zu setzen, eine Harmonie zwischen dem Wohlsein und Wohlverhalten *lügt,* wovon sich in der wirklichen Welt keine Spuren zeigen« (806). Das idealistische Pathos Schillers repräsentiert eine ganz eigene Form von »Sklavensprache«, die den aufrichtigen Jugendgedanken des Ehrenbürgers der Französischen Revolution auch im Exil, im Reich des Scheins festhält und immer wieder eindringlich der Behauptung widerspricht, daß »der ganze Zauber des Erhabenen und Schönen nur in dem Schein und nicht in dem Inhalt liegt« (808). Daß ausgerechnet der antike Erhabenheitsbegriff, an die Spitze der gesellschaftlichen Hierarchie gebunden, für eine derartige Erbschaft aus revolutionären (schlechten) Gewissen tauglich sein konnte, ist die erstaunliche Konsequenz der rhetorischen Überzeugung Schillers.

Die antiken Theoretiker haben dem erhabenen Stil als genus grande (genus sublime, genus vehemens) einen eindeutig definierten Platz innerhalb des Schemas der drei Stilarten zugeordnet: er ist sowohl Ausdruck der hohen Bedeutung eines Redegegenstandes wie auch der Größe der Leidenschaften, die der Redner erzeugen will. Wie die anderen genera dicendi weist er eine gewisse Variationsbreite auf, die vom großartig-erhabenen bis zum leidenschaftlich-heftigen Redestil reicht. Der Redner wählt aus der Anzahl der Stilmöglichkeiten die dem Gegenstand und seinem Wirkungszweck angemessene aus und realisiert sie in der elocutio. Entscheidet er sich für das genus grande, so auch nur, weil er seine Zuhörer von der Wahrheit seiner Sache überzeugen und auch den letzten Zweifel beseitigen will. Die »momentane, wenn auch in ihrer Wirkung durchaus nachhaltige seelische Erschütterung« [32] hat den Zweck, der theoretisch argumentativ dargelegten Wahrheit auch zum praktischen Erfolg zu verhelfen. Wenn Bloch das Prinzip aufrichtiger Propaganda formuliert, so trifft er damit genau den Kern antiker rhetorischer Überzeugung: »Gerade die Wahrheit verlangt, in ihrer angemessenen Fülle wie pädagogischen Vermittlung, daß sie nicht nur ist und wird, sondern auch scheint«. [33] Vom Redner her gesehen zeigt das movere immer ein besonders stark emotional begründetes Engagement und den höchst gesteigerten Willen, dieses zu übertragen. Obwohl der schwere Stil vor allem gattungsgeschichtlich, dann soziologisch fixiert wurde als die angemessene Darstellung des hohen Standes und damit Ausdruck seiner gesellschaftlichen Erhabenheit, bestimmte er gerade in individuellen wie auch gesellschaftlichen Umbruchszeiten die Ausdrucksweise derer, die sich erhoben. Pathetische Sprache gehört daher sowohl zu den Insignien bestehender Erhabenheit wie sie auch Zeichen der Revolte gegen die erhabenen Herren an der Spitze der sozialen Hierarchie sein kann.

Von ihrer Begründung, der Gemütserschütterung und emotionalen Aufwiegelung, birgt die pathetische Redeweise auch immer die Gefahr, an die Stelle rationaler Überzeugung zu treten, anstatt sie zu befördern, reale Widersprüche nicht bloßzulegen, sondern emotional zu verschleiern, und eine Schwäche in eine Stärke umzuschwindeln. Auch Schillers Pathos erhebt sich oft derart in den luftigen Äther, *damit* die irdischen Widrigkeiten als so gering erscheinen wie sie es gerade nicht sind: das große, sprengende Wort erliegt dann dem Schwulst.

Das Erhabene bezeichnet in der rhetorischen Tradition nun nicht allein das dritte genus dicendi – in der erst später (1554) wieder entdeckten Schrift *Vom Erhabenen,* bis Anfang des 19. Jahrhunderts fälschlicherweise Kassios Longinos, einem berühmten Rhetor des 3. Jahrhunderts n. Chr. zugeschrieben, werden vor allem die weiteren Bedeutungen des Erhabenen behandelt, die Borinski zu der Qualifikation veranlaßten: »Das Erhaben-Schöne birgt das Unendlichkeitsstreben antiker Bildung« [34] – denn die erhabene Rede verlangt auch den erhabenen Charakter.

> Vor allem dieses: die Natur hat uns, das Menschenwesen, nicht bestimmt zu einem niedrigen gemeinen Tier [...] Sie hat deshalb unseren Seelen sogleich ein unzähmbares Verlangen eingepflanzt nach allem jeweils Großen und nach dem, was göttlicher ist als wir selbst [...] Wenn man rings unsere Umwelt betrachtet und sieht, in welchem Ausmaß das Ungewöhnliche, das Große, das Schöne in allem überwiegt, so wird man rasch erkennen, wozu wir geboren sind. Von der Natur irgendwie geleitet, bewundern wir darum nicht die kleinen Bäche [...] sondern den Nil und die Donau oder den Rhein und noch viel mehr als sie den Ozean. Und über ein Flämmchen hier [...] staunen wir [...] nicht so sehr wie über jene Feuer des Himmels, die doch häufig in Dunkel tauchen; auch die Krater des Ätna halten wir für ein größeres Wunder – große Steine und ganze Felsbrocken schleudert er bei seinen Ausbrüchen aus den Tiefen hervor, und manchmal läßt er Ströme jenes erdentstammten, willkürlichen Feuers entspringen. Von all diesen Phänomenen kann man Folgendes sagen: das Nützliche oder auch das Notwendige ist uns leicht bei der Hand, Bewunderung jedoch erregt immer das Unerwartete. [35]

Der Einfluß dieser fragmentarischen Rhetorik auf die begriffliche Fassung und bildliche Darstellung des Erhabenkeitserlebnisses, wie sie die Literatur des 17. und 18. Jahrhunderts bestimmen, ist bisher trotz verschiedener Ansätze noch nicht genügend berücksichtigt worden. [35a] Für die bürgerlichen Theoretiker in Deutschland erwies sie sich als äußerst tauglich zur ideologischen Rechtfertigung ihres Bestrebens, aus der Beschneidung des äußeren, politisch-gesellschaftlichen Handlungsraumes ein Mittel der Selbstbestätigung zu konstruieren. Die alles Gewöhnliche transzendierende Seelengröße des erhabenen Charakters bewährt sich nicht in niedriger gesellschaftsbezogener Aktivität als politische Handlung, sondern in der Rückwendung auf sich selber, auf das eigene seelische und ritterliche Vermögen, den letzten Grund von Freiheit und Unabhängigkeit. Für Schiller reduziert sich dann folgerichtig die ursprünglich auf Emanzipation von den Fesseln einer feudalen Gesellschaft gerichtete Erhebung des großen Charakters auf die innerlich-seelisch begründete passive Widerstandskraft des Individuums. Deren Ausdruck in der dramatischen Erscheinung ist der große Verbrecher. [36] Das moralische Vermögen des Menschen zu stärken, ist Aufgabe des Pathetisch-Erhabenen, des künstlich herbeigeführten Erhabenheitserlebnisses. »Das Pathetische ist ein künstliches Unglück, und wie das wahre Unglück setzt es uns in *unmittelbaren Verkehr* mit dem Geistergesetze, das in unserm Busen gebietet« (805). Schiller betont die pädagogisch-ethische Komponente des menschlichen Kampfes mit der Sinnlichkeit, wie ihn uns die Tragödie vorführt. Das moralische Vergnügen, das dem Zuschauer die Vorführung des Schmerzes und seine freie Überwindung durch die Vernunft vermittelt, bestärkt ihn in dem Bewußtsein seiner eigenen inneren moralischen Freiheit. So gipfelt in der Darstellung von Würde und sittlicher Größe die bildungsästhetische Bedeutung des Erhabenen. »Schillers grundsätzliche Erörterungen zum Schicksal des Menschen gelten der Frage nach der Entwicklung von dessen ›idealischer Anlage‹. Wie können, so fragt er sich, Kultur und tragische Kunst dazu beitragen, den ›idealischen Schwung des Gemüts‹ zu kultivieren und die Erhabenheit des Menschen zu stärken? Denn die Tragödie soll uns nicht vorbereiten, würdig zu sterben, sondern würdig zu leben.« [36a]

3.5. Die dramatische Erscheinung der Freiheit

Fern dämmre schon in eurem Spiegel
Das kommende Jahrhundert auf.

Im Programm der ästhetischen Erziehung hat Schiller dem Dichter den hervorragendsten Platz zugewiesen, ihn zum Vor-Bild vollkommener Menschlichkeit überhaupt erhoben und den Geschichtsverlauf von seiner Wirkung abhängig gemacht. Dieser Auffassung entspricht es, wenn Schiller immer wieder in philosophische Erörterungen die detaillierte Reflexion »handwerklicher« Probleme einschiebt, Beispiele aus seinen Erfahrungen als Dramatiker anführt und seinen ausgedehnten Briefwechsel häufig um Fragen konzentriert, die das Verfertigen von Kunstwerken, die schriftstellerische Technik betreffen. Dennoch hat er mit Ausnahme eines Aufsatzes – *Über die notwendigen Grenzen beim Gebrauch schöner Formen* – keine ausführliche Darstellung, keine systematische Erörterung seiner poetologischen Prinzipien gegeben; und selbst dieser Aufsatz, aus zwei Entwürfen entstanden, die beide als Verteidigungsschriften gegen Angriffe Fichtes gedacht waren, liefert keine geschlossene Theorie seiner Schreibweise, sondern behandelt vor allem die Bedingungen und Möglichkeiten philosophischer Kunstprosa. Nimmt man aber seine dramentheoretischen Aufsätze hinzu, die von früh an die schriftstellerische Produktion begleiten, so ergeben sich doch die Grundzüge einer Poetik, die ihre entscheidenden Anregungen aus der rhetorischen Theorie erhalten hat.

Schiller fordert eine Schreibweise, die »durch die vereinigte Aufforderung der sinnlichen und geistigen Kräfte immer den ganzen Menschen in Anspruch nimmt« (681), welche also im Sinne der ästhetischen Erziehung auf sämtliche Vermögen des Menschen einwirkt und sie zu entwickeln sucht. Weder der wissenschaftliche, auf Prinzipien aufbauende und in streng logischer Konsequenz fortfahrende Vortrag, noch auch die populär-didaktische Redeweise, die ein nicht vorgebildetes Publikum durch Vergnügen zur Erkenntnis führen soll, entspricht der Darstellungsart, deren Wirkung die sinnlichen und geistigen Kräfte des Menschen harmonisch vereinigt. Dieses Ziel erreicht erst die *wahrhaft* schöne Schreibart, welche als Synthese aus den beiden anderen entsteht und doch auch eine neue Qualität des Schreibens darstellt. Sie vereinigt höchste Gesetzmäßigkeit und schöne Form, so daß das Notwendige frei, das Gesetzmäßige natürlich erscheint. »Wer mir seine Kenntnisse in schulgerechter Form überliefert, der überzeugt mich zwar, daß er sie richtig faßte, und zu behaupten weiß; wer aber zugleich imstande ist, sie in einer schönen Form mitzuteilen, der beweist nicht nur, daß er dazu gemacht ist, sie zu erweitern, er beweist auch, daß er sie in seine Natur aufgenommen und in seinen Handlungen darzustellen fähig ist. Es gibt für die Resultate des Denkens keinen andern Weg zu dem Willen und in das Leben, als durch die selbständige Bildungskraft. Nichts, als was *in uns selbst* schon lebendige Tat ist, kann es *außer uns* werden, und es ist mit Schöpfungen des Geistes wie mit organischen Bildungen; nur aus der Blüte geht die Frucht vor« (682). Die Stiltheorie, wie sie Schiller hier in Opposition zu Fichte entwickelt, stimmt nur grob mit der traditionellen Drei-Stillehre überein, in der sich besonders augenfällig die Abhängigkeit der Poetik von der Rhetorik zeigt. Wissenschaftlicher Vortrag und didaktisch-populäre Redeweise lassen sich noch recht eindeutig den beiden ersten genera dicendi zuordnen, die wahrhaft schöne Schreibart aber, in der alleine darstellend zu denken möglich ist, entspricht nicht dem genus grande mit seinem Ziel der heftigen Affektsteigerung. Aus der rhetorischen Stillehre behält Schiller zwar die formale triadische Gliederung bei, konzipiert aber die dritte Schreibweise seinen Erfordernissen entsprechend neu: in ihr vereinigen sich die Wirkungsintentionen der klassischen Rhetorik docere und delectare/movere unter Vernachlässigung der heftigen Komponente emotionaler Überzeugungsherstellung (movere) zu einer Einheit, die in gleichem Maße den sinnlichen und den geistigen Menschen in Anspruch nimmt und beiden vollauf Genüge leistet.

Das dritte genus dicendi, in der rhetorischen Stillehre der Aufgabe zugeordnet, das Publikum durch die Erregung seiner Leidenschaften zur Überzeugung zu zwingen und die sofortige praktische Umsetzung der Überzeugung in Handlung (sei es Richterspruch, sei es politische Stellungnahme) zu gewährleisten, erhält in Schillers Dramentheorie den ihm gemäßen Platz. Der Autor der *Räuber* betont die ansteckende, überwältigende Wirkung der Emotionsdarstellung. »Es ist unstreitig wahr«, schreibt er an Reinwald, »daß wir die Freunde unserer Helden seyn müßen, wenn wir in ihnen *zittern, aufwallen, weinen* und verzweifeln sollen.« [37] Die emotionale Wirkung allein verbürgt jene Unmittelbarkeit, die für Schiller den vorzüglichen Wert der dramatischen Kunst ausmacht. »Da sie uns ihre Welt gleichsam gegenwärtig stellt und uns die Leidenschaften und geheimsten Bewegungen des Herzens in *eigenen Äußerungen* der Personen schildert, so wird sie auch gegen die beschreibende Dichtkunst um so mächtiger würken, als die lebendige Anschauung kräftiger ist denn die historische Erkenntnis« (I, 481). Die Wirkungskraft einer guten stehenden Schaubühne beruht auf der emotionalen Teilnahme, zu der die Zuschauer durch das Bühnengeschehen gezwungen werden und daher ist es auch nicht ihre Aufgabe, darüber zu belehren, was gut und böse sei, so wie es philosophische und religiöse Moral und die Gesetze tun, sondern durch die lebendige Darstellung und Versinnlichung soll sie eine abschreckende Wirkung erzielen. Die Leidenschaft ist also gerade nicht ein Feind der Vernunft, sondern verhilft ihren Erkenntnissen erst zur Wirkung. Hält die Tragödie dem Laster einen furchtbaren Spiegel vor, der die Menschheit mit heilsamen Schauern durchzittern läßt, so belacht das Lustspiel die menschlichen Schwächen und läßt eine »sanfte Ermahnung« (826) den schuldigen Toren zukommen – Schiller folgt hier der traditionellen aus der Stiltheorie folgenden Unterscheidung von Tragödie und Komödie.

Die Herstellung einer umfassenden Solidarität von Redner und Publikum war Wirkungszweck der antiken Rhetorik. Die allgemeine Überzeugung von der Wahrheit sollte die Grundlage solcher Solidarität sein, die Macht der Rede sie herbeiführen. Die Erweiterung der eigenen Erkenntnis zu einer des ganzen Geschlechts, wie sie sich Schiller von der Bühne erhofft, die Grenzen überschreitende Verbrüderung der Individuen soll eine gesellschaftliche Existenz sicherstellen, die in der Realität verweigert wird. Die Differenz zwischen dem historisch-gesellschaftlichen Standort des antiken Rhetors und dem Friedrich Schillers ist unüberbrückbar. Der Redner Ciceros begriff sich als Repräsentant einer in ihrem Selbstverständnis unbezweifelten Gesellschaft, seine Rede war Bestandteil politischer Aktion. Der Autor der Schaubühnenrede will mit rhetorischen Mitteln herstellen, wozu die gesellschaftlichen Bedingungen fehlen. So wird die Rede selber wie ihr Gegenstand, die Schaubühne, zum Ort, wo das Verweigerte (die politische Aktion) dennoch in der affekthaften Expression der Individuen simuliert werden soll. Die Bühne ersteht als Refugium, das »dem nach Tätigkeit dürstenden Geist einen unendlichen Kreis eröffnet, jeder Seelenkraft Nahrung gibt, ohne eine einzige zu überspannen, und die Bildung des Verstandes und des Herzens mit der edelsten Unterhaltung vereint« (821).

Nach 1790 wird Schiller die der aufklärerischen Ästhetik folgende Koppelung von Kunstzweck und sittlichem Nutzen zum Problem – dem eigentlichen Thema der Abhandlung *Über den Grund des Vergnügens an tragischen Gegenständen.* »Die wohlgemeinte Absicht, das Moralischgute überall als höchsten Zweck zu verfolgen, die in der Kunst schon so manches Mittelmäßige erzeugte und in Schutz nahm, hat auch in der Theorie einen ähnlichen Schaden angerichtet« (359). Als einzig legitime Kunstabsicht fordert Schiller ein Vergnügen, das von der Moral unabhängig sein soll und das alle Vorstellungen begleitet, durch die der Mensch Übereinstimmung und Zweckmäßigkeit erfährt. Dennoch bedeutet diese Konzeption keinen schroffen Bruch mit den in der Schaubühnenrede vorgetragenen Ansichten, sondern die Weiterentwicklung von Ansätzen, die auch in dieser schon zur Sprache gekommen waren. Die Wirkung als zentrale dramentheoretische Kategorie wird beibehalten und die Reflexion über den *Grund* des Vergnügens geht über in die Untersuchung der verschiedenen Wirkungsarten und gipfelt schließlich in einer quasi-rhetorischen Affektenlehre. So werden zwar die Künste entsprechend den verschiedenen Quellen, aus denen sie das Vergnügen schöpfen, eingeteilt, doch das schließlich gefundene System, das »Künste des Geschmacks, Künste des Verstandes« und »Künste des Gefühls, des Herzens« (362) in zwei großen Blöcken zusammenfaßt, ist ebenso deutlich nach der Wirkung berechnet, je nachdem, ob die rationale oder die emotionale Komponente überwiegt. Als Hauptgegenstände der Künste des Gefühls, worunter vorzüglich die Tragödie zählt, bestimmt Schiller das Rührende und Erhabene. Die Erkenntnis, daß der »Zustand des Affekts für sich selbst [...] etwas Ergötzendes für uns [hat]« (372), beherrscht bis in die neunziger Jahre Schillers Theorie der dramatisch-rhetorischen Wirkungsabsicht. Sie tritt später mehr in den Hintergrund, das Augenmerk bei der »geschickten Führung des dramatischen Kampfes« richtet sich mehr auf die eine affekthafte Wirkung begrenzenden Mittel. Aber noch die Markierung ihrer Schranken zeigt, daß sie immer vorausgesetzt bleibt, eine Basis, auf die der Dramatiker nicht verzichten kann, will er nicht überhaupt die Wirkungsabsicht aufgeben. In einem Brief an Goethe vom 12. Dezember 1797 spricht Schiller von der »pathetischen Gewalt« der Tragödie, von der »Berechnung auf d. Zuschauer« und vom »äußern Eindruck« [38], auf den der Dramatiker Rücksicht nehmen muß. Der affekthaft-sinnlichen Wirkung trägt daher auch noch der gemeinsam mit Goethe verfaßte kurze Aufsatz *Über epische und dramatische Dichtung* Rechnung. Allerdings bezieht sich Schiller darin nicht mehr auf den Elementaraffekt, der Gegenstand des Beginns von *Über die tragische Kunst* war. Dieser gehört der *wirklichen* Natur an, wogegen es Pflicht des Dichters ist, die *wahre* Natur des Affekts als eines menschlichen vorzustellen – und die menschliche Wahrheit des Affekts liegt gerade in seiner Überwindung, deren Ausdruck jedesmal Würde ist.

Schillers Konzeption des dramatischen Charakters geht von der Situation der Bewährung aus, die der Gegenstand der dramatischen Zuspitzung ist, und schließt daher von vornherein den »schönen Charakter« aus. Die ihn konstituierende Harmonie von Sinnlichkeit und Sittlichkeit, Leidenschaft und Vernunft, die ihn charakterisierende Vereinigung aller menschlichen Tugenden ist dem Begriff der Tragödie als der Nachahmung einer Handlung, die das Leiden von Menschen zeigt, entgegengesetzt. Denn von dem Augenblick an, wo der schöne Charakter leidet, büßt er seine Schönheit ein: »Die *schöne* Seele muß sich also im Affekt in eine *erhabene* verwandeln« (474) – die Sittlichkeit des Charakters erweist sich im Widerstand gegen die Macht der Affekte. Damit kommt Schiller allerdings nicht zur Apologie des tugendhaften Helden, vielmehr ist es für das Interesse des Dramatikers einerlei, ob er einen guten oder schlimmen Helden wählt, »da das nämliche Maß von Kraft, welches zum Guten nötig ist, sehr oft zur Konsequenz im Bösen erfordert werden kann« (535). Der tragische Charakter muß also so viel Widerstandskraft besitzen, daß er nicht unter der Last des Unglücks zusammenbricht. Für den dramatischen Dichter ist es am besten, meint Schiller schon im Aufsatz *Über die tragische Kunst,* wenn er dem gemischten Charakter des Helden (»in gleicher Entfernung zwischen dem ganz Verwerflichen und dem Vollkommenen« 391 f.) den Vorzug gibt. Der gemischte Charakter ist nicht allein eine dramatische Notwendigkeit, er entspricht am vollkommensten der bürgerlichen Individualität in ihrer realen Erscheinung als »Produkt einerseits der Auflösung der feudalen Gesellschaftsformen, andererseits der seit dem 16. Jahrhundert neuentwickelten Produktivkräfte«. [39] Die »persönliche Unabhängigkeit auf sachlicher Abhängigkeit gegründet« [40] macht den Zwiespalt aus, den das Individuum realiter kennzeichnet. Seine Unabhängigkeit gründet in seiner sittlichen Autonomie. Wenn Untergang das Los des Schönen auf der Erde ist, so ist es die *Pflicht* des Erhabenen, standzuhalten. Der gemischte Charakter gewinnt die Qualität der Erhabenheit, wenn er infolge des Unglücks, das ihn niederzuwerfen droht, die in seiner Individualität qua seines Menschseins liegenden Möglichkeiten gegen die äußere Notwendigkeit (»sachliche Abhängigkeit«) mobilisiert. Der Rückzug auf die innere Freiheit ist deutlich verbunden mit dem Protest und der Auflehnung gegen eine gesellschaftliche Realität, die dem Individuum feindselig und zerstörerisch entgegentritt.

Die Qualifikation des erhabenen Charakters als eines lediglich abstrakt-idealistischen Schwärmers – modisches Verdikt über Schillers Dramen seit Nietzsche – negiert die Wahrheit im bürgerlichen Humanismus, die sich im Protest äußert. Dennoch ist der Versuch, im Ideal das von der Erscheinung verdeckte Wesen zu gestalten, Schiller bei der Personendarstellung vielfach zum Verhängnis geworden. Im Widerstand soll das Individuum den Charakter der Gattung zeigen, seine Subjektivität überschreiten auf ein Allgemeines hin, das allen Menschen wesentlich eigen ist: »die innere Erfahrung des moralischen Gesetzes und die darin gründende Idee der Freiheit«. [41] Georg Lukács charakterisiert Schillers Bemühungen: »Er suchte nicht aus dem modernen Leben selbst jene Züge herauszuentwickeln, die in sich eine Öffentlichkeit enthalten, sondern versucht, mit artistischen Mitteln ein künstliches Milieu zu schaffen, in dem das rein Private zum Öffentlichen idealistisch aufgebläht wird.« [42] Schon im frühen Schaubühnenaufsatz ist dieses Element des abstrakt Öffentlichen enthalten, begründet in der hypothetischen Vereinigung aller Klassen und Stände im Bereich der Bühne. Die Vorrede zur *Braut von Messina* führt diesen Gedanken weiter aus und der Chor ist seine dramatische Realisierung:

> Der Chor ist selbst kein Individuum, sondern ein allgemeiner Begriff, aber dieser Begriff repräsentiert sich durch eine sinnlich mächtige Masse, welche durch ihre ausfüllende Gegenwart den Sinnen imponiert. Der Chor verläßt den engen Kreis der Handlung, um sich über Vergangenes und Künftiges, über ferne Zeiten und Völker, über das Menschliche überhaupt zu verbreiten, um die großen Resultate des Lebens zu ziehen und die Lehren der Weisheit auszusprechen (II, 821).

Die Konstruktion der Öffentlichkeit als ein von Raum, Zeit, und individuell-privaten Beschränkungen unabhängiges Medium universaler Vermittlung überspringt die Grenzen, die solcher Kommunikation in der Realität gesetzt sind. Selbstentfremdung und Vereinzelung kennzeichnen die gesellschaftliche Existenz der Individuen und es ist Aufgabe der ästhetischen Erziehung, durch Versöhnung das Auseinandergefallene wieder zu vermitteln. »Die Natur macht den Menschen mit sich eins, die Kunst trennt und entzweit ihn, durch das Ideal kehrt er zur Einheit zurück« (718). Die Übertragung dieses Rousseauschen Gedankens in die Dramentheorie ergibt als praktische Konsequent die Stilisierung des individuell-privaten zum Menschlichen überhaupt, die abstrakte Utopie des bürgerlichen Humanismus. Schiller realisiert als Chor in der Tragödie eine Möglichkeit, die im rhetorischen ethos von Anfang an lag: als Träger der menschlichen Emotion ist das ethos Basis der Geselligkeit, einer auf humanitas beruhenden öffentlichen Kommunikation. Im Charakter des Redners verkörperte sich das Nur-Menschliche im Sinne des Allgemein-Menschlichen und die von ihm ausgehende Emotion bildete das Medium der Verständigung zwischen Redner und Publikum. Die derart konstituierte Gemeinsamkeit bildete die Grundlage für die Vermittlung der im öffentlichen Streit ausgetragenen politischen und gesellschaftlichen Antagonismen. Der Rückgriff auf die rhetorische Auffassung von einer im ethos des Charakters begründeten menschlichen Übereinstimmung, die nach antikem Verständnis gerade das Persönliche, die ›fremde‹ Eigenart und Sonderlichkeit einschließt, konnte für Schiller allerdings nur eine Verstärkung und Versteifung seiner idealistischen Position bedeuten. Denn das Allgemein-Menschliche war, auch seiner eigenen Erkenntnis nach, dem Bruch zwischen Natur und Gesellschaft zum Opfer gefallen, und dessen antizipierende Konstruktion als Ideal muß daher von allen konkreten Elementen menschlicher Existenz in der Geschichte abstrahieren.

In nicht geringe Verlegenheit geriet der Dramatiker Schiller, sobald er versuchte, diese Theorie in die Bühnenpraxis umzusetzen, was seine zeitweilige Unsicherheit über die Darstellung der Charaktere motiviert, die er zugunsten der Handlung dann am liebsten sogar eliminiert sähe. Böckmann weist auf die einfache »Eigenschaftspsychologie« hin, nach der Schillers Personen konzipiert sind [43], so daß sie fast eine Art von »Dingcharakter« annehmen, und trifft damit ein zentrales Problem der Dramentheorie, die sich nach einem sozusagen shakespearisierenden Anfang zu einer Auffassung hin entwickelt, der das Charakteristische allein als veredelt Allgemeines noch bedeutend erscheint und im Chor dessen ideale Verkörperung erblickt. Das Schwergewicht seiner theoretischen Bemühungen um das Drama liegt für den späten Schiller daher konsequenterweise auf der idealen Organisation seines Materials, da »der Künstler kein einziges Element aus der Wirklichkeit brauchen kann, wie er es findet ...« (II, 818). Aufgabe des Dramatikers ist es, im Besonderen das Allgemeine darzustellen und damit der Reflexion in der Tragödie den ihrer Bedeutung gemäßen Platz einzuräumen. Bezogen auf das Wirkungsschema der Rhetorik heißt das, daß für Schiller die rationale Komponente in den Vordergrund rückt, daß er das docere gegenüber der emotionalen Wirkung qua pathos und ethos betont als Bedingung jener Gemütsfreiheit, die er für den Zuschauer verlangt und die ihren Ausdruck in der Abstraktion vom konkret Vorliegenden, affekthaft Berührenden, in der Allgemeinheit der darüber angestellten Reflexion hat. »Auch die tragischen Personen selbst bedürfen dieses Anhalts, dieser Ruhe, um sich zu sammeln; denn sie sind keine wirkliche Wesen, die bloß der Gewalt des Moments gehorchen und bloß ein Individuum darstellen, sondern ideale Personen und Repräsentanten ihrer Gattung, die das Tiefe der Menschheit aussprechen« (II, 822). Schiller ist zu sehr Praktiker, als daß er die sinnlich-emotionale Wirkung der Tragödie dem vernünftigen Räsonnement der Personen oder des Chors opfern könnte, aber die Wirkung des Idealen und des Sinnlichen müssen sich entsprechen, einander die Waage halten: die Reflexion soll aufgehoben sein in der Anschaulichkeit des Vortrags und »mit der vollen Macht der Phantasie, mit einer kühnen lyrischen Freiheit« (II, 821) wirken. Denn »indem man das Theater ernsthafter behandelt, will man das Vergnügen des Zuschauers nicht aufheben, sondern veredeln« (II, 816). Schillers Entwurf des Chors als einer dramatischen »Person«, die zwar in der dramatischen Handlung entzweit (»wo er als wirkliche Person und als blinde Menge mithandelt« – II, 823), als ideale Person aber »immer eins mit sich selbst« ist (II, 823), enthält die ganze Widersprüchlichkeit der bürgerlichen Individualität als reale Erscheinung und heroische Illusion, welch letztere schließlich die praktisch-politische Bedeutung hatte, die »Leidenschaft auf der Höhe der großen geschichtlichen Tragödie zu halten« [44] und so zu helfen, die feudale durch die bürgerliche Gesellschaft abzulösen.

»Eine vom genus iudiciale ausstrahlende Tendenz zur ›Parteilichkeit‹ läßt sich [...] in allen genera [...] feststellen. Diese Tatsache hat auch Auswirkungen auf die von der Rhetorik beeinflußte Dichtung gehabt.« [45] Wenn das von der Dichtung Schillers in hohem Maße gilt, so ist der strukturierende Einfluß der zentralen Theoreme der Rhetorik auf seine Ästhetik, wie sich bis in Einzelheiten, Beispiele und Erläuterungen hinein verfolgen läßt, von ähnlich großer Bedeutung. Die Rhetorik hat entscheidend mitgeholfen, eine Theorie zu formen, der Kunst nicht bloßes Ornament und schmückender Luxus ist – gerade in Schillers überspitztem Nein zum Publikum, vor dessen Mittelmäßigkeit, Rohigkeit und verächtlichen Schlaffheit er einen herzlichen Ekel verspürt [46], manifestiert sich eine Überzeugung, die die Verbindung mit der bestehenden politischen Realität aus *Engagiertheit* aufgekündigt hat, um an ihrer Wahrheit festhalten zu können. Im Schein der idealen Welt führt der Künstler Freiheit und Humanität modellhaft vor – wobei dann schließlich, in der Intention, der Zuschauer selber zum Subjekt des Experiments wird, das ihn anfänglich zwar nur in einen augenblicklichen Traum von Freiheit versetzen kann, ihn aber dadurch von der Immanenz dieser Utopie überzeugen will. Wie Schiller sich selber in seiner Ästhetik der Auflösung der rhetorischen Tradition widersetzt, indem er an ihrem Wahrheitsgehalt festhält, so mag auch die nachträgliche Konfrontation seines Werks mit der Rhetorik eine fortschrittliche an den »Prolog der menschlichen Freiheit und Würde« (Bloch) anknüpfende Konstruktion der Geschichte ermöglichen, die das Gegenteil von konformistisch einebnender Konservierung wäre.

V. Aspekte moderner Rhetorikrezeption (Elfriede Callier / Peter Kampers / Ulrich Römhild)

1. Zu einigen Grundlagen moderner Rhetorik

Eine »neue« Rhetorik wird um den Preis ihrer eigenen Relevanz und um ihrer Wirksamkeit willen sich die veränderten Konstitutionsbedingungen ins Gedächtnis rufen, denen jegliche Form der »Persuasiven Kommunikation« [1] im 20. Jahrhundert unterliegt. Auch wenn die meisten zeitgenössischen Autoren ihren Vorläufern – vor allem aus der Antike – ausdrücklich und ausführlich die Reverenz erweisen, so ist doch bei näherer Betrachtung erkennbar, welche gravierenden Unterschiede sich in Gegenstandsbereich, Methode und Terminologie zwangsläufig ergeben haben. Gibt es denn unter der Perspektive von über 2000 Jahren gesellschaftlicher Veränderung überhaupt so etwas wie »die eigentliche Rhetorik«, die als Substrat in der jeweiligen historischen Analyse auffindbar ist? Welchen Sinn hat es, von »dem Rhetorischen« im Sinne einer zeitlosen Konstante der (oder Zutat zur?) menschlichen Praxis – also anthropologisch – zu sprechen? Diese Fragen nach dem Begriff der Rhetorik und seiner Definition stellen sich unter den Bedingungen der technisch-wissenschaftlichen Revolution neu. Bevor zwei ebenso radikale wie eigenwillige Antworten auf diese Herausforderung analysiert werden, sollen einige Determinanten der zeitgenössischen Rhetorik in den Mittelpunkt gestellt werden.

1.1. Sprache der Argumentation und Philosophie der Sprache

Das Auseinanderfallen von rhetorischer Praxis und Theorie der Rhetorik zu Beginn des 19. Jahrhunderts ließ letztere weitgehend in Vergessenheit geraten. So ist etwa eine »Parlaments-Rhetorik« nicht einmal in Ansätzen entwickelt worden, obwohl diese in praxi prototypisch für öffentliche Rede gewesen ist.

> Diese Kunst der Rede allerdings setzt kleine politische und gesellschaftliche Verhältnisse voraus und ein öffentliches Leben, das noch mit Individuen als politischen Willensträgern zu rechnen vermag, wie das von der griechischen Polis und den italienischen Stadtstaaten der Renaissance bis zu den schwei-

zerischen Kantonen mit ihren Landgemeinden der Fall war, um in der Rhetorik des Nationalkonvents in der Französischen Revolution noch einmal einen Höhepunkt zu erreichen. [2]

Im Konstitutionalismus des ausgehenden 19. Jahrhunderts waren diese »kleinen Verhältnisse« nicht mehr gegeben. Die klassische Tradition des argumentierenden Dialoges, des Disputs wirkte unter veränderten institutionalisierten Bedingungen nur rudimentär fort; der parlamentarische Dialog wurde zum Schein-Dialog auf der Schwelle zur massenbeeinflussenden Propaganda.

Das Vertrauen in die rationale Kraft des Argumentes war somit hinfällig geworden, es wurde ein Opfer der sozialwissenschaftlichen Empirie. Auch die logischen Grundlagen der Rhetorik als Theorie der argumentierenden Rede unterlagen einem plötzlichen Wandel. Die Verdrängung der Rhetorik aus dem Bewußtsein der Öffentlichkeit seit der ersten Hälfte des 18. Jahrhunderts ging einher mit dem vielleicht noch schlechteren Ansehen der Logik. [3] Seit den Tagen des Aristoteles hatte sich in dieser Disziplin kaum etwas getan, so daß Syllogismus und Enthymem immer noch die wesentlichen logischen Kategorien darstellten. Erst im ausgehenden 19. Jahrhundert wurde »der öde Fleck im Garten der Erkenntnis« mit den Mitteln der modernen Mathematik »umgepflügt«. [4] Zwar beklagten sich die Klassiker der »Neuen Rhetorik« noch gegen Ende der Fünfziger Jahre unseres Jahrhunderts: »Obwohl das 20. Jahrhundert als das Jahrhundert der Werbung und der Propaganda bezeichnet worden ist, waren Logiker und moderne Philosophen an unserem Thema völlig desinteressiert« [5], und erklärten so ihren Rückgriff auf Renaissance und Klassik. Aber inzwischen sind doch Versuche unternommen worden, vor dem Hintergrund moderner Logik und Wahrscheinlichkeitstheorie eine Theorie der Argumentation wissenschaftlich abzusichern. [6]

Der Erfolg der »neuen« Logik führte mittelbar auch zu einer anderen Voraussetzung des Wiederauflebens der Rhetorik: das ihr eigene Medium, die Sprache, erfuhr in der Transformation der Philosophie zur Wissenschaftstheorie in den ersten Jahrzehnten des 20. Jahrhunderts eine völlig neue Durchleuchtung. In der »zweiten kopernikanischen Wende« der Philosophie, dem sogenannten »linguistic turn« (Wendung zur Sprache) der Analytischen Philosophie wurden die Bedingungen des sprachlichen Zugriffs auf die Realität und dessen Bedeutung sowohl für die Wissenschaft als auch für die Bewältigung der Lebenspraxis erneuter Reflexion unterzogen. [7]

Es ist das Verdienst der *Analytischen Philosophie,* die Beherrschung der Rede als unerläßliche Bedingung jeden erfolgreichen philosophischen Geschäfts und damit den transzendentalen Charakter von Sprache erkannt sowie die Bereitstellung der sprachlichen Hilfsmittel für philosophische Reflexionen zu ihrer ausdrücklichen Aufgabe gemacht zu haben. [8]

Mit dem Erkenntnisinteresse dieses philosophischen Ansatzes wurde den zahlreichen Untersuchungen zur Rolle und zum Einfluß der menschlichen Sprache in den verschiedensten Wissenschaftsbereichen der Weg bereitet, auch wenn dabei das Problem der Sprache teilweise verabsolutiert wurde.

1.2. Der Einfluß von Wissenschaft und Technik: Manipulation

Schon zu Beginn des Jahrhunderts hatten sich unter dem Eindruck der veränderten Dimensionen gesellschaftlichen Wirkens die Instrumente der politischen und wirtschaftlichen Steuerung den Größenordnungen der Massenbeeinflussung anpassen müssen. Vor allem mit dem Auftauchen von Radio und später Fernsehen fand die gesellschaftliche Kommunikation hauptsächlich über die neuen Träger vermittelt statt. Da die Nachrichten in den Massenmedien nur in *eine* Richtung fließen, bedeutet die Verfügung über jene Kontrolle und Lenkung der sogenannten »öffentlichen«Meinung. In der Sphäre des Politischen impliziert die Abhängigkeit vom Medium die Abhängigkeit vom Monolog des Produzenten. Der Verzicht auf den Dialog unter Gleichgestellten ist der Preis für die Teilnahme an gesellschaftlicher Kommunikation. Der Übergang vom Dialog zum Monolog entleerte die frühere »kontradiktatorische (!) Rhetorik« [9] mit ihrem Anspruch auf Rationalität und führte sie über in Propaganda als »Suggestion, gerichtet an die Öffentlichkeit«. [9a] Daß die Massenkommunikationsmittel unter dem quantitativen Aspekt der erreichbaren Anzahl und unter dem qualitativen Aspekt der kommunikativen »Einseitigkeit« ein ideales Integrationsinstrument bildeten, war frühzeitig erkannt worden. Nicht zuletzt aus dieser Erkenntnis entwickelten sich in den USA der Dreißiger Jahre die verschiedenen Forschungsdisziplinen, die später unter dem Namen »Kommunikationsforschung« zusammengefaßt wurden. Neben ihrem interdisziplinären Charakter und ihrer Nähe zum methodologischen Ansatz des Wiener Kreises, also zum Neo-Positivismus, ist ihnen gemeinsam, daß sie mit exakten, ausschließlich quantifizierenden Methoden die verschiedenen Probleme der politischen Beeinflussung in den Griff zu bekommen versuchen. [10] Es verwundert dabei nicht, daß dieser Ansatz die neue Rhetorik ebenso wie die klassische rhetorische Tradition völlig einseitig unter dem Aspekt der Überredung begreift: »Traditionell hat sich die Rhetorik mit der Kunst der Überredung beschäftigt« [11] beginnt N. Maccoby seinen Überblick über die »Neue ›wissenschaftliche Rhetorik‹«, um dann schließlich zu folgender Bestimmung zu gelangen:

> Die neue Rhetorik beschäftigt sich nun gleichfalls mit dem Prozeß der Überredung. Ähnlich der Rhetorik des Aristoteles bemüht sie sich um eine

objektive Beschreibung und Analyse der Vorgänge bei der Überredung, und in gleicher Weise basiert sie auf der Psychologie. [12]

Mit den Methoden der behavioristischen Experimentalpsychologie gewinnen die Strategien der Beeinflussung allerdings eine Effizienz, an die Aristoteles nicht im Traume gedacht hat: es ist nun möglich, die Wirkung politischer Beeinflussung wissenschaftlich-exakt zu messen und das Ergebnis (den feed back) zur Grundlage eines weiteren manipulatorischen Eingriffes zu machen. Dabei kann schon die Publizierung des Ergebnisses identisch mit dem Eingriff sein, man denke z. B. an die Bekanntgabe von Wahlumfragen durch Meinungsforschungsinstitute kurz vor dem Wahltag.

Unter dem Eindruck der »totalen Manipulierbarkeit« entwickelte sich in den USA parallel zu den eben genannten Ansätzen eine sprachwissenschaftliche Richtung, die der Massenkommunikationsforschung in einigen Grundannahmen nahestand und teilweise den Charakter einer Massenbewegung gewann: die Allgemeine Semantik (general semantics). [13] Die Grundannahmen lassen sich in der gemeinsamen Überzeugung ausdrücken, daß »der ›gemeinsame Markt der Bedeutung‹ [...] seinen sicheren Grund in den biologischen Systemen des Gefühls- und Zweckverhaltens [hat], an dem alle Menschen teilhaben«. [14] In seinen extremen Vertretern behauptete die allgemeine Semantik den bestimmenden Einfluß der Sprache auf die neurologische Struktur des Menschen und leitete von daher eine Reinigung der Sprache aus therapeutischen Gründen ab. Bei aller Überspitztheit der Annahmen der Allgemeinen Semantik (»Sprache schafft Konflikte«, »Sprache schafft Neurosen« etc.) ist doch das Verhältnis von gesellschaftlichem Konflikt und sprachlicher, genauer: rhetorischer Analyse eines der vorherrschenden Themen der amerikanischen »Neuen Rhetorik« geworden. [15]

Strategien der Überredung im Rahmen von Massenkommunikation manifestieren sich in der Wirtschaft vor allem in der Werbung. Zahlreiche Studien zu Problemen psychologischer und physiologischer Beeinflussung wurden daher von Industrie-Instituten durchgeführt. Da die Träger der Werbung – die Massenmedien – auch und vor allem mit außersprachlichen (visuellen, auditiven) Mitteln arbeiten, ist es notwendig, zu ihrer Analyse ein adäquates begriffliches Arsenal zur Verfügung zu stellen: das geschieht im Rahmen einer allgemeinen Zeichenlehre, der Semiotik. Mit deren Mitteln können traditionelle Kategorien der Rhetorik auf die Ebene des jeweiligen Mediums übertragen werden. So lassen sich zahlreiche Tropen in ihrer »visuellen Realisierung« [16] aufweisen, wobei allerdings beachtet werden muß, daß die »Reklamesprache typische Tropen der visuellen Kommunikation eingeführt hat, die nur schwer auf präexistente verbale Tropen zurückgeführt werden können«. [17]

Die Unmöglichkeit der Reduzierung visueller Kategorien auf Sprache ergibt sich auch schon aus der Tatsache, daß die Dominanz der Werbung im Alltag für eine hauptsächlich affektiv gesteuerte »Modellierung der Sinnlichkeit« sorgt, die mit einer weitgehenden Durchdringung des ästhetischen Empfindens einhergeht. [18] Die Bedürfnisstruktur wird nicht, oder nicht hauptsächlich, durch Sprache manipuliert, sondern durch das auf seine Wirksamkeit wissenschaftlich getestete äußere Bild der Ware: »Wer die Erscheinung beherrscht, beherrscht vermittels der Sinne die faszinierten Menschen.« [19]

1.3. Enthistorisierung, Formalismus und Verwertung

Der wachsende Einfluß der mit mathematisch-naturwissenschaftlicher Strenge arbeitenden Verhaltenswissenschaften und ihre praktischen Erfolge in Zusammenhang mit der unmittelbaren Verwertung ihrer Ergebnisse in den technischen Apparaten wurden evident. Sie mußten zur Krise der mehr reflexionsgeneigten hermeneutischen Wissenschaften führen, die traditionell der Rhetorik nahestehen. [20] So ist auch eine Neue Rhetorik dem Prozeß der »Verwissenschaftlichung« [21] unterzogen: unter den Bedingungen moderner Wissenschaft (ihrer Stellung innerhalb der gesellschaftlichen Arbeitsteilung) steht der Forschungsprozeß selber und die kurzfristige Verwertung seiner Ergebnisse im Vordergrund. Eine Rhetorik in emanzipatorischer Absicht hat dieses gesellschaftliche Grundverhältnis zu reflektieren, sofern sie sich den bestehenden Produktionsverhältnissen gegenüber nicht affirmativ verstehen will. [22]

Die Entwicklung der Sprachwissenschaft im 20. Jahrhundert in der Nachfolge von F. de Saussure zeigt die Entwicklung zu einem auf pragmatisch-funktionales Verwertungsinteresse gerichtetes Denken in sehr ausgeprägter Form. In Abkehr von der historisch-vergleichenden Methode des 19. Jahrhunderts legt die *synchrone* Sprachbetrachtung ein *System* von Sprache zugrunde, das sie im einzelnen analysiert. Es gilt dabei, die Regularitäten im geordneten Verhältnis der Teile zueinander und zum Ganzen, also die zugrunde liegenden Strukturen, aufzufinden und zu beschreiben. Die Reduzierung des Erkenntnisinteresses auf das Beschreiben formaler Strukturen und die damit verbundene Einengung des Gegenstandbereiches auf das »reine« Sprachmaterial zogen zwangsläufig eine weitgehende Formalisierung und Mathematisierung der Sprachwissenschaft nach sich. Dabei wurden nicht nur alle Probleme der Bedeutung und der realen gesellschaftlichen Kommunikation aus der Betrachtung ausgeschlossen, sondern es wurde ein ganzer Wissenschaftsbereich mit weitreichenden Folgen enthistorisiert. »Der Exorzismus von Geschichte« [23] fand in der Sprachwissenschaft seine Zuspitzung, wodurch vor allem die Ästhetik beeinflußt wurde.

Der Formalismus [24] und später der Strukturalismus gingen von der Einsicht aus, daß das Sprachmaterial, mit dem die ästhetische Wirkung erzielt wird, selbst der eingehenden Untersuchung bedarf. Das »ästhetische Objekt« wird dann allerdings im Zusammenspiel zahlreicher inner- und außersprachlicher Faktoren wie Zeichen/Bedeutung, Kunst/Gesellschaft oder Kunst/soziale Schicht bestimmt [25], da es als Objekt verstanden werden muß »nicht im materiellen Sinne«, »sondern als das äußere Erscheinungsbild einer immateriellen Struktur, d. h. eines dynamischen Gleichgewichts der Kräfte, die durch die einzelnen Elemente dargestellt werden«. [26] Letzten Endes verweisen aber die zahlreichen außerästhetischen Faktoren immer wieder auf das sprachliche Zeichen, auf das Symbol zurück, das ihnen gegenüber nun aber »sensibilisiert« ist, so daß R. Barthes seinen umfassenden Anspruch geltend machen kann:

> In der Tat läßt sich der spezifische Charakter der Literatur nur innerhalb einer allgemeinen Theorie der Zeichen postulieren: um mit Berechtigung eine werkimmanente Lektüre zu verteidigen, muß man wissen, was Logik, Geschichte, Psychoanalyse sind. Kurz, um das Werk der Literatur zurückzugeben, muß man die Literatur verlassen und an eine anthropologische Kultur appellieren. [27]

Auch wenn Barthes hier einem immanenten Ansatz mit seinen Folgen entgehen will, bleibt noch zu prüfen, ob nicht die »vom Strukturalismus bemühte Fragestellung [...] die alte Antinomie von System und Geschichte auf neuer Ebene« reproduziert. [28] Es bleibt festzuhalten, daß eine neue Rhetorik, die explizit auf Barthes Bezug nimmt [29], nicht nur ihren Gegenstandsbereich auf dem Gebiet der Poetik findet, sondern darüber hinaus auch in ihren Verfahren einen formallinguistischen Strukturalismus erkennen läßt:

> Die Rhetorik als Untersuchung und Darstellung der formalen Strukturen findet also zwangsläufig ihre Fortsetzung in einer Transrhetorik, die genau das ist, was man einst mit Zweiter Rhetorik oder Poetik bezeichnete. Ihr fällt die Rolle zu, Wirkung und Wert der von den Dichtern hervorgebrachten modifizierten Worte zu erklären und zunächst zu bestimmen, wie hoch der Grad der Modifizierung sein darf, wenn er nicht nur mit dem guten Funktionieren der Figur, sondern darüber hinaus noch mit ihrer Akzeptierbarkeit durch das ästhetische Bewußtsein vereinbar sein soll. [30]

Die Fragestellung von Dubois berührt, wenn auch noch in theoretischer Vagheit, das Problem der gezielten literarischen Wirkung. Die von B. Brecht und W. Benjamin schon frühzeitig erzielten Einsichten in den Funktionswandel von Literatur und Kunst, bei dem der zunehmende (mittlerweile vollzogene) Warencharakter des Kunstwerks [31] den Verlust seiner »Aura« [32] bewirkt, stellen den Begriff des Kunst*werks* in Frage und verweisen auf die Produktions- und Rezeptionsbedingungen, denen jedes ästhetische Objekt unterliegt. Die »ästhetischen Auffassungen von der künstlerischen Individualität, Originalität und ›Unabhängigkeit‹«, die wechselseitig verknüpft sind mit dem Geschichtsbild des laissez-faire Kapitalismus [33], sind unter den Bedingungen der monopolisierten »Kulturindustrie« [34] natürlich schon praktisch widerlegt.

Im Vorfeld des amerikanischen New Criticism hatten Ogden und Richards bereits 1923 eine »Teilung der Sprachfunktionen in zwei Gruppen« vorgenommen, »der symbolischen und der emotiven«. [35] Dabei umfaßt der symbolische Gebrauch der Sprache alle referentiellen und intellektuellen Bezüge, der emotive Gebrauch den Rest, wobei vor allem die psychologische Seite des Sprachgebrauchs anvisiert wird. [36] Der Psychologismus, dem die Analyse von »Sprachmagie« und von »der Macht der Worte« nicht entgeht, sollte von beträchtlichem Einfluß auf einen Teil der amerikanischen »Neuen Rhetorik« sein [37], unter anderem auf Kenneth Burke. Die Vergesellschaftung der Kunstproduktion (allerdings unter kapitalistischen Bedingungen) hatte den Blick für die Möglichkeiten einer künstlerisch-kritischen Tätigkeit geschärft, so daß die Kategorien der differenzierten Sprachfunktionen für eine rhetorische Praxis nicht unerheblich wurden. Bezeichnenderweise hielt Burke 1935 vor dem Amerikanischen Schriftstellerkongreß eine Rede über *Revolutionären Symbolismus in Amerika,* in der die Propagierung des »vollkommenen Propagandisten« wieder jene sprachtheoretische Zweiteilung aufweist. [38]

Ein Jahr vorher hatte W. Benjamin in Paris eine Rede gehalten, in der er am Beispiel Tretjakows den Gegensatz von Propaganda und Dichtung ad absurdum führte. [39] In der Phase der Kollektivierung der Landwirtschaft in der Sowjetunion hatte Tretjakow 1928 die Massenmedien gezielt für seine Agitationstätigkeit auf dem Lande eingesetzt. Er führte Radio und Wanderkinos ein und organisierte die regelmäßige Zeitungsberichterstattung. Theoretisch unterschied er zwischen dem *informierenden* Schriftsteller, der berichtet, und dem *operierenden* Schriftsteller, der aktiv kämpfend in den politischen Prozeß eingreift. Benjamin weist auf die Variabilität der Schreibformen und die historische Bedingtheit aller Gattungen hin, in welchem Zusammenhang er betont, daß die Rhetorik nicht immer »eine belanglose Form« gewesen sei. Das besondere Verhältnis, in dem Rhetorik und Poetik unter den spezifischen gesellschaftlichen und politischen Verhältnissen seiner Zeit stehen, drückt sich in Benjamins Problembewußtsein klar aus:

> Wir stehen nämlich der Tatsache gegenüber [...], daß der bürgerliche Produktions- und Publikationsapparat erstaunliche Mengen von revolutionären Themen assimilieren, ja propagieren kann, ohne damit seinen eigenen Bestand und den Bestand der ihn besitzenden Klasse ernstlich in Frage zu stellen. [40]

Veränderung der Gesellschaft durch literarische Tätigkeit – oder die »durchschlagende Wirkungslosigkeit eines Klassikers« [41]: B. Brecht, der ersteres beabsichtigte und auf den letzteres gemünzt war, skizzierte in den Dreißiger Jahren die Tugenden des Schriftstellers, der gegen die Unterdrückung und für die Wahrheit schreibt; dabei untersuchte der die »List, die Wahrheit unter vielen zu verbreiten« mit dem Schluß, daß eine »Propaganda für das Denken« »sehr nötig« sei. [42] Damit gab er eine einleuchtende Begründung für die Notwendigkeit einer Rhetorik.

2. Nullpunkt der Rhetorik?
Zu einigen methodologischen Aspekten der Semiologie Roland Barthes

Es soll in der folgenden kurzen Darstellung gezeigt werden, wie innerhalb von Untersuchungen im Rahmen des französischen Strukturalismus [1] von einer bestimmten Auffassung des ›Rhetorischen‹ Gebrauch gemacht wird. Es handelt sich dabei, um es vorweg zu sagen, nicht um ein ›Wiederaufleben-Lassen‹ der Rhetorik, nachdem man ihren Tod im 19. Jahrhundert im Bewußtsein der Geisteswelt feststellen konnte, sondern um ein neues Durchdenken der Elemente, die ein bestimmter Ausschnitt des rhetorischen Lehrgebäudes, die Elocutio, bereitstellt. Die gegenwärtige Diskussion seit dem Ende der sechziger Jahre läßt drei Schwerpunkte der Forschung erkennen:

– Versuch einer Taxonomie der theoretischen Figuren im Netzwerk eines logischen oder linguistischen Modells.

– Die Beschreibung verschiedener semiotischer Felder durch rhetorische Figuren, von denen man annimmt, daß sie ihnen entsprechen.

– Einige, schon mehr dem Sinn einer Renaissance entsprechende Überlegungen über die Rolle der Rhetorik bei der Entwicklung der abendländischen Kultur, ihre vormaligen Verbindungen mit der Grammatik und der Dialektik, sowie ihre gegenwärtigen Bindungen mit der Linguistik, Logik und Semiologie, sowie ein Überdenken der Geschichte der Rhetorik unter dem Aspekt der ideologischen Implikationen, die sie als ›Kunst der Wohlredenheit‹ als Herrschaftsmittel hatte. [2]

In der Hauptsache aber macht man sich ›das Rhetorische‹ als ein Klassifikationsschema, in der Form, wie man es seit dem 18. Jahrhundert kannte, zu Nutze, um sprachliche wie auch nicht-verbale Kommunikationssysteme zu beschreiben. Eine ›Rückkehr zur Rhetorik‹ ist nicht beabsichtigt. Die Diskussionen um den Wert dieser Wiederaufnahme rhetorischer Elemente für die eigentliche Forschung der französischen Strukturalisten in Literatur- und Bedeutungskritik stehen erst am Anfang. Man ist einerseits dabei, sich der Grundlagen zu versichern [3], andererseits erscheint die Rhetorik

> nicht nur als eine Wissenschaft der Zukunft, sondern auch als modische Wissenschaft, angesiedelt in einem Grenzgebiet zwischen Strukturalismus, nouvelle critique und Semiologie. [4]

Roland Barthes hat versucht, die Methode, die von Claude Lévi-Strauss [5] in der Ethnologie entwickelt wurde, zur Analyse des ›Phänomens des Bedeutens‹ innerhalb der modernen Massengesellschaft anzuwenden. Das Ziel seiner Analysen ist es, »das Funktionieren von Bedeutungssystemen außer dem der Sprache« [6] sichtbar zu machen. Barthes hat schon in seinen ersten, mehr essayistischen Werken, vor allem aber beim Versuch ein ›System der Elemente der Semiologie‹ zu entwerfen, angedeutet, daß neben der Linguistik, der formalen Logik, der Informationstheorie und der strukturalen Anthropologie, ›die‹ Rhetorik neue Hilfsmittel für die semiologische Analyse bieten könne. [7] Die methodische Grundlage, überhaupt den Anstoß zur Semiologie, liefert ein Zweig der modernen Sprachwissenschaft, der von Ferdinand de Saussure begründet wurde. Ferdinand de Saussure sah in der Sprache nur »... *ein* [Hervorhebung durch d. Verf.] System von Zeichen, die Ideen ausdrükken« [8] können. Er fordert deswegen »eine Wissenschaft, welche das Leben der Zeichen im Rahmen des sozialen Lebens untersucht. [...] Sie würde uns lehren, worin die Zeichen bestehen und welche Gesetze sie regieren.« [9] Saussure nennt sie ›Semeologie‹. [10] Saussure entwarf als Grundlage für die Betrachtung der Sprache ein bilaterales Zeichenmodell. Allen semiologischen Systemen gemeinsam ist, daß das Zeichen (Symbol) als die Verbindung eines Signifikanten (Bezeichnendes, Ausdruck) mit einem Signifikat (Bezeichnetes, Inhalt), angesehen wird. [11] Das sprachliche Zeichen ist etwas Doppelseitiges, es stellt die Verbindung der Vorstellung, die es im Kopf des Hörers erzeugt, mit dem Lautbild dar. Beide Seiten sind psychischer Natur, das Zeichen ist somit eine sprachimmanente Größe. Das Bezeichnete gehört »mit zur Sprache und darf nicht mit der ›chose réelle‹, dem außersprachlichen Objekt, verwechselt werden.« [12] Die Sprache wird von Saussure als Netzwerk von Beziehungen beschrieben; als ein System, dessen Einheiten sich gegenseitig bedingen, in dem Geltung und Bedeutung eines Elementes nur aus dem gleichzeitigen Vorhandensein anderer Elemente resultieren.

In einem ausführlichen Überblick über die ›éléments de sémiologie‹ (1964) versucht Barthes, die methodischen Begriffe, die die neuere Sprachwissenschaft bereitstellt, daraufhin zu befragen, ob sie als Analyseinstrumente für Zeichensysteme außer dem der Sprache eingesetzt werden können. Er schränkt aber gleich ein: aus der Tatsache, daß diese Begriffe herangezogen würden, sei nicht zu folgern, daß sie im Verlauf der Untersuchungen immer und überall ausreichend sein müßten.

Auch sei damit nicht gesagt, daß Semiologie immer streng dem sprachwissenschaftlichen Modell folgen müsse.

Barthes gibt zu, daß das semiologische Wissen bis zu diesem Zeitpunkt (1964) nur eine Kopie des linguistischen Begriffsapparats sei. Deswegen sei die Anwendung auf nicht-sprachliche Objekte zunächst etwas tollkühn, aber wie er später zu beweisen glaubt, kann es sein, daß die Sprache in die menschlichen Handlungen und Ausdrucksformen, soweit sie ›etwas bedeuten‹, in weit größerem Maße eingeht, als man es bisher angenommen hatte; ja daß menschliches Handeln ohne Sprache überhaupt nicht möglich sei. Deswegen sei eigentlich Linguistik nicht ein Teil der Wissenschaft vom Menschen, sondern alle diese Einzelwissenschaften wären als ein Teil einer weitumfassenderen, allgemeinen Linguistik anzusehen. [13]

2.1. *Die Analyse von Bedeutungssystemen*

Die Grundvoraussetzung bei der Analyse von ›Bedeutendem‹ innerhalb von Bedeutungssystemen ist: die ›Objekte‹ müssen als ›gemachte‹ betrachtet werden. Das Interesse des Semiologen liegt darin, zu erkennen, »wodurch die Bedeutung möglich ist, zu welchem Preis und auf welchem Weg«. [14] Dies ist für Barthes wesentlicher als die Bedeutung selbst, denn »Funktion reicht weiter als die Werke«. [15] Das Ziel der Analyse ist, »ein Objekt derart zu rekonstruieren, daß in dieser Rekonstruktion zutage tritt, nach welchen Regeln es funktioniert«. [16] Das gegenwärtige Sein des Objekts der Analyse ist damit als vergangener Akt zu begreifen; es ist ein »Gemachtwordenes«. [17] Um die Regelhaftigkeit aufdecken zu können, bedarf es der »Aufeinanderfolge einer bestimmten Anzahl geistiger Operationen« [18] bei der Analyse eines Bedeutenden. Zwei typische Operationen kennzeichnen diese, wie Barthes es bezeichnet, ›strukturalistische Tätigkeit‹: Zerlegung und Arrangement. Durch die Zerlegung werden die Paradigma freigelegt, d. h. Vorräte von begrenzten Einheiten/Fragmenten, die an sich keine Bedeutung haben. Ihre signifikative Existenz wird bestimmt durch die winzige Differenz, die sie zu anderen, ebenfalls verwendungsfähigen Einheiten haben, mit denen sie eine bestimmte Klasse bilden. [19] Das Arrangement besteht darin, daß der ›strukturale Mensch‹ diesen gesetzten Einheiten »Assoziationsregeln ablauscht oder zuweist«. [20]

> Durch die regelmäßige Wiederkehr der Einheiten und Assoziationen von Einheiten kommt das Werk als konstruiertes zum Vorschein, das heißt mit Bedeutung versehen. [21]

Hat der Analytiker derart die Struktur des Bedeutens eines Objekts beschrieben, so ist das Ergebnis dieser Reflexion nicht ein »orginalgetreuer Abdruck der Welt, sondern die wirkliche Erzeugung einer Welt, die der ersten ähnelt, sie aber nicht kopieren, sondern verständlich machen will«. [22]

Die Bedeutungen und die Voraussetzungen ihrer Wirkungen gilt es zu erforschen. Damit umfaßt die semiologische Analyse nicht nur die Form allein, sondern es ergibt sich auch die Möglichkeit einer Analyse der Totalität, indem die Grundlage für die historische Kritik durch die Beschreibung der Wirkungsmöglichkeit des Bedeutenden gelegt wird.

2.2. *›Die Rhetorik des Bildes‹*

Am Beispiel einer semiologischen Analyse eines (Reklame-)Bildes [23] soll die Methode der semiologischen Analyse gezeigt werden und die Anwendung eines bestimmten Begriffs von Rhetorik erläutert werden.

Barthes wählt der Einfachheit halber ein Reklamebild, denn die Bedeutung ist hierbei »a priori intentional« [24], weil der Betrachter von der Qualität bestimmter Attribute des Produkts überzeugt werden muß. Die Frage lautet: wie erhält das Bild seinen Sinn?

Das Problem, das bei der Verwendung sprachwissenschaftlicher Kategorien auftaucht, ist: handelt es sich beim Bild überhaupt um ein System von Zeichen, oder besteht es nur aus einer bloßen Aneinanderreihung verschiedener Abbildungen? Die Vorstellung eines Systems in der Sprachwissenschaft wurde durch die Unterscheidung von Zeichen und Bezeichnetem begründet, denn Zeichen können ihrer Aufgabe, »etwas zu bedeuten«, nur dann gerecht werden, wenn sie sich von andern unterscheiden (Paradigma) und bei der Anwendung in eine geregelte Beziehung (Syntagma) untereinander treten können. In der Semiologie handelt es sich nun bei noch nicht erforschten Objekten darum, wie angedeutet, durch Zerlegen und Arrangieren diese beiden Ebenen freizulegen und zu benennen. Barthes greift, um diese geistige Tätigkeit zu kennzeichnen, auf eine Terminologie zurück, die von Roman Jakobson geprägt wurde. Dieser versuchte, die formalen Schranken einer Oberflächenanalyse der frühen russischen Strukturalisten zu überwinden, indem er für die Unterscheidung der beiden Ebenen die Bezeichnung von zwei rhetorischen Sinnfiguren (Tropen) verwendet, nämlich Metapher und Metonymie. [25] Die Schwierigkeit bei der semiologischen Analyse besteht darin, diese Einteilung vorzunehmen, das heißt syntagmatische Einheiten abzugrenzen und sie in Paradigma einzuteilen, um somit durch diese Untersuchungen ein System der Zeichen, vergleichbar dem der ›langue‹, zu erhalten, aus dem der Schöpfer der Nachricht – bewußt oder unbewußt – in einem Akt der Aktualisierung dieses Systems, vergleichbar der parole, seine ›bedeutenden‹ Objekte (Bild, Literatur, usw.) konstruieren kann. Barthes behält zunächst die Termini

›langue‹ und ›parole‹, ›faute de mieux‹ auch für Kommunikationssysteme bei, die nicht auf verbaler Grundlage beruhen. Allerdings wäre bei der Analyse von Systemen, deren Bedeutungsgehalt aus semiologischer Sicht noch nicht erforscht ist, darauf zu achten, daß die ›langue‹ in den semiologischen Systemen im allgemeinen nicht durch die Masse der Sprechenden herausgebildet, sondern durch eine ›decision group‹ willkürlich festgelegt wird, »es handelt sich insgesamt also um fabrizierte Sprachen; [...] der Benutzer folgt diesen Sprachen, aber er nimmt nicht an ihrer ›Elaboration‹ teil«. [26] Und noch eine Modifikation muß vorgenommen werden: Im semiologischen System gilt es neben der Tatsache, daß Dinge ›etwas bedeuten‹ können, zu beachten, daß diese Dinge eine Materie haben, die einem Zweck dient (z. B. im System der Mode bedeutet die Unterscheidung langer Rock – kurzer Rock vielleicht Feierlichkeit–Freizeit; der Rock als Materie macht diese Unterscheidung möglich, die Materie dient aber auch zum Schutz gegen Kälte) – eine Unterscheidung, die die Sprachwissenschaft in dem Sinne nicht kennt, wo der Ton als unmittelbar bedeutend angesehen wird. Die semiologische Analyse muß sich daher über drei Ebenen erstrecken:

a) Ebene der Materie
b) Ebene der langue } System
c) Ebene der Gebrauchs-Aktualisierung }

Bei seiner Untersuchung unterwirft Barthes das Reklamebild einer spektralen Analyse der Nachrichten, die es enthalten kann. Er scheidet zunächst, weil klar zutage liegend, die linguistische Nachricht (Schrift) aus (sie wird später als den Sinn verstärkend in die Gesamtbetrachtung einbezogen). Das ›reine‹ Bild, das zurückbleibt, liefert zunächst eine zusammenhanglose Anzahl von Zeichen, von denen angenommen wird, daß sie ein kohärentes Ganzes bilden. Diese Zeichen werden vom Betrachter aufgrund eines Codes, der aus allgemeinem kulturellen Wissen besteht, ›gelesen‹. Es handelt sich für Barthes um ein »formales System, dessen Zeichen einem kulturellen Code entnommen sind«. [27] Barthes nennt die aus diesem System hervorgehende Information eine »codierte ikonische (symbolische) Nachricht«. [28] Es bleibt aber noch die Ebene der Materie: die fotografierten Gegenstände, die man ›natürlich‹ sofort als solche erkennt. Diese Nachricht ist dadurch gekennzeichnet, daß Signifikant (abgebildete Tomate auf dem Papier) und Signifikat (richtige Tomate) »quasi tautologisch« [29] zusammenfallen: »das Zeichen dieser Nachricht ist nicht mehr aus einer institutionellen Reserve geschöpft, es ist nicht codiert [...].« [30] Um diese Nachricht zu verstehen, muß man nur wissen, was ein Bild und was eine Tomate ist. Barthes nennt dies eine »buchstäbliche, nichtcodierte ikonische Nachricht«. [31] Beide

Nachrichten empfängt der Betrachter gleichzeitig. Die Grundlage bildet das System der nicht-codierten ikonischen, buchstäblichen Nachricht. Das ›zweite System‹ der codierten ikonischen Nachricht erhält seine Verbindung mit dem ersten dadurch, daß die Bedeutung der Zeichen dieses zweiten Systems mit Hilfe der des ersten gebildet wird; das heißt, es findet eine Übertragung der Bedeutung statt. Barthes bezeichnet das buchstäbliche Bild als denotiertes und das symbolische als konnotiertes. [32]

Um es zu verdeutlichen: jedes System von Bedeutung umfaßt eine Ausdrucksebene (Zeichenmaterie) und eine Inhaltsebene (Bedeutetes). Die Bedeutung entsteht durch die Relation (Verbindung) beider Ebenen. Wird nun dieses so entstandene Zeichen dazu benutzt, Ausdrucksebene eines zweiten Systems zu werden, so verschiebt sich die Bedeutung. Die ursprüngliche, denotative wird zum Träger der zweiten konnotativen Bedeutung. Es entsteht ein konnotiertes System, »dessen Ausdrucksebene selbst durch ein Bedeutungssystem konstituiert ist«. [33] Barthes nennt die Signifikanten der Konnotation ›connotateurs‹. Sie bestehen aus Zeichen (Signifikant und Signifikat vereint) des denotativen Systems.

Die Aufgabe der semiologischen Analyse ist es nun herauszufinden, nach welchen Regeln diese Konnotation, dieses Besetzen eines Zeichens mit einem zweiten Sinn, funktioniert. Zunächst hat das Bedeutete der Konnotation »gleichzeitig einen allgemeinen, globalen und diffusen Charakter; es ist, wenn man so will, ein Fragment der Ideologie«. [34] Das Bedeutete speist sich aus der Kultur, dem Wissen, der Geschichte einer Gesellschaft. Weil die Ideologie für eine bestimmte, gegebene Gesellschaft nur gleichartig sein kann, trifft man dieses Bedeutete der Konnotation in allen Bereichen an. Die Konnotationssignifikanten müssen aber eingeteilt und unterschieden werden. Dieses zu schaffende Einteilungs-(Klassifikations-)system, das die Gesamtheit der Konnotatoren umfassen soll, nennt Barthes eine »rhétorique«. Es ist die Form, in der unabhängig von ihrer Substanz (Laut, Bild, Geste) die Konnotationssignifikate als die »signifikante Seite der Ideologie« erscheinen. [35]

> Diese Rhetorik kann nur hergestellt werden, wenn man von einer ziemlich umfassenden Bestandsaufnahme ausgeht, doch kann man schon jetzt voraussehen, daß man dann einige einst von den Alten und den Klassikern entdeckte Figuren wiederfinden wird. So bezeichnet die Tomate das ›Italienische‹ durch Metonymie. In einer anderen Reklame löst die Folge von drei Szenen (Kaffeebohnen, gemahlener Kaffee, ausgebrühter Kaffee) durch einfache Gegenüberstellung – auf dieselbe Weise wie ein Asyndeton – einen bestimmten logischen Bezug aus. [36]

2.3. *Bürgerliche Mythen als Bedeutungssystem*

Wir sehen, daß Barthes das Formale betont. Aber gerade in einer genauen Kenntnis der Formen, in denen sich eine Ideologie manifestiert, liegt für ihn mit ein wesentliches Element für eine Kritik der ideologischen Inhalte. Schon in einer seiner ersten Arbeiten [37] hat Barthes versucht, diese Kritik der Formen für eine Analyse der Gegenwartskultur fruchtbar zu machen. In den 50er Jahren hatte er in einer Reihe von kleineren Betrachtungen versucht, aus einem Gefühl »der Ungeduld angesichts der Natürlichkeit, die der Wirklichkeit von der Presse oder der Kunst unaufhörlich verliehen wurde« [38], die Frage zu untersuchen, ob diese Natürlichkeit, diese ständige Verwechslung von Natur und Geschichte bei der Beurteilung dessen, ›was sich von selbst versteht‹, nicht einen ideologischen Mißbrauch der Inhalte der dargestellten Dinge mit sich führt. »Der Begriff des ›Mythos‹ schien mir von Anfang an auf diese falschen Augenscheinlichkeiten zuzutreffen.« [39] Wie kommt diese ›Pseudonatur des Bedeutens‹ zustande? Der Mythos, als Form des Bedeutens [40], bemächtigt sich eines Zeichens als Rohstoff (Sprache, Bild, Automobil). Jeder Gegenstand der Welt kann dadurch, daß er öffentlich besprochen wird, in einen »für die Aneignung durch die Gesellschaft offenen Zustand übergehen«. [41] Dieser gesellschaftliche Gebrauch der Dinge schafft die Grundlage für die Betrachtung des Mythos als semiologisches System. Der Mythos besteht in der Wirkungsweise einer ›semiologischen Kette‹: Ein erstes Zeichensystem (z. B. Bild, Worte) wird dadurch, daß es öffentlich benutzt wird, mit einer zusätzlichen Bedeutung besetzt. Es wird Bedeutendes des zweiten Glieds der Kette. Barthes bezeichnet das erste Zeichensystem als eine Objektsprache, »weil es die Sprache [langue, d. Verf.] ist, deren sich der Mythos bedient, um ein eigenes System zu errichten«. [42] Die zweite Sprache, »in der man von der ersten spricht« [43], stellt die Form des Bedeutens des Mythos dar.

Dadurch, daß der Mythos sich des Bedeuteten (des Sinns) des ersten Zeichens bedient, ›entleert‹ er den ganzen Reichtum dieses ersten Zeichens und macht ihn für seine Zwecke nutzbar. Der Sinn des ersten Zeichens wird dabei aber nicht aufgehoben und fällt auch nicht (wie beim Bild) mit dem konnotierten Zeichen zusammen, sondern wird nur zurückgestellt. Das Bedeutete des Mythos »muß unablässig wieder Wurzel im Sinn [des ersten Zeichens, d. Verf.] fassen und aus ihm sich mit der Natur nähren können, und insbesondere muß sie sich in ihm verbergen können«. [44]

Die Beziehung zwischen dem ersten Sinn des Zeichens, dessen sich der Mythos bedient, und dem Bedeuteten, das durch den Mythos auf dieses Zeichen übertragen wird, besteht darin, daß der Mythos dieses [erste]

Zeichen »deformiert«. [45] Indem der Mythos sich den Sinn des Zeichens für sein Bedeutetes »ausborgt« [46], macht er sich ihn zum Alibi. Er zwingt damit den Betrachter, sich Natürlichkeit vorzustellen, wo nur eine Äquivalenz besteht. Weil er so die Natürlichkeit des Bedeutenden vorgibt, kann er seine Interessengebundenheit verschleiern. Das Wesen des Mythos besteht also darin, daß »das Reale umgewendet, es von Geschichte entleert und mit Natur angefüllt worden ist«. [47] Diese Deformation des Sinns des ersten Zeichens vollzieht sich in einer Reihe von Formen, mit deren Hilfe diese »allgemeine Perspektive jener Pseudo-Natur« [48] entsteht. Durch sie wird der Traum der zeitgenössischen bürgerlichen Welt charakterisiert. Diese Formen bezeichnet Barthes als rhetorisch. Man muß darunter

> [...] eine Gesamtheit von festen, geregelten, eindringlichen Figuren verstehen, in die sich die verschiedenen Formen des mythischen Bedeutenden einfügen. Diese Figuren sind transparent in dem Sinne, daß sie die Formbarkeit des Bedeutenden nicht beeinträchtigen, doch sind sie schon hinreichend begrifflich gemacht, um sich einer historischen Vorstellung der Welt anzupassen (ganz so wie die klassische Rhetorik eine Vorstellung von aristotelischem Typus wiedergeben kann). [49]

Barthes zählt sieben Formen auf:

1. das Serum: hier handelt es sich um das Phänomen, daß die bürgerliche Gesellschaft bereit ist, das von ihr verursachte ›Übel einer Klassensituation‹ im Kleinen, im Einzelfall zuzugeben, »um deren prinzipielles Übel um so besser zu maskieren«. [50]

2. Entziehung der Geschichte: indem der bürgerliche Mythos seinem Objekt die Geschichte entzieht, läßt er es aus der Ewigkeit stammen. So entsteht die falsche Natürlichkeit.

3. Identifizierung: da der Kleinbürger unfähig ist, sich den anderen vorzustellen, muß er ihn entweder ignorieren, »oder aber er verwandelt ihn in sich selbst«. [51] Erweist sich der andere als nicht integrierbar, weil der gesunde Menschenverstand sich dem widersetzt, dann bleibt der Weg, den andern als exotisch zu bezeichnen. Er stellt auch so keine Gefahr mehr dar.

4. und 5. Die Tautologie und das Weder-Noch: beide Figuren töten das Rationale. Die Tautologie, indem sie mit Hilfe der Sprache vorgibt, daß etwas so ist wie es ist; das Weder-Noch verdrängt das Rationale, indem es die Gegensätze aufwirft, sie aber nicht löst. Das Weder-Noch wiegt beide Teile des Gegensatzes miteinander auf, um beide zu verwerfen. »Man braucht«, weil es weder Gut noch Böse gibt, »nicht zu wählen, man muß ertragen. « [52]

6. Quantifizierung der Qualität: »Dadurch, daß der Mythos jede Qualität auf eine Quantität reduziert, spart er Intelligenz: er begreift das Wirkliche mit geringerem Aufwand.« [53]

7. Die Feststellung: sie ist das ›edlere Äquivalent‹ der Tautologie. Sie liefert eine Erklärung, aber diese basiert nur auf dem sogenannten gesunden Menschenverstand, das heißt, es wird eine Wahrheit postuliert, »die auf willkürlichen Befehl des Sprechenden innehält«. [54]

2.4. Literatur als Forschungsgegenstand des Semiologen

Wir haben gesehen, daß Roland Barthes bei seiner Betrachtung des ›Phänomens des Bedeutens‹ von einer Rhetorik spricht, wenn er ein System beschreiben will, das selbst nicht bedeutet, das aber dadurch, daß es ›Bedeutendes‹ in einer bestimmten Weise formt und regelt, die Beziehung zwischen der Realität und dem Bedeuteten kennzeichnet. In seinen literaturkritischen Arbeiten allerdings knüpft er nicht nur im übertragenen Sinne an diese Vorstellung von der Rhetorik als eines funktionalen Systems an. Indem er die Literatur als gesellschaftliche Institution ansieht, ist sie ein Zeichensystem, eine Sprache (Diskurs), die geregelt ist, deren Funktionieren sich analysieren läßt. Allerdings – das erschwert die Analyse –, ist eine Besonderheit zu beachten: das Material, die ›natürliche Sprache‹, stellt bereits für sich ein Zeichensystem dar, das schon bedeutet. Die Literatur als System einer Kunstform bedient sich der Sprache, um ihren Zweck – ›mitteilen‹ – erfüllen zu können. Dabei wird

> die Literatur nur ein parasitäres Objekt der Sprache. Wenn Sie einen Roman lesen, konsumieren Sie nicht unmittelbar das Bedeutete ›Roman‹. Die Nachricht, die man erhält, ist nicht die Idee Literatur [...], diese Idee ist ein Bedeutetes, das *zusätzlich,* am Rande vermittelt wird. Man spürt es unbestimmt in einem Nebenbereich. Konsumiert werden die Einheiten, die Beziehungen, kurz: die Wörter und die Syntax des ersten Systems (des der französischen Sprache). Und doch ist das Wesen dieses Diskurses (sein ›Reales‹) durchaus die Literatur, nicht die Anekdote, die er vermittelt. Im ganzen gesehen ist hier das parasitäre System das Hauptsystem, denn in ihm liegt die letzte Intelligibilität des Ganzen. Anders gesagt: gerade dieses System ist das Reale. [55]

Wenn Literatur so als Bedeutungssystem betrachtet wird, das aus Sprache gemacht ist, so wird es wichtig sein, sich zu fragen: was macht aus der sprachlichen Nachricht ein Kunstwerk? Es geht hierbei nicht darum, den Inhalt eines Werkes zu erschließen, sondern um eine »Wissenschaft von den Bedingungen des Inhalts, d. h. der Formen«. [56] Damit ist aber nicht eine Stilistik gemeint, sondern ein zunächst angenommenes System, das eine ›leere‹ Bedeutung hat, das aber jeder Schriftsteller anwendet, um in der Schreibweise, die er verwendet, ›Bedeutung zu geben‹.

Zur konkreten Untersuchung greift Barthes auf die Vorarbeiten zurück, die zur Analyse der ›poetischen Sprache‹ von der Schule der russischen Formalisten begonnen und mit der Entwicklung der strukturalen Sprachwissenschaft fortgesetzt wurden.

In Rußland, wo sich die Literaturwissenschaft um die Jahrhundertwende in einer tiefen Krise befand, versuchte eine Gruppe von jungen Literaturhistorikern, den Weg aus dem »Chaos und der Verwirrung« des »Biographismus« und des »Subjektivismus« zu finden, indem sie die sprachphilosophischen Grundlagen des modernen Positivismus für die Literaturkritik fruchtbar machen wollten. [57]

Von dem Postulat ausgehend, daß Dichtung *Wort*kunst sei, versuchten sie die Analyse der poetischen Sprache. Diese wurde begriffen als

> eine »funktionelle« Sprachweise par excellence, deren sämtliche Komponenten sich dem gleichen konstruktiven Prinzip unterordneten – eine Sprache, die durch und durch »organisiert« ist, um den beabsichtigten ästhetischen Effekt zu erzielen. [58]

Ihre Aufgabe sahen diese Literaturkritiker nicht darin, die Literatur, sondern die ›Literalität‹ zu studieren. Das führt dazu, daß die Betrachtung ausschließlich synchronisch und immanent verläuft. Letzten Endes geht es dann darum, sich nicht mit der wirklichen Literatur, sondern mit einer abstrakten Struktur zu beschäftigen, von der das Werk nur eine mögliche Verwirklichung ist. Roman Jakobson [59] hat immer wieder versucht, diese Struktur durch die »objektive wissenschaftliche Analyse des Wortkunstwerks« [60] zu beschreiben, indem er linguistische Kriterien für die poetische Funktion anzugeben versuchte.

Jakobson bezeichnet jede Äußerung als eine Kombination mehrerer Sprachfunktionen, sie wird aber durch die Dominanz einer Funktion bestimmt und erhält durch sie spezifische Charakteristika. [61] Dichtung ist für Jakobson eine Sprache, in der die poetische Funktion dominiert, d. h. eine Sprache, die um ihrer selbst willen künstlerisch gestaltet ist und deswegen eine bestimmte (poetische) Struktur enthält, die sie von alltäglichen Sprachprodukten unterscheidet.

Die Grundlage für diese Auffassung ist die Kenntnis einer sprachlichen Norm, die der Linguist mit seinen Mitteln feststellen zu können glaubt. In der bewußten Abweichung von der Norm liegt die poetische Funktion als eine Art des intentionalen Sprechens. Barthes möchte dieses Element im Gegensatz zu Jakobson nicht poetisch nennen, sondern rhetorisch. Er glaubt, daß sich diese sogenannte poetische Funktion in allen Sprachkunstwerken finden läßt und nicht nur, wie Jakobson wohl vornehmlich meinte, in der Lyrik. Die Abweichung kann sowohl auf paradigmatischer Ebene vorkommen als auch auf der syntagmatischen. Jakobson hat sie im Bereich des Paradigmas als methaphorische und im Bereich des Syntagmas als metonymische Abweichung beschrieben.

> Eine Rede kann sich in zwei verschiedenen semantischen Richtungen entwickeln: der Gegenstand der Rede kann sowohl durch die Similaritätsoperation als auch durch die Kontiguitätsoperation in einen anderen Gegenstand überführt werden. Den ersten Weg könnte man als den *metaphorischen,* den

> zweiten als den *metonymischen* Weg bezeichnen, da diese Wege durch die Metapher bzw. die Metonymie am besten zum Ausdruck kommen. [62]

Jakobson glaubt, daß man von der Art, wie ein Sprecher beide Verbindungen verwendet, »auf seinen persönlichen Stil und auf seine Vorliebe für bestimmte sprachliche Ausdrücke« [63] schließen kann. »In der Dichtkunst kommt die Wechselbeziehung zwischen diesen beiden Elementen besonders zum Ausdruck.« [64]

Literarische Botschaften wären damit als solche gekennzeichnet, die sich durch einen geringen Grad an Vorhersagbarkeit, Wahrscheinlichkeit auszeichnen.

Wie kommt es, daß Barthes und Jakobson diese Auffassung als rhethorisch kennzeichnen bzw. mit rhetorischen Begriffselementen arbeiten? Wie es scheint, handelt es sich dabei um jene eingeschränkte Auffassung der Rhetorik, die bis heute erhalten blieb, seitdem ein gewisser Romantizismus im 19. Jahrhundert die Klarheit und logische Ordnung in der Sprachauffassung der sogenannten klassischen Periode (Racine) ablehnte. So erschien die Rhetorik

> nicht mehr als Kunst jeder Rede sondern nur als Kunst der linearen und logischen Rede, eine Kunst, die unfähig ist, den romantischen Gefühlen und Leidenschaften Rechnung zu tragen [...] die Rhetorik ist nicht die Kunst Leidenschaften auszudrücken, sondern sie zu lenken. [65]

Gérard Genette [66] versucht, diese Einengung der Rhetorik und ihre Wiederaufnahme durch die moderne Sprachforschung aufzuzeigen. Genette führt die Einengung des Rhetorikbegriffs bei den ›Neo-Rhetoren‹ der Neuzeit auf die Wirkung zweier kanonisierter Werke (von denen eines als Handbuch und Lehrbuch im Schulunterricht diente) [67] zurück. Es handelt sich um Les Tropes von César Chesneau Dumarsais, 1729, und den Commentaire raisonné, der von Pierre Fontanier für eine Wiederauflage 1818 beigefügt wurde.

Dumarsais, der Grammatiker der Enzyklopädie, stellte in den Mittelpunkt seines Werkes eine Untersuchung der Sinnfiguren. Er unterschied zwischen denen, die im eigentlichen Sinn (sens propre) und denen, die im übertragenen Sinn (sens figuré) gebraucht werden. Definitorisch kann Dumarsais allerdings die Zwickmühle: ›Figürlich ist, was nicht eigentlich, und eigentlich, was nicht figürlich ist‹ nicht überwinden. Fontanier, der Dumarsais' Schwierigkeiten überwinden wollte, indem er das System der Tropen einerseits ausweitete, andererseits aber glaubte, daß alle Tropen auf eine Grundform zurückzuführen wären, suchte dieses Prinzip der ›Substitution‹ (Ersetzung) auf alle sprachlichen Figuren anzuwenden. So machte er die Tropen zum Modell jeder Figur. Während bei Dumarsais noch eine »ein wenig chaotische und manchmal redundante« [68] Liste von 18 Tropen existierte, in der noch keine Hierarchisierung angelegt war, so hat er doch in einem besonderen Kapitel versucht, der Frage nachzugehen, ob es eine Möglichkeit gebe, eine Rangfolge der Figuren aufzustellen. Dadurch könnte der Wert einer jeden festgelegt und die Beziehungen untereinander gekennzeichnet werden. Dumarsais schlug vor, Synecdoche und Metonymie unter dem Aspekt, daß beide eine Verbindung oder ein Verhältnis begründen, zusammenzufassen. Dieses Verhältnis stellt weder die Beziehung der Ähnlichkeit wie in der Metapher oder die des Kontrastes wie in der Ironie dar. [69] Es entstehen so drei Assoziationsprinzipien: die Gleichheit, die Kontiguität und die Opposition. Fontanier nun baut seine Rangfolge auf der Unterscheidung Metonymie-Synecdoche auf. Er schließt dabei die Ironie aus, beschränkt sich aber nicht nur darauf, alle Tropen auf die drei fundamentalen Tropen: Metapher, Metonymie, Synecdoche zu beziehen, sondern erkennt nur diese drei als Tropen an; der ganze Rest ist Konfusion, er verwirrt nur. Es genügt, meint Genette [70], diese beiden Einschränkungen zu verbinden: die von Dumarsais vorgenommene Beziehung der Tropen auf das Verhältnis zwischen Metonymie und Synecdoche und Fontaniers Ausschluß der Ironie, um »das exemplarische Figurenpaar, [...] den Januskopf unserer eigenen modernen Rhetorik zu erhalten: Metapher und Metonymie«. [71] .

Barthes bleibt aber bei dieser Verwendung der Rhetorik als Klassifikationsschema allein nicht stehen. Er meint, daß zwischen den Formen, die die Rhetorik als System erhellt, und dem Gesellschaftssystem, in dem sie verwandt werden, eine Verbindung besteht. In der klassischen Schreibweise war der Grad der Vorhersagbarkeit, linguistisch gesehen, verhältnismäßig groß, während er in der surrealistischen Poesie der Gegenwart praktisch nicht existiert. Die Formen als solche bleiben aber dennoch in beiden bestehen. Der Prozeß der Veränderung in der Literatur geht »mehr in der Art einer Umsetzung (Umformung) vor als in der einer Evolution: die Möglichkeit von Veränderungen wird zunehmend ausgelöscht«. [72] Die Geschichte greift nur in den Verlauf dieses Umwandlungsprozesses ein, sie verändert aber nicht die Formen selbst. Die klassische Rhetorik als Formensystem hat bis zum 19. Jahrhundert die literarischen Formen bestimmt. Wenn es gelänge, für die Gegenwart anzugeben, was von der Rhetorik aufgegeben wurde und was geblieben ist, »so könnte man zweifellos eine vollständige Analyse der Vielfalt der persönlichen Stile herstellen und für jeden die Bedeutung angeben, die er für unsere Gesellschaft enthält«. [73] Noch immer gilt, was Barthes für die Verwendung von Figuren bei Racine sagte:

> [Die Sprache] erzwingt [...] durch diese Figuren der Rhetorik einen besonderen Schnitt durch die Welt. Ist das eine Sache des Stils, eine Sache der Sprache? Weder des einen noch der anderen, in Wahrheit handelt es sich um eine regelrechte Institution, um eine *Form* der Welt, die ebenso wichtig ist wie die geschichtlich betrachtete Darstellung des Raumes bei den Malern. [74]

3. Kenneth Burke – Zwischen New Criticism und New Rhetoric

3.1. Der New Criticism

Der New Criticism stellt keine geschlossene Bewegung dar, sondern spaltet sich in zahlreiche Richtungen. Die größte und einflußreichste Gruppierung dieser amerikanischen Literaturkritik bestand aus dem Kreis um John Crowe Ransom, Allen Tate und Cleanth Brooks; »sie bildeten eine kleine schöngeistige coterie inmitten der rapide fortschreitenden Industrialisierung des Südens« [1] der USA, in Tennessee, wo sie in dem Traditionalismus der Südstaaten eine Alternative zum Kapitalismus zu finden glaubten.

Die genauere Bestimmung dessen, was diese Literaturkritik ist und wer ihr zuzurechnen sei, gestaltet sich als nahezu unmöglich. [2] Dennoch soll im folgenden versucht werden, eine kurze Darstellung des New Crticism zu geben.

Die Anfänge des New Criticism lassen sich bis in die Zeit vor dem ersten Weltkrieg zurückverfolgen. In den zwanziger Jahren profilierte sich diese Richtung der Literaturkritik, um dann in den vierziger Jahren die stärkste Resonanz zu finden.

> Trotz vielfältiger Beteiligung verschiedenster Autoren ist für den New Criticism eine Reduzierung des Literarischen auf eine »Autonomie« typisch, die sowohl Autor als auch außerliterarische Aspekte außer acht läßt. [3]

Die Methoden und Wertungen der Neuen Kritiker wichen bewußt von denen der traditionellen Literaturwissenschaft ab. [4]

Der viktorianische Kritiker identifizierte sich mit seinem bürgerlichen Leser; beide besaßen eine übereinstimmende ästhetische Wertung. Mit Beginn des 20. Jahrhunderts wuchs auch die Entfremdung zwischen dem bürgerlichen Kritiker und seinem Publikum [5]; Kunstkritik konnte nicht mehr mit Kunstgeschmack gleichgesetzt werden. Es erfolgte die Wendung zu der streng formalistischen Literaturkritik des New Criticism, die auf eine absolute Forminterpretation hinauslief, in der der dialektische Gegensatz von Form und Inhalt aufgehoben und das Kunstwerk als autonom angesehen wird; der Autor selbst ist für den Kritiker und seine Interpretation unwesentlich geworden, ebenso wie das Motiv für die Entstehung des Werkes. [9] Die Aufgabe des Literaturkritikers beschränkt sich auf die Textanalyse. Das dichterische Werk wird verstanden als

> eine primär von eigenen Gesetzen bestimmte organische Einheit *sui generis*, d. h. als ein ästhetisches Phänomen, das im Augenblick seiner Vollendung die subjektiven, jeweiligen Bedingungen seiner Entstehung hinter sich zurückläßt und das seine Wirkungen erklärt und nicht seinerseits aus ihnen erklärt werden kann. [7]

In der Symboltheorie des New Criticism zeigt sich diese Haltung besonders deutlich. [8] Das Symbol wird von der Mehrzahl der Neuen Kritiker als »ein Element poetischer Kraft« [9] betrachtet; es ist autonom und gewinnt aus dieser Autonomie »seine eigene immanente Bedeutung (meaning), ist irrationales Zeichen«. [10] Alle Symbole (Metaphern, Bilder) werden unter dem Begriff »imagery« [11] zusammengefaßt; sie werden zu »images«.

> »Image« wird als Projektion »innerer Visionen« verstanden und so aus dem Wirklichkeitsbezug ausgeklammert. [...] Das damit implizierte Metaphern-Verständnis hat subjektive Funktion, es beleuchtet nicht Wirkliches, sondern ist nur Reflex des Betrachters, des »neuen« Kritikers. Diese extreme Subjektivierung der Metapher unterschreibt den zu untersuchenden literarischen Texten private Bedeutung, Erkenntnisfunktion einer Metapher wird in Abrede gestellt. [12]

Innerhalb dieser im vorhergehenden kurz skizzierten amerikanischen Neuen Kritik nimmt Kenneth Burke eine Sonderstellung ein. Es läßt sich zwar feststellen, daß er zu dieser Richtung der Literaturkritik gezählt werden kann, dennoch unterscheiden sich diese und seine eigene Theorie in mehreren Punkten erheblich. Auf die Darstellung dieser Differenzen soll hier verzichtet werden, da sie durch den folgenden Text deutlich werden.

3.2. Die Bedeutung Burkes für die New Rhetoric

Kenneth Burke, geboren am 5. Mai 1897 in Pittsburgh, lebt heute in Andover, New Jersey. Er studierte an der Ohio State University und an der Columbia University. Burke übersetzte französische und deutsche Schriften; 1924 erschien ein Buch mit Kurzgeschichten von ihm *(The White Oxen)*. In der Zeit zwischen 1927 und 1936 veröffentlichte er als Mitarbeiter von »The Dial« und »The Nation« zahlreiche Artikel und Rezensionen über Musik, bildende Kunst, Dichtung und Literatur. 1928 erhielt er den »Dial Award«, 1935 ein Guggenheim-Stipendium. Seine Hauptwerke sind: *Counter-Statement* (1931), *Permanence and Change: Anatomy of Purpose* (1935), *Attitudes toward History* (1937), *The Philosophy of Literary Form* (1941), *A Grammar of Motives* (1950), *A Rhetoric of Motives* (1950), *A Rhetoric of Religion* (1961).
Burke war Lehrer für Literaturgeschichte und -kritik an der New School for Research und an der University of Chicago; nach 1943 hielt er Vorlesungen am Bennington College und an der University of California.

Die Auswahl des umfangreichen Werkes von Kenneth Burke aus der Vielzahl amerikanischer Rhetoriken ist nicht ganz leicht zu rechtfertigen. Man kann nicht sagen, daß es in irgendeiner Weise für den Stand der amerikanischen Rhetorik repräsentativ sei. [13] Vielmehr ist es gerade durch seine Exzentrität repräsentativ für die Anwendungsbreite, aber auch für die methodischen und inhaltlichen Probleme, die eine heutige

Rhetorik kennzeichnen. Obwohl Burkes Bedeutung bei Kritikern und Adepten in den USA unumstritten ist, scheint dies für seine Wirkung weniger zu gelten. So schreibt einer der schärfsten Kritiker aus jüngerer Zeit: »Tatsächlich ist Kenneth Burke wahrscheinlich die umstrittenste literarische Figur der letzten fünfzig Jahre in Amerika.« [14] Auch V. Holland, deren erste und umfassende Analyse der Burkeschen Rhetorik deren Faszination sichtlich erlegen ist [15], kann nicht umhin, diesen Eindruck zu bestätigen. In Europa – selbst in England – ist Burke bislang nahezu wirkungslos geblieben. [16] In deutscher Sprache liegen außer kleineren Aufsatzfragmenten in Sammelbänden bislang nur zwei größere Studien vor, die aber wiederum nur Teile umfangreicherer Arbeiten im Original sind. [17] Der Grund für die zögernde und zwiespältige Burke-Rezeption dürfte hüben wie drüben der gleiche sein: »Burke ist schwer und oft verwirrend.« [18] Tatsächlich hat er wie kaum ein anderer versucht, ein literaturkritisches Instrumentarium unter Zuhilfenahme der verschiedensten Disziplinen und deren Terminologien zu entwickeln. Es gibt wohl kaum einen prominenten Denker von der Antike bis zur Neuzeit, bei dem Burke nicht Anleihen nimmt. Und was den einen als »Spannweite seines Denkens« erscheint [19], gilt den anderen als gewaltsames und widerspruchsvolles Zusammenfügen von Unvereinbarem oder gar als schierer »Eklektizismus«. [20] Burkes Denkmethode ist durch die Heterogenität seiner Ansätze entscheidend geprägt. Die Vielzahl der »geistigen Väter« macht es dabei schwer, nähere Verwandtschaften festzustellen. So ist auch Burkes Einordnung umstritten. Mehrheitlich wird er zwar zum Umfeld des New Criticism gezählt, es gibt aber auch Stimmen, die behaupten, daß keine Ansicht über Dichtung und kritische Tätigkeit weiter davon entfernt sein könnte. [21] Ein dritter Standpunkt, unter den man die verschiedenen Spielarten spätpositivistischer Kritik subsumieren kann, sieht in Burke ausschließlich einen schlechten Metaphysiker (was nach diesem Standpunkt einen Pleonasmus darstellt), dessen philosophische Terminologie seine Unwissenschaftlichkeit garantiert. [22]

Inmitten aller Widersprüchlichkeiten scheint nur eines gesichert zu sein: Burkes Einfluß auf die Ausarbeitung einer neuen Rhetorik. Seine erste größere Arbeit »Counterstatement«, die bereits 1931 erschienen war, nannte ein Kritiker in dieser Beziehung von »revolutionärer Wichtigkeit«. [23] Aus der Masse von Publikationen, die sich Rhetoriken nennen, ihrem eigenen Anspruch nach aber mehr praktische Lebenshilfen in Sachen Erweiterung der Sprachkompetenz für einen verunsicherten, aufstrebenden Mittelstand sind [24], ragt Burkes oeuvre bei weitem heraus. Mit R. Barthes verbindet es die Eigenwilligkeit der Terminologie und die antipositivistische Geisteshaltung der »neuen Kritik«. Im Gegensatz zu dem französischen Strukturalisten liegt die Problematik bei Burke aber nicht in einer Transformation und gleichzeitigen Spezifizierung des rhetorischen Gegenstandsbereiches, sondern in dessen Ausweitung, die bis an die Grenze des Erkennbaren geht. [25] Die totale Sicht des Rhetorischen, welche Theorie und Praxis Burke gleichermaßen auszeichnet, mag ihre Wurzeln darin haben, daß er – nach den Worten eines Kritikers – wie kein anderer die Shakespearesche Metapher von der »Welt als Bühne« genau und damit wörtlich nahm. Deren Verbindlichkeit und Engagement prädestinieren Kennth Burke zum Gegenstand einer rhetorischen Untersuchung.

4. Sprache – Kommunikation – Gesellschaft

In einer neueren Darstellung gesellschaftlicher Möglichkeiten der Rhetorik problematisieren die Autoren deren augeblickliche Sitation: »Der gegenwärtige Zustand der Rhetorik könnte als ein Bedarf auf der Suche nach einer Disziplin charakterisiert werden. [25] Vielleicht niemals zuvor in unserer Geschichte herrschte solch ein Bedürfnis nach effektiver Kommunikation, aber die alten Formulierungen der Rhetorik scheinen den Zeiten nicht angemessen.« [26] Als »hervorragendes ethisches Ziel der Kommunikation« stellen sie sich eine »erleichterte Ko-Operation« vor. [27] Nicht zufällig wird ihre Untersuchung durch ein Motto von Kenneth Burke eingeleitet: »Rhetorik befaßt sich mit dem Zustand Babels nach dem Fall.« [28]

Das Motiv aus der Genesis ist der Schlüssel für das Verständnis von Burkes gesellschaftlichem Trauma: der Mensch »am Rande eines Abgrunds«, zerrissen durch das gesellschaftliche Gegeneinander, steht vor dem Verlust der Fähigkeit zur Kommunikation. Er droht hinabzustürzen in »eine Hölle, deren Wesen aus seinen eigenen sprachlichen Unzulänglichkeiten beschaffen ist«. [29] Das Motiv taucht wieder auf in dem Hinweis auf die Worte des Propheten nach dem Fall von Babylon; sie prophezeien den »zweiten Tod« einer Stadt, die mutatis mutandis dem heutigen New York aufs beste gleicht«. [30] Es taucht auf als negatives Prinzip einer Parlamentarismuskritik, wie sie nach Burke auch Adolf Hitler assoziativ sofort erfaßte:

> Auch das beste Parlament ist noch ein ›Babel‹ von Stimmen, ein Hin und Her zwischen Leuten, deren Interessen in ganz verschiedene Richtungen gehen, bald einander konträr laufen, bald nur undeutlich voneinander abweichen. [31]

Die »Miltonschen Obertöne von einem verlorenen Paradies« [32] klingen in Burkes Betrachtungen von Staat und Gesellschaft immer wieder an. Sie sind der pessimistische Reflex seiner Überzeugung, daß unter den Bedingungen des sozialen und gesellschaftlichen Antagonismus, wie er sie um sich herum vorfindet, sich die Menschen im sozialen Kampf einander entfremden und dabei selbst einen existentiellen Liebesverlust bereiten. Dessen technischer Ausdruck ist die Unfähigkeit zur Kommunikation. [33]

4.1. Die »dramatistische Sicht« vom Wesen der Sprache

Burkes theoretische Vorstellungen sind geprägt durch die zentrale Rolle, die die Sprache in ihnen spielt. Ob als anthropologische Fundierung oder als metaphysisches Vehikel, Sprache ist für ihn geradezu omnipotent. Von daher zeichnet sich der Mensch auch nicht als »Werkzeugbauer« (tool-making animal), sondern als »Symbolbenutzer« (symbol-making animal) vor den Tieren aus. [34] Die Fähigkeit zu dieser »Tapferkeit in symbolischer Handlung« [35] bleibt ebenso wie deren historische Wurzeln im Dunkel eines rationalistischen Apriorismus verborgen, denn »wo Sprache betroffen ist, kommt ›Geist‹ vor ›Körper‹ in dem Sinne, daß das Sprachvermögen ihrem Gebrauch vorangeht«. [36] Weil Sprache im »Symbolbenutzer« gefühlsmäßig verankert ist, »erscheinen die letzten *Ursprünge* der Sprache« Burke »genauso geheimnisvoll wie die Ursprünge des Universums selbst. Man muß sie [...] einfach als ›gegeben‹ betrachten.« [37] Einmal gegeben, errichtet sich der Mensch den größten Teil seiner Wirklichkeit durch das Medium des Symbols. Würde man ihm sein symbolisches System nehmen, die Fähigkeit zur symbolischen Handlung, so entschwände alles, was – räumlich und zeitlich von ihm getrennt – nur durch diese angeeignet werden konnte. Auf diese Weise entstehen zwei autonome Bereiche, der des Verbalen und der des Non-Verbalen. Wird auf letzteren mit sprachlichen Mitteln Bezug genommen, ergibt sich zwangsläufig ein Begriff des Zeichens, da über Dinge gesprochen wird in Form von etwas, das sie *nicht* sind. [38] Wie kommt es nun, daß von diesen bloßen Zeichen eine solche Macht ausgeht, daß sie uns bedrohen, ja sogar zerstören können? Die Antwort liegt im Doppelcharakter der Sprache, einmal die Wirklichkeit symbolisch zu verkleiden und dergestalt »magisch« zu wirken, zum anderen aber auf diese zu verweisen und handlungsauffordernd zu wirken. Aus dieser Potenz leitet sich die Sprengkraft der Sprache ab, die Möglichkeit, sie suggestiv, überredend oder demagogisch zu gebrauchen oder zu mißbrauchen. In jeden Sprachgebrauch fließen neben den situativen Kontexten auch psychologische Implikationen ein, so daß die vollzogene Äußerung ein Verhältnis von Szene und Handlung (scene-act-ratio) darstellt. Um einem seiner Meinung nach sprachrealistischen Irrtum zu entgehen, bringt Burke seine Ansichten über das Verhältnis von Sprache und Wirklichkeit auf den Punkt: »Anstatt Worte als *Namen* für *Dinge* zu betrachten, sollten wir sie als abgekürzte *Titel* für *Situationen* betrachten.« [39] Unter dem Aspekt des »Betitelns« (entitling) verliert die Sprache völlig ihre Bezeichnungsfunktion. Burkes Argument dafür ist, daß ein Satz wie »Der Mann geht über die Straße« nie in eine konkrete Situation zurückübersetzt werden kann. Es können höchstens in einem linguistischen Abkürzungsverfahren einzelne Aspekte der Situation herausgelöst werden. Dabei bleiben einzelne Begriffe wie »Mann« oder »Straße« stehen, die als gewonnene Universalien gelten. Burke vergleicht sein Verfahren mit dem der alten Rhetorik, in der mit der Synekdoche auch ein Teil für das Ganze stand. [40] Bei ihm führt aber der extreme Universalienrealismus zu einer kompletten Umkehrung des Verhältnisses von Wort und Objekt. Wenn nämlich die Schritte der Herauslösung eines Begriffes und eines Objektes vollzogen sind, »dann hat man eine Bedingung, unter der das Ding als die sichtbare Manifestation der ›universalen Form‹ genommen werden kann, welche dem entsprechenden Wort geistig innewohnt«. [41] »Dinge sind die Zeichen von Worten« [42], ist der Schluß, zu dem Burke kommt. Er nennt diesen Standpunkt einen »sprachlichen Realismus« im Gegensatz zum »ontologischen Realismus«. [43]

Burkes hypertrophe Auffassung von der Autonomie und der wirklichkeitsschaffenden Kraft der Sprache hat noch eine zweite Quelle, die zusammen mit seiner »Theorie des Betitelns« die sogenannte »dramatistische Auffassung« von Wesen und Wirkung der Sprache ausmacht. Sie geht auf H. Bergson zurück und dient als zweite anthropologische Bestimmung in der Definition des Menschen: der Mensch ist »der Erfinder des Negativen«. [44]

> Es gibt viele bemerkenswerte Aspekte der Sprache wie Klassifikation, Spezifikation und Abstraktion, die ihre Analogien im rein nichtsprachlichen Verhalten haben. Aber die Verneinung ist ein besonderes sprachliches Mittel. [45]

Als Zusatz zur Natur, den erst die Sprache schafft, fixiert die Verneinung den wesentlichen Unterschied zwischen den Bereichen des Verbalen und des Nonverbalen. Der Sprachgebrauch ließ diese Unterscheidung lange Zeit nicht erkennen, so daß man die Kraft der Verneinung fälschlicherweise der Natur selber zuschrieb. Es entstand ein sprachrealistischer Irrtum, indem die Verneinung der Erwartung mit der Verneinung des Gegenstandes gleichgesetzt wurde. Seine Auffassung der Verneinung wird für Burke aber erst dadurch fruchtbar, daß er sich methodologisch von einer »wissenschaftlichen« Betrachtungsweise löst und diese durch eine »dramatistische« ersetzt. Der Unterschied besteht darin, daß erstere es mit der Untersuchung von Propositionen im Zusammenhang mit Wahrheitsproblemen zu tun hat, letztere dagegen mit Problemen der *Handlung*. Burke interessieren keine Aussagen, sondern Imperative wie »du sollst« oder »du sollst nicht«. [46] Im Gegensatz zum wissenschaftlichen Ansatz pflegt der dramatistische nicht den Bereich der Logik, sondern den der Rhetorik als Redekunst und als Werbung, der Dichtung und der Philosophie im weitesten Sinne nach dem klassischen Modell. [47] Bei Burke kulminiert die mahnende Funktion des Imperativs in der Theodizee. Das Wesen der Sprache, die Verneinung, findet ihren Ausdruck in den Imperativen der Zehn Gebote.

Die dramatistische Sicht der Sprache bedingt aber auch, alle gegebenen Begriffe unter einem dialektischen Spannungsverhältnis zu sehen, das auf Handlung gründet. Erst durch die Verneinung ist die Grundlage für antithetisches Denken gegeben. Wie die Analyse des antiken Kampfmythos zeigt [48], entwickelt sich durch die Transzendierung vergangener Konflikte in der Gesellschaft die Begrifflichkeit der Gegensatzpaare, die verselbständigt weiterwirken. Ist das logische Prinzip der Antithese um die Dimension der praktischen Anwendung erweitert (z. B. Bourgeois-Proletarier-Klassenkampf), wird der Mythos nicht mehr mit den Mitteln einer Poetik beschrieben. Er gelangt in den Bereich, »den die moderne Anthropologie in Begriffen des Rituals und der Magie analysieren würde, der aber in den Kategorien der klassischen Erziehung unter Rhetorik fiele«. [49] Die Rhetorik dient so der »propagandistischen Nützlichkeit« des Mythos.

5. Ästhetik als rhetorische Poetik

Im Gegensatz zu den meisten anderen amerikanischen Neuen Kritikern [50] erfolgt bei Burke eine Wendung von der Einschätzung des Kunstwerkes als eines hermetisch abgeschlossenen, sich selbst genügenden zu einer Betrachtungsweise, die eine Werkrezeption und andere Faktoren mit einbezieht:

> Ein weiterer umfassender Versuch, formale Analyse in fruchtbaren Zusammenhang mit menschlichen Werten zu bringen, zeigte sich in dem Schaffen Kenneth Burkes. Burke unternahm eine tiefgründige Untersuchung der literarischen Form unter Verwendung jeder Technik, die ihm zu Händen kam – der semantischen Forschungsmethode, der psychologischen Methode, der Sozial- und Strukturanalyse: Projekte, die Untersuchungen über Probleme der Mitteilung, der geistigen Wahrnehmung, des Wirkens und Gebrauchs von Werkzeugen (agenca and instrumentation) mit sich brachten und in Büchern wie The Philosophy of Literary Form (1941) und A Grammar of Motives (1945) ihren Höhepunkt fanden. [51]

Burkes Ansatz [52] integriert also sowohl Elemente der Psychoanalyse (Freud, Jung), der Soziologie als auch der politischen Ökonomie.

5.1. Zur Struktur des Kunstwerkes

Um die Struktur eines dichterischen Werkes erarbeiten zu können, benutzt Burke die Methode der Beschreibung der »symbolischen Handlung« eines Gedichtes. [53] Der Literaturkritiker, wie ihn Burke versteht, muß mit einem bestimmten vorher gefaßten Standpunkt an das Werk herangehen; er muß Fragen stellen, um die symbolische Handlung herausarbeiten zu können. Diese Fragen können zum einen onthologischer Art sein – wonach soll gesucht werden und warum –, zum anderen methodologisch – wie, wann und wo soll man danach suchen. Zuerst muß vom Kritiker die »dramatische Fluchtlinie« des Gedichtes gefunden werden: »was steht gegen was?«, denn für Burke sind in jeder Dichtung zwei Prinzipien, zwei Gegensatzpaare enthalten: die Protagonisten und die Antagonisten. Die Auseinandersetzung dieser beiden gegensätzlichen Prinzipien stellt das dichterische Werk dar; zwischen den Gegensätzen existieren die Trabanten eines jeden Prinzips, die entweder vermittelnde Funktion besitzen oder sich mit einem Prinzip identifizieren.

Bei der Darstellung und Kritik der dramatischen Fluchtlinie muß der Kritiker eine »Gruppe von ›Gleichungen‹ beachten, die jedes Prinzip der Gegensatzpaare verstärken« [54], also Bilder oder Bildkomplexe innerhalb des Gedichtes suchen, die die Struktur des Werkes verdeutlichen. Auch die ganz konkreten Bilder können dabei zu Symbolen werden. Der Kritiker hat also in einem ersten Arbeitsschritt die »Wechselbeziehungen, wie sie in der objektiven Struktur des Buches selbst zum Ausdruck kommen« [55] aufzuzeigen, laut Burke sowohl eine quantitative als auch eine qualitative Methode.

Der zweite Schritt des Literaturkritikers müßte jetzt darin bestehen, neben der Gegensätzlichkeit zweier Prinzipien auch die Entwicklung des Gedichtes herauszuarbeiten; die Fragen, die er sich zu stellen hätte, müßten dann lauten: von was, durch was, zu was?

Prinzipiell besteht eine Diskrepanz zwischen der Bedeutung, die ein Gedicht für den Dichter selbst hat, und derjenigen, die es für einen Leser enthält. Daher leitet Burke das Recht für jeden Kritiker ab, sich nach den von ihm (dem Kritiker) selbst geschaffenen Regeln der Interpretation zu richten. Er selbst geht davon aus, daß man zuerst einmal herausfinden sollte, welche Funktion das Gedicht für den Dichter selbst hat. Daraus kann man dann allgemeine Aussagen darüber ableiten, welche Funktion das Werk für den Leser haben sollte. Dies ergibt einen Ansatzpunkt für die Analyse des Ereignischarakters des Gedichtes, aus der wiederum grundlegende Aussagen über die Struktur des Gedichtes und weiter über die Funktion dieser Struktur gewonnen werden können. Um aber eben diese Funktion darstellen zu können, hält Burke die

Beschreibung der symbolischen Handlung eines Gedichtes für die beste Möglichkeit.

5.2. Dichtung als symbolische Handlung

Jede Dichtung, also für Burke jede sprachliche Äußerung, wird von ihm als eine symbolische Handlung verstanden. Um eine Situation bewältigen zu können, wendet der Dichter [56] Strategien an, die sich in Form der symbolischen Handlung äußern.

> Die Strategie kennzeichnet die Situation und benennt ihre Struktur sowie ihre wesentlichen Bestandteile. Das Kennzeichnen setzt dabei immer eine bestimmte Haltung den Situationen gegenüber voraus. [57]

Als Beispiel dafür nennt Burke das Sprichwort, das verschiedene Situationen von einem bestimmten Standpunkt aus benennen kann. [58]

> Zur Verdeutlichung wähle ich ein Wort, das ich selbst häufig gebrauche: ›Ob der Krug auf den Stein oder der Stein auf den Krug fällt, immer wird der Krug schlecht wegkommen.‹ [...] Aristophanes könnte es zur Rechtfertigung dafür zitiert haben, daß er unter den Drohungen eines Diktators davon abstand, weiterhin Politiker auf der Bühne lächerlich zu machen und statt dessen den harmlosen Sokrates zu seinem Sündenbock wählte. Sokrates verkündete neue Werte, und indem Aristophanes sich dem alten konservativen Wertsystem anpaßte, konnte er die Rolle des Steins in dem Schema von Krug und Stein spielen. Auch könnte man mit diesem Sprichwort das Dilemma eines Mannes in Hitlerdeutschland kennzeichnen, der kritische Argumente, seien sie auch noch so gut begründet, gegen Hitler vorzubringen versuchte. [59]

Eine symbolische Handlung kann sehr wohl auch im alltäglichen Bereich stattfinden; ein Beispiel wäre der Wortwechsel zwischen einem Passanten und einem Lastwagenfahrer, der sich nach dem Weg erkundigt. Die symbolische Handlung des Antwortgebens beeinflußt das weitere Verhalten des Fahrers, verfolgt also einen Zweck. In der Poetik dagegen geschieht die symbolische Handlung »allein aus der Lust an Sprachfertigkeit«, die durch die mimetische Darstellung tiefgreifender Konflikte noch erhöht werden kann.

Burke unterscheidet zwischen drei Ebenen der symbolischen Handlung:

> Man stelle sich einen Dichter vor, der aus völlig rationalen Motiven heraus sich gegen die politische und gesellschaftliche Autorität der herrschenden Klasse auflehnt. Er schreibt Gedichte, die seine rebellische Haltung zum Ausdruck bringen. Das wäre eine symbolische Handlung auf der Ebene des Abstrakten. Auf der Ebene des Persönlichen oder Privaten könnte dieselbe Haltung sich in auftrumpfender Aggressivität äußern. [...] Auf der Ebene des Biologischen schließlich könnte jene Haltung im Bilde von körperlichen Ausscheidungen zur Darstellung kommen. [60]

Die drei Ebenen ordnet Burke nicht hierarchisch an, sondern mißt ihnen die gleiche Bedeutung zu. Als Alternative zum Begriff »symbolisch« bietet Burke »statistisch« und »repräsentativ« an. Die symbolische Handlung hat für ihn die Bedeutung einer Synekdoche; sie kann repräsentativ für einen Sachverhalt sein. [61]

Für Burke existiert trotz Differenzen ein Bereich, in dem sich die Rhetorik und die Poetik überlappen, in dem sie Gemeinsamkeiten besitzen. Sowohl die Poetik als auch die Rhetorik können um ihrer selbst willen benutzt werden. Burke sieht die Schwierigkeit bei einem Vergleich zwischen Poetik und Rhetorik besonders darin, daß beide Ausdrücke ihre Bedeutung im Laufe der Zeit geändert haben. Für ihn hat sich die Rhetorik aus dem Gebrauch der Sprache entwickelt, um Zwecken der Kooperation und des Wettbewerbs zu dienen.

Bestimmte Haltungen sollen mit Hilfe der Rhetorik hervorgerufen werden, um dann entsprechende Handlungen nach sich zu ziehen. Die Poetik dagegen steht ohne Bezug zu Zwecken im praktischen, nichtkünstlerischen Raum, um ihrer symbolischen Handlung selbst willen – »symbolic action for it's own sake«. Allein die Nachahmung eines Problems wird bereits zu einem Kunstgenuß.

> Wo der Rhetoriker einen Fall verhandelt, reicht in der Poetik die Dramatisierung des Konflikts selbst [...]. [62]

6. Rhetorik als Apriori gesellschaftlicher Praxis

Angesichts der überwältigenden Macht der Sprache ist es für Burke nur natürlich, daß sich die gesellschaftliche Auseinandersetzung als Kampf von These und Antithese manifestiert. Er entwickelt eine Dialektik der Gesellschaft, in der alle Erscheinungen durch das stete Gegeneinander von Prinzipien wie Ordnung und Chaos, Gut und Böse, etc. vorangetrieben werden. Die Entelechie dieses Prozesses findet ihren letzten Grund in der theologischen Gewißheit, daß der Mensch unaufhaltsam seiner Bestimmung entgegen geht, so daß Abweichungen von dieser Bestimmung, wie sie sich z. B. in der Zerrissenheit der antagonistischen Gesellschaft zeigen, nichts anderes als ein temporäres Überwiegen der negativen Seite des Geschichtsverlaufs sind. Die Sprache ist selbst in ihrem trivialen Gebrauch den letzten Zielen (ultimates) affiziert. [63] Sie gewinnt so einerseits ihre Transzendenz, andererseits wird sie dadurch zum Indikator des jeweiligen gesellschaftlichen Zustandes. Welches Ordnungsprinzip gerade herrscht, welches zum Durchbruch drängt, das alles ist am Sprachgebrauch feststellbar. Die Faktizität von Institutionen und Hierarchien, von sozialen Klassen und Eigentumsverhältnissen leuchtet nur gebrochen durch die vielfältigen Facetten der Sprache hindurch; sie ist letzten Endes ein Sprachzustand. Die Magie der Wörter beherrscht die tägliche Praxis. Deswegen ist es die Aufgabe des Sprechers in der Gesellschaft, eine »Theorie der Sprache« zu entwickeln, sie funktional anzuwenden, um planend und lenkend in den gesellschaftlichen Prozeß eingreifen zu können. Burkes Ansatz ist nicht einfach sprachkritisch in dem Sinne, daß ein falscher oder schlechter Gebrauch von Wörtern »entlarvt« wird. Diesen »Standpunkt des Entlarvens« weist er zurück, indem er ihn an einem Bilde erläutert:

> Eine der Erfindungen des Ideologen Bentham war das ›Panopticon‹, ein Entwurf zu einem idealen Gefängnis, das so konstruiert war, daß ein im Mittelpunkt des Ganzen postierter Aufseher das Tun aller Gefangenen ständig überwachen konnte. [64]

Burke sieht das Panopticon als Symbol dafür, »wie Bentham jede spontane sprachliche Äußerung des Menschen zu betrachten pflegte«:

> Er sah moralisierende Äußerungen als Gesetzesübertreter an; wenn man sie schon nicht ins Gefängnis warf, so waren sie doch nur auf Bewährung in Freiheit zu belassen ... [65]

Den »panoptischen« Standpunkt, von dem aus man alle Worte, die »unter Verdacht« gestellt wurden, »ständig auf Anzeichen schlechten Benehmens hin« musterte, kann Burke nicht teilen. [66] Die essentielle Funktion des Sprechers in der Gesellschaft ist es gerade, durch überzeugende Anwendung der verschiedenen funktionalen Aspekte der Sprache eine Identifikation zu schaffen. Dabei werden die vom Kritiker zuvor analysierten Vorurteile, Stereotypen etc. auf ihre sprachlichen Wurzeln zurückgeführt und für die eigene Gegenstrategie nutzbar gemacht. [67] Dies geschieht auf vier verschiedenen sprachlichen Ebenen: Burke differenziert zwischen der logischen, rhetorischen, poetischen und ethischen Dimension der Sprache. Im logischen Aspekt treten die eigentlichen Strukturen zutage, durch die eine Situation beschrieben oder lokalisiert wird. Darunter fällt auch das Studium der sprachlichen Dialektik, das heißt, die Art und Weise, in der bestimmte Ausdrücke angewendet werden. »Positive Terme« nennt Burke Ausdrücke, die sich auf etwas Konkretes beziehen, »dialektische Terme« bezeichnen Abstrakta wie »Ideen« und »Prinzipien«, und »Endterme« (ultimate term) verweisen auf Leitvorstellungen oder einigende Prinzipien wie »Geist« oder »Gott«. Der rhetorische Aspekt beschäftigt sich mit der Art und Weise, *wie* Sprache konkret als Mittel der Überredung oder der Identifikation angewendet wird. Der poetische Aspekt behandelt die wirkende Kraft des Symbols per se, der ethische Aspekt die Auswahl, die der Sprecher aus dem vorhandenen sprachlichen Material trifft und die den Charakter seines gesellschaftlichen Engagements bestimmt. Die Einsichten, die aus der Analyse der Sprachhandlungen auf den vier Ebenen resultieren, dienen dem Auffinden und Auslöschen von Vorurteilsstrukturen, damit einer Verbesserung der Kommunikation. [68]

6.1. *Die Notwendigkeit der Rhetorik*

Das Bedürfnis nach einer verbesserten Kommunikation impliziert für Burke die Notwendigkeit einer Rhetorik. Daß die Strategie der »Identifikation« überhaupt wirksam werden kann, zeigt etwas Gemeinsames im Wesen aller Menschen auf, durch das sie verbunden sind. Burke nennt es »Konsubstantialität«. [69] »Die *Rhetorik* beschäftigt sich mit den Möglichkeiten der Klassifikation unter ihren *parteilichen* Gesichtspunkten« [70], das heißt, sie untersucht die Art und Weise, in der einzelne Menschen oder Gruppen voneinander gespalten sind, um dann durch geeignete Klassifizierung nach bestimmten Gesichtspunkten den Prozeß der Identifikation in Gang zu setzen. Dies kann unter zwei Gesichtspunkten wirksam werden. Einmal in dem »technischen« Sinne, daß sich ein Sprecher mit den Zielen oder Wünschen seines Publikums identifiziert, zum anderen aber selbst als Ziel, wenn man die Identifikation mit anderen selber sucht. [71]

> Die Identifikation gleicht die Spaltung aus. Wären die Menschen nicht einander entfernt, gäbe es kein Bedürfnis nach dem Rhetoriker, um ihre Einheit zu proklamieren. Wären die Menschen ganz und wirklich von einer Substanz, würde die absolute Kommunikation zum Wesen des Menschen gehören. [72]

Solange die Gesellschaft, die Menschheit gespalten ist, muß es eine Rhetorik geben, die Konflikte analysiert und als »parteiliche Waffe« durch die Kämpfe und Auseinandersetzungen, durch die Hackordnung des »menschlichen Hühnerhofes« hindurchführt, eine Metapher, die G. Orwells *Farm der Tiere* entlehnt ist und die Burke in diesem Zusammenhang gerne gebraucht. [73]

> Rhetorik befaßt sich mit dem Zustand Babels nach dem Fall. Ihr Beitrag zu einer »Soziologie des Wissens« muß uns oft weit in die kläglichen Regionen der Bosheit und der Lüge tragen. [74]

Obwohl Burkes Rhetorik von den »persuasiven Aspekten der Sprache« getragen wird, von der »Funktion der Sprache als Gerichtete« [75], weil dadurch erst die eminent wichtige Übersetzbarkeit der Wissenschaftssprachen in die rhetorische gewährleistet ist, so steht doch im Begründungszusammenhang seines neuen Ansatzes das Programm der »Identifikation« im Vordergrund:

> Der Unterschied zwischen der »alten« Rhetorik und der »neuen« Rhetorik kann auf diese Weise zusammengefaßt werden: während der Schlüsselbegriff für die »alte« Rhetorik *Überredung* war, und seine Betonung auf dem bewußten Vorsatz lag, ist der Schlüsselbegriff für die »neue« Rhetorik *Identifikation*, und das mag teilweise »unbewußte« Faktoren in seine Wirkung einschließen. [76]

An dieser Stelle muß noch einmal betont werden, daß Burke bei der Begründung für seine »neue Rhetorik« die Durchsetzung einer innersprachlichen, also im Grunde einer »linguistischen« Strategie im Auge hat. Weil der Zustand einer Gesellschaft nicht ablösbar ist vom Zustand der Sprache, die in ihr gesprochen wird, so schließt er mit einer wechselseitigen Implikation, daß ein neuer, besserer Sprachzustand mit einer neuen, besseren Gesellschaft korrespondiert. Wem es gelingt, die Sprache zu verändern, der verändert auch die gesellschaftlichen Verhältnisse. Im Gegensatz zu Bentham, der die Worte unter Verdacht stellte, und zur bürgerlichen intellektuellen Tradition, die die Verfügungsgewalt über Sprache eher im Schatten der Orwellschen Ministerien von *1984* sieht, herrscht bei Burke ein eigentümliches und ungebrochenes Zutrauen zum Ethos der gesellschaftlichen Rede. In seinem Sprachidealismus ist er fasziniert von der Vorstellung: wer die Bedeutung hat, verfügt über die Ziele! Er übersieht ihre Ambivalenz und vergißt dabei die etwas realistischere Komponente seines Sprachidealismus, die er doch sonst in seinen rhetorischen Analysen der Gesellschaft stets festhält: wer die Bedeutung hat, der hat die Macht. Oder wie es Lewis Caroll in »Alice hinter den Spiegeln« seine Figur sagen läßt:

> »Wenn ich ein Wort gebrauche«, sagte Humpty Dumpty in recht verächtlichem Ton, »bedeutet es eben das, was ich es bedeuten lassen will – nicht mehr und nicht weniger.« »Die Frage ist«, sagte Alice, »ob du Worte verschiedenes bedeuten lassen kannst.« »Die Frage ist«, sagte Humpty Dumpty, »wer Herr sein soll – das ist alles.« [77]

6.2. Formanalysen

Die vielen Kategorien, die Burke äußerst subjektiv in seinen Ansatz einbringt, und die reiche Terminologie, die er selbst entwickelt, lassen eine Systematik oder gar ein System der Rhetorik im klassischen Sinne nicht erkennen. Die vereinzelten Versuche, zu einer Definition der Rhetorik zu gelangen, erschöpfen sich daher auch meist in ostentativen Hinweisen, wie rhetorische Elemente in den verschiedenen Bereichen gesellschaftlicher Kommunikation aufzufinden und zu verwerten seien. Sie bleiben entsprechend aperçuhaft und allgemein. An einem Beispiel aus dem Bereich der Poetik soll gezeigt werden, wie Burke versucht, ausgehend von allgemeinen Bestimmungen zum rhetorischen Funktionszusammenhang eines Kunstwerks vorzustoßen. [78]

Rhetorik ist der »Gebrauch von Sprache in solch einer Weise, daß ein gewünschter Eindruck auf den Hörer oder den Leser erzeugt wird«. [79] In der Poetik ist ein rhetorisches Element insofern enthalten, als Dichtung vermittels sprachlicher Eindrücke Urteile und Entscheidungen und damit auch Stimmungen und Neigungen, Affekte verschiedener Art hervorruft. Das ist auch notwendig, denn »unter den Bedingungen des Konkurrenzkapitalismus muß in der Kunst notwendigerweise ein großes *verbesserndes* oder propagandistisches Element enthalten sein«. [80] Kunst hat von daher eine erzieherische Funktion, in die teilweise die mahnenden Elemente der klassischen Gerichtsrede eingehen. Um nun beim Leser oder Zuhörer eine Identifizierung mit den eigenen Zielen zu bewirken, bedient sich sowohl die Rhetorik als auch die Poetik des gleichen Mittels: der Beredsamkeit. Diese ist nichts anderes als eine »Strategie der Anziehungskraft, ein gesellschaftliches Mittel, andere dazu zu bringen, mit uns übereinzustimmen«. [81] »Eloquent« und »rhetorisch« sind für Burke synonym, nur daß ersteres unmittelbar auf Kunst bezogen wird: »Eloquenz ist einfach das Ziel der Kunst und stellt so ihr Wesen dar.« [82] Sie ist »eine Folge von symbolischen und formalen Wirkungen«. [83] Die gewünschte Identifikation kann mit ihnen hervorgerufen werden, da die psychologische Grundlage beider, der Eloquenz in Gestalt formaler, symbolischer Effekte sowie der Identifikation, dieselbe ist. Sie beruhen auf der geistigen Verarbeitung von Erfahrungsmustern, die universal, dauerhaft und immer wiederkehrend sind. [84] Diese Muster stellen sich in Gestalt von formalen Beziehungen, ähnlich den logischen Konstanten, als quasi psychologische Konstanten dar. Burke versucht nun, die vielfältigen formalen Mittel, die in einem Kunstwerk enthalten sind, in Hinsicht auf ihre rhetorisch-psychologischen Implikationen zu klassifizieren und zu deuten. Ziel der Analyse, die er *Lexicon Rhetoricae* nennt, ist es, die Prinzipien zu finden, die die Wirkung (»appeal«) eines Kunstwerks ausmachen.

> Mit Literatur meinen wir geschriebene oder gesprochene Worte. In erster Linie befassen wir uns mit Literatur als Kunst, das ist Literatur, die zum ausdrücklichen Zweck bestimmt ist, Gefühlsregungen zu erwecken. [85]

Nun ist zu beobachten, daß Literatur manchmal dabei versagt, Gefühlsbewegungen hervorzurufen, andererseits aber Aussagen, die bloß erklärend gemeint waren, über beträchtliche emotionale Wirkungen verfügen. Eine Diskussion literarischer Wirkung sollte daher die intendierten Wirkungen genauso berücksichtigen wie die unbeabsichtigt erzeugten. Die Richtung der Untersuchung ist dann mehr, *wie* Wirkungen hervorgerufen werden, und nicht, *welche* hervorgerufen werden *sollten*. Der Analyse von Wesen und Funktion der literarischen Form kommt dabei eine hervorragende Rolle zu.

> *Form* in der Literatur ist ein Erwecken und Erfüllen von Wünschen. Ein Werk hat Form insoweit, als ein Teil davon den Leser dazu führt, einen anderen Teil zu antizipieren, um durch die Aufeinanderfolge erfreut zu werden. [86]

Bei der näheren Differenzierung des Formbegriffs unterscheidet Burke fünf verschiedene Möglichkeiten formaler Beziehungen:

1. Die fortschreitende Form (progressive form). Sie tritt einmal als syllogistisches, zum anderen als qualitatives Fortschreiten auf; syllogistisch in dem Sinne, daß bei gegebenen Prämissen der Schluß mit Notwendigkeit folgt, wenn also bestimmte Dinge vorausgesetzt werden, andere gezwungenermaßen nachfolgen. Das Publikum fühlt in seiner Vertrautheit mit den Prämissen die Richtigkeit des Schlusses. [87] Die Sprache Euklids folgt dieser Form ebenso wie die Geschichten Poes. Beim qualitativen Fortschreiten ist es nicht ein Ereignis, das zum nächsten führt, sondern die Vergegenwärtigung einer Qualität bereitet die nächste vor. Im Gegensatz zur syllogistischen Form ist die Berechtigung einer neuen Qualität aber erst nachträglich zu beurteilen.

2. Die wiederkehrende Form (repetitive form). Hier ist das Festhalten an einem Prinzip in wechselnden Verkleidungen gemeint. Sie ist für jede künstlerische Arbeit grundlegend. Als Beispiel mag Swifts *Gullivers Reisen* dienen. Darin wird ein Größenunterschied (das Prinzip) in wechselnden Bezügen dargestellt, nämlich einmal an den Riesen und dann an den Zwergen.

3. Die konventionelle Form (conventional form). Sie führt bis zu einem gewissen Grade den Reiz einer Form *als* Form ein. Andere Formen können wirksam werden, ohne daß sie als solche bewußt werden. Sind sie aber einmal in den Status der Konventionalität gelangt, so werden sie zukünftig um ihrer selbst willen aufgesucht.

4. Kleinere oder gelegentliche Formen (minor or incidental forms). Sie lassen sich in jedem literarischen Werk finden. Zu ihnen gehören Figuren wie Metapher, Paradox oder Chiasmus. Ihre Wirkung beruht teilweise auf ihrer Funktion im Ganzen, zum Teil aber auch auf ihrer Auffälligkeit, so daß diesen Figuren Aufmerksamkeit unabhängig vom Kontext eingeräumt wird.

Die verschiedenen Aspekte der Form lassen sich nicht voneinander trennen. Es gibt Bereiche, in denen sie sich überschneiden, in denen einem Fall verschiedene Prinzipien unterliegen. So ist beispielsweise am Schluß der *Odyssee* die Rache des Odysseus an den übermütigen Freiern eine logische Folge ihres Benehmens während seiner Abwesenheit. Da das Publikum Zeuge ihres Auftretens gewesen ist, akzeptiert es diese Lösung auch im qualitativen Sinne. Die Vermischung verschiedener Formen macht einen »Konflikt« der Formen möglich. Das ist z. B. der Fall, wenn ein Autor die Sympathien seines Publikums auf eine Figur lenkt, die dann am Schluß zerstört wird. Ebenso kann eine Schreibweise dem Gegenstande nicht angemessen sein. Historisch war das der Fall, als im Drama von feudalen zu bürgerlichen Themen übergegangen wurde, eine zeremonielle Schreibweise dabei aber erhalten blieb.

Burke diskutiert in seinem *Lexicon Rhetoricae* noch Probleme des Verhältnisses von Form und Inhalt, der Unterscheidung von künstlerischer und wissenschaftlicher Wahrheit und Aspekte einer Wirkungsästhetik. Die Priorität der Untersuchung liegt aber immer auf der Analyse von Formbeziehungen, weil er überzeugt ist, daß die darin zutage tretenden Erfahrungsmuster die Brücke von der Wirklichkeit der gesellschaftlichen Umwelt zur Wirklichkeit des literarischen Kunstwerks schlagen und damit den Denkprozessen und dem Bewußtsein am wirkungsvollsten nahekommen. Das Lexikon kann als moderne Weiterführung einer Aptum-Theorie betrachtet werden.

6.3. Conclusio

Die neue Rhetorik, die Burke konzipiert hat, steht vor allem unter dem Eindruck der Verwissenschaftlichung, die auch vor der scheinbaren Autonomie und Selbstgenügsamkeit der Ästhetik nicht haltgemacht hat. Aufgrund seiner historischen Analysen der klassischen rhetorischen Systeme kommt er zu dem Schluß, daß mit dem Bannstrahl, der die Rhetorik im 19. Jahrhundert traf, deren Elemente nicht beseitigt wurden, sondern in sich herausbildenden neuen Disziplinen wie Anthropologie, Psychologie und Soziologie aufbewahrt blieben. Dorthin waren sie gleichsam von der Ästhetik verbannt worden. [88] Die Möglichkeit der Ausarbeitung einer »neuen« Rhetorik ist demnach eine Leistung dieser Wissenschaften vom Menschen. Gegenüber dem historisch bedingten Konstitutionszusammenhang bleibt aber die Funktion der Rhetorik selbständig, gleichsam zeitlos erhalten.

> *Denn Rhetorik als solche ist nicht in irgendeinem vergangenen Zustand der menschlichen Gesellschaft verwurzelt. Sie ist in einer wesentlichen Funktion der Sprache selbst verwurzelt, einer Funktion, die gänzlich realistisch ist, und die beständig von neuem hervorgebracht wird; der Gebrauch von Sprache als einem symbolischen Mittel, für Lebewesen Kooperation herbeizuführen, die von Natur aus auf Symbole Antwort geben.* [89]

Rhetorik wird so bei Burke zur condition humaine; als eigenständiger Bereich neben Logik, Ethik und Ästhetik etabliert, steht sie doch als wirkendes Prinzip gleichzeitig über diesen, durchdringt sie und verweist dergestalt wieder auf sich selbst. Obwohl Burke seine antiken Kronzeugen, Platon und dessen Ideenlehre, vor allem aber Aristoteles, nie verleugnet, sprengt sein Ansatz doch jegliches rhetorische System. Die

Geltung seiner Rhetorik ist unbegrenzt. [90] Wo Symbole sind, gibt es Bedeutungen, und wo es Bedeutungen gibt, existieren mit ihnen verbundene Intentionen, also herrscht dort die Rhetorik. Der Mensch ist durch die Potenz, die ihn vor allen Lebewesen auszeichnet, durch die Fähigkeit zur Kommunikation, zur Rhetorik verurteilt. Der rhetorische Gestus wird bei Burke zur eigentlichen Form eines unhintergehbaren Sprachspiels.

Zweiter Teil

Einführung in Technik und Methode der Rhetorik

(Günther Hentschel, Bernd Steinbrink, Gert Ueding)

In diesem Teil des Buches soll eine Einführung in die Technik und Methode der Rhetorik gegeben werden. Um die einzelnen rhetorischen Begriffe zu erläutern, stützen sich die Verfasser auf die systematische Darstellung in Quintilians *Ausbildung des Redners (institutio oratoria)*; weiter sind die Verfasser auch Heinrich Lausbergs *Handbuch der literarischen Rhetorik* verpflichtet, das bei einer intensiven Arbeit über Probleme der Methode und Technik der Rhetorik als Nachschlagewerk nahezu unentbehrlich ist.

In dieser Einführung wurde versucht, die rhetorischen Begriffe zu erklären und – falls möglich – mit einer Übertragung in die deutsche Sprache zu versehen. Die Übertragung orientiert sich dabei nicht unbedingt an der wörtlichen Übersetzung, sondern sie versucht, die Begriffe inhaltlich mit deutschen Wörtern zu belegen und stellt somit bereits – wie jede Übersetzung – eine Interpretation dar.

Bei den Zitatenangaben wurden folgende Abkürzungen benutzt:

Quint.	=	Marcus Fabius Quintilianus, institutio oratoria: Buch I–VI i. d. Übersetzung v. H. Rahn, (Ausbildung zum Redner) Darmstadt 1972; Buch VII–XII i. d. Übers. v. F. Boßler und F. F. Baur, (zwölf Bücher Anleitung zur Beredsamkeit) Stuttgart 1863–64. Die Zeichensetzung wurde dem heutigen Sprachgebrauch angepaßt.
Cic. or.	=	Cicero, orator; Übers. v. Julius Sommerbrodt, (Der Redner), München o. J.
Cic. Brut.	=	Cicero, Brutus. Übers. v. Wilhelm Binder (Brutus), München o. J.
Cic. de inv.	=	Cicero, de inventione rhetorica. Übers. v. Wilhelm Binder (Rhetorik oder Von der rhetorischen Erfindungskunst), Stuttgart o. J.
Cic. de or.	=	Cicero, de oratore, Übers. v. Raphael Kühner (Vom Redner), München o. J.
Her.	=	Rhetorik an Herennius. Übers. v. Christian Walz, Stuttgart 1842.
Ar. poet.	=	Aristeteles, Poetik. Übers. v. O. Gigon, Stuttgart 1961.
Ar. Rhet.	=	Aristoteles, Rhetorik. Übers. v. P. Gohlke, Paderborn 1959.

»Die Ganze Stärke und Geschicklichkeit des Redners ferner lasse sich in folgende fünf Teile zerlegen: Zuerst müsse er erfinden, was er sagen wolle; zweitens, das Erfundene nicht allein nach einer äußerlichen Reihenfolge, sondern nach dem inneren Gewicht und nach richtiger Abschätzung verteilen und zusammenstellen; drittens, dieses vermittelst der Rede einkleiden und ausschmücken; hierauf es im Gedächtnis aufbewahren; zuletzt es mit Würde und Anmut vortragen« (Cic. de or. 1,31,142; entspr. Quint. 3,3,1).

1. inventio: Das Erfinden

Die inventio ist das Auffinden der Gedanken und Möglichkeiten, die sich aus einem Thema bzw. aus einer Fragestellung entwickeln lassen. Voraussetzung dafür ist das sorgfältige, gründliche Studium aller Umstände, die mit der zu behandelnden Sache in Zusammenhang stehen; der erste Schritt liegt deshalb in der **intellectio (das Erkennen des Redegegenstandes)**: dem Aufnehmen, Verstehen und Beurteilen des Vorgegebenen. »Sobald ich den Gegenstand der Rechtssache gründlich erforscht habe, so tritt mir sogleich der eigentliche Streitpunkt vor die Seele« (Cic. de or. 2,24,104; vgl. auch Cic. de or. 2,30,132). Dieses Erkennen des Streitpunktes ist wichtig für das Auffinden passender Gedankengänge und sicherer Beweise. Sie sollen – hinsichtlich der geforderten Mannigfaltigkeit der Rede (s. Cic. de or. 2,41,177) und ihrer drei Überzeugungsmittel des **docere (belehren), delectare (unterhalten) und movere (bewegen, mitreißen)** – reichhaltig sein.

Das Arbeitsstadium der Auffindung der Gedanken steht somit einerseits in Verbindung mit der **intellectio,** dem Überblick über den Redegegenstand, andererseits greift es vor auf das Arbeitsstadium der **dispositio (das Anordnen),** in welchem die Anordnung der gefundenen Gedanken im Hinblick auf die Verbalisierung stattfindet.

Der Übergang von einem Arbeitsstadium ins andere ist gleitend, er ist nicht eindeutig zu bestimmen. So ist z. B. bereits in der inventio abzuwägen, welcher Art die gefundenen Gedankengänge und Beweisgründe sind, – ob sie festerer Art sind, ob sie auf Gewinnung und Erschütterung der Gemüter zielen, ob sie ihrerseits selbst der Beweise bedürfen, ob sie unbedeutenderer Art sind, ob sie bestimmte Erwiderungsmöglichkeiten bieten, etc. (s. Cic. de or. 2,77,314). Dieses Abwägen steht eng in Zusammenhang mit dem Anordnen der Gedanken; dort gilt es, Hervorragendes an die erste Stelle und an den Schluß zu stellen, »das Mittelmäßige aber [...] in das Gewühl und die Menge [zu] werfe[n]« (Cic. de or. 2,77,314).

Die inventio ist eine parteiische Handlung: »Findet sich ein Umstand, der für die Sache mehr Vor- als Nachteil bietet, so bin ich der Ansicht, denselben in der Rede geltend machen zu müssen; worin ich aber mehr ungünstige als günstige Seiten finde, das gebe ich auf und verwerfe es ganz.« (Cic. de or. 2,24,102) Denn: »Wenn man aber unter den Beweisgründen selbst etwas aufstellt, was entweder offenbar falsch ist oder dem, was man gesagt hat oder noch sagen will, widerspricht oder seinem Wesen nach sich mit dem vor Gericht oder auf dem Forum üblichen Gebrauch nicht verträgt, sollte man dadurch nichts schaden?« (Cic. de or. 2,75,306) Hier zeigt sich sowohl die Rücksichtnahme auf die parteiliche Nützlichkeit in der inventio, als auch die zur Wirkung notwendige Beachtung dessen, was der Rede in ihrem Zusammenhang und ihrer äußeren Bezogenheit angemessen ist.

Der Vorgang des Auffindens stützt sich in erster Linie auf Fähigkeiten, die nicht durch die Redekunst gelehrt werden. Diese Voraussetzungen sind Scharfsinn, wissenschaftliche Kenntnis und Fleiß. Sie werden zur **»Naturanlage« (natura)** des Redners gerechnet. Dem Fleiß kommt insofern besondere Geltung zu, als er es vermag, die natürlichen Anlagen zu aktivieren. »In dieser einen Tugend sind alle übrigen Tugenden enthalten.« (Cic. de or. 2,35,150) Zwischen **Naturanlage (natura)** und **Fleiß (studium)** bleibt noch ein Bereich für die **Kunst (ars)** übrig: Sie bietet die systematisierte Lehre von den **Fundstätten der Beweise (loci).**

Jedoch können die von der ars gebotenen Fundstätten nur dem Redner nützen, »der in den Sachen bewandert ist, entweder durch eigene Erfahrung [...] oder durch Hören und Nachdenken, [...] Eifer und Fleiß« (Cic. de or. 2,30,131). Ohne die genannten Voraussetzungen führen die Fundstätten zur geistigen Trägheit und zum monotonen Verfolgen von »abgeleiteten Bächen« (Cic. de or. 2,27,117).

1.1. Die Einteilung der Beweise

Grundsätzlich stehen dem Redner zwei Gruppen von Beweisen zur Verfügung:

1.1.1. probationes inartificiales: Die »natürlichen Beweise«

Diese Gruppe besteht aus solchen Beweisen, die auf vorgegebenen Tatsachen beruhen, »wie Zeugnisse, Urkunden, Verträge, Übereinkünfte, peinliche Untersuchungen, Senatsbeschlüsse, richterliche Entscheidungen, obrigkeitliche Verordnungen, Rechtsgutachten«. (Cic. de or. 2,27,116) »Vergleiche, [...] mündliche Verpflichtungen, Blutsverwandtschaften, Verschwägerungen, Erkenntnisse [...], Lebensverhältnisse. (Cic. de or. 2,24,100; entsprechend bei Quint. 5,1,1) Diese Beweise müssen zwar für die Rede bearbeitet werden, ihre Auffindung bedarf jedoch weniger der Kunst, da sie aus der Sache folgen und so vorgegeben sind.

1.1.2. probationes artificiales: Die »kunstgemäßen Beweise«

Diese Beweise werden erst durch die Hilfe der Kunst gefunden bzw. aus den Tatsachen entwickelt; sie beruhen »ganz auf der Erörterung und Beweisführung des Redners« (Cic. de or. 2,27,116) und stützen sich in starkem Maße auf die affektiven Grundmittel des Überzeugens; auf das delectare und auf das movere.

Die probationes artificiales lassen sich gegenüber den probationes inartificiales auch dadurch abgrenzen, daß sie aus Zeichen, Indizien (signa), Beweisgründen (argumenta) oder Beispielen (exempla) bestehen; die »natürlichen Beweise« sind in ihrer Ausdruckskraft nicht auf diese von außen hinzugebrachten Bestandteile angewiesen.

Das Auffinden der künstlichen Beweise ist erst durch die Erfahrung und umfassende Bildung des Redners möglich. Die von der Kunst (ars) entwickelten Suchformeln nützen einem nur mit Naturanlagen begabten Redner wenig; die »kunstgemäßen Beweise« verlangen »in höherem Grad eine lichtvolle und fein ausgebildete Entwicklung« (Cic. de or. 2,27,120). Die systematisierten Suchformeln der ars helfen vornehmlich bei der Auffindung der probationes artificiales.

1.2. Loci: Die Fundstätten der Beweise

Die loci sind Suchformeln für das Auffinden von Beweisgründen und führen (ausgehend von der intellectio) auf den Gattungsbegriff und das allgemeine Wesen der Sache zurück. (s. Cic. de or. 2,13,134). Sie eröffnen nur den Rahmen, in welchem eine Beweisführung inhaltlich gefüllt werden kann.

Was die Anzahl der Fundstätten angeht, so weichen Cicero und Quintilian leicht voneinander ab. Cicero hält die Menge der Fundstätten für begrenzt, da sich jeder spezielle Fall auf einen allgemeinen zurückführen läßt. Dem hält Quintilian entgegen, daß sich manche Beweisformen nur finden lassen, wenn man mehr der Führung der Natur als der Führung der Kunst folgt: »zumal ja die meisten Beweisformen sich nur so, im ganzen Gefüge der Fälle verflochten, finden lassen, daß sie mit gar keinem anderen Rechtsfall gemeinsam sind und dieses gar die durchschlagendsten und am wenigsten geläufigen Beweise sind, weil wir das, was allgemein gilt, aus den Regeln gelernt haben, das Eigentümliche aber im Einzelfall selbst finden müssen« (Quint. 5,10,103). Quintilian hält damit die Möglichkeit offen, daß es Beweisgründe gibt, die in den Suchformeln nur sehr vage oder gar nicht erfaßt sind.

Die Gesamtmenge der Suchformeln wird nach Quintilian eingeteilt in die aus der Person und die aus der Sache sich ergebenden Fundstätten (loci a persona und loci a re), »denn es gibt keine Untersuchung, die nicht entweder mit einer Sache zu tun hat, oder mit einer Person« (Quint. 5,8,4).

Zu bemerken ist noch, daß die loci in keiner Weise in der Art ihrer Nutzung eingeengt sind, sofern man vom ethos des »vir bonus« absieht: beispielsweise in der Gerichtsrede können sie von beiden Parteien jeweils gemäß der Nützlichkeit verwendet werden.

Die folgende Darstellung der loci stützt sich auf Quintilian, der auch Lausberg im wesentlichen folgt.

1.2.1. loci a persona: Die aus der Person sich ergebenden Fundstätten.

Die Gruppe von Fundstätten und Beweisgründen wird nach der Art des Bezuges auf die Person unterteilt.

Fundorte für den inhaltlichen Kern eines Beweises sind:
a) **genus** (s. Quint. 5,10,24): Die Abstammung, Eltern und Vorfahren lassen sich als Gründe für bestimmte Verhaltens- und Betrachtungsweisen heranziehen. Beispiel: »Ein Douglas vor meinem Angesicht/Wär ein verlorener Mann« (Th. Fontane).
b) **natio** (s. Quint. 5,10,24): Geburt, Herkunft in bezug auf Volkszugehörigkeit, »denn auch die Völker haben ihre eigentümlichen Lebensgrundsätze, und dieselben Dinge haben bei einem Barbaren, Römer oder Griechen nicht die gleiche Überzeugungskraft« (Quint. 5,10,24). Beispiel: »Die Bleichgesichter sind sonderbare Menschen« (Karl May).
c) **patria** (s. Quint. 5,10,25): Entsprechend dem jeweiligen Vaterland sind auch Gesetze, Einrichtungen und Auffassungen der Staaten verschieden. Beispiel: »Ohnen daran zu denken, daß er [Geierschnabel] sich keineswegs mehr im wilden Westen von Amerika befinde, riß er schnell den alten Lederschlauch von der Schulter und nahm die Büchse heraus« (Karl May).
d) **sexus** (s. Quint. 5,10,25): Das Geschlecht insofern, als Frauen und Männer sich durch unterschiedliche Verhaltensweisen charakterisieren. So ist ein Raubüberfall z. B. eher einem Mann als einer Frau zuzutrauen.
e) **aetas** (s. Quint. 5,10,25): die Altersstufe läßt ebenfalls Rückschlüsse auf bestimmte Verhaltensweisen zu.
f) **educatio et disciplina** (s. Quint. 5,10,25): die Erziehung und Ausbildung – »weil es ja einen Unterschied macht, von wem und wie jemand unterrichtet worden ist« (Quint. 5,10,25).
g) **habitus corporis** (s. Quint. 5,10,26): die Körperbeschaffenheit – »denn oft läßt sich aus der stattlichen Erscheinung ein Beweis für Liebesverlangen gewinnen, aus körperlicher Stärke für dreistes Benehmen und entsprechend auch umgekehrt« (Quint. 5,10,26).
h) **fortuna** (s. Quint. 5,10,26): die Glücksgüter bieten Stoff für Beweise, je nach dem, ob jemand vom Glück oder Pech verfolgt ist.
i) **conditionis** (s. Quint. 5,10,26): aus der sozialen Stellung läßt sich Stoff für Beweise gewinnen, sei jemand: »berühmt oder unbekannt, in einem Amt stehend oder privat, Vater oder Sohn, Bürger oder Ausländer, frei oder Sklave, Ehemann oder Junggeselle« (Quint. 5,10,26).
j) **animi natura** (s. Quint. 5,10,27): die Wesensart der Person; sie kann Vertrauen erweckend sein oder Mißtrauen erregen, usw.
k) **studia** (s. Quint. 5,10,27): der Beruf oder die Art der Betätigung, »denn Bauer, Anwalt, Geschäftsmann, Soldat, Seemann und Arzt haben ganz verschiedene Wirkungsmöglichkeiten« (Quint. 5,10,27).

l) quid affectet quisque (s. Quint. 5,10,28): die Neigungen der Personen, das, was einen Menschen anzieht oder abstößt, das, als was er sich gern geben möchte, usw.
m) ante acta dicta (s. Quint. 5,10,28): aus früheren Taten und Reden lassen sich Gründe für das spätere Handeln gewinnen.
n) nomen (s. Quint. 5,10,28): Beinamen, Spitznamen und Namensbesonderheiten. Häufig läßt sich dieser Fundort für Wortspiele und Witze verwenden.

Die Fundorte weisen nur die Richtung, wo zu suchen ist. In der Praxis werden in der Regel mehrere »Funde« zu einem Beweis verarbeitet werden.

1.2.2. loci a re: Die aus den Sachen sich ergebenden Fundstätten.

Die Fundstätten, die sich aus den Sachen ergeben, gehen nach Quintilian zurück auf die Fragestellungen »Warum, wo, wann, wie und mit welchen Mitteln ist etwas getan worden?« (s. Quint. 5,10,32) Doch ist diese Fragenreihe unvollständig, ebenso wie die nun folgenden Fundorte aus den Sachen, – »da aus jeder beliebigen Stelle eine unzählbare Fülle von Beweisen entspringt«. (Quint. 5,10,100) Eine gattungsweise Aufstellung betrachtet Quintilian zwar als ungenügend (s. Quint. 5,10,100), die Vielzahl der einzelnen möglichen Beweise verhindert jedoch eine andere Aufstellung.

a) loci a causa: Die Beweise aus der Ursache lassen sich sowohl für geschehene Taten finden, wie auch für zukünftige (s. Quint. 5,10,33), denn aus ihnen ist auf eine bestimmte Wirkung zu schließen. Sie sind daher im genus iudiciale ebenso verwendbar wie im genus deliberativum.

Quintilian unterscheidet bei den loci a causa zwei Gattungen:
– die psychologischen Ursachen, die auf Beweggründe, Meinungen und Entscheidungen zurückzuführen sind und
– die physischen Ursachen. Sie unterteilen sich in zwingende Ursache-Wirkung-Verhältnisse und nichtzwingende.

b) loci a loco: diese Beweise werden vom Ort hergeleitet. (s. Quint. 5,10,36)

Für den Nachweis der Wahrscheinlichkeit oder der Unwahrscheinlichkeit kommt z. B. in Betracht, ob ein Ort für bestimmte Pläne günstig oder ungünstig ist, nahe oder entfernt gelegen, einsam oder vielbesucht.

c) loci a tempore: Beweisgründe, die sich von der Zeit herleiten.

– Die allgemeine Zeit (s. Quint. 5,10,42). Hierunter sind Zeitangaben wie »jetzt, einst, zu Alexanders Zeit [...] schließlich Vergangenheit, Gegenwart und Zukunft« (Quint. 5,10,42) zu verstehen. Die Zeitangabe ist beim Suchen von Beweisen hier als Zeitstufe oder Zeitabstand aufzufassen; wenn Vorgänge oder Geschehnisse genannt werden, so sind sie nur Mittel für die Zeitangabe.

– Die spezielle Zeit (s. Quint. 5,10,42). Sie kommt in Zeitangaben zum Ausdruck, die feststehende Zeiten (im Sommer, im Winter, am Tage) angeben oder gelegentliche wie »während der Seuche, im Krieg, beim Gastmahl« (Quint. 5,10,42). Zeit wird in diesen Beispielen zur Darstellung einer bestimmten Situation oder eines konkreten Handlungsganges benutzt; hier ist Zeit Mittel zu einer Situationsangabe.

d) loci a modo: diese Fundstellen ergeben sich aus der Frage wie geschah etwas? (s. Quint. 5,10,32) oder auf welche Weise wurde es getan? (s. Quint. 5,10,52)

e) loci a facultate: diese Fundorte leiten sich von den Umständen her, die die Durchführungsart der Tat ermöglichten sowie von der bloß äußeren Durchführung der Tat. Auch das Werkzeug der Tat gehört in die loci a facultate: »Mit der Möglichkeit läßt sich das Werkzeug verbinden« (Quint. 5,10,51). Die loci a facultate sind besonders bei Vermutungsfragen wichtig. (vgl. Quint. 5,10,49)

f) loci a finitione: »Man kann also Beweise aus der Definition oder Abgrenzung herleiten« (Quint. 5,10,54); diese Fundstellen zielen darauf, ob eine Sache korrekt und gesetzesmäßig bezeichnet worden sei.

g) loci a simili: »Eine Fundstelle für Beweise liegt auch in der Ähnlichkeit« (Quint. 5,10,73) Diese Fundorte dienen zum Auffinden von Beweisgründen aus gleichartigen Dingen. Gleichartige Dinge werden von außen in die Sache eingeführt.

h) loci a comparatione: »Vergleichsbeweise nennt man diejenigen, die Kleineres aus Größerem, Größeres aus Kleinerem, Gleiches aus Gleichem erweisen.« (Quint. 5,10,87) Im Allgemeinen handelt es sich dabei um ungleichartige Dinge.

i) loci a fictione: diese Suchformel führt zu Beweisen, die auf fingierten Annahmen beruhen. »fingieren bedeutet hier zunächst unterstellen, das, falls es wirklich der Fall wäre, die Frage lösen oder fördern könnte, und dann den in Frage stehenden Sachverhalt als dem Angenommenen entsprechend darstellen.« (Quint. 5,10,96) Bei der Schöpfung eines Exempelfalles ist anschließend also die Ähnlichkeit nachzuweisen.

j) loci a circumstantia: Die loci zielen im engeren Sinne auf die Umstände der Sache oder Tat, im weiteren auf Beweisgründe, die sich neu jeweils aus der Behandlungssituation ergeben. Die loci a circumstantia eröffnen ganz allgemein den Bereich, aus welchem sich neue, jeweils dem besonderen Fall entsprechende Beweise herleiten lassen. (s. Quint. 5,10,103)

1.3. intellectio: Das Erkennen des Redegegenstandes

Die intellectio ist das Erkennen aller Sachen, Umstände und Beziehungen, die ein vorgegebener Redestoff beinhaltet: in ihr ist die allem vorausgehende Aufgabe des Redners zu sehen: »wir wollen ihm [einem Schüler der Rhetorik] zuerst die Vorschrift erteilen, sich mit allen Verhandlungen, die er führen wird, sorgfältig und gründlich bekannt zu machen.« (Cic. de or. 2,24,99) Vorschriften und Anleitungen für die intellectio gibt es nicht (vgl. Cic. de or. 2,24,100), jedoch muß der Redner über bestimmte Naturanlagen, Kenntnisse und Erfahrungen verfügen, um den Redestoff erfassen zu können. Zentraler Teil der intellectio (und von Bedeutung für alle Teile oder »Arbeitsstadien« der Rhetorik) ist der Überblick über den Redestoff, seine Zuordnung zur Redegattung und die Formulierung und Beurteilung der Fragestellung, auf die es zu antworten gilt. Daher soll im folgenden auf die Redegegenstände und ihre Einteilungsgesichtspunkte eingegangen werden.

1.3.1. Die Redegegenstände

Als Redestoff oder Redegegenstände kommt grundsätzlich alles in Betracht, es gibt nichts, was nicht Gegenstand der Rede sein könnte: »Stoff der Rhetorik [sind] alle Gegenstände [. . .], die sich ihr zum Reden darbieten.« (Quint. 2,21,4) Wiewohl der Begriff des Redners und sein Beruf, selbst gut zu reden, das auf sich zu nehmen und zu verheißen scheint, daß er über jeden Gegenstand, der ihm vorgelgt wird, mit Geschmack und Fülle reden könnte«. (Cic. de or. 1,6,21) Doch Quintilian und Cicero verlangen nicht vom Redner, daß er alles wissen muß: »Nicht jedoch will ich den Rednern eine so große Last aufbürden, daß ich ihnen nicht vergönnen sollte, einiges nicht zu wissen.« (Cic. de or. 1,6,21) Vielmehr soll seine umfangreiche Bildung dem Redner ermöglichen, über alles gut, d. h. angemessen und wirkungsvoll, zu reden, wobei er sich in speziellen Fragen den Rat des Fachgelehrten holt.

Die Gliederung der Redegegenstände:

Da eine Einteilung der Gesamtmenge der Redegegenstände wegen der Vielzahl der möglichen Stoffe nicht aus den einzelnen Gegenständen gewonnen werden kann, können die Redegegenstände selbst nach der Art, in welcher sie sich dem Redner darbieten und nach dem Verhältnis des Redegegenstandes zum Zuhörer bzw. des Redners zum Zuhörer eingeteilt werden. (Die beiden Einteilungsmöglichkeiten nach den Verhältnissen Redegegenstand/Zuhörer und Redner/Zuhörer können deshalb ohne weiteres als *eine* Einteilungsmöglichkeit aufgefaßt werden, weil das Verhältnis des Redners zum Zuhörer sinnvoll nur in Abhängigkeit vom Redegegenstand betrachtet werden kann). Eine dritte Art der Einteilung erhalten wir, wenn das Verhältnis des Redegegenstandes zum Zuhörer umgekehrt wird und nach der Haltung der Zuhörer zum Redegegenstand unterschieden wird.

1.3.1.1. Die Gliederung der Redegegenstände nach den Fragen (quaestiones)

Gliedert man die Redegegenstände nach den Fragen, die ihrer Behandlung zu Grunde liegen, so bestehen drei Möglichkeiten einer Einteilung:

a) nach der Konkretheit in **finite (begrenzte) und infinite (unbegrenzte)** Fragen (s. Quint. 3,5,5); in Fragen also, die auf Probleme zielen, die konkret beantwortet werden können und solche, die nur allgemein zu beantworten sind.

b) nach der Komplikation in **einfache Fragen, zusammengesetze Fragen (s. Quint. 3,10,1) und vergleichende Fragen (s. Quint. 3,10,3).**

c) nach dem **status (der Begründungsform).**

Der status gibt den »Stand« einer Situation an, die Gegenstand einer Rede wird. Dieser Stand, er könnte auch Grundfrage oder Hauptfrage genannt werden, geht aus den widersprüchlichen Aussagen der Parteien hervor.

Modell-genus für die status-Lehre ist also das genus iudicale.

- **Der status coniecturae:** Diesem status ist die Frage »Hat er es getan?« zugeordnet (an fecerit [Quint. 3,6,5]). Die hier gewonnenen Beweise gründen sich auf die Vermutung. Für die Anklage ist in diesem status zu erweisen, daß etwas geschehen oder vom Angeklagten getan worden ist; für die Verteidigung ergibt sich die Möglichkeit der »starken« Verteidigung (s. Quint. 3,6,83), nämlich die Tat zu leugnen.
- **Der status finitionis:** – ihm ist die Frage »Was hat er getan?« zugeordnet (quid fecerit? [Quint. 3,6,5]), die durch die genaue gesetzliche und sachlich richtige Definition des Geschehens oder der Tat zu lösen ist.
  Hier gilt es für die Anklage den Beweis zu erbringen, daß genau dies geschehen ist; für die Verteidigung besteht die »zweitstärkste« (s. Quint. 3,6,83) Möglichkeit: »es sei nicht das geschehen, was einem vorgeworfen wird« (Quint. 3,6,83).
- **Der status qualitatis:** »Wenn der Angeklagte sagt: ›Auch wenn ich es getan habe, habe ich es zu Recht getan‹, so verwendet er den Qualitätsstatus« (Quint. 3,6,10) – Die zugehörige Frage lautet also: Hat er es zu Recht getan? (an iure fecerit?) oder allgemein: Ist die Tat in ihrer Qualität richtig bestimmt?
  Im status qualitatis beruht die Verteidigungsmöglichkeit auf der »ehrenhaftesten Antwort«, es sei zu recht geschehen (s. Quint. 3,6,83), während von der Anklage das Gegenteil zu erweisen ist.
- **Der status translationis:** Dieser status bezieht sich auf die Rechtmäßigkeit der Verhandlung. Sie ist zu erweisen oder – Quintilian nennt es die

letzte und nun allerdings einzige Rettung des Angeklagten (s. Quint. 3,6,83) – zu widerlegen.

1.3.1.2. Gliederung der Redegegenstände nach dem Verhältnis Redegegenstand/Zuhörer*

Bei der Betrachtung der Beziehung Redegegenstand bzw. Redner/Zuhörer sind zwei grundsätzliche Möglichkeiten festzustellen: entweder ist das, worüber zu reden ist, sicher (certum [Quint. 3,4,8]) oder zweifelhaft (dubium [Quint. 3,4,8]).

Ist etwas sicher, so braucht keine Entscheidung getroffen oder herbeigeführt werden; daher wird das Sichere gelobt oder getadelt, je nach der geistigen Einstellung (vgl. Quint. 3,4,8).

Ist dagegen etwas zweifelhaft, so läßt sich dies erneut unterteilen: entweder steht frei zu wählen, für was man sich entscheidet, oder die Auswahl steht nicht frei, sondern wird genommen durch die Entscheidung von anderen (den Richtern oder dem Gesetz zum Beispiel). – **Aus diesen Feststellungen ergeben sich drei Arten von Verhältnissen zwischen Redegegenstand bzw. Redner und Zuhörer, denen jeweils eine Redegattung entspricht.**

a) Wenn etwas sicher ist, so ist das Verhältnis des Redners oder Redegegenstandes zum Zuhörer lobend oder tadelnd: die zugehörige Redegattung wird die **lobende** genannt **(genus demonstrativum bzw. genus laudativum** [Quint. 3,3,14–15]).

b) Wenn etwas Zweifelhaftes zur Wahl steht, so ist das Verhältnis Redner/Zuhörer beratend: Die Gattung der Rede ist **beratschlagend (genus deliberativum)** und bezieht sich auf die Zukunft.

c) Soll über das Zweifelhafte von anderen entschieden oder gerichtet werden, so erhalten wir die **gerichtliche Gattung der Rede (genus iudiciale)**; sie bezieht sich auf die Vergangenheit, auf etwas Geschehenes.

Quintilian schließt sich der aristotelischen Einteilung in die drei genera an (s. Quint. 3,4,12–15) mit der Begründung: »denn es wird sich keine [Rede] finden lassen, in der wir nicht loben oder tadeln, raten oder abraten, etwas anstreben oder abwehren müßten« (Quint. 3,4,15). Die Gattungen sind, so betont Quintilian, nicht streng voneinander geschieden, sondern greifen ineinander über, d. h. in der beratenden Rede oder in der iudicialen Rede wird auch Lob und Tadel zu finden sein, in der beratenden wird auch über Geschehenes geurteilt werden müssen.

---

* [Diese Darstellung nach Quint. 3,3, und 3,4; Diese Einteilung geht zurück auf Aristoteles].

1.3.1.3. Die Gliederung der Redegegenstände nach dem Verhältnis Zuhörer/Redegegenstand

Aus dem Verhältnis Zuhörer/Redegegenstand werden fünf Vertretbarkeitsgrade einer Sache abgeleitet. Quint. ordnet sie den Rechtsfällen zu (s. Quint. 4,1,40), sie betreffen jedoch durchaus auch die anderen genera der Rede.

Es werden folgende Arten der Vertretbarkeit unterschieden:

a) **das genus honestum:** hier hat der Redegegenstand schon von sich aus genügend Gewinnendes, er entspricht den Erwartungen, Ansprüchen und Werten der Zuhörer völlig. Bezogen auf den Redner ist bei diesem Verhältnis zwischen Zuhörer und Redegegenstand die Behandlung ehrenhaft.

b) **das genus humile:** die Zuhörer sind uninteressiert am Redegegenstand, betrachten ihn als belanglos, und es gilt, die Aufmerksamkeit für den Redegegenstand zu gewinnen.

c) **das genus dubium anceps:** der Redegegenstand ist für das Publikum zweifelhaft, ungewiß, »doppelköpfig«. Eine solche Beziehung liegt z. B. bei Fragen vor, auf die sich verschiedene, gleichwertige Antworten geben lassen. Dieses genus macht das Wohlwollen der Zuhörer erforderlich.

d) **das genus admirabile:** in dieses genus fallen Redegegenstände, die die Zuhörer überraschen oder schockieren, da sie gegen die allgemein üblichen Vorstellungen verstoßen. Dieses genus stellt hohe Anforderungen an den Redner, er wird im allgemeinen als Einleitung die insinuatio (s. Pkt. 2.2.1.2.) verwenden müssen. Wichtige Mittel dieses genus sind die Steigerung (amplificatio) und die »Färbung«. (dazu s. Quint. 4,2,88–91)

e) **das genus obscurum:** dieses genus umfaßt die Redegegenstände, die dem Zuhörer schwer verständlich und schwer durchschaubar sind.

2. dispositio: Das Anordnen

Die gefundenen und nach ihrer Bedeutung und Stichhaltigkeit in Anbetracht der Sachlage abgewogenen Beweisgründe gilt es nunmehr zu ordnen. Diese Anordnung des Stoffs, »die zweckmäßige Vertheilung des Stoffs und seiner Theile« (Quint. 7,1,1) an die passenden Stellen der Rede (unter Berücksichtigung der verbalen Umsetzung), ist Gegenstand der dispositio.

Unter dem Gesichtspunkt der Aufgaben des Redners – zu unterrichten (docere), Leidenschaften zu erregen (movere) und zu unterhalten (delectare) – wird der Stoff der Rede in der dispositio behandelt. Der Redner soll sich sowohl rationaler als auch emotionaler Überzeugungsmittel bedienen und sie über die ganze Rede verteilen. (s. Cic. de or. 2,77,310) Am Eingang – um für die Parteisache vorzubereiten – und am Schluß – um die Parteisache schließlich durchzusetzen – können die affektischen Mittel in stärkerem Maße verwendet werden als in den anderen Redeteilen, die den Eindruck, die Argumentation beruhe auf rationalen Mitteln, hervorrufen sollen.

Der dispositio liegt das Ziel zugrunde, daß deutlich wird, was man sagen will und daß überzeugend parteiisch vermittelt wird, warum sich etwas in einer bestimmten Weise verhält. Der Stoff, bezogen aus den loci, ist zu diesem Zweck zu Schlußfolgerungen, zu zentralen Thesen, zu Sachverhältnissen zu formen, wobei »die einzelnen Absätze der Beweise [...] gewöhnlich [zu] verbergen [sind], damit sie niemand nachzählen könne, so daß sie der Sache nach geschieden, den Worten nach ineinander verschmolzen zu sein scheinen«. (Cic. 2,41,177). Die Beweisgründe erhalten ihre Kraft also einerseits aus der vernünftigen Anordnung und Abfolge in der dispositio, andererseits aus den Worten und der Ausdrucksweise. Auf den Einflußbereich der elocutio bzw. auf das Ineinandergreifen von elocutio und dispositio soll hier jedoch nur hingewiesen werden, die dispositio soll nicht speziell unter diesem Aspekt behandelt werden. Hinsichtlich der Beweise ist bei der Anordnung zu berücksichtigen, daß man der Erwartung der Zuhörer möglichst schnell entgegenkommt und den stärksten Beweis an den Anfang stellt, auch sollten für den Schluß der argumentatio starke Beweise aufgespart werden – die in geringerem Maße zwingenden (aber durchaus nicht unbedeutenden oder fehlerhaften!) Beweise sollten das Mittelfeld einnehmen. (s. Cic. de or. 2,77,314)

Die dispositio ordnet den Stoff der Rede im Interesse der Partei; sie kann nicht von den anderen Arbeitsphasen des Redners streng abgetrennt werden, sondern steht sowohl mit der inventio (dem Erfinden) als auch mit der elocutio (dem sprachlichen Ausdruck) und der memoria (dem Einprägen der Rede) in Zusammenhang.

2.1. Die beiden Ordnungssysteme der Rhetorik: ordo naturalis und ordo artificialis: Die natürliche und künstliche Ordnung

Natürliche und künstliche Ordnung sind die regulativen Prinzipien der gesamten rhetorischen Tätigkeit und werden vor allem von der Arbeitsphase der dispositio an wirksam. Ihre Unterscheidung beruht letztlich auf der Entgegensetzung von natura und ars.

Im ersten Buch »Vom Redner« betont Cicero, daß die Regeln keinen großen Redner machen, denn nicht sei »die Beredsamkeit aus der Kunst, sondern die Kunst aus der Beredsamkeit entstanden«. Aber er gesteht der Ordnung, die die Regeln in die Beredsamkeit gebracht haben, ihr Recht zur Erziehung zu und verlangt vor allem die Vorübung als Voraussetzung für die rednerische Vollkommenheit (Cic. de or. 1,32,144 ff.). Es ist dies die in der Rhetorik allgemein gängige Antwort auf die Frage, ob der natura bei der Ausbildung des Redners größeres Gewicht zuzumessen sei oder der ars:

»Ob ein Gedicht der Natur oder Kunst Vollkommenheit danke,
Hat man öfter gefragt. Der Fleiß ohne inneren Reichtum
Oder das rohe Genie ist meines Erachtens kein Vorteil;
Eines erfordert das andre, und beide verbünden sich innig«.
(Horaz, ars poetica, 408–411).

Man einigt sich in der Tradition schließlich darauf, daß die natura Vorbedingung der ars sei. Quintilian nennt die natura hominis meist ingenium und bezeichnet damit die geistige Anlage, der eine körperliche und ethische Anlage entsprechen. In seinen Erörterungen gleich zu Anfang der Institutio oratoria wehrt er sich auch dagegen, daß diese natürlich-geistige Begabung nur bei wenigen Menschen gegeben sei, vielmehr sei die Bildungsfähigkeit notwendig mit der menschlichen Natur verknüpft; nur müsse die Aufmerksamkeit frühzeitig darauf gelenkt werden, damit die Anlagen durch Kunst zur vollen Ausbildung gelangen. Die von Horaz postulierte Ausgewogenheit beider Prinzipien wird allerdings auch oft zugunsten des einen oder anderen von beiden aufgehoben, zumindest in dem Sinne, daß eines von beiden deutlich überwiegt (Ueding, Schillers Rhetorik, S. 128 ff.).

Das natürliche Ordnungssystem (ordo naturalis) beruht auf der Annahme, daß es eine natürliche, erkennbare Ordnung der Dinge gibt. »Auch scheinen mir die nicht zu irren, welche glauben, daß die Natur selbst auf Ordnung beruht, deren Störung allgemeinen Untergang zur

Folge haben müßte. So muß auch die Rede, welche diesen Vorzug entbehrt, tumultuarisch werden, ohne Lenker und inneren Zusammenhang hin und her schwanken.« (Quint. 7,1,3) Aufgabe der Kunst ist es, die natürliche Ordnung zu erforschen und nutzbar zu machen. Als naturgemäße Anordnung der Rede bezeichnet Cicero die Folge der Redeteile: »Denn daß wir etwas zum Eingang sagen, dann daß wir die Sache selbst auseinandersetzen, nachher sie beweisen, indem wir unsere Beweismittel bekräftigen und die des Gegners widerlegen, endlich daß wir aus dem Ganzen Folgerungen ziehen und so den Redeschluß bilden, das schreibt schon die Natur der Rede vor.« (Cic. de or. 2,76,307)

Das künstliche Ordnungssystem (ordo artificialis) ist die Abweichung vom natürlichen, die nur dann gestattet und angemessen ist, wenn sie zum Nutzen der eigenen Parteisache dienlich ist, also besonders dann, wenn diese nur sehr schwer zu vertreten ist. Hier wird der ordo naturalis also dann gefordert, wenn die Sache selber sich nicht der natürlichen Ordnung fügt, bzw. die natürliche Ordnung einen geringeren Wahrscheinlichkeitsgrad als die natürliche aufweist. Alles was der Redner nicht aus der Natur der Sache entwickelt, wird ebenfalls dem ordo artificialis zugerechnet.

2.2. partes orationis: Teile der Rede

Im folgenden sollen die Teile der Rede im einzelnen und in ihrer Abfolge behandelt werden: der Redeanfang (exordium), die Erzählung (narratio), die Beweisführung (argumentatio) und der Redeschluß (peroratio). Der Übergang von einem Redeteil zum anderen **wird transitus** (bei Quint. 4,1,77) **oder transgressio** (bei Quint. 4,1,78) **genannt**, die Kunst der transgressiones ist zwischen allen Teilen der Rede anzuwenden, sie soll jedoch nicht manieristisch ausufern (s. Quint. 4,1,77); auf Besonderheiten der transgressiones wird in den einzelnen Unterpunkten jeweils eingegangen, sofern es nötig erscheint.

2.2.1. exordium: Der Redeanfang

Die Eingänge der Rede »sollen nicht von außen gesucht, sondern müssen aus dem Innersten der Sache entlehnt« (Cic. de or. 2,78,318) sein, denn das exordium soll zu der Behandlung der Sache hinführen, – ebenso zu dem vertretenen Standpunkt: Cicero empfiehlt dem Redner daher, den Eingang als letztes auszuwählen und zu formulieren; damit werde erreicht, daß der Eingang der folgenden Rede angemessen sei, »wie man Häusern [...] Eingänge vorsetzen muß, die in einem richtigen Verhältnis zu dem Gebäude stehen« (Cic. de or. 2,79,320). **Bereits der**

Anfang der Rede ist parteilich; er soll die Zuhörer im Interesse der Partei für die Ausführungen in der weiteren Rede voreingenommen, der eigenen Argumentation aufgeschlossen machen: es gilt gleich zu Anfang die Sympathie, das Verständnis und die Aufmerksamkeit der Zuhörer für den Redner und den Redegegenstand in möglichst hohem Maße zu erwecken.

Dem exordium kommt somit eine wichtige Rolle zu, in ihm wird die erste Hürde zur Überzeugung des Zuhörers bereits genommen: »man muß im Anfang dem Richtet nur einen leisen Stoß geben, damit die nachfolgende Rede auf den schon sich neigenden losdränge« (Cic. de or. 2,79,324). Daß das exordium mit der nachfolgenden Rede eng verbunden sein muß, ergibt sich aus seinen Aufgaben. Cicero betont, daß »dieses Vorspiel nicht dem Vorkampfe der samnitischen Fechter gleichen [darf], die vor dem Kampfe Speere schwingen, die sie während des Kampfes gar nicht gebrauchen« (Cic. de or. 2,80,325).

Das exordium soll kurz gehalten werden, es muß deutlich werden, wo die Einleitung abgeschlossen ist und die narratio beginnt: »Denn der Anfang der Darlegung des Sachverhaltes ist verloren, wenn der Richter noch nicht weiß, daß jetzt erzählt wird« (Quint. 4,1,78).

Unterschieden werden beim exordium zwei Arten: das prooemium (prinzipium; Einleitung) und die insinuatio (Einschmeichelung). Bei den Vertretbarkeitsgraden genus anceps, genus humile, genus honestum und genus obscurum sind die Anfänge der Rede im allgemeinen prooemii (Einleitungen), während die insinuatio (Einschmeichelung) dem Vertretbarkeitsgrad des genus turpe (= admirabile) zuzuordnen ist.

2.2.1.1. prooemium (principium): Die Einleitung

Den Stoff und die Gedanken zur Einleitung kann man »entweder von dem Angeklagten oder vom Gegner oder von der Sache oder von denen, vor denen die Sache verhandelt wird, herleiten« (Cic. de or. 2,79,321).

Von dem Angeklagten oder Klienten, indem angeführt wird, was geeignet ist, ihn in ein positives Licht zu setzen für die folgende Verhandlung; »von dem Gegner, wenn man dieselben Beweisquellen für das Gegenteil benutzt«. (Cic. de or. 2,79,321); von der Sache, wenn man sie als unerwartet, noch nicht bekannt, groß, grausam, Mitleid erregend, unverschuldet etc. schildert; von den Zuhörern, »wenn man ihr Wohlwollen und ihre Geneigtheit zu gewinnen sucht« (Cic. de or. 2,79,322). Alle vier Fundorte unterstehen in diesem Zusammenhang den Zielen **des attentum parare (dem Erlangen der Aufmerksamkeit), docilem parare (dem Erwecken der Aufmerksamkeit, Gelehrigkeit) und captatio benevolentiae (dem Erlangen des Wohlwollens)** – diese Ziele können nicht scharf voneinander getrennt werden, sie sind zudem in der gesamten

Rede zu beachten: »dieses Bestreben muß sich über die ganze Rede erstrecken und besonders am Schluß hervortreten; [...] es ist jedoch im Eingang leichter, weil die Zuhörer teils dann die gespannteste Aufmerksamkeit haben, wenn sie noch alles erwarten, teils im Anfang in höherem Grade für Belehrung empfänglich sein können« (Cic. de or. 2,79,322–323).

2.2.1.1.1. attentum parare: Das Erlangen der Aufmerksamkeit

Das attentum parare soll das taedium (Desinteresse) des Publikums beseitigen. Die Nichtansprechbarkeit der Hörer kann beispielsweise in der Übersättigung (s. Quint. 5,14,30), Ermüdung (s. Quint. 4,1,48) oder der Belanglosigkeit des Redegegenstandes begründet sein. Zur Überwindung des taedium stehen folgende Mittel zur Verfügung:

a) **Versprechen von Kürze (brevitas)** und Straffung der Rede (s. Quint. 4,1,62); die Glaubwürdigkeit solcher Versicherung erfordert bereits Kürze des prooemium.

b) **»tua res agitur«:** Dem Zuhörer wird angekündigt, daß es bei der zu verhandelnden Sache um seine eigenen Belange und Interessen geht, (s. Quint. 4,1,33) womit bereits der Bereich der affektischen Mittel zum attentum parare berührt ist. Im allgemeinen sollte diese Möglichkeit jedoch im principium nur sparsam eingesetzt werden, da »der Eingang der Rede nur selten heftig und streitsüchtig sein darf« (Cic. de or. 2,78,317).

2.2.1.1.2. docilem parare: Das Erwecken der Gelehrigkeit

Das docilem parare will zwischen dem Konzentration erfordernden Redegegenstand und dem Publikum vermitteln; es wird erzielt, »wenn wir kurz und klar die Hauptsache [...] angeben« (Quint. 4,1,34). Die Belehrbarkeit und Aufnahmebereitschaft wird durch eine knappe, sachliche Ankündigung (propositio) und »Vorschau« für die Rede erzielt.

2.2.1.1.3. captatio benevolentiae: Das Erlangen des Wohlwollens

Das Wohlwollen kann entweder von Personen oder vom Rechtsfall hergeleitet werden (s. Quint. 4,1,6). Voraussetzung für das Gewinnen des Wohlwollens ist, daß der Person des Redners »jeder Verdacht, bei der Übernahme der Rechtsvertretung könnten schmutzige Beweggründe, Gehässigkeiten oder Ehrgeiz im Spiele sein, fernliegt« (Quint. 4,1,8). Wendungen, die die Schwierigkeit der Sache, die mangelnde Vorbereitungszeit, die Begabung des Redners der Gegenseite zum Ausdruck bringen, können das Wohlwollen der Zuhörer für die eigene Partei erwekken. »Denn es gibt eine natürliche Vorliebe für die Schwachen, die sich abmühen, und ein gewissenhafter Richter hört am liebsten den Anwalt, bei dem er für die Sache der Gerechtigkeit am wenigsten zu befürchten hat. Daher stammt die den Früheren so geläufige Verstellung, um die Redekunst zu verbergen« (Quint. 4,1,9).

2.2.1.2. insinuatio: Die Einschmeichelung

Die insinuatio als Redeanfang (zumeist im genus admirabile) enthält in stärkerem Maße affektive Mittel als das prooemium (Einleitung). Im genus admirabile kann die Forderung nach Wohlwollen meist nicht erhoben werden, – »entweder deshalb, weil die Sache selbst nicht sauber ist [res improba] oder von den Menschen nicht als solche angesehen wird« (Quint. 4,1,42). **Hier gilt es darauf hinzuarbeiten, daß die Sache weniger bedeutend sei als behauptet worden ist, in anderer Absicht geschehen sei, als vorher dargestellt worden ist, usw.** Dies kann dadurch geschehen, daß die Beweisführung des Gegners in angemessener Form lächerlich gemacht wird (s. Quint. 4,1,38–39), daß sich der Redner erregt stellt vom Gefühl der Überzeugung von seiner Sache (s. Quint. 4,1,46), daß er vor dem, was hinderlich ist, ausweicht und die Aufmerksamkeit auf anderes lenkt: »Macht uns die Sache zu schaffen, so muß die Person aushelfen, ist es die Person, so muß es die Sache« (Quint. 4,1,44).

2.2.2. narratio: Die Erzählung

Die narratio besteht aus der parteilichen Schilderung des Sachverhaltes, sie ist die zum Überzeugen »nützliche Darstellung eines tatsächlichen oder scheinbar tatsächlichen Vorgangs« (Quint. 4,2,31). Sie stellt die Quelle der ganzen übrigen Rede dar (s. Cc. de or. 2,81,330) und kann zum Nutzen der eigenen Partei durchaus mit Auslassungen und Übergehungen arbeiten: »Ich leugne ja nicht, daß bei der Erzählung so, wie manches bestritten, manches hinzugesetzt, manches geändert, so auch manches verschwiegen werden muß. Aber verschweigen muß man, was zu verschweigen sich als nötig und als möglich erweist« (Quint. 4,2,67). Zuweilen wird die narratio in mehrere genera unterteilt – Quintilian lehnt diese Unterteilung jedoch als unwichtig ab (s. Quint. 4,2,2–3).

virtutes der narratio: Die Tugenden der Erzählung

Hauptvorschrift für die narratio ist nach Cicero die Kürze (brevitas) und die Klarheit (perspicuitas). Die Kürze soll die Anschaulichkeit jedoch nicht beeinträchtigen. »Auch schenkt man einem Ereignis weit mehr Glauben, wenn man auseinandersetzt, wie es geschehen ist, und das Verständnis ist weit leichter, wenn man zuweilen innehält und nicht mit solcher Kürze darüber eilt«, denn »eine dunkle Erzählung [...] macht die ganze Rede unverständlich« (Cic. de or. 2,80,328 u. 329). Die genannten Forderungen, Kürze, Klarheit und Deutlichkeit und die Glaubhaftigkeit, sind die Tugenden der Erzählung (narrandi virtutes) (s. Quint. 4,2,61). In der Erzählung soll der Zuhörer im Interesse der eigenen Partei über den Streitfall belehrt (docere) werden; dabei treten die emotionalen Überzeugungsmittel in den Hintergrund, um der Darstellung den Schein der Wahrheit zu geben.

Verstöße gegen die narrandi virtutes können das (Desinteresse) taedium des Publikums zur Folge haben (s. Quint. 4,2,44). Falls die Erzählung für die Beurteilung zu auschweifend wird und Einzelheiten dem Gedächtnis der Urteilenden wieder entfallen, ist der Zweck der Erzählung verfehlt.

Zum Gebrauch der narratio

Über den **Beginn der narratio** sagt Quintilian, daß die Vorgeschichte der Handlung samt ihren Einzelheiten nicht als Ausgangspunkt zu nehmen sei: »und sooft der Ausgang eines Vorgangs das Vorausgehende hinreichend bezeichnet, müssen wir mit dem zufrieden sein, wodurch das andere von selbst mitverstanden wird« (Quint. 4,2,41).

Wann die narratio anzuwenden sei und wann nicht, hängt von der Situation ab: »ist die Sache bekannt, [...] so darf man nicht erzählen, sowie auch nicht, wenn der Gegner schon erzählt hat, es müßte denn sein, daß wir ihn widerlegen wollen« (Cic. de or. 2,81,330). In diesem Falle ist sie nach Quintilian sogar unbedingt nötig: »Wenn wir nichts darlegen, muß er [der Richter] doch glauben, es gebe das wirklich, was der Gegner gesagt hat« (Quint. 4,2,76). In öffentlichen Reden jedenfalls ist die narratio meistens nötig zur Unterrichtung über den Verlauf der Vorgänge und ihrer Folgen – nicht dagegen ist sie bei privaten Beratungen (deliberationes privatae) erforderlich (s. Quint. 3,8,10). **Hauptziel der narratio** ist, der in der argumentatio zu erweisenden Sache zu nutzen: »Oder gibt es einen Unterschied zwischen Beweisführung und Erzählung, außerdem, daß die Erzählung eine zusammenhängende Beweisführung ist, während wiederum die Beweisführung eine der Erzählung entsprechende Bekräftigung bildet« (Quint. 4,2,79; s. auch Quint. 4,2,54). Da bei besonderen Umständen eine lange Erzählung erforderlich sein kann und dann dem Desinteresse des Publikums vorzubeugen ist, kann es im Sinne der anschließenden Beweisführung nötig sein, das spatium

(Erzählzeitraum) aufzuteilen und Abschnitte auf die Beweisführung zurückzustellen (s. Quint. 4,2,48). Dies kann zu mehreren Erzählteilen führen, die dann innerhalb der argumentatio als Abschweifungen erscheinen (s. Quint. 4,2,50).

2.2.2.1. digressio: Die Abschweifung

Abschweifung, Exkurs, ist alles was außerhalb der fünf Teile der Rede erzählt, dargestellt oder behandelt wird, »diene es nun für Unwillen, Mitleid, Entrüstung, Schelten, Entschuldigen, Gewinnen oder Abwehr von Schmähungen« (Quint. 4,3.15). Die digressio hat also nicht ihren festen Ort nur in der narratio, sondern kann aus allen Teilen der Rede Gedanken und Anlaß beziehen. Häufig wird sie bei schwierigen Vertretbarkeitsgraden jedoch als prooemium für die argumentatio verwendet, »um den Richter für unsere Beweisgänge zu gewinnen, zu besänftigen oder zu erregen. Das kann hier in freierer und heftigerer Weise geschehen, weil dem Richter der Fall schon bekannt ist« (Quint. 4,3,9). Abschweifungen zum Zweck der Affekterregungen können grundsätzlich an beliebiger Stelle vorgenommen werden in der narratio und der argumentatio.

Wichtig für den Gebrauch der Abschweifungen ist, daß sie sich aus dem Vorausgegangenen ergeben und nicht die Verbindung zum Folgenden zerreißen (s. Quint. 4,3,4); sie müssen innerhalb des Zwecks der Rede eine Funktion erfüllen.

Der Übergang von der narratio zur argumentatio kann affektisch durch eine digressio gestaltet werden oder rational durch eine Zusammenfassung der narratio, welche gleichzeitig eine Ankündigung des Beweiszieles beinhalten kann. Im letzteren Fall übernimmt eine propositio die Überleitungsfunktion.

2.2.2.2. propositio: Die Darlegung des Themas

Die propositio ist ein zusammenfassender Überblick über das Thema. Sie steht in engem Zusammenhang mit der parteilichen narratio und kann utilitäre Vereinfachungen, Verschärfungen der Fragestellung etc. entsprechend der intentio der Beweisführung vornehmen. Dazu Quintilian:

> »Ebenso ist sie angebracht bei dunklen und verwickelten Fällen, nicht immer nur zu dem Zweck, den Fall durchsichtiger zu machen, sondern zuweilen auch, um stärker die Gefühle zu erregen. Es erregt aber das Gefühl des Richters, wenn gleich noch ein paar für uns günstige Tatsachen eingeflochten werden: ›Im Gesetz steht deutlich geschrieben: ein Fremder, der die Stadtmauer ersteigt, ist mit dem Tode zu bestrafen. Daß du ein Fremder

bist, ist gewiß; davon, daß du nicht die Stadtmauer erstiegen hättest, kann keine Rede sein. Was gibt es da anderes für dich als die Todesstrafe?‹ Diese Ankündigung nämlich erpreßt vom Gegner das Schuldbekenntnis, sie nimmt der Urteilsbildung sozusagen jede Bedenkpause und kündigt die Untersuchung nicht an, sondern bahnt ihr den Weg« (Quint. 4,4,4).

2.2.3. argumentatio: Die Beweisführung.

Die argumentatio ist der wichtigste, beweisführende Teil der Rede und hat ihren Kern bereits in der inventio, da es dort bereits gilt, die inhaltliche Fülle der argumenta (Beweisstücke, Bestandteile der Beweisführung, vgl. Quint. 5,12,2) mit Hilfe der loci ausfindig zu machen. In der Beziehung zu den vorangegangenen Redeteilen ist die Beweisführung als Explikation der (vom Redner in der intellectio erkannten) Hauptfrage aufzufassen: vorbereitet wurde sie durch das exordium und die narratio.

In der Beweisführung wird die Streitfrage gemäß dem eigenen Parteiinteresse formuliert und beantwortet. Um die Glaubwürdigkeit des eigenen Standpunktes herauszustellen und die Zuhörer von ihm zu überzeugen, muß die Beantwortung stichhaltig und beweiskräftig sein; sie bedient sich dazu der signa (Zeichen), argumenta (Beweise) und exempla (Beispiele).

Der Schwerpunkt der argumentatio liegt wiederum in der Belehrung, ohne daß deshalb jedoch die emotionalen Überzeugungsmittel in der Verwendung hier unzulässig wären; dies gilt in der argumentatio entsprechend wie in der narratio.

Da die argumentatio der wichtigste Teil in der persuasiven Rede ist, kommt dem aptum hier größte Bedeutung zu: »Indessen darf man auch nicht immer mit allen Beweisen, die wir ausfindig gemacht haben, den Richter belästigen, weil sie zum Überdruß führen und die Glaubwürdigkeit mindern« (Quint. 5,12,8). Vom Redner sind letztlich für die Beweisführung in hohem Maße Lebenskenntniss und Lebenserfahrung im umfassendsten Sinne zu fordern. »Es muß also, wenn man Beweise richtig handhaben will, auch Bedeutung und Wesen aller Erscheinungen bekannt sein sowie Einsicht, welche Wirkungen jeder von ihnen in der Regel zustande bringt« (Quint. 5,10,15).

2.2.3.1. partitio: Gliederung als Eingang der argumentatio

Eine partitio ist die gliedernde Aufzählung der Redeziele und kann sowohl am Redeanfang stehen, wie auch an das Ende der narratio treten. Ihre Bedeutung liegt darin, daß z. B. bei verwickelten Redegegenständen (genus obscurum) mehrere Beweisziele verfolgt werden können, ohne daß die Verständlichkeit und Klarheit der Gedankenführung für das Publikum leidet. In gewissem Sinne gehört die partitio damit auch zur Technik der Überleitung.

Die partitio, als Anfang der argumentatio verwendet, bietet eine »handgreifliche, klare und sinnvolle Gliederung für den ganzen Fall« (Quint. 4,5,3). Die Beweisführung wird dadurch sowohl für den Redner, wie auch für den Hörer zielstrebig und überschaubar. Quintilian gibt jedoch zu bedenken: »wenn nämlich die Beweisgründe schon angekündigt sind, wird dadurch alles, was für das Weitere noch den Reiz einer Überraschung durch etwas Neues bieten kann, im voraus ausgeschaltet [...]. Denn manchmal ist ein Beweisziel eine harte Zumutung, vor der der Richter, wenn er sie voraussieht [...], zurückschreckt« (Quint. 4,5,4–5).

Der hauptsächlich rational orientierten partitio als Eingang der argumentatio entspricht die mit affektischen Funktionen behaftete aufzählende Wiederholung und Zusammenfassung (enumeratio) in der peroratio.

2.2.3.2. Die Teile der argumentatio

Quintilian unterteilt die argumentatio in Beweisführung (probatio) und Widerlegung (refutatio) und behandelt im fünften Buch dann die Widerlegung auch in einem eigenen Kapitel. (s. Quint. 5,13,1 ff.) Er begründet dies: »denn die Beweisführung hat aufzubauen, die Widerlegung abzureißen« (Quint. 3,9,5). Da die Widerlegung jedoch mit entsprechenden Mitteln wie die positive Beweisführung arbeitet [obzwar sie schwieriger ist: »in dem Maße, wie es leichter ist, Wunden zu schlagen als zu heilen, ist auch anzuklagen leichter als zu verteidigen« (Quint. 5,13,3)], soll die refutatio hier nicht besonders behandelt werden, – auch wenn Quintilian schon Aristoteles aus eben diesem Grund getadelt hat (s. Quint. 3,9,5). Cicero hatte die argumentatio in entsprechender Weise wie Quintilian später unterteilt, zeigte aber den Zusammenhang von Beweisführung und Widerlegung.

»Aber weil die Widerlegung der Gegenstände ohne die Bestätigung der eignen Gründe nicht möglich ist, so wie auch nicht die Bestätigung dieser ohne die Widerlegung jener, so ist dieses sowohl von Natur als auch hinsichtlich des Nutzens und der Behandlung beider miteinander verbunden« (Cic. de or. 2,81,331).

2.2.3.2.1. Die allgemeinen Merkmale der kunstgemäßen Beweise (probationes artificiales)

Quintilian zählt eine Reihe von Eigenarten der kunstgemäßen Beweise auf (s. Quint. 5,8,4ff.), die den verschiedenen Erscheinungsformen der Beweisführung (mit signa, argumenta oder exempla) gemeinsam sind:

a) Jede Art von Beweisführung hat es mit Personen oder Sachen zu tun. (»Denn es gibt keine Untersuchung, die es nicht entweder mit Personen oder Sachen zu tun hat« (Quint. 5,8,4).

b) Die Beweise können für sich gesehen werden oder in Beziehung zu anderem.

c) Der Beweis steht in der Beziehung zu anderm entweder in einem Verhältnis der Folgerichtigkeit oder des Widerspruchs.

d) Das Widerspruchsverhältnis ergibt sich entweder aus vergangener Zeit, aus gleichem Zeitraum oder aus folgender Zeit.

e) Eine Sache läßt sich nur beweisen durch eine andere, diese muß entweder größer oder gleich oder kleiner sein.

f) Die Beweise können sich auf Probleme konkreter oder allgemeiner Art beziehen.

g) Die Beweise haben drei Überzeugungsgrade: »Außerdem gilt für alle Beweisführungen, daß sie teils zwingend, teils glaubhaft, teils frei von Widersprüchen sind« (Quint. 5,8,6).

h) Die Beweise beruhen auf vier Schlußfolgerungstypen:

- weil etwas ist, ist etwas anderes nicht: »Es ist Tag, Nacht ist also nicht« (Quint. 5,8,7).
- weil etwas ist, ist etwas anderes auch: »Die Sonne ist über der Erde, Tag ist es also« (Quint. 5,8,7).
- weil etwas nicht ist, ist etwas anderes: »Nacht ist es nicht, Tag ist es also« (Quint. 5,8,7).
- weil etwas nicht ist, ist etwas anderes auch nicht: »Er ist nicht im Besitz von Vernunft, also ist er kein Mensch« (Quint. 5,8,7).

2.2.3.2.2. signa, argumenta und exempla

2.2.3.2.2.1. signa: Zeichen, Indizien

Das signum ist ein sinnlich wahrnehmbares Zeichen, das vom Redner als Indiz für eine bestimmte Sachlage, als Beweis einer Behauptung, als Mittel zur Affekterregung eingesetzt wird.

Dabei unterscheidet man Zeichen, die eine sichere Schlußfolgerung erlauben (signa necessaria), von solchen Zeichen, die eine Schlußfolgerung als bloß wahrscheinlich (signa non necessaria) nahelegen (s. Quint. 5,9,5 und 5,9,15).

2.2.3.2.2.2. argumenta: Die Beweisgründe

Das argumentum stellt eine rationale Schlußfolgerung dar, »die der Beweisführung Beweiskraft liefert, wodurch etwas durch etwas anderes erschlossen und etwas Zweifelhaftes durch etwas Unzweifelhaftes in seiner Gewißheit bestärkt wird [...] [es muß] etwas in einem Fall geben,

das keinen Erweis nötig hat« (Quint. 5,10,11). Das argumentum vermittelt also zwischen dem, was feststeht und allem was zweifelhaft ist und erst zur Gewißheit werden soll.

2.2.3.2.2.2.1. enthymema (ratiocinatio): Das rhetorische Schlußverfahren, Gedankenkette.

Das Enthymem ist die spezifisch rhetorische Argumentationsweise, der »rhetorische Syllogismus« (Aristoteles), mit dessen Hilfe der Redner seine Beweisführung aufbaut. Heute meist als verkürzter Syllogismus bezeichnet, bedeutet das Enthymem für die antike Rhetorik sehr viel mehr, nämlich eine besondere Art des Schlußverfahrens, das nicht formallogisch zu sein brauchte, sondern als Teil der Topik verstanden wurde.

Grundlage des Enthymems bildet eine allgemein anerkannte und daher nur sehr schwer zu widerlegende Feststellung, die aber nicht notwendig ist und daher der Auslegung bedarf.

> »Da offenbar der kunstgerechte Weg über die Überzeugungsmittel führt, die Überzeugung aber eine Art Beweis ist [...] und da der rednerische Beweis eine Gedankenkette ist, so ist diese auch sozusagen das Hauptüberzeugungsmittel« (Aristoteles, Rhetorik I, 1,1355 a).

Quintilian nennt sieben Quellen, aus denen ein Enthymem zu gewinnen ist:
- das, was wir mit unseren Sinnen wahrnehmen (sehen, hören, tasten, etc.) – »von dieser Art sind die signa« (Quint. 5,10,12),
- das, worüber nach allgemeiner Anschauung Übereinstimmung herrscht, (z. B.: es gibt Götter),
- das, was in Gesetzen festgelegt ist,
- das, was auf überliefertem Brauchtum beruht, (dies kann mit dem Vorhergehenden übereinstimmen, muß es aber nicht notwendig),
- das, was zwischen beiden Parteien als geltend oder erwiesen akzeptiert wird,
- das, was bewiesen ist,
- das alles, wogegen kein Widerspruch vom Gegner erhoben wird.

Die rhetorische Begründung einer Behauptung folgt also dem Muster der Frage: ›Ist es glaubwürdig, daß ...?‹ (›an credibile sit?‹) und läßt zwei Möglichkeiten zu:
- Die aufeinander bezogenen Gegenstände stehen in einem positiven Verhältnis zueinander. »Das einzige Gut ist die Tugend; denn das nur ist ein Gut, wovon niemand schlechten Gebrauch machen kann. Von der Tugend kann niemand schlechten Gebrauch machen: ein Gut ist also die Tugend« (Quint. 5,14,25).
- Die aufeinander bezogenen Gegenstände stehen in einem Widerspruchsverhältnis zueinander. »Kein Gut ist das Geld; denn das ist kein Gut, wo-

von jemand schlechten Gebrauch machen kann. Vom Geld kann jemand schlechten Gebrauch machen, nicht also ist das Geld ein Gut« (Quint. 5,14,25).

Das philosophische Schlußverfahren (Syllogismus) findet in der Rhetorik nur begrenzt Anwendung, es gilt als trocken, umständlich und wenig publikumswirksam (Gefahr der Langeweile).

»Wenn Geld, das aus geprägtem Silber besteht, Silber ist, hat jemand, der alles Silber vermacht hat, auch das Geld, das aus geprägtem Silber besteht, vermacht. Dem Redner genügt es zu sagen: Da er alles Silber vermacht hat, hat er auch das Geld vermacht, das aus Silber besteht« (Quint. 5,14,26).

2.2.3.2.2.3. exemplum: Das Beispiel

Das Beispiel ist ein der Rede zugefügter veranschaulichender Beleg aus einem »nützlichen, wirklichen oder angeblich wirklichen Vorgang« (Quint. 5,11,6).

»Von außen her aber werden solche Beweisgründe zu Hilfe genommen, die sich nicht auf ihre eigene Kraft, sondern auf äußere Verhältnisse stützen« (Cicero de or. 2,40,173).

Die exempla sind natürliche Beweise, die vom Redner nicht mit Hilfe des Schlußverfahrens gewonnen werden, sondern ihm vorgegeben sind und mit Hilfe seiner Erfahrung und Wahrnehmungsfähigkeit gefunden werden müssen. Da sie aber nur durch die Bearbeitung des Redners oder Schriftstellers eine zweckentsprechende Funktion in seiner Rede erlangen, gehören sie hinsichtlich ihrer Anwendung zu den kunstgemäßen Beweisen (probationes artificiales).

Inductio (Cic. de inv. 1,31,51) nennt Cicero die Methode, eine außerhalb des eigentlichen Redegegenstandes liegende Sache als Beispiel in die Rede einzubeziehen.

2.2.3.2.2.3.1. auctoritas: Die Autorität als Sonderfall der exempla

Auctoritas bezeichnet die Beweisführung einer Behauptung durch Berufung auf eine Autorität, sei es eines Philosophen, Staatsmannes, einer Volksweisheit oder heiligen Schrift, und wird wie das Beispiel »(v)on außen her in den Fall hineingebracht« (Quint. 5,11,36). Diese Art der beispielhaften Argumentation unterscheidet sich vom gewöhnlichen Exempel dadurch, daß sie ihre Glaubwürdigkeit dem gesellschaftlichen Ansehen des Zeugnisses, bzw. seines Urhebers verdankt.

»Diejenige Beweisführung nun, von der man zu sagen pflegt, sie liege außerhalb des Bereiches kunstvoller Behandlung, besteht in dem Zeugnis.

Zeugnis (testimonium) aber nennen wir alles, was von irgend etwas Äußerlichem zur Beglaubigung genommen wird. Es hat nicht jede Person, wie auch immer sie beschaffen sein mag, das Gewicht einer gültigen Zeugenschaft; denn zur Möglichkeit des Beglaubigens gehört Ansehen (auctoritas). Ansehen aber verschaffen entweder die Natur oder die Zeit. Das erstere beruht vorzüglich auf Tugend; in der Zeit aber liegt vieles, was Ansehen verschafft: Begabung, Vermögen, Glück, Alter, Kunst, Notwendigkeit, zuweilen auch ein Zusammentreffen zufälliger Dinge« (Cic. Topik 19).

2.2.3.2.2.3.2. Exkurs: Die Eigentümlichkeit der Exempla

Wichtiges Charakteristikum der exempla in der argumentatio ist, daß sie eine autonome* und eine intentionelle Bedeutung besitzen. (Quint. 5,11,6) Die Letztere überlagert die erste und schwächt sie ab.

Die autonome Bedeutung des exemplum – vom Belegenden her betrachtet ist sie als die an ihm primäre Qualität zu bezeichnen – wird zu einer nur noch sekundären Qualität aufgrund des Rahmens, (Rede, Dichtung o.a.) welcher Träger der intentionellen Bedeutung ist: Er rückt als zeitlich später liegender Bewertungsmaßstab eine (oder mehrere) Komponente(n) aus der autonomen Bedeutung des *zeitlich vorausgegangenen* Belegenden in den Vordergrund, *indem* er den außerhalb seiner selbst liegenden Beleg nach einer Eignungsprüfung als Beispiel einbezieht. (Man könnte es auch umgekehrt ausdrücken: *um* den außerhalb des Redestoffs liegenden Beleg einbeziehen zu *können*, müssen die Komponenten der autonomen Bedeutung des Exempel-Gegenstandes bewertet und ausgewählt werden.) Bei diesem Vorgang erhält der eine Teil der Komponenten (nämlich der positiv bewertete) eine neue Gegenwart, während der andere Teil in der Vergangenheit verbleibt.

Die Verbindung zwischen Rahmen und exemplum ist von daher dem Belegenden bloß *äußerlich*, wenn man seine autonome Bedeutung vor Augen hat, – sie trifft jedoch das *innere Wesen* des exemplum, wenn man sich die Intention des Rahmens vergegenwärtigt, auf Grund welcher der Exempel-Gegenstand ja erst einbezogen wurde. Aus diesem Widerspruch ergibt sich die Oszillation eines Beispiels zwischen autonomer und intentioneller Bedeutung.

Die persuasive Rede muß auf Grund ihrer Intention bestrebt bleiben, gerade diese Oszillation zu unterdrücken: Denn, um Überzeugung bewirken zu können, muß sie den Anschein erwecken, in der Verwendung des exemplum die autonome Bedeutung des »exemplum« unverfälscht erhalten zu haben. Würde dieser Anspruch nicht bestehen, so würde durch die Verwendung des exemplum eine offene Stelle in der argumen-

* [Unter autonomer Bedeutung ist hier und im Folgenden die dem Exempel-Stoff eigene Beziehungs- und Zusammenhangssphäre verstanden; autonom also nur insofern, als er nicht auf die Bindung an die Rede, in der er verwendet wird, angewiesen ist.]

tatio auftreten, die, von einer gewissen Größe an, die Beweiskraft des exemplum zerstört. In der Dichtung dagegen wird gerade die Oszillation des exemplum zwischen autonomer Bedeutung und intentioneller Bedeutung bewußt gemacht. Neben der intentionellen Bedeutung, die der Wahrnehmung der autonomen entgegenwirkt, erscheint die autonome als gleichberechtigt: Dies wird vermutlich durch – vom Standpunkt der persuasiven Rede-Regeln aus betrachtet – fehlerhaften oder befremdeten Einsatz der exempla erreicht. Aber auch hier ist die autonome Bedeutung des »exemplum« insofern abgeschwächt, als sie fortwährend durch die intentionelle Bedeutung unterdrückt und – indem dies nicht vollständig gelingen kann – betont wird und zugleich abgeschwächt, indem sie nunmehr unruhig geworden ist. – Die Beweisfunktion des exemplum tritt dabei zurück zugunsten einer stärkeren ornatus-Funktion.

Die Verwendung der Beispiele

Das exemplum kann als bloßer Hinweis oder als Anspielung in einem Satz oder Satzglied auftreten (Quint. 5,11,16); es kann aber auch zur Erzählung dessen, was in ähnlicher Weise geschehen ist, ausgebaut werden (s. Quint. 5,11,15). In der längeren Form wäre das exemplum eine narratio und somit – da innerhalb der argumentatio – eine digressio (s. Pkt. 2.2.2.3.1.).

In welcher Form das exemplum angewendet wird, hängt vom äußeren aptum ab: Ein geringer Informationsstand des Publikums kann erforderlich machen, daß der bloße Hinweis als nicht verständlich angesehen werden muß.

2.2.4. peroratio: Der Redeschluß

Die peroratio macht den Schlußteil der Rede oder eines Redeteils aus und hat einen doppelten Zweck: Sie soll zum einen die Tatsachen und Gesichtspunkte der Rede zusammenfassen, um sie dem Gedächtnis des Hörers einzuprägen, und sie soll zum anderen den Gedankengang der Rede in »treffenden Sentenzen zuspitzen«, um durch Gefühlswirkungen den Hörer vollends für den vertretenen Standpunkt zu gewinnen.

> »Den Schluß der Rede endlich muß man gewöhnlich so machen, daß man durch Vergrößerung der Dinge den Richter entweder anfeuert oder besänftigt, und überhaupt muß man hierin alles, was sowohl an den früheren Stellen als ganz besonders am Ende der Rede gesagt ist, zusammenfassen, um die Gemüter der Richter so sehr als möglich zu erschüttern und für unseren Vorteil zu stimmen« (Cicero de or. 2,81,332).

Allgemein gilt für die Durchführung der peroratio, daß sie knapp und schnell zusammenfaßt: »Denn falls wir uns dabei aufhalten, ergibt es gleichsam eine neue Rede« (Quint. 6,1,2).

Zwar hat der Redner in der peroratio die Möglichkeit, in der gedrängten Übersicht seine Stärke zu zeigen, »auch wenn er bei der Behandlung der einzelnen Punkte weniger Eindruck gemacht haben sollte« (Quint. 6,1,1) – doch darf der Schluß dadurch nicht der Rede aufgepfropft werden: Die vorausgegangenen Teile der Rede müssen sowohl den Inhalt als auch die Mittel der peroratio vorbereitet haben. Auf affektischer Ebene greift die peroratio aufbauend und steigernd hauptsächlich auf die narratio zurück, auf inhaltlicher Ebene stützt sie sich auf die Explikation des Sachverhaltes in der argumentatio.

Wegen der starken Raffung und der (nicht zuletzt aus der Raffung hervorgehenden) Konzentration der affektischen Mittel im Schlußteil ist unter Umständen noch eine Vorbereitung des Publikums erforderlich. Deshalb kann als Übergang zum Redeschluß der argumentatio erst ein Exkurs folgen, ebenso wie auch im Anschluß an die narratio ein Exkurs als Vorsorge für etwaige empfindliche Stellen angebracht sein könnte. Schließlich: »fehlt es an gutem Willen, so hat es die Überzeugungskraft nicht leicht« (Quint. 4,3,10).

Die enumeratio: Aufzählung ist der Katalog der in den vorangegangenen Redeteilen genannten und bewiesenen Behauptungen, Probleme und Gegenstände, die zum Schluß zur Übersicht und nochmaligen Vergegenwärtigung wiederholt werden.

> »Was aber der Aufzählung wert scheint, muß man mit besonderem Nachdruck vorbringen, die Gedanken in treffenden Sentenzen zuspitzen und jedenfalls in der Wahl der Kunstmittel der Darstellung abwechseln; nichts ist so anstößig wie die Art direkter Wiederholung, als hätte man zum Gedächtnis der Richter kein Zutrauen« (Quint. 6,1,2).

Mit der Affekterregung beabsichtigt der Redner, die Meinung des Publikums oder der Richter für den von ihm vertretenen Standpunkt zu gewinnen und gegen die Auffassung der Gegenseite (oder grundsätzlich gegen eine abweichende Auffassung) einzunehmen oder aufzustacheln. Bei schwierigen Vertretbarkeitsgraden der eigenen Sache wird man sich damit begnügen müssen, die Gefühlserregungen für die Gegenseite nur dämpfen zu können – z. B. indem für die eigene Partei ebenfalls positive Gefühle beansprucht werden, so daß für den Zuhörer oder Richter eine Konfliktsituation entsteht.

Während die Mittel zur Erregung der Affekte jedoch in den übrigen Teilen der Rede nur gemäßigt verwendet werden durften, bietet sich **am Schluß der Rede die Möglichkeit, sich aller verfügbaren Register zu bedienen**: »Denn einerseits werden wir nun, wenn wir im übrigen gut gesprochen haben, das Herz der Richter besitzen, und andererseits können wir nun, nachdem unser Schiff das gefährliche Klippengebiet verlassen hat, volle Segel setzen, und da der größte Teil des Epilogs in der Steigerung besteht, dürfen wir unsere Worte und Gedanken in all ihrem Glanze und Schmuck zur Geltung bringen« (Quint. 6,1,52). Es handelt sich in jeder Hinsicht um den »krönenden Abschluß der Rede« (Quint. 6,1,55) – Voraussetzung zur intensiven Affekterregung in der peroratio ist also vor allem der Erfolg und die Wirkung der vorausgegangenen Redeteile, – dies wiederum ist nicht zu trennen von dem Ruf und dem Vertrauen, in welchem der Redner steht (vir bonus).

Die Ableitungsmöglichkeiten für die Affekterregung (aus dem Sachverhalt, aus seinen äußeren Umständen, aus dem Redner selbst, aus der Gegenpartei, aus der Situation des Publikums, etc.) sind so vielfältig, daß sie kaum systematisiert werden können.

Die Affekterregung zielt entweder darauf, Abscheu, Widerwillen und Zorn gegenüber dem Gegner oder seiner Sache wachzurufen (indignatio) oder Mitleid für die eigene Position oder Person zu wecken (conquestio). (s. Cic., inv. 1.52,98).

2.2.4.1. Die emotionalen Redefunktionen

Die Gesamtskala der Gefühlsregungen wird nach ihren Extrempunkten unterteilt in: pathos und ethos, movere und delectare (mitreißen/entsetzen und erfreuen/unterhalten.

a) Mit pathos (movere) bezeichnet man die wilden, mitreißenden, erschütternden und entsetzenden Gefühlsregungen wie Leidenschaften, Zorn, »Schauder und Jammer« (Schadewaldt).

»Denn wenn sie (die Richter) Zorn, Vorliebe, Haß und Mitleid zu spüren begonnen haben, sehen sie die Dinge so, als ginge es um ihre eigene Sache, und wie Liebende über die Schönheit kein Urteil zu fällen vermögen, weil ihr Herz ihnen vorschreibt, was die Augen sehen sollen, so verliert der Richter allen Sinn für die Ermittlung der Wahrheit, wenn er von Gefühlen eingenommen ist. Die Flut packt ihn, und er überläßt sich gleichsam einem reißenden Strom« (6,2,6).

b) Das ethos (delectare) benennt die sanften, anmutenden, erfreuenden, gelassenen und unterhaltenden Gemütsbewegungen, die gleichmäßiger und dauerhafter als die heftigen Emotionen sind.

»Das ethos ist ein Gefühl, das sich vor allem durch seine Lauterkeit und Güte empfiehlt, durch sein nicht nur sanftes und gefälliges, sondern meist auch liebenswürdiges und recht menschliches Wesen, ... dessen Hauptvorzug darin besteht, daß es so wirkt, als ströme alles unmittelbar aus dem natürlichsten Wesen der Dinge und Menschen; die sittliche Haltung des Redners soll durch seine Worte hindurchleuchten und sich so bemerkbar machen« (Quint. 6,2,13).

Das ethos ist nicht von der Person des Redners abzulösen und vor allem Ergebnis seiner charakterlichen Vorzüge und seines menschlichen, humanen Verhaltens. Es verbindet sich schon bei Cicero »mit den ›res humanae‹ und bleibt dadurch Träger der Emotion der ›humanitas‹« (Dockhorn, Macht und Wirkung der Rhetorik, S. 61).

»Solche Bestimmungen erweitern die Redelehre schon expressis verbis zu einer Anweisung zum richtigen und wahren Leben, das sich gesellschaftlich verwirklichen soll, machen sie tauglich für ein Erbe, wie es beispielhaft Castiglione angetreten hat« (Ueding, Schillers Rhetorik, S. 56).
Pathos und ethos können im Schlußteil der Rede ergänzend verwendet werden, so daß das ethos den stärkeren Grad von Gefühlen, den das pathos erregt hat, wieder besänftigt. Dieses Verfahren kann sowohl bei Rede und Gegenrede gezeigt werden, wie auch innerhalb einer einzigen Rede.
Da das ethos einen rechtschafefnen, freundlichen Redner verlangt, dessen ganze Art zu reden sanft, milde, einnehmend, glaubwürdig und treffend sein soll (Quint. 6,2,18–19), eignet sich für das ethos die mittlere Stilart (stilus mediocris).

3. elocutio: Der sprachliche Ausdruck

Die elocutio ist die Theorie des rednerischen Ausdrucks (s. Quint. 8, Vw, 13) oder – sofern man die Arbeitsstadien des Redners (partes artis) betrachtet (vgl. Cic. de or. 1,31,142) – das Einkleiden (Cic. de or. 1,31,142: »vestire«) der in der inventio gefundenen und in der dispositio angeordneten Begriffe (res) in Worte (verba): »die Ausarbeitung [in der elocutio] ist das Anpassen brauchbarer Ausdrücke [...] an das Aufgefundene« (Cic. de inv. 1,79). Gegenstand der elocutio sind also die verba: sie werden entweder als einzelne Worte (verba singula) oder als Wortverbindungen (verba coniuncta) betrachtet (s. Quint. 1,5,2).

Der Zusammenhang zwischen **dispositio und elocutio** besteht darin, »daß man für den Inhalt die Erfindung, für die Worte den rednerischen Ausdruck, für beides die Anordnung ins Auge zu fassen habe« (Quint. 8, Vw, 6). Die dispositio ist also der inventio und elocutio übergreifende Teil der Rhetorik. – Ein anderer Berührungspunkt zwischen dispositio und elocutio liegt in der Notwendigkeit, die Worte den Redeteilen und deren charakteristischen Aufgaben im Hinblick auf das docere, delectare oder movere anzupassen.

Inventio und elocutio stehen miteinander in Verbindung, weil sorgfältig erarbeiteter und geordneter Inhalt bereits aus sich selbst die Worte hervorbringt (s. Quint. 8, Vw, 21; s. auch Horaz, zit. bei Quint. 1,5,2: »Gern wird folgen das Wort, hat Umsicht die Wege bereitet.«). Dies darf jedoch nicht dazu verleiten, in der inventio an Einzelheiten hängenzubleiben, da ein Übermaß an Mißtrauen in die gefundenen Begriffe (res) ›den Fluß der Rede hemmte‹, das heißt: die Umsetzung der res in verba blockieren würde (s. Quint. 8, Vw, 27). Quintilian geht sogar soweit, daß er Schülern empfiehlt, sich zuerst die Theorie der elocutio zu erarbeiten: »Denn wer dies getan hat, dem werden die Gedanken samt ihrem Ausdruck von selbst sich darbieten« (Quint. 8, Vw, 29).

Die Tugend der elocutio liegt – entsprechend der technisch-moralischen Doppelzielsetzung der ars bene dicendi – sowohl im richtigen Sprechen, wie auch im guten und zweckdienlichen Sprechen; im Hinblick auf die Verständlichkeit des Ausdrucks ist jedoch das richtige Sprechen als Voraussetzung für das höher bewertete gute (geschmückte)

Sprechen aufzufassen. Der Vollkommenheitsanspruch der grammatica dagegen zielt allein auf das recte dicendi: die formale Richtigkeit des Ausdrucks.

Die elocutio ist nicht nur der schwierigste Teil der Rhetorik, sondern auch der wichtigste, da sie den Bereich betrifft, in welchem die gefundenen und geordneten Gedanken entweder verständlich und ansprechend entfaltet oder zerrissen und verzerrt werden (Quint. 8, Vw, 22 f.). Als typische Beispiele für die konsequent unangemessene Verbalisierung der Gedankenverbindungen nennt Quintilan den asianischen und den attischen Stil. Beide Stilarten »fehlten nicht darin, daß sie nicht den Stoff zu erfinden oder zu ordnen verstanden, [...] vielmehr fehlte es diesen [den Asiaten] an Geschmack im Ausdruck und dem richtigen Maß, jenen an Kraft« (Quint. 8, Vw, 17). Das ›rechte Maß‹ für die sprachliche Formulierung ist deshalb wichtigste Tugend (Quint. 11,1,2) der elocutio; zu berücksichtigen einerseits bei der Beziehung zwischen res und verba, andererseits beim Zusammenhang zwischen verba und außersprachlichem Kontext. – Die weiteren Tugenden der elocutio sind **latinitas, perspicuitas** und **ornatus:** Sprachrichtigkeit, Klarheit und Redeschmuck.

Die **latinitas** zielt auf die syntaktische und idiomatische Korrektheit des Ausdrucks, die **perspicuitas** thematisiert die treffende Wort- und Ausdruckswahl, der **ornatus** die Schönheit des Ausdrucks. – Alle vier Tugenden zusammen bilden ein System, in welchem der Tugend der Angemessenheit die weitestgehenden Kompetenzen zufallen. – Der Verstoß gegen eine oder mehrere dieser Tugenden wird **vitium** (Fehler, Mangel) genannt, – die Begriffe **virtus** und **vitium** sind also einander gegengesetzt. Äußerst schwierig ist jedoch, die vitia im einzelnen zu definieren, da der Kontext einer sprachlichen Äußerung jedes sprachliche Phänomen in eine Vielzahl von Bezügen stellt. Die Wirkungsintention zum Nutzen der Parteisache erlaubt es dem Redner, falls nötig von den Vorschriften der Rhetorik abzuweichen (licentia). Derartige Normverletzungen müssen aber immer begründet sein, sei es, daß die eigene Parteisache nur sehr schwer vertretbar ist, sei es, daß Publikum oder Richter eine besondere Behandlung erfordern, etwa aufgrund ihrer sozialen Herkunft oder Zugehörigkeit.

3.1. Aptum (decorum): Die Angemessenheit

Die Tugend des aptum fordert, daß der Redner alle Bestandteile der sprachlichen Äußerung und alle Bezugsverhältnisse, in denen die Bestandteile stehen, in ausgewogenem Maße berücksichtigt. Ziel des aptum ist die harmonische Fügung und Einfügung der Rede. Diesem Anspruch kann der Redner nur genügen, wenn er über die nötige Bildung und Erfahrung verfügt, Einsicht, Urteil und Geschmack in den Worten zu verbinden weiß. Wir »verdanken [...] in jeder Sache die Fähigkeit, das Geziemende zu tun, der Kunst* und Natur, die Einsicht aber davon, was und wann etwas sich gezieme, der Klugheit« (Cic. de or. 3,55,212).

Das aptum ist also schlechthin das Schickliche, das den Bereich des Nützlichen einschließt. Zunächst ist zu erklären, wie das Nützliche und das Schickliche unterschieden werden: Das Nützliche (»quid expediat«; Quint. 11,1,8) ist dem Beurteilungsvermögen (iudicium) des Redners zugeordnet: Der Redner sieht zum Beispiel die Gesamtmenge der Worte nach den Regeln der langue auf zulässige und unzulässige Elemente für seine Rede durch. Das durch das iudicium als zulässig beurteilte Element wird dann durch die Planung der Redewirkung (consilium) bestätigt oder unter Anwendung der vier Änderungskategorien abgewandelt. Das consilium prüft das für nützlich befundene Element darauf, ob es schicklich (»quid decat« Quint. 11,1,8) sei. – Damit steht die Unterscheidung zwischen dem Nützlichen und dem Schicklichen parallel zur Unterscheidung zwischen iudicium und consilium und parallel zur Unterscheidung zwischen einem ›inneren‹ Bereich der Angemessenheit und einem ›äußeren‹ Bereich der Angemessenheit (s. u.). Quintilian schließt die Erörterung des Nützlichen und Schicklichen mit den Worten: »Jedoch welcher Art nun dieser Unterschied sein mag, er wird nur selten praktisch werden; [...] in allen Arten von Fällen wird ein und dasselbe nützlich und schicklich sein« (Quint. 11,1,14).

Das aptum regelt also zum einen das Verhältnis der Konstituenten der sprachlichen Äußerung untereinander (Konstituent an dieser Stelle als Sammelbezeichnung für die Redeteile, die Figuren, die Einzelwörter und ihren Klang und ihre Bedeutung, für die Gedanken, Worte usw. gebraucht) und stellt andererseits die zulässige Verbindung zwischen den Konstituenten der Rede und dem sozialen, politischen und historischen Kontext her. **Da sich aber jede Rede, jede sprachliche Äußerung an einen oder mehrere Adressaten richtet, folgt aus der Verletzung des inneren auch immer eine des äußeren aptum, das die eigentlich regulative Kategorie im rhetorischen System darstellt und Grundlage sämtlicher Wertungen, Fehler, Lizenzen, jeder rhetorischen Aktivität in Theorie und Praxis darstellt.**

»Denn da der Schmuck manchfach [!] und vielfältig ist und der eine für diesen, der andere für jenen Gegenstand paßt, so wird er, wofern er nicht den Sachen und Personen angemessen ist, die Rede nicht nur nicht verschönern, sondern zerstörend wirken und den sachlichen Inhalt ins Gegenteil verkehren. Dann was nützt es, daß die Worte richtig lateinisch, treffend sind, in zierlichen Figuren und kunstvollem Rhythmus sich bewegen, wenn sie nicht mit dem übereinstimmen, wozu wir den Richter bestimmen und heranbilden wollen, wenn wir erhabenen Ausdruck in unbedeutenden, niedrigen und klein gefeilten in großen, heitern in ernsten, sanften in derben Sachen, drohenden beim Bitten [...] anwenden wollten?« (Quint. 11,1,1).

* [Kunst ist hier im weitesten Sinne zu verstehen: Kunst als Beherrschung der artes, der Wissenschaften und Künste.]

3.1.1 Das innere aptum

Das innere aptum betrifft das angemessene Verhältnis aller Bausteine und Teile der Rede untereinander. Für die damit verbundenen Entscheidungen ist das iudicium zuständig.

Das iudicium ist die Fähigkeit, das, was Kunst und Sprache zur Verfügung stellen, zu beurteilen und zu unterscheiden hinsichtlich der Brauchbarkeit für das Kunstwerk.

Die Vielfalt der Bezüge im inneren Gefüge eines sprachlichen Werkes, für die das aptum zu berücksichtigen ist, kann im weiteren nur in allgemeiner Form verdeutlicht werden. Folgende Redeteile müssen untereinander harmonieren:

a) Die in der inventio (Erfinden) unter Ausnutzung der loci gefundenen Gedankenverbindungen (res) und der in der intellectio (Erkennen des Redegegenstandes) erkannte und unter Fragestellungen eingeordnete Stand der Sache.

Die Angemessenheit zwischen intellectio und inventio kommt darin zum Ausdruck, daß die gedankliche Entwicklung der Redegegenstände vernünftig ist: »Der Beweisgrund erhält seine Kraft durch den vernünftigen Gedanken selbst, der sobald er ausgesprochen ist, sofort im Geist haftet« (Cic. de or. 2,53,214).
Das aptum-Verhältnis zwischen inventio und intellectio trägt der Forderung Rechnung, daß die gefundenen gedanklichen Verbindungen in der Natur der Sache als *möglich* angelegt sein müssen, zugleich bewirkt es, daß die Gedanken, indem sie alle dieses aptum in gleicher Weise wahren, untereinander harmonieren.

b) die in der inventio gefundenen Gedanken (res) und ihre sprachliche Einkleidung (verba): »Überhaupt ist die Angemessenheit der Rede nicht nur Sache des Ausdrucks, sondern auch die Erfindung hat an ihr Theil« (Quint. 11,17); die Worte haben ihren Maßstab nicht in sich selbst, sondern auch in dem Gedankenzusammenhang, der sie als Zeichen verwendet (vgl. auch Quint. 8,2,6). Unter diesem Aspekt ist die Forderung nach Klarheit nicht nur dem äußeren aptum im Hinblick auf Verständlichkeit, sondern auch dem inneren aptum zuzuordnen.

In dieses aptum-Verhältnis gehört ferner, daß die qualitative Bestimmung der Gedanken den Worten bzw. der Ausdrucksweise angemessen sein muß: »denn was nützt es [...], wenn wir erhabenen Ausdruck in unbedeutenden [...] heiteren in ernsten [...] Sachen ... anwenden wollten?« (Quint. 11,1,2 f.).
Das aptum zwischen inventio und elocutio kommt auch darin zum Ausdruck, daß die Formulierung der in den Gedanken enthaltenen Intention entspricht: »Was nützt es, daß die Worte richtig lateinisch, treffend und in zierlichen Figuren und kunstvollen Rhythmus [!] sich bewegen, wenn sie nicht mit dem übereinstimmen wozu wir [...] bestimmen und heranbilden wollen« (Quint. 8,1,2).

Zusammengefaßt fordert das aptum zwischen inventio und elocutio, daß der Redner seine Auffassung von einer Sache in die den Gedanken angemessenen Worte kleidet. Diese allgemeine Forderung nach der inneren Angemessenheit zwischen res und verba wird in den genera dicendi insofern normiert, als die res in drei Rangstufen qualitativ unterschieden werden: Für jede Stufe werden die angemessenen verba beschrieben, ihr Schmuck soll nach der Beschaffenheit des Stoffes ausgerichtet sein (s. Quint. 8,3,11).

c) die dispositio mit den verbalisierten Gedankeninhalten. Hier bewirkt das aptum, daß die Gedanken und die ihnen angemessenen Worte innerhalb der Gesamtrede und ihrer Teile den richtigen Ort finden und zueinander richtig angeordnet sind. Die dispositio ist als das inventio und elocutio übergreifende Ordnungssystem aufzufassen; die Tugend des aptum erfordert die Berücksichtigung aller dispositio-Regeln, zu denen (sofern man bei der Anordnung nicht nur an das ›Verteilen‹, sondern auch an das ›Zusammenfügen‹ denkt) die Kompositionsregeln zu rechnen sind.

d) die pronuntiatio (actio) und die angeordneten verbalisierten Gedankeninhalte: Vortrag (Artikulation, Intonation, Gestik etc.) und die als ›inventio, dispositio, elocutio‹ systematisierten Arbeitsstadien müssen einander entsprechen. So sollen an Redestellen mit starker Affekterregung beide Hände durch geeignete Gesten den Ausdruck verstärken (s. Quint. 11,3,116); die Intonation soll dem Gegenstand der Rede so angepaßt sein, daß sie bei frohen Gegenständen einen frohen Klang hat, im Zorn »trotzig, rauh gedrängt [ist], von häufigen Athemzügen unterbrochen« (s. Quint. 11,3,33), sie kann je nach Erfordernis gepreßt oder spitz sein (z. B. wenn der Redner die Worte anderer Personen wiedergibt).

Die auf der Ebene der partes artis angeführten inneren aptum-Bezüge wurden in der Rhetorik weiter differenziert. Um nur einige Beispiele zu geben:

- Das aptum regiert auch die Beziehung der verba untereinander: So ist ein buntes Gemisch von Worten verschiedener Mundarten (s. Quint. 8,3,59) und verschiedener Stilarten ein Verstoß gegen das innere aptum (s. Quint. 8,3,60) »wenn man erhabene Worte mit niedrigen, alte mit neuen, poetische mit gewöhnlichen mischt« (Beispiel: Der König ritt auf seinem Gaul).
- Der ornatus muß in sich stimmig sein: Dieser aptum-Bezug ist normiert in der attischen, rhodischen und asiatischen Stilart.
- Die in Anspruch genommene licentia muß der literarischen Gattung entsprechen: »Nur dürfen wir nicht vergessen, daß der Redner dem Dichter nicht durchgängig folgen darf, weder in der Freiheit des Ausdrucks noch in der Ungebundenheit der Figuren« (Quint. 10,1,28).

3.1.2. Das äußere aptum

Das äußere aptum betrifft das Verhältnis zwischen der Rede (und ihren Bestandteilen) und den außersprachlichen Systemen und Gegeben-

heiten. Für Entscheidungen, die das äußere aptum erforderlich macht, ist das consilium zuständig.

Consilium heißt die Fähigkeit des Redners, unter verschiedenen, im Hinblick auf das Kunstwerk brauchbaren Elementen dasjenige auszuwählen, das der Intention unter Berücksichtigung des sozialen Bereichs nützt. Das consilium setzt das iudicium voraus bzw. enthält es (s. Quint. 6,5,3).

Die Vielzahl der außersprachlichen Bezugspunkte, die für das äußere aptum zu berücksichtigen sind, lassen sich nach fünf Möglichkeiten unterscheiden:

a) **Der Ort der Rede** (locus; Quint. 11,1,46; Cic. de or. 21,71): »Es kommt viel darauf an, ob man an öffentlichem Ort oder im Privathause, vor zahlreicher Versammlung oder in eigenem Kreise, in fremden Lande oder in der Heimat, endlich im Lager oder auf dem Forum redet; ein Jedes verlangt seine eigene Form, seine eigene Art der Beredsamkeit« (Quint. 11,1,47); was an einem Ort für schicklich gilt, kann woanders als unangemessen angesehen werden.

b) **Der Zeitpunkt** (tempus; Quint. 11,1,46; Cic. de or. 3,55,210; Cic. de or. 21,71) der Rede muß beachtet werden: »Denn die Zeit ist bald froh, bald frei, bald bewegt« und: »Denn wer was die Zeit fordert, nicht sieht [. . .], von dem sagt man, er handle unschicklich« (Cic. de or. 1,4,17).

c) **Der Person des Redners** (Quint. 11,1,31; Cic. de or. 21,71) muß die Rede angemessen sein: »Es ist auch nicht eine und dieselbe Art der Beredsamkeit für Alle gleich schicklich« (Quint. 11,1,31). So ist nach Quintilian alten Leuten nicht die kühne, schwungvolle Rede angemessen (hier wird übrigens das aptum auf Personen angewendet: aptum zwischen Personen und Verhalten; vgl. Quint. 11,1,29), sondern das ›Sanfte‹, ›Gefeilte‹«; Militärpersonen sollten schmucklos, gerade und schlicht reden. (s. Quint. 11,1,31–33); manches wird auch nur Fürsten gestattet (s. Quint. 11,1,36).

Alter, Würde, Erfahrung, soziale Stellung des Redners (s. Quint. 11,1,29; Cic. de or. 3,55,211) entscheiden letztlich darüber, ob eine gewagte Äußerung des Redners als freimütig angesehen wird, als wahnwitzig oder als übermütig.

In Gerichtsreden wird dieses aptum-Verhältnis insofern wichtig, als der Anwalt meist leichter als der Angeklagte ohne den Vorwurf der Anmaßung loben oder mit Nutzen tadeln kann (s. Quint. 4,1,45 f.). In der Literatur findet sich die Berücksichtigung dieses aptum überall dort, wo der Verfasser seine Worte anderen, erfundenen Personen in den Mund legen muß, um sie äußern zu können.

d) **Die Zuhörer der Rede (Publikum)** (Quint. 11,1,43; Cic. de or. 3,55,211; Cic. de or. 21,71) müssen berücksichtigt werden; hier sorgt die perspicuitas dafür, daß die Rede verstehbar formuliert ist. »Stellung und Macht machen einen Unterschied; nicht findet dasselbe Verfahren vor einem Fürsten, einem Beamten, einem Privatmann, einem bloßen Freien statt, nicht in demselben Ton werden öffentliche Gerichtsverhandlungen und schiedsgerichtliche Erörterungen geführt« (Quint. 11,1,43). Und: »nicht dasselbe passend ist vor Männern von festem und vor Soldaten von schwächerem Charakter [...], vor einem Manne von Bildung und vor Soldaten und Bauern« (Quint. 11,1,45). Um diesen aptum-Bezug zu verdeutlichen sei angeführt, daß schon in der Umgangssprache zu Kindern anders gesprochen wird als zu Erwachsenen, zu Vorgesetzten anders als zu Gastarbeitern, zu Ärzten anders als zu Arbeitskollegen. Daher soll der Redner die Gedanken, Empfindungen und Anschauungen seiner Mitbürger erforschen, um mit Hilfe solcher sozialwissenschaftlichen und psychologischen Kenntnisse überzeugend reden zu können (s. Cic. de or. 1,51).

e) **Der Gegenstand der Rede** (vgl. Cic. de or. 3,55,210 u. Quint. 11,1,14) ist unter dem Aspekt des äußeren aptum selbst bereits als Verhältnis aufzufassen: als Verhältnis zwischen der in Rede stehenden Sache und dem Publikum in Abhängigkeit von Ort und Zeit. Die Berücksichtigung des Gegenstandes der Rede bedeutet hier somit, daß die Rede dem Rang, den der Redegegenstand im Wertsystem des Publikums einnimmt, Rechnung tragen muß: die Sache kann als geringfügig oder peinlich, als schockierend, als nützlich, als gerecht usw. angesehen werden; ferner kann sie für das Publikum etwas Vergangenes, Gegenwärtiges oder Zukünftiges bedeuten; der Bezug zwischen Redegegenstand und Publikum kann rational sein, so daß die Information im Vordergrund der Rede stehen muß, und er kann emotionaler Art sein: die Rede muß dann der affektiven Besetzung des Redegegenstandes steigernd oder dämpfend Rechnung tragen.

Wirken kann die Rede nur, wenn sie den außer ihr liegenden Gegebenheiten angemessen ist, wenn sie die Realität berücksichtigt, und in der sie umgebenden Realität als wahr erscheinen kann. (Erscheint sie nicht als wahr, so nützt es nichts, daß sie wahr ist.) Die epideiktische Rede als Selbstdarbietung der Redekunst (l'art pour l'art) berührt nur unter dem Aspekt das äußere aptum, daß der Zuhörer als Beurteiler der künstlerischen Demonstration angesprochen ist und sie auch verstehen muß. Eine wahre Rede, die tradiert wird, kann, obwohl sie einmal als wahr erschien, den Schein der Wahrheit verlieren; wenn sich die außer ihr liegende Realität verändert, verändert sich ihr äußeres aptum zu einem inaptum. Diese Gefahr droht grundsätzlich jeder Rede (der epideiktischen stark eingeschränkt und nur vorübergehend). – Zur weiteren Entfaltung der Problematik des äußeren aptum in Literatur und Kunst mag es in diesem Zusammenhang genügen, auf die Realismusdebatten zu verweisen.

3.1.3. genera dicendi: Die Arten des rednerischen Ausdrucks

Im Vorgriff auf die unter den Tugenden der latinitas, der perspicuitas und des ornatus noch zu behandelnden Erscheinungen kann im Zusammenhang mit dem aptum schon eine Doktrin erörtert werden, die die Vielfalt von zu berücksichtigenden aptum-Bezügen ordnet und normiert. Diese Einteilung stellt eine Auswahl bestimmter aptum-Verhältnisse in den Vordergrund und gibt ein feststehendes allgemeines Raster ab, in welchem sich der Redner in speziellen Fällen bewegt. Formuliert ist dieses Raster als Lehre von den verschiedenen Arten des guten Redestils (s. Quint. 12,10,58): in der Stillehre.

Von dieser Einteilung des Stils in genera dicendi ist die andere Einteilung in attische, rhodische und asianische Stilart zu unterscheiden: Während die erste aptum-Bezüge koordiniert (zum Beispiel den Bezug zwischen officium oratoris, ornatus und materia) und Stil*ebenen* unterscheidet, orientiert sich die zweite ausschließlich an der Qualität und Quantität der Figuren, indem sie Stil*arten* im Hinblick auf den ornatus typisiert. Die im folgenden zu behandelnden genera dicendi können jeweils innerhalb der attischen, rhodischen und asianischen Stilart realisiert werden. (Näheres zur Einteilung in attische, rhodische und asianische Stilart bei Quint. 12,10,16 ff.).

Es werden drei Ausdrucksweisen unterschieden: die schlichte (genus subtile), die mittlere (genus medium) und die großartige (genus grande). (Quint 12,10,58). Quintilian weist jedoch darauf hin, daß es zwischen den drei genera dicendi noch zahllose Unterarten gibt, die sich aus der Vermischung der Stilarten ergeben (vgl. Quint. 12,10,66 ff.). Der Redner muß je nach Erfordernis von allen Stilarten in der Rede Gebrauch machen können, um gut, d. h. für die Erreichung seines Zwecks wirksam zu reden (vgl. Quint. 12,10,69–72).

»Große Urteilskraft also, auch hohe praktische Fähigkeit wird dem zu Gebote stehen müssen, der diese drei Gattungen in ihrer Mannigfaltigkeit beherrscht und in richtiger Mischung anwendet« (Cic. de or. 21,70).

3.1.3.1. genus subtile: Die schlichte Stilart

Die schlichte Stilart entspricht dem belehrenden Zweck. Sie erfordert Schärfe und Treffsicherheit des Ausdrucks (vgl. Quint. 12,10,59). Poetische Redefiguren, sprachlich gehobener, besonders reizvoller Ausdruck (etwa ungebräuchliche ältere Redewendungen) sind im genus subtile Verstöße gegen das aptum: Redeschmuck, Abwechslung in Satzbau und Ausdruck, Vielfalt in den Wendungen sollen zwar den Redestil angenehm gestalten, dürfen jedoch nicht hervortreten.

Das genus subtile entspricht somit dem alltäglichen Sprachgebrauch;

seine Haupttugenden sind latinitas und perspicuitas. Diese Tugenden hat die schlichte Stilart mit dem attischen Stil gemeinsam; während der attische Stil jedoch eine Bezeichnung für eine Stileigentümlichkeit ist, die (vornehmlich nur in der griechischen Sprache; (s. Quint. 12,1035 ff.) auf alle Redegegenstände in allen Redegattungen und Redeteilen angewendet werden kann, ist das genus subtile innerhalb der Rede im wesentlichen der narratio und argumentatio zugeordnet (s. Quint. 12,10,59); da in diesen partes orationis die Sache selbst im Vordergrund steht und die Erregung zu starker Affekte (z. B. durch das genus grande) leicht Mißtrauen erwecken könnte. Auch im exordium kann das genus subtile angebracht sein, denn »ein zurückhaltender Vortrag [...] schleicht sich oft besser ein« (Quint. 4,1,60), »als ungewöhnliche Worte, kühne Bilder, und veraltete oder mit poetischer Freiheit gebrauchte Ausdrücke« (Quint. 4,1,58).

Voraussetzung für die Verwendung des genus subtile ist allerdings (ebenfalls im Unterschied zum attischen Stil), daß es sich um gebräuchliche, alltägliche, ›sensationslose‹ Gegenstände handelt: »Allein es kommt dabei sehr viel an auf die Beschaffenheit des Gegenstandes, welchen wir erzählen. Bei unwichtigen Gegenständen, wie die meisten Privatverhältnisse betreffenden sind, sei der Schmuck einfach und gleichsam eng anliegend; es herrsche die größte Sorgfalt in der Wahl der Worte, die bei allgemeinen Materien mit mehr Ungestüm auftreten und in der Fülle der sie umgehenden Rede sich verstecken: hier werden sie ausdrucksvoll und getränkt von Gedankengehalt sein müssen« (Quint. 4,2,116 ff.).

Hervorzuheben ist, daß die dem genus subtile zugeordneten Redegegenstände bei Quintilian durch ihre geringere Bedeutung für das öffentliche, allgemeine Interesse bestimmt sind: es sind in diesem Sinne Gegenstände von privatem Interesse; sie werden nicht in einer Beziehung zu niederen sozialen Schichten gesehen, nicht als Gegenstände von an sich geringem sozialen Wert, Ansehen oder Prestige beschrieben.

3.1.3.2. genus medium: Die mittlere Stilart

Das genus medium ist die Stilart, die für die Unterhaltung und Gewinnung der Zuhörer am besten geeignet ist. Im Unterschied zur schlichten Stilart ist das genus medium durch mehr Metaphern und Redefiguren gekennzeichnet; Gedankenfiguren und Abschweifungen, Sentenzen und flüssige Wortfiguren lassen es erscheinen »wie ein klarer Strom, der auf beiden Seiten mit grünem Gesträuch beschattet ist« (Quint. 112,10,61).

Innerhalb der Rede wird das genus medium hauptsächlich in der narratio verwendet, wo es auf eine ›Mitleid‹ erregende und zugleich eindringliche und scharfsinnige Redeweise ankommt (s. Quint. 4,2,62).

Eine Zuordnung der mittleren Stilart zu bestimmten Redegegenständen trifft Quintilian nur für die Erzählung: »Ist aber der Gegenstand (der narratio) ein wichtigerer, so muß man Rohheiten auf haßerregende, Trauriges auf mitleiderregende Weise vortragen, nicht so daß die Leidenschaften gleich aufgezehrt werden, aber doch sollen die äußeren Umrisse bezeichnet werden, damit das zu entwickelnde Bild der Sache sogleich ins Auge gefaßt werde« (Quint. 4,2,120). Die Redegegenstände sollen also zumindest nicht unwichtig sein: Dies schließt nicht aus, daß sie das genus grande rechtfertigen könnten, jedoch ist die erhabene Stilart in der Erzählung ungeeignet, da das einmal erregte pathos verhindern würde, daß »möglichst viel sachlicher Stoff« (Quint. 6,1,51) gewonnen wird: das aber ist Ziel der narratio. Der mittlere Stil ist die in der Rhetorik am wenigstens scharf bestimmte Stillage.

3.1.3.3. genus grande: Die großartige, pathetisch-erhabene Stilart

Das genus grande soll eine starke Affekterregung hervorrufen.. Quintilian nennt es einen Strom, »welcher Felsstücke fortwälzt, [...] seine Ufer sich selbst schafft« (Quint. 12,10,61, s. auch Pseudo-Longinos, Vom Erhabenen, Darmstadt 1966, 12,5). Alle glanzvollen und prächtigen Kunstmittel der Sprache (vordergründig die Tropen und Figuren) und des Vortrages (etwa: Kontraste des Stimmaufwandes, intensive, wuchtige Gestik) werden im schweren, erhabenen Stil zur Erregung starker Eindrücke ausgeschöpft. Der Zuhörer wird in allen Affekten regelrecht bearbeitet (iudex [...] per omnis affectus tractus; Quint. 12,10,62). Die Aufgabe des Belehrens (docere) tritt in dieser Stilart in den Hintergrund (s. Quint. 12,10,62), dient aber letztlich zur praktischen Realisierung des Gelehrten, und ist damit die emotionale Bekräftigung dessen, wovon die Zuhörer überzeugt wurden oder werden sollen.

Pseudo-Longin mahnt zur Vorsicht beim Gebrauch pathetischer Figuren: Werden sie nicht für die richtigen Gedanken (Ps.-L. 10,1 ff.) zur richtigen Zeit vorsichtig gehandhabt, so fallen sie wie hohles, plumpes Geschwätz in sich zusammen (Ps.-L. 29,1).

Die Redegegenstände müssen der großartigen Sprechweise angemessen sein, ihre Gewichtigkeit muß die Kraft des pathetischen Stils rechtfertigen (Cic. de or. 2,51,205): Bei der erhabenen-pathetischen Rede ist die Gewichtigkeit des Redegegenstandes in der Natur der Sache gegeben (Ps.-L. 23,4), bei der leidenschaftlich-heftigen und der feierlich-erhabenen Rede ist die Gewichtigkeit der Redegegenstände dadurch gegeben, daß sie für die Zuhörer von vornherein mit Ehre, Nutzen, Vorteil oder Verderben, Schaden oder Schimpf behaftet sind. Werden solche Gegenstände ›mit erhöhter Farbe‹ (Cic. de or. 2,51,208) dargestellt, so kann die bereits vorhandene Gefühlslage zu starken Affekten wie ›Liebe, Haß, Zorn, Neid, Mitleid, Hoffnung, Freude, Furcht, Verdruß‹ (Cic. de or. 2,51,206) ausgebaut werden. Sind dagegen die Redegegenstände nicht von vornherein mit deutlichen Gefühlen der menschlichen Natur belegt, so steht der Redner vor der beinah unlösbaren Aufgabe, »das Unbewegliche in Bewegung zu setzen [zu] versuchen« (Cic. de or. 3,51,205).

Abgesehen von den Erfordernissen hinsichtlich der res und verba setzt das genus grande den erfahrenen, geübten und reifen Redner voraus, das Genie: das genus grande wird als die am schwierigsten zu beherrschende Stilart angesehen (Quint. 12,10,77; Ps.-L. 29,1). Sowohl Quintilian als auch Pseudo-Longin sehen in der erhabenen und pathetischen Sprechweise die wahre und höchste Form der Beredsamkeit (Quint. 12,10,65; Ps.-L. 1,3); Cicero nennt sie die feierliche und erhabene Sprache des Trauerspiels, zu der ein Vortrag mit ›gespannter Kraft und mit Feuer‹ nötig sei bei langsamen Eingängen und langsam abklingenden Ausgängen der Rede (Cic. de or. 3,56,227; 3,52,211; 3,53,213).

3.2. latinitas: Die Tugend der Sprachrichtigkeit

Unter den Tugenden der elocutio wird die latinitas (Quint. 1,5,1; 8,1,2) als Grundtugend aufgefaßt (s. Cic. de or. 3,10,38): sie ist Voraussetzung für die verständliche und geschmückte Rede.

Die Regeln der latinitas – sie werden als Teilgebiet der Grammatik betrachtet (s. Quint. 1,5,1) – werden in dem Geltungsbereich für Einzelworte (verba singula) und den für Wortverbindungen (verba coniuncta) aufgeteilt. **In beiden Bereichen stützt sich die Sprachrichtigkeit auf vier Richtlinien, die zusammengenommen die Argumente für den sprachlich korrekten Ausdruck ergeben: die ratio (Sprachgesetz), die vetustas (Überlieferung), die auctoritas (Sprachgebrauch anerkannter Autoren) und die consuetudo (Gewohnheit, Brauch) (s. Quint. 1,6,1).**

- Das Sprachgesetz (ratio; Quint. 1,6,1) legt fest, ob eine Äußerung unter dem Aspekt des logisch folgerichtigen Gebrauchs von Sprache richtig oder falsch ist.
- Die vetustas begründet die Sprachrichtigkeit durch die Tradition: »Das Alter der Ausdrucksmittel empfiehlt sich durch seine besondere Würde und seine, ich möchte sagen, religiöse Weihe« (Quint. 1,6,1). Aus dem Altertum übernommene Wörter vermögen eine gewisse Hilfe in Fragen der Sprachrichtigkeit zu geben, jedoch ist im Hinblick auf den Sprachgebrauch (consuetudo) zu berücksichtigen, daß die Wörter der vetustas unverständlich und unangemessen geworden sein können (s. Quint. 1,6,40 f.; 1,6,43).
  Für den Gebrauch altertümlicher Wörter gilt, daß sie der Rede zwar Ansehen und einen der Neuheit ähnlichen Reiz der Verfremdung (s. Quint. 1,6,39) verleihen können, daß sie andererseits jedoch, sofern sie gesucht

erscheinen und unverständlich geworden sind, gegen das aptum verstoßen können.

- Die dritte Regel der Sprachrichtigkeit stützt sich auf die auctoritas, den Sprachgebrauch anerkannter Geschichtsschreiber, Redner und Dichter: »selbst ein Fehler (in bezug auf den geläufigen Sprachgebrauch) kann einem Ehre machen, wenn man darin bedeutenden Vorgängern folgt« (Quint. 1,6,2). Diese Regel wird unter Berücksichtigung der consuetudo und der Tugend des aptum in ihrer Gültigkeit eingeschränkt.
- Einflußreichste Richtlinie der Sprachrichtigkeit ist die consuetudo: der gegenwärtige, geläufige Sprachgeburauch, »denn es wäre ja fast lächerlich, die Redeweise, wie die Menschen [früher] gesprochen haben, der Redeweise, wie man jetzt spricht, vorzuziehen« (Quint. 1,6,43). Der Sprachgebrauch wird jedoch – so Quintilian – nicht festgelegt durch die von der Mehrheit des Volkes gesprochene Sprache, sondern durch die Übereinkunft der Gebildeten (consensus eruditorum). »Also werde ich das Gebräuchliche in der Sprache die Übereinstimmung der Gebildeten nennen« (Quint. 1,6,45).

Verstöße gegen die Tugend der latinitas werden bei Einzelwörtern Barbarismus (s. Quint. 1,5,6), **bei Wortverbindungen Soloecismus** (s. Quint. 1,5,34) genannt.

Eine genaue Unterscheidung von Barbarismen und Soloezismen bereitet jedoch Schwierigkeiten, da der Fehler in Einzelworten oft erst durch den Kontext feststellbar wird (s. Quint. 1,5,16; 1,5,35).

3.2.1. Latinitas in verbis singulis: Sprachrichtigkeit bei Einzelwörtern, Verstöße gegen die latinitas können bezogen sein zum einen auf das Einzelwort als Ganzes, zum anderen auf Teile des Einzelwortes.

Verstöße gegen das Einzelwort als Ganzes liegen vor, wenn ein gebrauchtes Wort die Verständlichkeit erschwert. Zunächst sollen die Worte so wenig wie möglich »fremd und ausländisch« sein (s. Quint. 8,1,2). Eine licentia für den Gebrauch von Fremdwörtern besteht dort, wo die Muttersprache keine eigenen angemessenen Benennungen zur Verfügung stellt. – Bei Wortneuschöpfungen wird die Onomatopöie als Barbarismus aufgefaßt.

Verstöße gegen Teile des Einzelwortes liegen vor, wenn Buchstaben oder Silben eingefügt, weggenommen, ausgetauscht oder versetzt werden.

Abweichungen von der richtigen phonetischen Zusammensetzung des Einzelwortes (sie wird durch den Sprachgebrauch [consuetudo] angegeben) können jedoch durch Forderung des inneren aptum – z. B. durch das Versmaß – notwendig werden. Daher wird in der Dichtung ein solcher Verstoß häufig entschuldigt. Die gestatteten Abweichungen heißen Metaplasmen.

Die Barbarismen (bzw. Metaplasmen) werden unter zwei Aspekten behandelt: Zum einen unter dem Gesichtspunkt der Sprechweise (Orthoëpie; s. Quint. 1,6,20), zum anderen unter dem Gesichtspunkt der Schreibweise (Orthographie; s. Quint. 1,7,1).

3.2.2. latinitas in verbis coniunctis: Sprachrichtigkeit in Wortverbindungen. In den Wortverbindungen erstrebt die Tugend der latinitas sowohl syntaktische wie idiomatische Richtigkeit.

Verstöße gegen die Sprachrichtigkeit in Wortverbindungen werden Soloezismen genannt; die durch die licentia gestatteten Verstöße heißen schemata oder figurae (Quint. 1,5,52; 9,3,6). Figuren des Redeschmucks und Schemen gehen ineinander über, da die schmuckvolle Rede auch in die Grammatik eingreift. So ist beispielsweise die metonymische Äußerung »er klappte seinen Goethe zu« zugleich ein genehmigter Verstoß gegen die Grammatik.

– **Soloezismen (bzw. Schemen) der Auslassung (detractio)** in Wortverbindungen sind häufig zurückzuführen auf übertriebenes Bemühen um die Tugend der Kürze (brevitas): »Andere, welche sich der Kürze beeifern, entziehen der Rede sogar unentbehrliche Worte« (Quint. 8,2,29). Eine gestattete Auslassung ist z. B. in der Aposiopese (s. Quint. 9,2,54) zu sehen.

»Kameraden! Dieser Brief – freut euch mit mir!« (Schiller, Die Räuber).

»Ha, ihr sollt –! Doch besser ich glätte der Wogen Empörung.« (Vergil, Äneis).

– **Soloezismen der Hinzufügung (adiectio)** liegen vor, »sooft die Worte müßig und ein unnötiger Beisatz sind« (Quint. 8,3,55); im Soloezismus durch die Hinzufügung (per adiectionem) wird ein Verstoß gegen die angemessene Kürze (brevitas) gesehen.

»Ich habe es mit meinen eigenen Augen gesehen.« (Quint. 8,3,53)

Auch **die Tautologie,** die Wiederholung eines Wortes oder einer Wendung, kann ein Soloezismus sein:

»Nicht also war jenes Gericht einem Gericht ähnlich, ihr Richter, nicht war es dieß.« (Quint. 8,3,54)

Als Schema ist die aussageverstärkende Hinzufügung (adiectio), der Pleonasmus, anzusehen (s. Quint. 8,3,54),

»– und vernahm mit eigenen Ohren die Stimme.« (Quint. 8,3,54)

die affektische Wortverdoppelung (s. Quint. 9,3,28; Her. 4,28),

»Heil! Heil aufs neue!« (Goethe, Faust)

die Synonymenhäufung.

»Diese Mauern, diese Wände,
neigen, senken sich zum Ende;« (Goethe, Faust)

die stufenweise Steigerung (gradatio).

»Dem Africanus hat seine Energie Verdienst, das Verdienst Ruhm, der Ruhm Nebenbuhler verschafft.« (Her. 4,25)

– **der Soloezismus der Umstellung (per transmutationem)** besteht in der Versetzung von Worten oder Wortgruppen innerhalb von Wortverbindungen. Er ist die Umstellung, »wodurch die Reihenfolge verwirrt wird« (Quint. 1,5,39).

»Da sind wohl Papiere (wie Sie ohne Zweifel [denn Ihre Augen sind jung] an der Außenseite sehen), welche kopiert werden sollten.« (J. F. Cooper, Die Ansiedler)

Der Soloezismus der Umstellung wird auch **mixtura verborum** (Wortvermischung) genannt.

Erlaubte Umstellungen oder Versetzungen liegen den Figuren des Hyperbaton und der Anastrophe zugrunde.

»Kinder haben – ausgenommen ein- und zweijährige, welche noch den Farben-Stachel bedürfen – nur Zeichnungen, nicht Gemälde vonnöten;« (Jean Paul, Levana oder Erziehlehre)
»Vater unser, der du bist im Himmel, ...«

– **ein Soloezismus des Austausches (per immutationem)** liegt vor, wenn aus einer Wortverbindung ein Teil herausgenommen und durch einen anderen ersetzt wird. Ein solcher Austausch wird sowohl nach den Kriterien der Angemessenheit (aptum) und der Klarheit (perspicuitas) bewertet (innerhalb des Redeschmucks (ornatus) wird er bei den Tropen behandelt), als auch nach den Regeln der Grammatik: Ist der Austausch sprachlich falsch – das heißt, verstößt er gegen die Syntax oder überschreitet er den idiomatischen Spielraum, den der Sprachgebrauch (consuetudo) gewährt –, so ist er unter dem Aspekt der Sprachrichtigkeit (latinitas) zu behandeln, ist er sprachlich vertretbar, so gehört er bereits zum Redeschmuck (ornatus). (s. Quint 9,13,12 f.).

3.3. perspicuitas: Die Deutlichkeit

Die perspicuitas ist die Tugend der Deutlichkeit und Verständlichkeit der Rede und vom Redner in allen Produktionsstadien der Rede zu beachten. In der inventio und der dispositio ist es richtig, klare Gedanken zu fassen und sie ökonomisch (s. Quint. 7,10,11) anzuordnen, damit die Rede verstanden und im Gedächtnis behalten werden kann (s. Quint. 4,2,35f.). Bei der Einkleidung der Gedanken in Worte (elocutio) muß beachtet werden, daß alle Gedanken treffend, sachgemäß und deutlich formuliert werden, damit die Aussageabsicht realisiert und die gewünschte Wirkung erreicht werden kann. Idealvorstellung ist, »so treffend [...] im Ausdruck und so genau [zu reden], daß man nicht weiß, ob die Sache mehr durch den Vortrag oder die Worte mehr durch die Gedanken erhellt werden« (Cic. 2,13,56). Im Vortrag (pronuntiatio und actio) ist die Deutlichkeit durch klare, akzentuierte Aussprache und »Intonation« und durch angemessene Gestik und Mimik zu unterstützen.

Der der perspicuitas gegenüberstehende Fehler ist die obscuritas (Quint. 8,2.12), die Dunkelheit.

Die sprachliche perspicuitas, gerichtet gegen Ermüdung und Überanstrengung der Zuhörer (Quint. 8,2,22), wird ebenfalls formal aufgeteilt in die Bereiche der verba singula und der verba coniuncta.

3.3.1. perspicuitas in verbis singulis: Die Deutlichkeit der Einzelwörter

Die Deutlichkeit der Einzelwörter erfordert als erstes, daß die eigentlichen, sachgemäßen Bezeichnungen der Muttersprache verwendet werden, »daß man jedes Ding mit seinem eigentlichen Namen benennt« (Quint. 8,2,1).

Verstöße gegen die perspicuitas können beispielsweise durch Umschreibung (periphrasis) entstehen: »in Salzlacke eingemachte Fische« statt »Salzfische« (s. Quint. 8,2,3), oder durch die Verwendung gesuchter Ausdrücke: »iberische Gräser« statt »Pfriemtabak« (Quint. 8,2,2). Statt allgemeiner Begriffe sollen die spezielleren, eigentlichen Ausdrücke gesetzt werden (Quint. 8,2,8): nicht Haus, sondern Hütte, Bungalow. Wörter, die der Gewohnheit nicht entsprechen und erläuterungsbedürftig sind, werden in der öffentlichen Rede im Hinblick auf die perspicuitas als uneigentliche Wörter aufgefaßt, Wörter dieser Art sind ungebräuchliche, veraltete Wörter (dünken, fürbaß) oder gesucht fremdartige, gelehrsam klingende Worte, schließlich Wörter, die nicht allgemein bekannt sind (regional gebräuchliche Wörter). Die Forderung, eigentliche und allgemein gebräuchliche Worte zu verwenden, hat dort ihre Grenze, wo die Muttersprache keine eigene Bezeichnung bietet (Quint. 8,2,4). Die Verwendung von uneigentlichen Wörtern kann jedoch auch dann eine Tugend der perspicuitas sein, wenn verba propria zur Bezeichnung des Sachverhalts zur Verfügung stehen. Ein solcher Fall liegt bei metaphorischen Bezeichnungen vor, die die Sache durch ihre Uneigentlichkeit in besonderem Maße aktualisieren und verdeutlichen (Er ist das Zugpferd des Unternehmens). Die uneigentliche, ›verfremdende‹ metaphorische Ausdrucksweise erreicht, daß die res nicht nur erkannt, sondern durch evidente Bildlichkeit ›empfunden‹ werden kann.

3.3.2. perspicuitas in verbis coniunctis: Die Deutlichkeit in Wortverbindungen.

In Wortverbindungen zielt die perspicuitas auf syntaktisch richtigen Satzbau und zielstrebigen, geordneten und fein abgemessenen Ausdruck (die latinitas wird als Voraussetzung der perspicuitas einbezogen). Thematisiert wird in diesem Zusammenhang jedoch nur das einfache Verständnis der Wortverbindungen, denn das bessere Verständnis, erreichbar durch Figuren und Tropen, ist bereits Gegenstand des Redeschmucks (ornatus).

Fehlerhafte Wortverbindungen können etwa begründet sein in Wortvermischungen (mixtura verborum – Quint. 8,2,14), in Zweideutigkeit (ambiguitas – Quint. 8,2,16) und in zu stark verkürzter oder weitschweifig umständlicher Rede (Quint. 8,2,17 ff.).

Die perspicuitas, die auf klare scharfe, eindeutige Ausdrucksweise zielt, darf aber nicht auf Kosten des Redeschmucks gehen (Quint. 8,3,15). Für die öffentliche Rede gilt es, die Mitte zwischen den Tugenden der perspicuitas und des ornatus zu finden und sowohl deutlich als auch geschmückt zu sprechen (Quint. 8,3,2). **Deutlich ist die Rede dann, wenn sie den Beifall der Gebildeten findet und zugleich dem Ungebildeten ohne Anstrengung verständlich ist.** (Quint. 8,2,21 f.).

3.4. ornatus: Der Redeschmuck

Die schmuckvolle Rede zeichnet sich dadurch aus, daß sie die gefundenen Gedanken in »schönen Worten« zum Ausdruck bringt (s. Cic. de or. 3,37,151) und dadurch mehr ist als nur deutlich, einleuchtend (im Hinblick auf das innere aptum, stimmig) und grammatisch richtig; sie ist nicht nur belehrend, sie ist für den Zuhörer auch unterhaltend und reißt ihn oft mit.

Der ornatus ist die Tugend, die dem Redner zwar großen Spielraum gewährt (s. Quint. 8,3,1), aber auch die höchste Geschicklichkeit und Klugheit abverlangt (s. Cic. de or. 3,14,53–55), da Schönheit und Schmuck der Rede zur Wirkung auf den Zuhörer verhelfen sollen. »Niemals ist die Schönheit rein vom Nutzen getrennt« (Quint. 8,3,11). Vom Redeschmuck hängt es ab, ob die Zuhörer »fast wie betäubt und vergessend an welchem Ort sie waren in diesen Affect des Entzückens ausgebrochen sind« (Quint. 8,3,4), ob sie aufmerksam zuhören und sich leichter überzeugen lassen, denn »wer gern etwas hört [...] glaubt es leichter« (Quint. 8,3,5; s. Cic. de or. 3,27,104) und ob der Redner dem Publikum »wie ein Gott unter den Menschen« (Cic. de or. 3,14,53) erscheint.

Die Sprachrichtigkeit (latinitas) und Klarheit (perspicuitas) werden als notwendige Voraussetzungen für den Redeschmuck angesehen (s. Cic. de or. 3,10,38), da er sonst zur Dunkelheit (obscuritas) führen kann. Um schwerverständlicher Dunkelheit im Ausdruck vorzubeugen, wird auch Sorgfalt bei der inventio und der dispositio als zwar weniger anspruchsvolle Anforderung an den Redner (s. Quint. 8,3,2), jedoch als äußerst wichtige Grundlage allen Redeschmucks gefordert (s. Quint. 8, Vw, 17 f.).

Der Schmuck der Rede soll so beschaffen sein, daß er auf der der Rede »eigenen Farbe und dem ihr eigenen Saft beruht« und »die Zuhörer sehr fesselt und [...] nicht allein ergötzt, sondern auch ohne Überdruß ergötzt« (Cic. de or. 3,25,96 f.). Es werden folgende Forderungen an den Redeschmuck gestellt:

- der Schmuck soll der Zielsetzung des Redners dienen und zur Wirkung der Worte im Nutzen der eigenen Parteisache beitragen (s. Quint. 8,3,5; 8,3,11–14; Cic. de or. 3,27,104).
- der Schmuck soll sowohl das äußere (s. Cic. de or. 3,25,100; 3,37,150) als auch das innere aptum berücksichtigen (s. Quint. 8,3,16 ff.). »(A)ller Redeschmuck hat seinen Maßstab nicht sowohl in sich selbst als in dem Gegenstand, für den er angewandt wird« (Quint. 11,1,7).
- er soll die Gegenstände – ganz wie es ihnen zukommt – amplifizieren: erhöhen und verschönern, bzw. schmälern und herabdrücken. (s. Cic. de or. 3,26,104).
- er soll »männlich, kräftig und keusch« (Quint. 8,3,10) sein, d. h. nicht übertrieben: »Ein Pferd mit schmalem Bauch ist schmucker und zugleich rascher« (Quint. 8,3,10).
- er soll Abwechselung bieten (s. Cic. de or. 3,25,100) und dadurch dem Überdruß und Desinteresse des Zuhörers (taedium) entgegenwirken (s. Quint. 8,3,6).
- er soll zur Veranschaulichung dienen. »Denn die Rede leistet nicht genug und herrscht nicht so vollständig als sie soll wenn sie nur bis zu den Ohren dringt und der Richter das worüber er zu erkennen hat nur als erzählt zu hören, nicht auch es leibhaftig vor das geistige Auge hingestellt zu sehen glaubt« (Quint. 8,3,62).
- Schließlich soll der Redeschmuck mit Klugheit gewählt werden (s. Cic. de or. 3,55,212), damit das einfache Verständnis, das schon die Tugend der perspicuitas gewährleistet, zu einem besseren Verständnis wird (s. Quint. 8,2,11).

Der Redeschmuck läßt sich zunächst danach einteilen, ob er sich in Einzelwörtern oder in Wortverbindungen zeigt (s. Quint. 8,3,15). Bezüglich der Einzelwörter kann der Schmuck (ornatus) entweder in dem Klang (s. Quint. 8,3,16) oder auf der semantischen Mehrschichtigkeit der Wörter beruhen. Bei den Wortverbindungen kann danach unterschieden werden, ob der Schmuck in der Gedankenführung selbst begründet ist oder unabhängig von den Gedanken in der austauschbaren Formulierung liegt. Beide Arten des Redeschmucks in Wortverbindungen werden Figuren genannt, die der ersten Art heißen figurae sententiarum (Gedankenfiguren), die der anderen figurae verborum (Wortfiguren).

Eine der Aufgaben des Redeschmucks besteht in der Vergrößerung (amplificatio) bzw. Verminderung (minutio) der Redegegenstände; doch bereits in der inventio und elocutio werden durch die Auswahl und Anordnung der Gedanken die Möglichkeiten dazu vorbereitet. Ebenfalls zum Redeschmuck gehören die Sentenzen (sententia), die glanzvollen Schlußsätze und allgemeinen Sinnsprüche, und die Wortfügung (compositio), die Strukturierung der Laut- und Wortfolge.

3.4.1. ornatus in verbis singulis: Der Redeschmuck in den Einzelwörtern

Dem Redeschmuck in den Einzelwörtern liegt das Verfahren des Austausches (immutatio) zugrunde: Unter den bedeutungsgleichen bzw. bedeutungsähnlichen Worten sind die auszuwählen und in die Rede einzusetzen, die ›anständiger, erhabener, glänzender, ansprechender, wohlklingender‹ sind (Quint. 8,3,16). Hierbei ist vor allem die Angemessenheit zu beachten.

Die einzelnen austauschbaren Wörter lassen sich unter zwei Gesichtspunkten behandeln: Zum einen kann der Schmuck der Wörter auf dem Klang beruhen, zum anderen auf der Fähigkeit, das zu Bezeichnende so darzustellen, daß die Bedeutungen angemessen und treffend zum Ausdruck gebracht werden.

Die verba vocaliora sind wohlklingende Worte. »Wie Sylben aus besser tönenden Buchstaben heller klingen, so auch aus solchen Sylben bestehende Worte, und je mehr Klang ein Wort hat, desto angenehmer läßt es sich hören« (Quint. 8,3,16). **Die Worte von besonderer ›Bezeichnungskraft‹ sind verba nitidiora.**

Es gibt drei Möglichkeiten, das einfache Wort gegen das schmuckvoll bezeichnende auszutauschen: Man kann ein ungewöhnliches Wort verwenden, ein neugebildetes oder ein übertragenes. (Cic. de or. 3,38,152).

Verba inusitata sind »altertümliche und durch das Alter aus der täglichen Sprache schon längst verschwundene Worte« (Cic. de or. 3,38,153); sie verleihen dadurch Würde und Bewunderung, daß sie nicht jeder verwendet (Quint. 8,3,24). Der Gebrauch der ungebräuchlichen Worte (verba inusitata) wird jedoch eingeengt: so sollen sie weder häufig, noch in auffallender Weise verwendet werden, »auch nicht gerade aus den fernsten und jetzt vergessenen Zeiten hervorgeholt sein« (Quint. 1,6,40), denn die Nähe zur gebräuchlichen Sprache (consuetudo) soll gewahrt werden. – Im Gebrauch veralteter Wörter ist der Dichter weniger eng an die gebräuchliche Sprache (consuetudo) gebunden als der Redner (s. Cic. de or. 3,38,153).

»Neugebildete Worte (verba novata) aber sind solche, die von dem, der sie gebraucht, selbst erzeugt und gebildet werden.« (Cic. de or. 3,38,154). Der Grund für die Neubildung von Wörtern kann entweder darin liegen, daß die Muttersprache kein »eigentliches« Wort (verbum proprium) zur Verfügung stellen kann oder darin, daß ein schmückenderes Wort gesucht wird.

Zwei Arten der Neubildung werden unterschieden: die Onomatopie und die Ableitung. Die Onomatopöie ist die Anpassung der Laute an den sinnlichen Eindruck einer Sache. Zwei Arten der Neubildung durch Ableitung aus bereits vorhandenen Worten werden unterschieden: Die Zusammensetzung von Wörtern und die Derivation aus einer anderen Wortart (Cic. de or. 3,38,154).

verba translata: übertragene Worte. »Die Übertragung des Worts hat einen weiten Umfang. Die Not erzeugte sie aus Mangel und Verlegenheit; später aber gebrauchte man sie häufig, um der Ergötzlichkeit und Annehmlichkeit willen.« (Cic. de or. 3,38,155).

Zusammengefaßt werden die Übertragungen durch den Begriff Tropus. Der Tropus wird definiert als »eine mit Schönheit ausgeführte Abänderung eines Ausdrucks oder einer Ausdrucksweise von der eigentlichen Bedeutung in eine andere« (Quint. 8,6,1). Die einfachste Art des Tropus liegt vor, wenn ein semantisch nicht identisches Wort an die Stelle des verbum proprium gesetzt wird und die Übertragung auf einer Ähnlichkeit beruht, ›die in einem einzigen Wort kurz zusammengefaßt wird‹ (Cic. de or. 3,39,157). Allerdings fallen unter die Tropen auch Erscheinungen, in denen mehrere Wörter für ein einziges Wort oder eine Wortgruppe gesetzt werden: »[Es] scheinen mir diejenigen im Irrthum zu sein die keine anderen Tropen annehmen als solche in welchen ein Wort für ein anderes gesetzt werde« (Quint. 8,6,3).

Zuweilen ist es sehr schwierig, Figuren von Tropen zu unterscheiden, denn sie sind »durch eine so schwache Grenzlinie geschieden, daß z. B. die Ironie sowohl unter den Figuren des Gedankens als unter den Tropen angetroffen wird, die Periphrase aber, das Hyperbaton und die Onomatopöie auch von berühmten Schriftstellern lieber Wortfiguren als Tropen genannt worden ist« (Quint. 9,1,3; zum speziellen Problem der Unterscheidung von Figuren und Tropen Quint. 9,1,1 ff.).

Die verschiedenen Tropen können nach Aristoteles (er nennt die Tropen insgesamt metaphora) formal nach der semantischen Beziehung des Eingesetzten zum Ersetzten in vier Arten eingeteilt werden (Ar. poet. 21):

- Es kann das Allgemeinere (Gattung) für das Speziellere (Art) gesetzt werden.
- Das Speziellere (Art) kann für das Allgemeinere (Gattung) gesetzt werden.
- Der Begriff der **Synekdoche** faßt diese beiden Arten des Tropus zusammen.
- Das Spezielle (Art) kann durch ein anderes Spezielles (Art) aus dem gleichen Bereich des Allgemeinen ersetzt werden.

  Der Begriff der **Metapher** ist auf diese Art des Tropus eingeengt.
- Das, was sich analog verhält, kann gesetzt werden.

»Analogie nenne ich es, wo das zweite sich zum ersten verhält wie das vierte zum dritten. Dann wird an Stelle des zweiten das vierte gesagt oder an Stelle des vierten das zweite. Und gelegentlich wird auch beigefügt, auf was es sich bezieht und wofür es gesetzt ist« (Ar. poet. 21). Als Beispiel führt Aristoteles an: Der Becher verhält sich zu Dionysos wie der Schild zu Ares. Für ›Becher‹ kann nun ›Schild des Dionysos‹ gesagt werden, für ›Schild‹ kann ›Becher des Ares‹.

Diese vier Arten des Austausches liegen den folgenden Tropen zugrunde. (Diese Darstellung orientiert sich an Quintilian, begnügt sich jedoch damit, einige Tropen lediglich zu skizzieren.)

a) **metaphora: Die Metapher** ist der gebräuchlichste Tropus. Sie setzt eine Ähnlichkeit zweier Begriffe voraus, die eine Ersetzung des »eigentlichen« Wortes (verbum proprium) eines Begriffs durch das Wort, das den ähnlichen Begriff bezeichnet, ermöglicht (s. Quint. 8,6,5). Die Metapher kann, da sie die Ähnlichkeit der durch die ausgetauschten Wörter bezeichneten Begriffe in bestimmten Punkten voraussetzt, den durch das ausgetauschte Wort üblicherweise bezeichneten Begriff in neuer Weise erscheinen lassen und Aspekte, die bisher verborgen waren oder nicht beachtet wurden, in neuem Licht erscheinen lassen und hervorheben.

»Im Ganzen aber ist die Metapher ein kürzeres Gleichnis, von diesem darin verschieden, daß dieses eine Vergleichung der Sache, welche wir darlegen wollen, enthält, jene für die Sache selbst gesetzt wird« (Quint. 8,6,8).

Der allzu häufige Gebrauch der Metapher kann zur Dunkelheit, die Unähnlichkeit der Begriffe, die durch die ausgetauschten Wörter bezeichnet werden, zur Unverständlichkeit der Rede führen.

Die Metaphern – sie umfassen Verben und Substantive (Quint. 8,6,5) – werden in vier Arten eingeteilt (Quint. 8,6,9–13): Beseeltes kann für Beseeltes eingesetzt werden, Unbeseeltes für Unbeseeltes, Beseeltes für Unbeseeltes und Unbeseeltes für Beseeltes.

»Die große weiße Wölfin: sie lachte um listige Zähne, und kaufte volles

Fleisch, und schlappe blasse Bratwürste. Dann schwang sie sich langbeinig ins Fahrradgestänge« (Arno Schmidt, Aus dem Leben eines Fauns).

»Die Waffen, womit die Bourgeoisie den Feudalismus zu Boden geschlagen hat, richten sich jetzt gegen die Bourgeoisie selbst« (K. Marx, Fr. Engels, Manifest der Kommunistischen Partei).

»Der kahle Mongolenschädel des Mondes schob sich mir näher« (Arno Schmidt, Aus dem Leben eines Fauns).

»und ist das Weib im Bett kein Marmelstein«, (François Villon, Nachdichtung: Paul Zech).

b) **Die Synekdoche wird definiert als Austausch eines Wortes in der Art, »daß wir von einem Gegenstand aus mehrere verstehen, vom Teil das Ganze, von der Art aus die Gattung, aus Vorhergehendem Nachfolgendes, oder alles dieses in umgekehrter Richtung«** (Quint. 8,6,19).

Synekdochische Tropen entstehen,

– wenn ein Teil für das Ganze (oder umgekehrt) gesetzt wird.

»Dafür wird der Ertrag eurer Äcker berechnet und eure Köpfe gezählt« (Georg Büchner, Hessische Landbote).

»Und dennoch setzt man Preise auf meinen Kopf« (Chr. A. Vulpius, Rinaldo Rinaldini).

– wenn das Allgemeine, die Gattung, für das Spezielle, die Art, (oder umgekehrt) gesetzt wird.

»Das Volk traute ihnen leider und legte sich zur Ruhe« (Georg Büchner, Hessische Landbote).

– wenn für das Nachfolgende das Vorausgehende (oder umgekehrt) gesetzt wird, (nicht Ursache für Wirkung!) bspw. das Roprodukt für das fertige Produkt.

»Bloß keinen Block aus Marmor auf den Schädel tun« (François Villon: »Block aus Marmor« für »marmornen Grabstein«).

»Was frommt es, von den langen, langen Stunden mehr denn mörderischen Horrors zu berichten, während welcher ich die sausenden Schwingungen des Stahles zählte!« (E. A. Poe, Grube und Pendel; »Stahl« für »Säbelsichel«).

»Und haben wir im Traubensaft / Die Gurgel ausgebadet« (Schiller, Die Räuber; »Traubensaft« für »Wein«).

– wenn die Anzahl vertauscht wird, bspw. Singular für Plural.

»Noch vor kurzem gab die junge Tahitianerin sich den leidenschaftlichen Regungen und glühenden Umarmungen des jungen Tahitianers ohne weiteres hin« (Denis Diderot, Nachtrag zu »Bougainvilles Reise«).

c) **Die Metonymie** wird definiert als »Setzung eines Nennwortes für ein anderes [. . .]. Ihr ist eigentümlich, statt dessen, was man sagen will, die Ursache, aus der das Gesagte stattfindet, anzugeben« (Quint. 8,6,23). Bei Cic. or. 27,93 wird sie Hypallage genannt, bei Her. 4,32 heißt sie denominatio. Besser erscheint die Definition in der Rhetorik an Herennius: »Die Denominatio zieht von Verwandten und angrenzenden Dingen die Rede auf ein Gebiet, wo die Sache, welche nicht mit ihrem eigentlichen Namen benannt ist, verstanden werden kann« (Her. 4,32). ›Verwandt‹ und ›angrenzend‹ ist in der Metonymie nicht das, was ähnlich ist (Metapher), auch nicht das, was in einer Teil-Ganzes-Beziehung zur zu bezeichnenden Sache steht (Synekdoche), sondern das, was in einer realen Beziehung zur ›eigentlichen Sache‹ steht. Eine dieser realen Beziehungen ist die Ursache-Wirkung Beziehung, weitere wären die Enthaltendes-Enthaltenes Beziehung (Her. 4,32), die Person-zugehörige Tätigkeit Beziehung (Cic. de or. 3,42,167), die Besitzer-Besitz Beziehung (Quint, 8,6,23). Hierbei kann entweder die Person durch die Tätigkeit, die Ursache durch die Wirkung benannt werden, oder umgekehrt: die Wirkung durch die Ursache, etc.

Die Metonymie steht in ›gewisser Verwandtschaft‹ (Quint. 8,6,28; Cic. de or. 3,42,168) mit der Synekdoche.

»Damit reichte er dem Sokrates den Becher« (Platon, Phaidon; »Becher« steht für den Inhalt, das »Gift«).
»Und dann kam plötzlich Stille über mich, und lächelnd lag ich unter dem glitzernden Tode und schaute ihm zu wie ein Kind einem seltenen Spielzeug« (E. A. Poe, Grube und Pendel; »glitzernder Tod« [Wirkung] ersetzt hier »die Säbelsichel«).
»ich brauche Wiegengesang, und den habe ich in seiner Fülle gefunden in meinem Homer« (Goethe, Leiden des jungen Werthers; »Homer« steht für »die Werke Homers«).

d) **Die Antonomasie** (Quint. 8,6,29) setzt statt des Eigennamens etwas anderes: dies kann entweder ein Epitheton (Beifügung) oder eine Periphrase (Umschreibung) sein. Die bekanntesten Beispiele für die Antonomasie finden sich in der Bibel; der Name Gottes wurde von alters her umschrieben, z. B. der »Allmächtige«, der »Schöpfer der Welt« etc.

e) **Die Onomatopöie** ersetzt Worte durch Laute, die dem sinnlichen Eindruck einer Sache angepaßt sind (Quint. 8,6,31).

»und sänftlich drippelnd, Tropf um Tropfen«. (E. A. Poe, Die Schäferin)

»Aber Sie, noch vom vor=4 benomm'n, shudderDe mit den (echtn !) Bakk'n«. (Arno Schmidt, Zettels Traum; »shudderDe« für »erbeben«, »schütteln« [vom engl. »to schudder«]).

Die Verbindung zur oben gegebenen Einteilung von Aristoteles wäre hier für jeden Fall speziell zu untersuchen. Zudem kann die Onomatopöie auch als Wortfigur aufgefaßt werden (Quint. 9,1,3).

f) **Die Katachrese** »gibt Dingen, die keinen eigenen Namen haben, einen solchen der ihnen der nächste ist« (Quint. 8,6,34).

»Es fehlt das Erbe des berichtigten Naturrechts« (Ernst Bloch, Erbschaft dieser Zeit; »Erbe«, normalerweise als juristisches Wort die Hinterlassenschaft eines Verstorbenen bezeichnend, steht hier als Begriff für etwas, das noch nicht bezeichnet ist, und verbindet Bedeutungen, wie etwa: »Einlösung des ›Überschüssigen‹«, »Rettung«, »Befreiung« etc.).

In der Technik wird die Katachrese häufig für Benennungen neuer Gegenstände gebraucht. Beispielsweise werden extreme Weitwinkelobjektive »Fischaugen« genannt.

Der Unterschied zwischen Katachrese und Metapher besteht darin, daß »die Katachrese stattfindet, wo eine eigene Benennung fehlt, jene wo eine andere da ist« (Quint. 8,6,35). Die folgenden Tropen unterscheiden sich von den bisher genannten dadurch, daß sie nicht mehr in erster Linie zur Steigerung der ›Bezeichnungskraft‹ eines Wortes angewendet werden, sondern durch mehrere Worte, durch Ausdrücke und Wortumstellungen.

g) Quintilian faßt die Hinzufügung von Epitheta (Beifügungen) zu Substantiven als Tropus (s. Quint. 8,6,40 ff). Alleinstehende Substantive können ohne attributiven Zusatz zu kahl, zu wenig aussagekräftig erscheinen. Ein Epitheton, das mit dem Substantiv zu einer Einheit gefügt und in dieser Einheit anstelle des kahlen Substantives gesetzt wird, kann die ›Bezeichnungskraft‹ der Substantive erhöhen. (Allgemein gehört diese Erscheinung zu den Wortfiguren per adiectionem [der Hinzufügung], insofern jedoch Substantiv und Epitheton eine Kombination bilden, die als Ganzes aufzufassen ist, gehört diese Erscheinung zu den Tropen.) Innerhalb solcher Einheiten geht die ornatus-Funktion auf das Epitheton zurück.

»Der heiße Draht ins Ministerium« (Zeitungsbericht; »Draht« [allein besehen] stellt wiederum eine Synekdoche dar, da der Rohstoff für »Telefonleitung« damit bezeichnet ist; dieser Tropus ist also eine synekdochische Kombination, da Epitheton und Substantiv als Einheit zu fassen sind.)

h) **Die Allegorie (allegoria)** »zeigt mit Worten etwa Anderes an als nach deren Sinn, oder sogar bisweilen das Gegenteil« (Quint. 8,6,44). Sie kann aus aneinandergereihten Metaphern bestehen oder auch als ganzes in ›eigentlichen Worten deutlich‹ (Quint. 8,6,47) einen analogen Sachverhalt ausdrücken, der als Zeichen für das Gemeinte steht. Das Verfahren der Allegorie besteht darin, daß man »eine ähnliche Sache [meint], und die dieser Sache eigentümlichen Worte überträgt man dann [...] auf eine andere Sache« (Cic. de or. 3,41,167). In der Rede wird hauptsächlich die ›gemischte‹ Allegorie (Quint. 8,6,47 f.) verwendet: Gemischt (unvollständig) wird sie deshalb genannt, weil ihr entschlüsselnde verba propria beigefügt sind, um das Verständnis zu erleichtern.

Unter die Tropen gehört die Allegorie insofern, als sie für ein Wort oder einen Begriff stehen kann; sie überschreitet jedoch bereits den Bereich des ornatus in verbis singulis: »Es liegt aber diese Redeweise nicht in einem Wort, sondern [...] in der Verbindung von Worten« (Cic. de or. 3,42,167). Der Tropus der Allegorie kann daher von der Gedankenfigur der Allegorie nur schwer unterschieden werden.

»Komm, Hoffnung, laß den letzten Stern/
der Müden nicht erbleichen!« (Beethoven, Fidelio, Leonoren-Arie).

Die dunkle Allegorie (sie ist in der Rede zu vermeiden), (Cic. de or. 3,42,167) heißt **aenigma** (Rätsel) (Quint. 8,6,52) und wird als Verstoß gegen die perspicuitas betrachtet.

i) **Die Ironie, Verstellung (ironia)** besteht darin, daß man »das Gegentheil dessen was man sagen will ausspricht. [...] Man errät sie entweder aus dem Ton des Vortrages oder aus der Beschaffenheit der Person oder Sache. Denn wenn etwas hiervon mit den Worten nicht übereinstimmt, so erhellt daraus daß der Rede ein entgegengesetzter Sinn zugrunde liegt« (Quint. 8,6,54).

Im Tropus der Ironie steht das gesetzte Wort in einer Gegenteil-Beziehung zum ersetzten Wort: Die Bedeutung eines Wortes wird nicht auf ein mehr oder weniger ähnliches, sondern auf ein konträres Wort übertragen. Insofern kann die Ironie als Sonderfall der Metapher verstanden werden.

Grundlegend eingeteilt wird die Ironie nach den Gesichtspunkten Lob oder Tadel: Die Ironie kann entweder dazu dienen, durch verstelltes Lob herabzusetzen oder durch verstellten Tadel zu loben (Quint. 8,6,55). Als weitere Unterarten der Ironie faßt Quint. unter anderem den Sarkasmus und den Euphemismus auf (Quint. 8,6,57).

Da das eingetauschte Ironie-Wort meist den ganzen Satzzusammenhang prägt oder verändert, kann der Tropus der Ironie bereits in eine Gedankenfigur übergehen (Quint. 9,1,3).

Der Deutsche »diszipliniert seine Kinder zur Sittsamkeit mit Strenge, wie er dann auch seinem Hange zur Ordnung und Regel gemäß, sich eher despotisieren, als sich auf Neuerungen (zumal eigenmächtige Reformen in der Regierung) einlassen wird. – Das ist seine gute Seite« (Immanuel Kant, Anthropologie in pragmatischer Hinsicht).

k) **Die Periphrase** ist eine ›umschreibende Ausdrucksweise, die mit mehreren Wörtern auseinandersetzt, was mit einem oder mit weniger gesagt werden kann‹ (Quint. 8,6,59; Her. 4,32). In der Rede ist die Periphrase unentbehrlich, wenn etwas ›Häßliches bedeckt‹ werden soll (Quint. 8,6,59): Der Anlaß für die Umschreibung liegt dann in der Wahrung des äußeren aptum.

»Natürliche Bedürfnisse drängten mich nun hinunterzuspringen, aber [...] (Swift, Gullivers Reisen).

Die Möglichkeit, unzüchtige, schmutzige, niedrige Ausdrücke durch die Periphrase zu vermeiden (»Ausdrücke [...] die unter der Würde der Gegenstände oder der Personen sind«, (Quint.8,2,2) wird jedoch durch die perspicuitas begrenzt: Worte für Gegenstände des täglichen Gebrauchs zu umschreiben wird als affektiert angesehen, zudem führt es zur Dunkelheit (obscuritas (Quint. 8,2,2).

Notwendig ist die Periphrase auch dort, wo die eigentliche Benennung fehlt (Quint. 12,10,34). Am geläufigsten ist die Umschreibung als Definition von Begriffen oder Worten.

Sofern keine Notwendigkeit für den Gebrauch der Periphrase besteht, dient sie der Ausschmückung (Quint. 8,6,60). Bei reiner ornatus-Funktion soll die Umschreibung jedoch in der Rede ›in engen Grenzen‹ angewendet werden, da sie sonst zur ›Weitschweifigkeit‹ führt (Quint. 8,6,61).

Die Zugehörigkeit der Periphrase zu den Tropen ist strittig (Quint. 9,1,3); sie kann auch den Figuren, spezieller: den Schemata per adiectionem zugeordnet werden.

l) Der Tropus des **Hyperbaton** besteht in der Versetzung eines Wortes (Quint, 8,6,62): »Denn sehr oft wird die Sprache rauh und hart, lose und klaffend, wenn die Worte an den Zwang ihrer gewöhnlichen Ordnung gebunden werden [...]. Also muß man manche weiter hinausschieben oder vorrücken [...] und ihren [gefälligen] Platz ausfindig machen« (Quint. 8,6,62). Da die Änderung der natürlichen Wortfolge auch den Rhythmus des Satzes verändert (Quint. 8,6,64), werden beim Hyperbaton auch Aspekte der compositio wirksam.

Das Hyperbaton ist auf den ersten Blick ein schema per transmutationem, eine Wortfigur (Her. 4,32); Quintilian rechnet sie aber mit der Begründung zu den Tropen, daß durch die Umstellung die Bedeutung des umgestellten Wortes abgeändert wird: ausschließlich »wenn die Bedeutung der Worte keine Umwandlung erleidet und nur deren Ordnung eine andere wird, kann man es richtiger eine Wortfigur nennen« (Quint. 8,6,67).

Das Hyperbaton als Tropus läßt sich an folgendem Beispielsatz verdeutlichen:

> »Die Heimat muß in der Gesamtheit sauber und intakt bleiben, nichts darf ihr kriegsgemäßes Bild trüben« (Goebbels am 18. 2. 43 im Sportpalast).

Das tropische Hyperbaton läßt sich an dem Wort ›trüben‹ und dem Wort ›nichts‹ durch Variation des Satzes verdeutlichen:

> ...trüben darf nichts ihr kriegsgemäßes Bild.
> ...trüben darf ihr kriegsgemäßes Bild nichts.
> ...nichts darf trüben ihr kriegsgemäßes Bild.
> ...ihr kriegsgemäßes Bild darf nichts trüben.

Der unterschiedliche Aktualisierungsgrad der Worte ›nichts‹ und ›trüben‹ beruht auf der Umsetzung und der damit verbundenen Änderung des Rhythmus. Betrachtet man die versetzten Worte und ihre Intensitätsänderung für sich, so kann man das Hyperbaton mit Recht unter die Tropen einordnen und als synekdochische ›Ersetzungen‹ der Worte durch sich selbst auffassen. Betrachtet man jedoch die betreffenden Worte im Kontext, so wäre das Hyperbaton richtiger als Wortfigur aufzufassen.

m) **Die Hyperbel** »ist eine gut angebrachte Übertreibung der Wahrheit. Ihre Kraft äußert sich auf gleiche Weise in entgegengesetzter Richtung, im Steigern oder Vermindern« (Quint. 8,6,67); sie steht daher in Verbindung mit der amplificatio bzw. der minutio.
Charakteristisch für die Hyperbel ist, daß sie mehr sagt, als geschehen ist (Quint. 8,6,68).

Im einzelnen unterscheidet Quintilian fünf Realisationsarten der Hyperbel:

- wenn im engeren Sinne mehr gesagt wird als geschehen ist (Quint. 8,6,68).

»Das war das erste vernünftige Wort, das ich von euche höre‹, sagte der Sterbende« (Ch. R. Maturin, Melmoth der Wanderer).

»Du hast ein Herz aus Stein in deiner Brust« (Fr. Villon« hier liegt eine hyperbolische Metapher vor).

- wenn etwas durch Ähnlichkeit (similitudo; Quint. 8,6,68) gesteigert wird:

»sie [die Stimme des Philosophen] wirkte als Laut, wie eine ferne eintönige Klage« (Nietzsche).

- die Steigerung durch Vergleich (comparatio); Quint. 8,6,69).

»von meinem Haar, das sich noch weicher fühlt / wie Seidenzeug aus dem Chinesenland« (Fr. Villon).

- die Steigerung durch Merkmale oder Anzeichen (signa; Quint. 8,6,69).

»Über die Halme der Saat und ohne die Spitzen zu rühren/
Flöge sie hin und verletzte die zartesten Ähren im Lauf nicht« (Vergil, Aeneis).

- die Steigerung durch übertragene Worte (translatio); (Quint. 8,6,69).

»›Das sind eure Schafe‹, sagte ich, ›die [...], wie man hört, [...] Menschen fressen« (Thomas Morus, Utopia).

Die Schulden erdrückten ihn fast.

Darüber hinaus können Hyperbeln verschiedener Art und verschiedenen Wortumfangs geschachtelt und zu einer hyperbolischen Aussage verbunden werden (Quint. 8,6,70). Dies geht jedoch bereits über den Rahmen der Tropen hinaus in den Bereich der Gedankenfigur, der Hyperbel oder in den allgemeinen Bereich der Steigerung (amplificatio).

Als Mittel des ornatus wird die Hyperbel dort verwendet, wo »die Sache selbst über welche man reden soll das natürliche Maß überschritten hat« (Quint. 8,6,76). Der Tropus der Hyperbel muß also in der Sache selbst begründet sein. Da die Hyperbel zum »kühneren« Schmuck (Quint. 8,6,67) gehört, führt sie zur »Affectiertheit« (s. Quint. 8,6,73), wenn sie zu häufig verwendet wird oder jede Glaubwürdigkeit übersteigt. Zum allgemeinen Sprachgebrauch gehört die Hyperbel, wenn sich die wirkliche Größe einer Sache nicht durch das verbum proprium angeben läßt bzw. wenn das gebräuchliche Wort nicht ausdrucksfähig genug ist. In einem solchen Fall soll die Rede besser zu hoch als zu niedrig greifen (s. Quint. 8,6,75 f.).

3.4.2. ornatus in verbis coniunctis: Der Redeschmuck in Wortverbindungen

Der Redeschmuck in Wortverbindungen beruht auf Figuren, auf Ausdrucksweisen, die von der gewöhnlichen, schlichten sprachlichen Formulierung abweichen und ›Abwechslung in das Regelmäßige‹ bringen. (Quint 2,13,11). Quintilian bringt einen bezeichnenden Vergleich: »Eine gerade emporstehende Figur hat nämlich die allerwenigste Anmuth; natürlich, das flache Gesicht ist uns dann zugekehrt, die Arme fallen herab, die Füße sind eng verbunden – *ein steifes Werk von Kopf bis Fuß* [Hervorhebung von mir]. Jene Beugung aber [Quintilian sprach zuvor von Abwechslung und Mannigfaltigkeit in Haltung, Miene und Stellung] und – wenn ich so sagen darf – Bewegung gibt dem Bilde Leben. Deswegen sind die Hände nicht auf eine Weise gebildet und Gesicht und Miene haben tausenderlei Arten. Es gibt Figuren welche im Lauf und in heftiger Bewegung vorgestellt sind, andere sitzen oder liegen; diese sind nackt, jene verhüllt, einige aus Beidem gemischt. Was ist so verrenkt und so mühsam gearbeitet wie jener Diskuswerfer des Myron? Und dennoch wenn Einer das Werk tadeln und die Stellung unnatürlich nennen wollte, würde man ihm nicht Einsicht in die Kunst absprechen, bei welcher eben die Neuheit und Schwierigkeit ganz besonders zu loben ist? Diesen Reiz nun und diese Annehmlichkeit geben der Rede die Figuren, sowohl die der Gedanken als auch die der Worte.« (Quint. 2,13,9 ff.). Rhetorische Figuren sind nach diesem bildhaften Vergleich Abweichungen im weitesten Sinne: Abweichungen von der geraden, glatten und flachen Ausdrucksweise, Abweichungen von der einfachen Stellung und Ordnung der Worte, Abweichungen vom gewohnten (›unverrenkbaren‹) Ausdruck, Abweichungen von der Ruhelage der

Vorstellungs- und Mitteilungsweise überhaupt. Unser Begriff der **Verfremdung** ist in den ornatus einzuordnen.

Die Figuren werden als Ausdruck von Bewegung, von Affekten, von Leben verstanden: Formalisiert durch die ars rhetorica werden sie zu einem Repertoire an Mitteln oder Verfahren, um Starres (nämlich die logischen Begriffe) lebendig werden zu lassen oder starr Gewordenes (eingefahrene res und verba) in neuer Form zu aktualisieren.

Charakteristisch für die rhetorischen Figuren ist, daß sie auch aus »eigentlich gebrauchten und in der gewöhnlichen Ordnung gesetzten Worten gebildet werden [können]« (Quint. 9,1,7) und zunächst keiner besonderen Bausteine (weder an Gedankeninhalten noch an Worten) bedürfen, um der Rede Schmuck zu verleihen: Die rhetorischen Figuren geben sich damit grundsätzlich als Schemata der reinen Form zu erkennen, die, angewendet in der elocutio, mit der dispositio, dem eigentlichen Theorieteil der Form, in Verbindung stehen. Bei dieser Bestimmung der Figuren ist jedoch zu beachten, daß in der konkreten sprachlichen Äußerung »häufig Tropen und Figuren in denselben Gedanken [in easdem sententias] sich zusammenfinden« (Quint. 9,1,9), um eine neue Form der Rede (s. Quint. 9,1,14) abzugeben.

Für die rhetorischen Figuren gilt ebenso wie für die Tropen, daß sie außer dem ›Gepräge der Worte‹ auch die Bedeutung verändern (s. Quint. 8,6,2).

Während dem Redeschmuck in den Einzelworten im wesentlichen das Verfahren der immutatio (Austausch) zugrunde gelegt wird, kann man den Schmuck in Wortverbindungen weitgehend als Änderung durch adiectio (Hinzufügung) detractio (Auslassung) und transmutatio (Umstellung) auffassen. Diese Aufteilung des ornatus nach den Änderungskategorien ist jedoch eine starke Vereinfachung. Wir sahen schon bei den verba translata, daß der tropus nicht schlicht ein Wort gegen ein anderes austauscht, sondern auch den Kontext des Wortes, die Wortverbindung, verändern und sowohl syntaktisch wie semantisch erweitern oder einengen kann – kurz: daß der tropus in die Nähe einer Gedanken- oder Wortfigur kommen kann. Entsprechend läßt sich auch bei den Figuren oft nur schwer die Auffassung vertreten, daß Figuren lediglich auf Hinzufügungen, Auslassungen und Umstellungen beruhen. Daraus ergibt sich die grundsätzliche Frage, ob im ornatus die immutatio von den übrigen Änderungskategorien getrennt werden solle. Die Ansichten darüber gehen in der Antike auseinander. Die Gesamtmenge der Figuren – zu ihr gehören »alle glänzenden und für Gemütserregung ganz besonders wirksamen Ausdruckweisen« (Quint. 9,1,25) – wird in zwei Bereiche unterteilt: in den Bereich der Gedankenfiguren (Quint. 9,1,17) und in den Bereich der Wortfiguren (Quint. 9,1,17). Hierin stimmen die meisten Theoretiker überein. Quintilian erwähnt jedoch, daß auch die Auffassung vertreten wurde, es gäbe nur Wortfiguren oder nur Gedankenfiguren: Die einen argumentierten, daß jede Änderung der Worte auch die Bedeutung ändere, die anderen gingen davon aus, daß die Worte sich ausschließlich nach den Gedanken richten (s. Quint. 9,1,15). Die Aufteilung in Wort- und Gedankenfiguren wird damit begründet, daß ein und derselbe Gedankengang auf verschiedene Weisen artikuliert werden kann (s. Quint. 9,1,16).

3.4.2.1. figurae sententiae: Die Gedankenfiguren

Die Gedankenfiguren sind Formen der Gedankenführung. Cicero gibt diese Definition, indem er zugleich die Gedankenfiguren gegen die Wortfiguren abgrenzt: »Die Worte und die Gedanken lassen sich aber auf fast unzählige Weise bearbeiten; aber zwischen der Form der Worte und Gedanken ist insofern ein Unterschied, als die der Worte verloren geht, wenn man die Worte verändert, die der Gedanken hingegen bleibt, welcher Worte man sich auch bedienen mag« (Cic. de or. 3,52,201). Quintilian dagegen faßt den Begriff der Gedankenfigur enger: Er will unter Gedankenfiguren nur das verstanden wissen, was über die gewöhnliche, einfache und zum Verständnis der Rede ohnhin notwendige Gedankenführung hinausgeht. Damit klammert er zwei Bereiche aus, die von anderen Theoretikern meist in die Gedankenfiguren einbezogen werden: Zum einen will er nicht die Affekte selbst als Gedankenfiguren verstanden wissen, da man sonst davon ausgehen müßte, daß es ebensoviele Gedankenfiguren als Gemütsbewegungen gibt. Deshalb »sind in der Rede Äußerungen des Zornes, Schmerzes, Mitleids, der Furcht, des Vertrauens, der Verachtung keine Figuren [der Gedanken], ebenso wenig als Rathschläge, Drohungen, Bitten, Entschuldigungen« (Quint. 9,1,23). Als Gedankenfiguren sollen nur die geplanten, gespielten, künstlichen Affekte und die figürlich amplifizierten Affekte verstanden werden, denn »ein Anderes ist eine Figur zulassen, ein Anderes selbst eine Figur sein« (Quint. 9,1,24). Echte Affekte sind keine Mittel der Kunst.

Zum anderen kritisiert Quintilian insbesondere Cicero (dessen Aufzählung der Gedankenfiguren [Cic. de or. 3,53,202 ff.] er übrigens im vollen Umfang zitiert: 9,1,26 ff.), der unter die Gedankenfiguren Erscheinungen subsumiert habe, ›ohne die fast keine sprachliche Darlegung verstanden werden kann‹ (s. Quint. 9,1,2). Nicht zu den Gedankenfiguren sollen z. B. gerechnet werden (Quint. 9,1,2):

- die lichtvolle Erläuterung (inlustris explanatio; Cic. de or. 3,53,202).
- die vorläufige Aufstellung und Ankündigung (propositio; Cic. de or. 3,2,202).
- die bündige Schlußfolgerung (rationis apta conclusio; (Cic. de or. 3,53,203).

Es würde zu weit gehen, diese Kontroverse weiter zu verfolgen. Festzuhalten ist lediglich, daß der Umfang und die Grenze der Gedankenfiguren strittig sind.

Die Gedankenfiguren sind im allgemeinen bereits bei der Erfindung (inventio) von Bedeutung, da sie jedoch bei ihrer sprachlichen Formulierung zum Schmuck der Rede beitragen, werden sie innerhalb der elocutio dem ornatus zugerechnet. Ihr ›großer und vielfältiger Nutzen, der in jeder rednerischen Leistung deutlich hervorleuchtet‹ (s. Quint. 9,1,19), trägt dazu bei, daß das Gesagte glaubhaft erscheint, daß es sich auf ›unbemerktem Wege in die Gemüter der Zuhörer und Richter einschleicht‹ (s. Quint. 9,1,19), daß es überzeugt und wirkt. Die Gedankenfiguren arbeiten mit List (s. Quint. 9,1,20), vermindern den Überdruß und wirken auf die Affekte (s. Quint. 9,1,21); sie setzen Lichtpunkte in die gedankliche Abwicklung der Rede (s. Cic. de or. 3,52,201; 3,39,136). Ferner liegen sie dem Grundverfahren der Redekunst, der amplificatio, zu Grunde (s. Quint. 9,2,3).

Grundsätzlich gilt, daß eine Figur ihren Charakter als Figur verliert, wenn sie allzu offenkundig ist (s. Quint. 9,2,69); **die Figuren werden als Mittel des persuadere unwirksam, wenn sie durchschaubar sind (s. Quint. 9,2,72). Eine Erkenntnis von weitreichender Konsequenz. Auf ihr beruht die hermeneutische und kritische Funktion der Rhetorik.** »So ist es zu verstehen, daß die theoretischen Mittel der Auslegungskunst [...] weitgehend der Rhetorik entlehnt sind« (H. G. Gadamer, Rhetorik, Hermeneutik und Ideologiekritik. – In: Hermeneutik und Ideologiekritik, hrsg. v. J. Habermas u. a. Frankfurt 1971).

Die folgende Darstellung orientiert sich hauptsächlich an Quintilian, der detaillierte Erläuterungen gibt und von einer überzeugenden engeren Definition der Gedankenfiguren ausgeht.

a) **Die Frage (interrogatio; Quint. 9,2,6)** Eine heute allgemein als ›rhetorisch‹ gekennzeichnete Frage, auf die der Redner keine Antwort erwartet, und in die er eine Aufforderung oder Aussage kleidet, wenn er besonders eindringlich und emotional wirken will.

»Wie lange noch, Catilina, willst du unsere Geduld erschöpfen« (Cicero).
»Wer Fragmente dieser Art beim Worte halten will, der mag ein ehrenhafter Mann sein – nur soll er sich nicht für einen Dichter ausgeben. Muß man denn immer bedächtig sein?« (Novalis).

Aus der Vielfalt der Anwendungsarten dieser Figuren seien einige aufgezählt:
- die ungeduldig – pathetische Frage;
- die Frage, die eine Tatsache besonders nachdrücklich aussprechen will (s. Quint. 9,2,8).
- die nur schwer oder gar nicht beantwortbare Frage, die Ungläubigkeit oder Staunen ausdrückt:

»Den Pinienapfel als Kopf! Wo will's hinaus?« (Goethe, Faust II).

- die Frage, die einen strengen Befehl oder eine Aufforderung enthält (s. Quint. 9,2,11):

»Welche deutsche Frau wollte es übers Herz bringen, sich einem solchen Appell zu entziehen! (Goebbels, 18. 2. 1943; die Druckfassung zeigt hinter dieser Gedankenfigur gleich das zutreffende Satzzeichen).

- Fragen, die der Redner an sich selbst richtet (s. Quint. 9,2,11): ›Aber was rede ich denn?‹ Diese Art der Frage berührt bereits die apostrophe (s. u.).

b) Frage und Antwort (subiectio) Die subiectio ist ein parteiisches, fingiertes Frage und Antwort-Spiel, in dem der Redner vorgebliche, selbst gestellte Fragen und Einwände auch selber beantwortet. Die Vorwegnahme der Frage (s. auch prolepsis) und ihre parteiische Beantwortung sind jedoch nicht die einzigen Aspekte der subiectio: sie dient auch zur Belebung des monologischen Redeablaufs.

»Subiection ist, wenn wir die Gegener fragen oder selbst wissen wollen, was von ihnen, oder was gegen uns angeführt werden könne, und darauf Das erwiedern, was zu sagen ist, oder nicht, oder was für uns förderlich, für Jene dagegen nachtheilig seyn würde« (Her. 4,23).

– Der Redner richtet die Frage an sich selbst:
»Vor wem denn aber rede ich also? Doch wohl vor dem welcher, obwohl er dieß wußte, dennoch mich ehe er noch mich gesehen hatte dem Staate wieder geschenkt hat« (Cicero). »Es wird Jemand sagen: das also ist deine Erziehung?« (Quint.).

– Die Frage ist an den Dialogpartner bzw. Redegegner gerichtet:

»Fehlt dir ein Haus? Du hattest ja eines. – Hattest du Geld im Überfluß? Du warst ja arm« (Cicero).

Trägt allein die Umformung einer Aussagefolge in ein Frage-und-Antwort-Spiel bereits suggestive Züge, so wird die Suggestion in der parteiisch gewählten und amplifizierten Beantwortungsweise erst recht deutlich:

Ob ich einen Menschen getötet habe? – Ja, einen Straßenräuber (nach Quint.).

Im folgenden Beispiel wird die parteiische Steigerung der Antwort durch ihre Wiederholung vorgenommen:

»Wer hat die Bündnisse oft gebrochen? Die Carthager. Wer hat einen grausamen Krieg in Italien geführt? Die Carthager. Wer hat Italien verunstaltet? Die Carthager« (Her. 4,144).

In ihrer umfassendsten Bedeutung liegt die Gedankenfigur der subiectio der persuasiven Rede überhaupt zu Grunde: Jede Rede, die von einer Fragestellung (im Sinne eines Konfliktes zwischen zwei Parteien) ausgeht, durchläuft in ihrem Aufbau und ihrer Entwicklung eine Folge von Begründungsformen (status), die auf das Frage und Antwort-Spiel zurückgeführt werden können, aus dem sie sich ergeben.

c) Die Antizipation (anticipatio oder prolepsis) besteht darin, daß dem Gedankengang der Gegenpartei oder dem eigenen Gedankengang vorgegriffen wird. Der Vorgriff oder die Vorwegnahme kann grundsätzlich in allen Redeteilen angewendet werden, findet sich jedoch besonders ausgeprägt im exordium: Dort dient die Antizipation dazu, den späteren Verlauf der eigenen Darlegung im voraus gegen mögliche Einwände abzusichern.

Die prolepsis kann in mehrere Unterarten aufgeteilt werden. Quintilian unterscheidet im einzelnen:

- **die praemunitio** (s. Quint. 9,2,17); sie ist die Verwahrung im voraus gegen irgend mögliche Vorwürfe. Beispiele finden sich in der Literatur in allen Vorworten oder Vorreden:
  »Aller Anfang ist schwer, gilt in jeder Wissenschaft. Das Verständnis des ersten Kapitels, namentlich des Abschnitts, der die Analyse der Ware enthält, wird daher die meiste Schwierigkeit machen« (Marx).
- **Das Eingeständnis (confessio).** Der Redner oder Autor gibt im voraus einem möglichen Einwand statt und entspricht damit insbesondere der captatio benevolentiae:
  »Je mehr wir aber in die Aufgabe eindrangen, desto deutlicher wurden wir des Mißverhältnisses zwischen ihr und unseren Kräften gewahr. [...] Wir unterschätzten die Schwierigkeit der Darstellung, weil wir zu sehr noch dem gegenwärtigen Bewußtsein vertrauten [...]. Die Fragmente, die wir hier vereinigt haben, zeigen jedoch, daß wir dieses Bewußtsein aufgeben mußten« (M. Horkheimer und Th. W. Adorno, Dialektik der Aufklärung).
- **Die Vorbereitung (praeparatio)** ist die häufigste Art der prolepsis. Sie besteht im vorbereitenden und absichernden Vorgriff auf problematische oder besonders stark amplifizierende Stellen der Rede unter Berücksichtigung der Zuhörer beziehungsweise der Gedankengänge der Redegegner; ihr Ziel ist, mehr oder minder verhüllt eine Formulierung und Gedankengänge vorzubereiten, die schockierend oder unglaubwürdig erscheinen würden, sofern der Zuhörer unvorbereitet mit ihnen konfrontiert würde. – Ausführlicher wird die praeparatio von Quintilian im Zusammenhang mit der narratio probabilis, der glaubwürdigen und wahrscheinlichen, beweiskräftigen Erzählung, erläutert (s. Quint. 4,2,54): Dort spricht er treffend vom ›Einstreuen von Samenkörnern der Beweisführung‹ (semina spagere; Quint. 4,2,54) in die der Beweisführung vorausgehende narratio. So kann beispielsweise die Beweisführung in einem Giftmordprozeß durch folgende Darstellung in der Erzählung vorbereitet und erleichtert werden:
  »Er trank gesund, plötzlich sank er zusammen,
  alsbald zeigten sich gelbe Flecken und Anschwellung« (Quintilian).

Am deutlichsten ausgeprägt ist der Vorgriff auf die Beweisführung im exordium, das im Hinblick auf die Rede als Ganzes als eine einzige Praeparation aufgefaßt werden kann: sie ist der Angelpunkt der Einleitungstheorie in der europäischen Literatur.

d) **Der scheinbare Zweifel (dubitatio),** der den bescheidenen, hilflosen, unsicheren und gerade dadurch glaubwürdigen Redner erscheinen läßt.

»Einiges Ansehen der Wahrheitsliebe verschafft auch der Zweifel, wenn wir uns anstellen als wissen wir nicht, wo wir anfangen, wo aufhören, was wir vornehmlich und ob wir überhaupt reden sollen« (Quint. 9,2,19). Unter die Gedankenfiguren gehört die dubitatio nach Quintilian jedoch nur, wenn sie sich auf die Gedanken (res) bezieht: Ist der Zweifel auf die Worte bezogen, so ist die dubitatio in die Wortfiguren einzureihen (s. Quint. 9,3,88).

Es erscheint nicht überzeugend, hier zwischen Gedanken- und Wortfigur zu unterscheiden, da in beiden Fällen die dubitatio nur scheinbar ist, also in der Gedankenführung gründet. Allerdings steht die auctoritas dieser Auffassung entgegen: auch Cicero zählt die dubitatio sowohl unter die Gedankenfiguren, als auch unter die Wortfiguren – leider ohne jede Erläuterung (s. Cic. de or. 3,53,203 und 3,53,207).

e) Die Gedankenmitteilung (communicatio)

Diese Figur ist mit der dubitatio verwandt: Während die dubitatio jedoch den Anschein der Unwissenheit oder Unschlüssigkeit erweckt, um gegenüber den Zuhörern Wahrheitsliebe und Glaubwürdigkeit herauszustellen, besteht die communicatio in der vorgetäuschten Unsicherheit, aus der heraus das Publikum scheinbar um Rat gefragt wird: Der Redner wendet sich an die Zuhörer, um den Eindruck zu erwecken, er richte sich nach deren Urteil.

»Euch frage ich, was hätte denn geschehen sollen?« (Quint. 9,2,21).

f) Das Hinhalten der Zuhörer (sustentatio)

Die Fortführung der Rede (beispielsweise nach einer communicatio) wird hinausgezögert. Die sustentatio spielt mit der Erwartungshaltung der Zuhörer.

Bei Quintilian wird die sustentatio zwar nur als Pause, als Abwarten angesprochen, sie kann jedoch auch der Gedankenführung innerhalb der Gesamtrede als wichtiges Mittel zur Spannungserzeugung zu Grunde liegen.

g) Die Anheimstellung (permissio)

Diese Gedankenfigur läßt offen, wie sich der Gesprächspartner verhalten soll: Der Redner ist dabei überzeugt, daß sich letztlich die von ihm vertretene Auffassung als richtig erweisen wird:

»Ungeachtet die Vorstellungsart meines Freundes F*** nicht immer die meinige ist, so habe ich dennoch an seinen Worten nichts ändern wollen, aus denen der Leser die Wahrheit mit wenig Mühe herausfinden wird« (Schiller, Geisterseher).

h) Der Ausruf (exclamatio) Die exclamatio gehört nur dann unter die Gedankenfiguren, wenn sie beim Publikum den Affekt erregenden Schein einer echten Stimmung des Redners bezweckt; der spontane, echte Ausruf in der Erregung kann nicht zu den Figuren gerechnet werden. (In der freien Rede wird bei einem guten Redner allerdings schwer zwischen der Figur des Ausrufs und einem spontanen Affekt zu unterscheiden sein.) In Her. 4,15 wird die exclamatio fest mit der apostrophe verbunden.

i) Die freimütige Rede (licentia)

Die licentia ist nur dann eine Gedankenfigur, wenn sich der Redner die Freiheit zu offener Rede herausnimmt, obwohl er diese Freiheit nach den Forderungen des äußeren aptum eigentlich nicht hat: Der Redner vertraut darauf, daß das Publikum provozierende Gedankengänge und Formulierungen hinnimmt, und daß es ihm darüber hinaus seine brüskierende Offenheit und Direktheit wohlwollend zugute hält. Wird die licentia richtig angewendet, »so werden die Zuhörer vor einem Fehltritt bewahrt, und der Sprechende wird für einen Freund von ihnen in der Wahrheit gehalten« (Her. 4,37). Die licentia ist daher mit List verbunden, häufig auch mit Schmeichelei und versteckter Ironie.

»Ists jetzt Zeit zu Saufgelagen? / Zu Bankett und Feiertagen? / Quid hic statis otiosi? / Was steht ihr und legt die Hände in Schoß? / Die Kriegsfuri ist an der Donau los, / Das Bollwerk des Bayerlands ist gefallen, / Regenspurg ist in des Feindes Krallen / ...« (Schiller, Kapuzinerpredigt. Wallensteins Lager).

k) Das Evozieren von Personen (fictio personae, prosopopöie) ist die Einführung gegenwärtiger oder nicht gegenwärtiger, erfundener oder wirklicher Personen oder die Einführung personifizierter Gegenstände oder Begriffe durch Äußerungen und Reden oder durch Handlungen. Die Rede oder Handlung kann wahr oder erdichtet sein – auf jeden Fall muß sie charakteristisch und damit in der Vorstellung wahrscheinlich sein. – Die Gedankenfigur der fictio personae beruht auf der Einbildungskraft (phantasia oder den visiones), die dem Redner nicht wirklich vorhandene oder gegenwärtige Personen oder Dinge so lebhaft vor Augen treten läßt, daß sie in der Rede als wirkliche und anwesende Personen sprechend bzw. handelnd dargestellt werden können. Da diese Darstellung hochgradig evidente Eindrücke beim Publikum herstellt, ist die fictio personae eine in besonderem Maße Affekte erregende Gedankenfigur und erinnert an magische Praktiken.

Meist wird streng zwischen der Prosopopöie und der sermocinatio (Gespräch) unterschieden; zur Zeit Quintilians jedoch scheint der Begriff der Prosopopöie eine Bedeutungserweiterung erfahren zu haben: »Manche nun wollen erst das Prosopopöie nennen wenn wir sowohl die Personen als deren Worte erdichten. Nachgebildete Gespräche wirklicher Menschen wollen sie lieber Dialoge nennen, was einige lateinische Schriftsteller mit sermocinatio (Gespräch) bezeichnet haben« (Quint. 9,2,31). Diese Unterscheidung zwischen Prosopopöie und sermocinatio nimmt zum Beispiel die Rhetorik an Herennius vor (s. Her. 4,52 und 4,53); Quintilian jedoch umfaßt im Begriff der fictio personae beides (s. Quint. 9,2,32), sowohl die Erdichtung von Reden oder das Gespräch wirklicher Personen, und begründet dies mit dem herrschend gewordenen Sprachgebrauch.

Der Anwendungsbereich der fictio personae:

– Äußerungen anwesender Personen.

»Wir ziehen hierdurch die Gedanken der Gegner an's Licht, die aber nur so glaublich erscheinen, wenn wir jene Solches reden lassen was von ihrer Denkweise nicht abweicht. Auch eigene Gespräche mit Andern und die Anderer unter sich rücken wir mit dem Scheine der Wahrheit ein, und Rathertheilung, Vorwürfe, Klagen, Lobsprüche, Bezeugung des Mitleids weisen wir geeigneten Personen zu« (Quint. 9,2,30).

– Äußerungen abwesender Personen.
– Äußerungen von nicht wirklichen Personen, etwa Äußerungen von Göttern oder von Toten (s. Quint. 9,2,31). (Die in der europäischen Literatur so beliebten Totengespräche!)
– Äußerungen unbestimmter Personen (s. 9,2,37):

»Es ärgert uns nicht einmal, wenn unsere Feinde im Ausland behaupten, die Maßnahmen, die wir jetzt zur Totalisierung des Krieges durchführten, kämen denen des Bolschewismus gleich [Heiterkeit]. Scheinheilig erklären sie, [...] (Goebbels, 18. 2. 43).

Die fictio personae muß keineswegs die indirekte Rede anwenden, sie wird es jedoch meist, da sie bei direkter Rede zwar bedeutend eindringlicher aber zugleich gewagter wird und größere Anforderungen an den Redner stellt.

Als besondere Form der fictio personae besonders in der actio, der Realisierung der Rede, kann die Vermischung von Prosopopöie und Ellipse angeführt werden (s. Quint. 9,2,37): die überlegend oder redend eingeführte Person ist dann nicht benannt:

»›Ich werde es schaffen‹, dachte der Junge, als er allein war, und er sah die Mutter vor sich, die jetzt zu Hause strickend am Herd saß, hin und wieder die Hände in den Schoß sinken ließ und ein Stoßgebet ausatmete zu einem der Heiligen hin, die sie verehrte: Judas Thaddäus – oder war für ihn, den Bauernjungen, der in die Stadt aufs Gymnasium sollte, Don Bosco zuständig!« (Heinrich Böll, Daniel der Gerechte).

Die fictio personae erstreckt sich auch auf unpersönliche Gegenstände und Bereiche. »Auch Städte und Völker bekommen Sprache« (Quint. 9,2,31). Ebenso können Begriffe wie das Leben, das Gerücht, der Tod, die Tugend als handelnde und sprechende Wesen erdichtet werden (s. Quint. 9,2,31 und 36).

»Wie jauchzten die Würste im spritzelnden Fett!
Die Krammetsvögel, die frommen
Gebratenen Englein mit Apfelmus,
Sie zwitscherten mir: »Willkommen!
Willkommen, Landsmann – zwitscherten sie – [...]«
(Heinrich Heine, Deutschland – Ein Wintermärchen).

»In diesem Augenblick geschah eine Stimme zu ihr aus den Lüften, die unzweifelhaft [...] nur die Stimme der Weltenmutter selbst sein konnte. Es war eine tiefe, und rauhe, mütterlich-resolute Stimme. »Willst du das wohl augenblicklich sein lassen, du dumme Ziege?« so ließ sie sich vernehmen, [...]« (Thomas Mann, Die vertauschten Köpfe).

Weitere Beispiele lassen sich unschwer in Fabeln, Märchen, aber auch in der Alltagssprache finden. Auf die weit verbreitete, meist gar nicht bewußte Anwendung der Prosopopöie weist Quintilian mit den Worten hin: »Bisweilen geht die Prosopopöie in die Form der Erzählung über.« Dazu führt er folgendes Beispiel an:

»Auch Städte, wie alles Andere, entstehen aus den kleinsten Anfängen; dann aber erwerben sich diejenigen, welche eigene Kraft und die Götter fördern, große Macht und hohen Namen« (Livius 1,9; Quint. 9,2,37).

Die oben behandelte personifizierende Metapher (die Beseeltes für Unbeseeltes setzt) und die Parodie (s. Quint. 9,2,35) müssen übrigens zur fictio personae gerechnet werden.

In der exercitatio, der Übung wird die fictio personae angewendet, indem sich der Schüler so stellt, als sei er Priamus oder Sulla oder irgendeine historische oder erfundene Person (Quint. 3,8,53).

l) Die Abwendung (apostrophe Quint. 9,2,38) ist das Wegwenden vom eigentlichen Publikum (dem Publikum der Gesamtrede) und die Zuwendung zu einem anderen, überraschend gewählten Spezial- oder Zweitpublikum. Als Zweitpublikum kommen jedoch nicht nur anwesende und wirkliche Personen (etwa die Person des Richters, des Angeklagten, des Redegegners; bestimmte Zuhörergruppen) in Frage: Die apostrophe kann gewissermaßen auch eine »fictio audientis« sein, da sich der Redner auch erfundenen Personen oder personifizierten Gegenständen zuwenden kann.
In der Rede wirkt die apostrophe pathetisch, weil sie den Anschein erweckt, der Redner könne aufgrund eines Affektes nicht mehr in der allgemeineren, normalen Beziehung zum Publikum sprechen und rede deshalb gezielt und direkt ein spezielles Publikum an.
In der sprachlichen Realisierung ist die apostrophe äußerst vielgestaltig: der Redner kann sich beispielsweise in einer sachlichen Rede unvermittelt vom Gesamtpublikum abwenden und einen der Zuhörer durch eine Frage direkt anreden, er kann in einem pathetischen Ausruf jemanden oder etwas anreden (der Anruf Gottes in der Predigt), er kann sich spontan einer besonderen Gruppe des normalen Publikums zuwenden (›Der geneigte Leser‹).

In der Literatur ist die direkte Anrede des Lesers an sich keine apostrophe; sie wird jedoch als apostrophe empfunden, weil es überraschend (nicht gewöhnlich, nicht normal) ist, wenn sich der Autor vom größeren, allgemeineren Publikum abzuwenden scheint, um den Lesenden persönlich anzusprechen. – Das folgende Beispiel verdeutlicht die scheinbar persönliche Anrede des Lesers und zugleich die aus der evidentia entstandene Anrede einer in der Erzählung vorkommenden Person. Zusammengenommen stellen diese apostrophischen Formen eine engere Verbindung zwischen Autor, Erzählgegenstand und Publikum her:

»Aber nein! Auf meine Ehre, das gutartige Meisterlein denkt ohnehin nicht daran; die Bauern hätten nur so gescheit sein sollen, daß sie dir schnakischen, lächelnden [...] Dinge ins [...] Herz hineingesehen hätten: was hätten sie da ertappt? Freude in deinen zwei Herzkammern, Freude in [...] usw. gutes Ding, das ich je länger, je lieber gewinne ... warum macht doch mir und vielleicht euch dieses schulmeisterlich vergnügte Herz soviel Freude? – Ach, es liegt vielmehr daran, daß wir selber sie nie so voll bekommen, [...]« (Jean Paul, Wutz).

Die apostrophe ist eigentlich ein Sonderfall der allgemeineren **aversio** (s. Quint. 9,2,39), die sowohl die Abwendung vom bisher angeredeten Zuhörerkreis als auch die Abwendung vom bisher behandelten Redegegenstand umfaßt.

Die Sach-aversio ist die Abwendung von der eigentlichen Fragestellung (s. Quint. 9,2,39) oder die Abwendung vom eigentlichen Redegegenstand. Vorgenommen werden kann sie in zwei Intensitätsgraden: Der geringere Grad besteht in der Hinwendung zur Redesituation (der Redner behandelt beispielsweise die Schwierigkeit der Fragestellung oder die Gewichtigkeit der Fragestellung), der stärkere Grad besteht in der Behandlung anderer Redegegenstände, die als Abschweifung, als schmückende, beispielhafte oder die evidentia verstärkende Ausweitung, in die Gesamtrede eingeschoben wird. – Die Darlegung (propositio) als Hinwendung zur technischen Anlage der Rede ist ebenfalls als Sachaversio aufzufassen.

m) Die Augenscheinlichkeit (evidentia, Quint. 9,2,40) besteht darin, daß »das Bild einer Sache in Worten so hingemalt wird, daß man sie selbst zu sehen, nicht blos Worte zu hören glaubt« (Quint. 9,2,40). Um ein solches »Sehen« über Worte realisieren zu können, muß zunächst der komplexe Redegegenstand in wirkliche oder erfundene (aber wahrscheinliche!) Einzelheiten zerlegt und aufgelöst werden in sinnliche Details, die zusammengenommen einen lebendigen Gesamteindruck von der Sache ergeben: Der Redner macht den Zuhörer durch konkretisierende Detaillierung quasi zum Augenzeugen. Ein Verfahren, das besonders in der narratio Anwendung findet:

»Seine Augen suchten einen Menschen – und ein Grauen erweckendes Scheusal kroch aus einem Winkel ihm entgegen, der mehr dem Lager eines wilden Tieres als dem Wohnort eines menschlichen Geschöpfes glich. Ein blaßes totenähnliches Gerippe, alle Farbe des Lebens aus einem Angesicht verschwunden, in welches Gram und Verzweiflung tiefe Furchen gerissen hatten, Bart und Nägel durch eine so lange Vernachlässigung bis zum Scheußlichen gewachsen [...]« (Schiller, Der Verbrecher aus verlorener Ehre).

Zusätzlich zum gedanklichen, durch die Vorstellungskraft des Redners ermöglichten Detaillierungsverfahren (das wesentlich zur inventio gerechnet werden muß) können zur Herstellung der evidentia an besonderen Mitteln eingesetzt werden: Die translatio temporum (Quint. 9,2,41) und die der translatio temporum entsprechende, terminologisch nicht fixierte Übertragung eines Geschehenswortes aus der lokalen Abwesenheit in die lokale Anwesenheit. Die translatio temporum, Versetzung von Zeiten, die konsequent aus dem gedanklichen Vergegenwärtigungsverfahren hervorgehende sprachliche Übertragung der vergangenen oder zukünftigen Geschehenszeit in die Gegenwart; sie kann unvermittelt vorgenommen werden, sie kann aber auch durch Hinweisformeln angekündigt werden, wie etwa: »Bildet euch ein ihr sehet.« Der entfernt liegende Geschehensort kann durch Anwesenheit ausdrückende Adverbien des Orts (etwa: hier, vor mir liegt, u. ä.) mit dem Ort der Rede identifiziert werden. Unter Umständen können diese Adverbien auch zur eigenständigen, vergegenwärtigenden Ortsbeschreibung (topographia; Quint. 9,2,44) exkursartig ausgeweitet sein. (Quint. 9,2,44; die topographia kann anscheinend jedoch nicht grundsätzlich zur evidentia gerechnet werden: Quintilian, der sich selbst zu dieser Frage nicht äußert, referiert lediglich, daß einige Theoretiker die Zuordnung der topographia zur evidentia vornehmen).

Die fictio personae ist als besonders pathetisches Kunstmittel zur Herstellung der evidentia anzusehen.

Die Einordnung der evidentia in den ornatus ist keineswegs selbstverständlich: Insofern durch die evidentia nämlich ein Sachverhalt nicht nur dargestellt, sondern auch glaubwürdig vor Augen geführt wird, kann sie bereits unter der perspicuitas begriffen werden (Quint. 4,2,63 f.); sie erscheint dann als Teiltugend der Deutlichkeit und somit als notwendige Voraussetzung für den ornatus. Eindeutig den Figuren zuzuordnen ist die evidentia erst, sobald sie über das Notwendige hinausgeht und in deutlicherer Nähe zur visio oder phantasia steht: Die evidentia muß deshalb hier als emotional amplifizierte perspicuitas verstanden werden (Quint. 8,3,61), – funktional sowohl für den ornatus als auch für die Glaubwürdigkeit: »Große Wirkung hat es [...] wenn man zum wahren Thatbestand noch ein glaubhaftes Bild der Sache hineinzuversetzen scheint« (Quint. 4,2,123); das glaubhafte Bild unterscheidet sich vom wahren dadurch, daß es zugleich die ratio und die Affekte anspricht). – Im Bereich des *pathetisch Erhabenen* wird die Vergegenwärtigung nicht als Figur eingeordnet, sondern als notwendige Fähigkeit des Redners zur gedanklichen Konzeption des Erhabenen (Pseudo-Longin 15,12; die gedankliche Konzeption ist die erste Quelle des Erhabenen: 8,1 und entspricht der inventio). Faßte man sie jedoch als Gedankenfigur, so wäre sie noch über die oben gegebene Bestimmung der evidentia als großartig-pathetische, dichterische Deutlichkeit einzustufen (Pseudo-Longin 15,2).

Der affekterregenden evidentia gewissermaßen entgegengesetzt sind die eher intellektuellen Figuren der **percursio** (Cic. de or. 3,53,202): des flüchtigen Hinwegeilens über einen Redegegenstand, und der **significatio** (Cic. de or. 3,53,202): der Andeutung, die in einem Wort mehr ausspricht, als eigentlich gesagt ist (Quint. 8,3,83 nennt die significatio »emphasis«).

n) Die Verstellung, Ironie (ironia). Der Redende weiß mehr als er sagt, bzw. sein Wissen weicht von seinen Äußerungen ab, aber so, daß der Zuhörer oder Leser diese Diskrepanz ahnt oder gar durchschaut. Als Gedankenfigur unterscheidet sich die Ironie von der entsprechenden Wortfigur durch ihren größeren Umfang an res (Gedanken) und verba (Worten). Meisterhaftes Beispiel ist der Prozeß um des Esels Schatten in Wielands »Abderiten«.

»[S]tehen dort Worte in Widerspruch mit Worten, hier der Sinn und manchmal die ganze Gestaltung der Sache (causae confirmatio] mit der Ausdrucksweise« (Quint. 9,2,46). – Ebenso wie eine Aneinanderreihung von Metaphern zur Gedankenfigur der Allegorie führt (die allegoria zählt Quintilian nicht eigenständig als Gedankenfigur auf: er behandelte sie bereits unter den Tropen), so kann die Gedankenfigur der Ironie aus fortgesetzten Tropen der Ironie bestehen.

Die Gedankenfigur der Ironie ist streng genommen ein Verstoß gegen die Tugend des bene dicendi, denn sie verbirgt die Wahrheit: Da der Redner sie jedoch einsetzt, um der von ihm vertretenen guten Sache (orator impliziert den Begriff des vir bonus!) zwischen den Extremen des maßregelnden Besserwissens und des Schweigens dienen zu können, ist sie legitimiert. Als Vorbild für die Kunst dieses ironischen Mittelweges wird Sokrates angesehen (Quint. 9,2,46).

Anhand der lateinischen termina dissimulatio und simulatio läßt sich die ironia weiter unterteilen: Die (ironische) **dissimulatio** besteht darin, daß man vorgibt, eine fremde Äußerung nicht zu verstehen (Quint. 6,3,85); man verheimlicht das eigene Wissen, stellt sich unwissend. In gewisser Hinsicht kann die dissimulatio daher eine passive Form der Ironie genannt werden, die durch ihren Aufforderungscharakter den Gesprächspartner verführt, sich durch seine weiteren Worte selbst bloßzustellen. – Die (ironische) **simulatio** dagegen ist die Vortäuschung einer bestimmten eigenen Meinung (Quint. 6,3,85) und muß eher als eine aktive Form der Ironie bezeichnet werden: Der Redner sucht den Gesprächspartner oder Redegegner zu entwaffnen, indem er vorgibt, mit dessen Meinung übereinzustimmen. Im Gegensatz zur dissimulatio ist die simulatio stärker auf Publikumswirksamkeit ausgerichtet, ist offenkundiger, schärfer und aggressiver. Beide Arten der Ironie zielen letztlich nicht nur auf den rhetorischen Sieg über den Gegner, sondern auch auf den psychologischen; der rhetorische Sieg wird allerdings nur in der simulatio direkt verfolgt.

Wichtig ist, daß die Ironie sowohl die Glaubwürdigkeit von Personen, als auch von Sachen erschüttern kann (Quint. 9,2,50). Ein besonderes figürliches Mittel hierzu ist die bewußt überzogene, ironische amplificatio (zuzuordnen der simulatio): Eine augenscheinliche Abscheulichkeit z. B. wird so übertrieben nachdrücklich und deutlich dargestellt, daß der Zuhörer sie schon nicht mehr für glaubwürdig hält (Quint. 9,2,53).

Hauptanwendungsbereiche der ironia sind die narratio und die Widerlegung des Gegners (refutatio) in der argumentatio. Im genus deliberativum tritt sie in der Form des Anheimstellens auf (permissio).

o) Der Redeabbruch (aposiopese, reticentia). Der Gedankengang wird, meist verbunden mit dem Verschweigen wichtiger Passagen, abrupt und affektbetont abgebrochen.

Der Abbruch des Gedankenganges kann begründet sein im wirklichen oder als wirklich gespielten Widerspruch zwischen der Affektlage des Redners und der Redesituation. Er erscheint dann als Rückbesinnung des Redners, als gerade noch rechtzeitige Korrektur eines Mißverhältnisses hinsichtlich des äußeren aptum.

»Wenn es mir nicht gelingt, den Grafen augenblicklich zu entfernen: so denk' ich – Doch, doch, ich glaube, er geht in diese Falle gewiß« (Lessing, Emilia Galotti).

Der Redeabbruch kann aber auch dem demonstativ zurückhaltenden, anständigen, moralischen Verhalten des Redners entspringen: Der Redner bricht die Äußerung dann mit Rücksicht auf das Publikum, dessen Gesittung oder seiner ethischen Werte ab. Eine vor allem für anstößige Wörter aus dem sexuellen Bereich noch immer sehr beliebte und wirkungsvolle Aussparungsfigur.

»Du wagst jetzt Dieses zu sagen, der Du neulich einem fremden Hause [...] ich wage es nicht zu sagen, um nicht, wenn ich Deiner Würdiges sage, etwas meiner Unwürdiges zu sagen« (Her. 4,30).

Der Redner überläßt es dem Publikum, das Angefangene zu ergänzen. Daß in den meisten Fällen der Redner geradezu berechnend darauf baut, daß das Publikum die Äußerung gemäß der Aussageabsicht zu verstehen vermag, ist allerdings eine Besonderheit, die der moralisch begründeten Aposiopese keineswegs grundsätzlich zukommt. Festzustellen ist jedenfalls, daß das hinsichtlich der Ergänzungsmöglichkeiten kalkulierte Verschweigen gerade das Verschwiegene für das Publikum hervorhebt. – Die Unterscheidung zwischen (insgeheim) berechneter und nicht berechneter Aposiopese korrespondiert mit der möglichen Unterscheidung zwischen dem Abbruch eines bereits teilweise geäußerten Gedankenganges und der völligen Verschweigung eines Gedankenganges. (Zu dieser Einteilungsmöglichkeit: Quint. 8,3,85; auch 9,3,85 ff.).

Die Aposiopese braucht syntaktisch nicht immer als interruptio (Satzabbruch) gestaltet zu werden. Eine sprachlich geglättete Form der Verschweigung verdeutlicht das folgende Beispiel:

»Nichts weiter; ihr habt den Mann selbst reden hören« (Quint. 9,2,57).

Die bloße Auslassung eines obszönen Wortes faßt Quintilian nicht als Gedankenfigur der Aposiopese, sondern als Wortfigur durch Auslassung auf.

Die Grenze zwischen einer Wortfigur durch Auslassung und der Gedankenfigur der Verschweigung wird durch die Evidenz und die Präzision der Entschlüsselungszeichen gezogen.

p) ethopoeia oder mimesis (Quint. 9,2,58; lateinisch sermocinatio: Quint. 9,2,31; Her. 4,52) ist die wahr scheinende Nachahmung oder Erdichtung von Handlungen, Reden oder Überlegungen wirklicher und am Redeort anwesender Personen. Im Gegensatz zur fictio personae ist sie ein schwächeres Mittel der Affekterregung (Quint. 9,2,58).

Als Gegenstände der Ethopoeie kommen in Frage: eigene Überlegungen und Selbstgespräche, Gespräche mit anderen Anwesenden und Gespräche anderer Personen untereinander (Quint. 9,2,30). Entsprechend den genannten Gegenständen kann sie realisiert werden als publikumsloser Monolog (Selbstgespräch), als Monolog von Zuhörern (nicht dialogische Darstellung eines Gespräches) oder als Dialog.

In der persuasiven Rede tritt die Ethopoeie meist in spöttischer Form auf, wenn es sich um die erdichtete oder nachgeahmte Darstellung anderer Personen handelt; stellt der Redner aber eigene frühere Sprachäußerungen oder Handlungen dar, so wird sie hauptsächlich als Mittel zur Bekräftigung der gegenwärtig vertretenen Auffassung eingesetzt (Quint. 9,2,58 f.).

Als sprachliche Normalform der sermocinatio wird in den Quellen die direkte Rede angesehen, die einen höheren Evidenzgrad als die indirekte Rede herzustellen vermag. In der Gegenwart wird bei öffentlichen Reden jedoch meist die indirekte Rede angewendet, – unter anderem, weil sie sich weniger offensichtlich als affektisches Kunstmittel zeigt. In der Literatur ist die Ethopoeie in direkter Rede das geläufigste Mittel zur Herstellung der evidentia.

q) Die Emphase, Nachdrücklichkeit (emphasis)

Die Gedankenfigur der emphasis besteht darin, daß »aus einem Ausspruch etwas darin Verstecktes zu Tage gefördert wird« (Quint. 9,2,64). Der Zuhörer soll etwas erraten oder verstehen, was nicht expressis verbis formuliert wurde, er soll einen tieferen Sinn der Worte erfassen (Quint. 8,3,83). – Dem Wesen nach ähnelt die Emphase der Ironie. Unterschieden werden können beide dadurch, daß das zu Erratende zum Ausgesprochenen bei der Emphase in synekdochischer oder metonymischer Beziehung steht, bei der Ironie in Gegensatzbeziehung. Gemeinsam ist der emphasis und der ironia die Nähe zur Zweideutigkeit (ambiguitas; Quint. 9,2,68). – In die Änderungskategorien kann die Emphase eingeordnet werden als Austausch eines umfassenderen Gedankens durch einen scheinbar weniger umfangreich formulierten. Von den verba aus betrachtet ist die Emphase eine Hinzufügung von Gedanken, von den res aus gesehen eine Auslassung von Worten. Zwei Arten der Emphase werden unterschieden:

- Es kann im sprachlichen Ausdruck einer Sache gedanklich mehr angedeutet sein als gesagt ist:
  »Menschen! – Menschen! falsche heuchlerische Krokodilbrut!« (Schiller, Räuber).
  Dabei wird durch Vermutung (coniectura) auf den inhaltlich umfassenden Gedanken geschlossen (Quint. 8,4,26). Unter Umständen können Tropen als zusätzliche Hinweiszeichen auf die emphasis verwendet werden.
- Bei der zweiten Art der Emphase wird die Formulierung des Gedankens völlig unterdrückt; dieser kann aber aus dem Kontext erschlossen werden.
  »Es gibt aber auch eine Unmenge von Fertigungen in der Kriegsindustrie, die *ohne* allzu starke körperliche Anstrengung geleistet werden können und für die sich eine Frau, *auch* wenn sie aus – bevorzugten Kreisen stammt, zur Verfügung stellen kann« (Goebbels, 18. 2. 43).
  Kennzeichen dieser Art der Emphase ist meist die nachdrückliche Hervorhebung von Worten, die den aufmerksamen Zuhörer vor dem oberflächlichen Hinwegeilen über die Formulierung warnt. Ebenso kann der Redeabbruch als Hinweiszeichen auf die emphasis eingesetzt werden (Quint. 9,2.71).

Für den Gebrauch der Emphase werden drei Gründe angegeben: »erstlich wenn es gefährlich ist etwas offen heraus zu sagen, zweitens wenn es sich nicht schickt; die dritte Art wird nur zur Verschönerung angewandt und verleiht der Rede schon vermöge der Neuheit und Abwechslung mehr Reiz als die geradeaus gehende Ausdrucksweise« (Quint. 9,2,66).

Bei zu häufiger Verwendung der Emphase droht die Gefahr, daß das Publikum regelrecht auf emphatische Anzeichen lauert; die Zuhörer beginnen dann dem Redner zu mißtrauen, weil sie überall emphatische Figuren vermuten. Hauptsächlich soll die Emphase deshalb einer Rede mit schwierigem Vertretbarkeitsgrad vorbehalten bleiben. Verdeckt angewendet ermöglicht sie dort die doppelzüngige Rede.

3.4.2.2. figurae verborum: Die Wortfiguren

Die Wortfiguren lassen sich nach Quintilian in zwei Gruppen einteilen. Die eine bildet sich durch Neuerungen von Sprachgrundsätzen, d. h. durch ein Abweichen von der normalerweise als richtig bezeichneten grammatischen Sprachnorm, die andere durch Figuren, die sich durch die Wortstellung auszeichnen und »nicht allein in der Form des Ausdrucks bestehen, sondern auch den Gedanken selbst Reize und Nachdruck leihen« (Quint. 9,3,28); die erste Gruppe läßt sich eher als grammatische, die zweite eher als rhetorische bezeichnen (s. Quint. 9,3,2).

Die erste Gruppe besteht aus Metaplasmen und Schemen. Sie unterscheidet sich von den Fehlern, also von den Verstößen gegen die Sprachrichtigkeit (latinitas), nur dadurch, daß ihre Figuren bewußt eingesetzt, gesucht werden und nicht unterlaufen (wie Fehler) (s. Quint. 9,3,2).

Die Anwendung der Figur der ersten Gruppe wird geschützt durch die Autorität der Person (auctoritas), die sie gebraucht; ferner durch ihr Alter (vetustas) – falls ein bedeutender Vorgänger sie bereits einmal benutzt hat – und durch den Sprachgebrauch (consuetudo) der Gebildeten (s. Quint. 9,3,3).

Ihr Nutzen besteht darin, daß »sie den Überdruß der alltäglichen und immer gleichförmig gebildeten Redeweise vermindert und uns gegen das Gemeine im Ausdruck sichert« (Quint. 9,3,3). Auch kann der Vorteil ihrer Verwendung in der treffenden Kürze des Ausdrucks bestehen (s. Quint. 9,3,12); ihr Gebrauch soll der Sache angemessen sein, sie soll sparsam angewendet werden und dadurch, daß sie entlegen und dem gewöhnlichen Sprachgebrauch fremd ist, durch den Reiz des Neuen, dem Zuhörer Genuß bereiten (s. Quint. 9,3,3–5).

Die Abweichungen von der grammatischen Regel, somit auch die Figuren, können vielfältig sein: das Geschlecht der Substantive kann ausgewechselt sein, Verben, die normalerweise aktivisch gebraucht werden, können passivisch verwendet werden (oder umgekehrt), der Infinitiv kann statt des Nomens gebraucht werden, die Zeiten können vertauscht werden etc.

»über die jetzt noch bei sämtlichen primitiven Völkern gang und gäbene Zauberei« (Bloch, Durch die Wüste; die attributive Verwendung von »gang und gäbe« ist zwar nicht in Übereinstimmung mit der grammatischen Norm, hier aber als sprachliche Figur anzusehen und gestattet).

Die Figuren dieser Art entstehen durch die vier Änderungskategorien, durch den **Austausch** (immutatio), die **Hinzufügung** (adiectio), die **Auslassung** (detractio) und die **Umstellung** (transmutatio) der gewöhnlichen Anordnung der Worte (s. Quint. 9,3,27).

Die Figuren, die mit der grammatischen Richtigkeit zusammenhängen, sind schwer zu trennen von den Tropen und den Gedankenfiguren. So liegt beispielsweise eine Veränderung der grammatischen Form des Verbes vor, wenn der Redner, statt von sich in der »1. Person, Singular« zu sprechen, sich als fremde Person einführt. Auch die Parenthese, die Unterbrechung der Rede und der Einschub eines anderen Gedankens, ist ein Eingriff in die syntaktische Struktur des Satzes, ebenfalls das Hyperbaton, das hier zu behandeln wäre, wenn man es »nicht als Tropus hat gelten lassen wollen« (Quint. 9,3,23); auch die Veränderung des Numerus (Singular für Plural oder umgekehrt), die als Synekdoche behandelt wurde, könnte hierher gerechnet werden.

Die andere Art der Wortfiguren, die sich durch die Wortstellung auszeichnet, soll hier zunächst in zwei Gruppen behandelt werden: die erste Gruppe stellt Figuren, die durch die Hinzufügung (per adiectionem) enstanden sind, dar, die zweite die, die durch Auslassung (per detractionem) entstanden sind.

Die durch die Hinzufügung (per adiectionem) gebildeten Wortfiguren entstehen durch die Wiederholung (conduplicatio) eines Wortes oder einer Wortgruppe.

»– Aber wehe, wehe, wehe! / Wenn ich« (Wilhelm Busch, Max und Moritz).

a) Gemination, Verdoppelung (geminatio): Doppelsetzung eines Wortes am Anfang, in der Mitte oder am Ende eines Satzes: (aa . . .), (. . . aa . . .) oder (. . . aa).

»Schaun! Schaun! Die Post zur Post!« (James Joyce, Finnegans Wake; übers. v. Arno Schmidt).

Das Ziel einer Wortwiederholung kann sein, das vorher Ausgesagte zu bekräftigen, etwa auch um zu klagen, es kann aber auch, mit Ironie verbunden, in der Bagatellisierung eines Gegenstandes oder Zusammenhangs liegen.

b) Anadiplose (anadiplosis): Das zuletzt gebrauchte Wort oder Wortpaar wird an den Anfang des neuen Satzes oder Bedeutungsabschnitts gestellt: (... a/a ...).

»Der Mensch macht die Religion, die Religion macht nicht den Menschen« (Karl Marx, Zur Kritik der Hegelschen Rechtsphilosophie).

c) **Klimax (gradatio):** Eine fortgesetzte Anadiplose, bei der eine stufenweise Steigerung stattfindet: (a ... b/b ... c/c ... d). Sie »trägt die Kunst mehr offen und als eine gesuchte an sich und muß daher seltener auftreten« (Quint. 9,3,54).

»Dem Africanus erwarb seine Thätigkeit Tugend, seine Tugend Ruhm, sein Ruhm Nebenbuhler« (Her. IV, 25).

d) **Anapher (anaphora):** Wiederholung eines Wortes oder einer Wortgruppe jeweils zu Anfang eines Satzes oder eines Gedankenabschnittes: (a... / a ...).

»Bewegte sich langsam und mühevoll – bewegte sich in so merkwürdiger Art« (Bret Harte, Gabriel Conroy; übers. v. O. Randolf).

e) **Ephipher (epiphora):** Am Ende eines Satzes oder Bedeutungsabschnittes wird dasselbe Wort oder Wortpaar gesetzt: (... a/ ... a).

»›s ist Besuch nur, der ohn' Grollen mahnt, daß Einlaß er begehr' – / nur ein später Gast, der friedlich mahnt, daß Einlaß er begehr‹« (E. A. Poe, Der Rabe; übers. v. Hans Wollschläger).

Zur Hervorhebung und Gegenüberstellung kann die *anaphora* oder *epiphora* dahingehend verändert werden, daß wechselweise zwei verschiedene Wörter wiederholt werden: (a .../b .../a .../b ...) oder (... a/ ... b/ ...a/ ...b).

f) **Epanalepse (epanalepsis; complexio):** Wiederholung des gleichen Wortes oder der gleichen Wortgruppe am Anfang und Ende eines Satzes.

»Zweiter Offizier? No Sir. Ich war nicht Zweiter Offizier« (B. Traven, Das Totenschiff).

g) **Epanode (epanodos):** das am Anfang gebrauchte Wort oder die am Anfang gebrauchte Wortverbindung kehrt am Ende wieder.

»Ihr seid müßig, müßig seid ihr« (Exod. 5,17).

h) **Regression (regressio):** Erläuternder Rückgriff auf den Satzanfang (a–b/a ... /b ...).

»Iphitus bleibt bei mir und Pelias, jener vom Alter / Schon schwerfällig, der Andre gelähmt von dem Schwert des Odysseus« (Vergil, Aeneis).

i) **Polyptoton:** Wiederholung eines Wortes mit Kasusveränderung. Diese

Veränderung kann Abwechslung bringen und damit dem taedium (Desinteresse) der Zuhörer entgegenwirken. Das Polyptoton kann in allen Formen der Wiederholung (anaphora, epiphora, complexio etc.) vorkommen.

»Und (wie gesagt) es wußte, seitdem es Negern gegeben, / Kein Neger besser als er, zumal mit den Damen, zu leben« (Ch. M. Wieland, Der neue Amadis).

k) Synonymie (synonymia): Wiederholung von klang- und bedeutungsähnlichen Worten.

»veni, vidi, vici« (Ausspruch Caesars, überl. v. Plutarch).

»Bisweilen haben, wie wir bei der Verdoppelung der Worte gesagt haben, die Anfangs- oder Schlußworte der Sätze, welche aus andern, aber nicht anderswohin zielenden Worten bestehen, miteinander gleichen Klang« (Quint. 9,3,45).

l) Asyndeton; Polysyndeton: Falls bedeutungsähnliche oder gleichbedeutende Wörter oder Sinnabschnitte angehäuft werden, kann dadurch die Eindringlichkeit verstärkt werden. Werden sie ohne Konjunktionen hintereinander aufgeführt, so wird von einem *Asyndeton* gesprochen, das Gegenteil hiervon, also die Häufung von Bindewörtern, wird als *Polysyndeton* bezeichnet.

Das *Asyndeton* kann, durch das Auslassen jeglicher Bindewörter, einhämmernd wirken.

»Nach kurzer Rast machte er sich wieder auf den Weg so gut er konnte: Taumelnd, schlürfend, gleitend, fallend, stehenbleibend [...]« (Bret Harte, Gabriel Conroy).

Das **Polysyndeton** dient ebenfalls zur Vereindringlichung.

»Da kamen bei Nacht, / Eh man's gedacht, / Die Männlein und schwärmten / Und klappten und lärmten / Und rupften / Und zupften / Und hüpften und trabten / Und putzten und schabten« (August Kopisch, Die Heinzelmännchen).

Beim Polysyndeton kann durchaus auch eine Häufung verschiedener Bindewörter vorliegen.

Weder das *Asyndeton* noch das *Polysyndeton* ist mit der Ähnlichkeit der gehäuften Wörter verbunden, sondern beide Figuren beziehen sich auch auf die Häufung von Ausdrücken verschiedener Bedeutung.

»Unterdessen wurde die Stadt Lissabon in Portugal durch ein Erdbeben zerstört, und der Siebenjährige Krieg ging vorüber, und Kaiser Franz der Erste starb, und der Jesuitenorden wurde aufgehoben und Polen geteilt, und die Kaiserin Maria Theresia starb, und der Struense wurde hingerichtet [...]« (Johann Peter Hebel, Unverhofftes Wiedersehen).

Die Figuren, die durch die Auslassung (per detractionem) gebildet werden, »erstreben hauptsächlich den Reiz der Kürze und Neuheit« (Quint. 9,3,58).

a) **Ellipse (elleipsis):** Auslassung; Figur, die entsteht, wenn ein Wort, das ausgelassen wird, hinreichend durch die übrigen Worte verständlich ist. Sie ist zu unterscheiden von der Aposiopese; bei der Ellipse ist ein bestimmtes Wort ausgelassen, das ergänzt werden kann, bei der Aposiopese bedarf das Ausgelassene längerer Erklärung.

»Vielleicht [geschieht es], daß er noch eintrifft.« (Der große Duden, Band 1; werden die hier eingeklammerten Worte »geschieht es« ausgelassen, so kann von einer Ellipse gesprochen werden.)

Das **Asyndeton** stellt eine weitere Figur dar, die durch Auslassung entsteht. Da es jedoch in Zusammenhang mit einer Häufung von Ausdrücken steht (bei der auf Konjunktionen verzichtet wird) ist es bereits oben behandelt worden.

b) **Zeugma:** Figur, bei der auf ein Verb mehrere Gedankenabschnitte bezogen werden, »von welchen jeder dieses erfordern würde, wenn er allein stände« (Quint. 9,3,62). Das Verb kann dabei am Satzanfang, am Satzende oder in der Satzmitte stehen.

»ich bin kein weiser Mann und außerdem ein Sterblicher« (Laurence Sterne, Das Leben und die Meinungen des Tristan Shandy).

»Die nicht gerade um einer Auslassung willen angewandte Verbindung nennt man **synoikeiosis,** welche zwei entgegengesetzte Dinge zusammenfassen soll« (Quint. 9,3,64).

»Der Fall selbst hebt sehr alltäglich oder auch allnächtlich an« (Ernst Bloch, Spuren).

Davon verschieden ist die **distinctio (paradiastolé; Nebeneinanderstellung),** bei der Ähnliches unterschieden wird.

»Da du dich statt verschmitzt weise, statt keck tapfer, statt knickerig haushälterisch nennst« (Quint. 9,3,65).

»Die dritte Art von Figuren begreift diejenigen in sich, welche entweder durch Ähnlichkeit des Wortklangs oder durch ähnliche oder entgegengesetzte Worte Gehör und Geist auf sich ziehen.« (Quint. 9,3,66).

a) **Paronomasie (paronomasia, annominatio):** Wortklang. Figur, die auf dem Gleichklang oder auf der Gleichheit des Klangbildes von Wörtern beruht. Es gibt verschiedene Formen der Paronomasie; ihr Sinn besteht darin, ein bereits gebrauchtes Wort oder ein im Klangbild nahezu gleiches (bspw. eine Flexionsform des Wortes) aufzugreifen und es – in parteiischer Absicht – in gesteigerter Bedeutung zu wiederholen.

Die Paronomasie erregt die Aufmerksamkeit der Zuhöhrer, die sie veranlaßt, den Bedeutungswandel, den das Wort mitgemacht hat, nachzuvollziehen.

»Die eigne Mutter, die ich früh verloren, / war nur die Mutter meiner selbst; doch [...]« (E. A. Poe, An meine Mutter« übers. v. H. Wollschläger).

»Der paronomasie ist es entgegengesetzt, wenn etwas durch dasselbe Wort als fälschlich so bezeichnet hingestellt wird: ›Dieses Gesetz schien Leuten ohne amtliche Stellung kein Gesetz zu sein‹« (Quint. 9,3,67). Hiermit verwandt ist die Figur mit dem Namen **reflexio oder antanaclasis (das Überspringen)**, die dasselbe Wort noch einmal wiederholt, jedoch in entgegengesetzter Bedeutung.

»Als Proculejus über seinen Sohn klagte, daß dieser auf seinen Tod warte, und dieser gesagt hatte, er warte nicht darauf, sagte jener: ›Nein, warte du nur darauf‹« (Quint. 9,3,68).

Die **traductio (Überführung)** ist die Übertragung einer bestimmten Bedeutung eines Wortes auf ein anderes.

»Warum nenne ich nicht, Furia, Furie dich?« (Quint. 9,3,70).

»Mehr Freiheit verräth es, wenn dabei die Eigenthümlichkeit eines Begriffs scharf unterschieden wird« (Quint. 9,3,71).

»er nicht aus der Stadt herausgejagt, sondern in die Stadt hineingejagt zu sein scheine« (Quint. 9,3,71).

Die Wortfiguren, die in der Wiederholung eines Wortes mit gleichem Klang, aber verändertem Wortinhalt bestehen, sollen nicht gesucht erscheinen, sondern – damit sie wirkungsvoll eingesetzt werden können – es muß scheinen, als ergäben sie sich aus der Sache selbst.

b) Die nun folgenden Wortfiguren ergeben sich aus der **Ähnlichkeit der Wörter.**

– Beim **parison (Anklingendem)** wird für »ein Wort, ein anderes, nicht gerade unähnliches« (Quint. 9,3,75) gesucht, das gleich lang ist und in den Schlußsilben gleich klingt.

»Eile mit Weile!« (Sprichwort; der Gleichklang soll hier die Einprägsamkeit erhöhen.)

– Beim **homoioteleuton** wird eine Endungsgleichheit zweier oder mehrerer aufeinanderfolgender Sätze oder Bedeutungsabschnitte gefordert. Diese Gleichheit besteht zumeist in den Schlußsilben.

»Ging auch manch Jahr und manche Zeit / Und Sturmeswehn und wilder Streit.« (Lord Byron, die Belagerung von Korinth; übers. v. A. Böttger; eine rhythmische Übereinstimmung in den Gedankenabschnitten ist jedoch beim homoioteleuton nicht notwendig.)

– Als **homoioptoton** wird die Figur bezeichnet, die den gleichen Kasus als Endung fordert und deshalb nicht immer eine ähnlich klingende Endung eines Wortes fordert. Man »trifft es nicht blos am Schluße der Satzglieder, sondern auch Anfang, Mitte oder Ende können sich entsprechen; oft auch findet ein Wechsel statt, so daß die Mitte dem Anfang, das Ende der Mitte angepaßt wird, und diese Anpassung ist eine beliebige« (Quint. 9,3,78).

»Es sieht aus, als hätte Gott die Bauern und Handwerker am fünften Tage und die Fürsten und Vornehmen am sechsten gemacht« (Georg Büchner, Der hessische Landbote).

– Das **isokolon** wird durch gleichgestaltete Satzbilder angezeigt.

»Ihre Güter zu plündern? Ihre Häuser in Brand zu stecken?« (Cicero, Rede für Sestius; die Verwendung der Anapher ist hier mit dem isokolon verknüpft).

– Unter **trikolon** wird die Verbindung dreier gleichgestalteter Satzbilder oder Bedeutungsabschnitte verstanden.

»Philosophie wird Gewissen des Morgen, Parteilichkeit für die Zukunft, Wissen der Hoffnung haben« (Ernst Bloch, Das Prinzip Hoffnung).

– Das **antitheton (contentio, Gegenüberstellung)** entsteht durch die Entgegenstellung zweier entgegengesetzter Worte oder Wortpaare. Ihre Aufgabe besteht in der besonderen Betonung des Gegensätzlichen und in der Unterscheidung.

»Die Philosophen haben die Welt nur verschieden *interpretiert,* es kömmt darauf an, sie zu *verändern*« (Karl Marx, 11. These über Feuerbach).

– Eine Form der Antithese ist die **antimetabole (Veränderung ins Gegenteil).** »Mit Hülfe der Figur, bei welcher die Worte in ihrer Flexionsform wiederholt werden, entsteht das, was man (Veränderung ins Gegentheil) nennt« (Quint. 9,3,84).

»Nicht um zu essen lebe ich, sondern um zu leben esse ich« (Quint. 9,3,84).

3.4.3. amplificatio: Die Vergrößerung oder Steigerung

Die amplificatio (s. Quint. 8,4,3) ist die Vergrößerung oder Erhöhung der für die eigene Partei nützlichen Redegegenstände; Ihr entgegengesetzt ist die minutio (s. Quint. 8,4,28), die Verringerung oder Abschwächung einer Sache. Da der amplificatio und der minutio die gleichen Mittel und Verfahren zu Grunde liegen, brauchen sie für die minutio nicht eigenständig behandelt zu werden: sie ergeben sich entsprechend aus der Darstellung der amplificatio, »Denn ebensoviele Stufen führen hinan als hinab« (Quint. 8,4,28). Das Verfahren der amplificatio besteht darin, daß der Redner die Vorteile oder Nachteile einer Sache in einer mehr als realen Deutlichkeit parteiisch herausarbeitet. Unter diesem Gesichtspunkt läßt sich die Verbindung zwischen der amplificatio und der perspicuitas erhellen: Die Funktion der amplificatio ist die in affektischer Dimension gesteigerte perspicuitas. Die Richtung, in der die Darstellung gesteigert wird, ist dabei völlig offen: Die amplificatio kann sowohl auf das Erhabene, als auch auf das Niedrige zielen, auf das Ernste ebenso wie auf das Lächerliche oder Komische – sie kann unter Anwendung der Tropen und Figuren jeden Skalar des Affekts bezwecken.

Die Verbindung von Affekterregung und Parteilichkeit ist der wichtigste Aspekt der amplifikatio. Bei dieser grundsätzlichen Aussage muß jedoch hinsichtlich der epideiktischen Rede eine Einschränkung getroffen werden: Da nicht alles, was als Gegenstand der Rede in Frage kommt, eine Beweisführung erfordert, gibt es auch amplificationes von res und verba, die von der Parteilichkeit nur indirekt abhängig sind. Solche Redegegenstände sind nach allgemeiner Übereinstimmung von vornherein als gut (lobenswert) oder schimpflich (tadelnswert) anerkannt; so zum Beispiel Götter und Helden. Die amplificatio wird hier nach Übereinstimmung der Theoretiker allein des ornatus wegen vorgenommen und zielt auf ästhetisches Erleben. Wollte man jedoch Celsus folgen, so gibt es keinen Redegegenstand, der nicht in irgendeiner Weise in Frage gestellt ist: Die getroffene Einschränkung würde sich dann erübrigen, da nach ihm jede Rede auf eine Frage zurückgeht und somit argumentativ, persuasiv und parteiisch sein muß. Gegen die Auffassung des Celsus wird angeführt, daß die Beweisführung der epideiktischen Rede, sofern überhaupt eine auftritt, nur scheinbar ist. (Zu dieser Diskussion s. Quint. 3,5,3 und 3,7,1–6.)

Im weitesten Sinne muß die amplificatio als das elementate Verfahren der Redekunst (auch der Kunst überhaupt) aufgefaßt werden, da eine objektive Behandlung des Gegebenen unmöglich ist: Stets geht die Behandlung von parteilichem Interesse aus und das Gegebene wird gemäß diesem Interesse zugespitzt aufgefaßt und dargestellt. Die amplificatio kann daher sowohl in die inventio als auch in die elocutio eingeordnet werden; sie betrifft die res als Gegenstände des ersten Theorieteils der Rhetorik ebenso wie die verba, die Gegenstand des dritten Theorieteils sind. In der pronuntiatio und actio zeigt sich die amplificatio darin, daß Stimme und Gestik eingesetzt werden, um die Aussage der Worte zu unterstreichen.

Amplifikatorische Züge werden in der inventio bereits darin deutlich, daß der Redner die Umstände, die mehr Vorteile als Nachteile bieten, gedanklich für die Rede aufarbeitet und entfaltet, die Sachen aber verwirft, die mehr ungünstige als günstige Seiten zeigen (s. Cic. de or. 2,24,102). Hierin nähert sich die amplificatio einer hyperbolischen Gedankenfigur. In der weiteren Bearbeitung werden dann die guten Seiten der Sache durch den Ausdruck ausgekleidet. Die elocutio stellt an Mitteln hierzu die Tropen, Figuren und Sentenzen bereit: Bezüglich der verba wird der schlichtere, einfachere Ausdruck für die Sache durch den stärkeren, eindringlicheren, affektsicheren ersetzt. »Mein Verfahren aber beim Reden pflegt darin zu bestehen, daß ich die guten Seiten, die eine Sache hat, ergreife, ausschmücke und erhebe, hier verweile, hier wohne, hier mich festsetze, von den schlimmen und fehlerhaften Seiten der Sache hingegen mich zurückziehe, nicht jedoch so, daß meine Flucht in die Augen fällt, sondern daß dadurch, daß ich das Gute verschönere und vergrößere das Schlimmere gänzlich verdeckt und in den Schatten gestellt wird« (Cic. de or. 2,72,292).

3.4.3.1. genera amplificationes: Die Arten der Steigerung

Die Rhetorik unterscheidet vier Steigerungsmöglichkeiten: »Die Vergrößerung besteht nun hauptsächlich aus vier Arten, der Steigerung (incrementum), der Vergleichung (comparatio), Schlußfolgerung (enthymema), Häufung (congeries)« (Quint. 8,6,3).

a) **Steigerung (incrementum)** bedeutet die Vergrößerung einer Sache sowohl durch die in Stufen aufsteigende Setzung der res als auch durch die in Stufen aufsteigende Benennung der res; der Redner steigert also res und verba. Der zu amplifizierende Gegenstand wird dabei in den entsprechenden verba auf die oberste Stufe gesetzt. – Insgesamt kann das incrementum aus einer Abstufung oder aus mehreren bestehen.

– Das res und verba amplifizierende incrementum hat als Vorform eine einfachere Art, die lediglich aus sich steigernden Worten besteht. Diese Vorform kann der Erläuterung des incrementum, das beim Redner die Kenntnis des ›Stufenwertes‹ der Gegenstände und der Worte voraussetzt, vorangestellt werden und berührt sich mit dem Tropus der hyperbole.

»Die Gemeinden lassen für ihre Lehrstühle lauter solche pädagogische Steiße aus, die schon auf Weber-, Schneider-, Schusterschemeln seßhaft waren [...]« (Jean Paul, Wutz).

– Das eigentliche incrementum steigert durch eine Folge von sich überbietenden Gedanken.

»Es ist ein Frevel, einen römischen Bürger zu fesseln, ein Verbrechen ihn zu peitschen, fast Vatermord in zu tödten;« (Cicero gegen Verres; Quint. 8,4,4).

Die Fortführung dieses Beispiels zeigt, daß auch die höchste Stufe des incrementum noch gesteigert werden kann durch die supra summum adiectio (s. Quint. 8,4,6). Eine ihrer Arten besteht in der Überbietung durch eine res, die mit Worten nicht mehr bezeichnet werden kann:

»ihn aber an's Kreuz zu schlagen, wie soll ich das nennen?« (Cic. gegen Verres; Quint. 8,4,4).

b) **Der Vergleich (comparatio)** steigert eine Sache, indem er sie auf einen anderen, größeren und höheren Gegenstand bezieht. Der historische, fiktive oder scheinbar ähnliche Vergleichsgegenstand kann hier als eine Art des Beispiels (exemplum) aufgefaßt werden; zu seiner Auffindung dienen die loci, die Fundorte.

»Der hochangesehene Mann, der Oberpriester P. Scipio, hat den Gracchus, der den Staat nur mäßig erschütterte, als Privatmann getödtet: und wir Consuln sollten den Catilina, der die ganze Welt mit Mord und Brand zu verwüsten sucht, ertragen?« (Cic. gegen Catilina).

c) **Die Steigerung durch rhetorische Schlußfolgerung (enthymema)** ergibt sich erst durch Gedankenschluß des Publikums: von einer expressis verbis amplifizierten Sache wird auf das mit dieser Sache logisch Verbundene geschlossen. Z. B. kann die Schönheit der Helena besonders hervorgehoben werden durch den Bericht, keine geringeren als die Weisen und Beisitzenden des Priamus, Greise also, hätten einen Völkerkrieg um den Besitz einer Frau: Helena gebilligt (s. Quint. 8,4,21).
Die Verbindung zwischen der amplifizierten Sache und dem durch Vernunftschluß indirekt amplifizierten Gegenstand kann unterschiedlicher Art sein: Speziell in der narratio kann danach eingeteilt werden, ob das eigentlich Amplifizierte dem indirekt Amplifizierten zeitlich vorausging oder nachfolgte (s. Quint. 8,4,17).

Quintilian scheint mir übrigens in der Behandlung der amplificatio durch Schlußfolgerung auf dem Wege zu sein, die semantischen Beziehungen in der Struktur einer Rede oder eines Textes zu erarbeiten. In diesem Bereich der Darstellung der antiken Rhetorik scheint die Wurzel der Burke'schen ›synecdoche als Methode der sprachlichen Objektivierung‹ zu liegen, die als Verfahren der Kritik entwickelt werden soll.

d) **die Häufung (congeries)** besteht aus einer Reihung mehrerer synonymer Worte und Sätze (s. Quint. 8,4,26): Sie ist eine Vervielfältigung der res (multiplicatio; Quint. 8,4,27) durch verba; die Amplifikation der res entsteht dabei durch die Wortmenge, die zur Bezeichung der res eingesetzt wird. (Lausberg, a.a.O., § 406, nennt sie treffend eine Breitenamplifizierung.)

»Es erschien der Thürhüter des Gefängnisses, der Henker des Prätor, der Tod und Schrecken der römischen Bundesgenossen und Bürger, der Lictor Sextius« (Quint. 8,4,27).

3.4.4. sententiae: Die Sentenzen

Die Sentenz ist ein kurz, faßlich, präzise und epatierend formulierter Sinnspruch. »Die antike Rhetorik hat eine differenzierte Lehre von den Sentenzen ausgebildet und sah die Bedeutung des ›Sinnspruchs‹ in seiner Funktion als Beweis und als Schmuck. Für Quintilian sind die Sentenzen den von öffentlichen Versammlungen beschlossenen Dekreten ähnlich, weshalb er sie sententiae, Urteile nannte (Quint. 8,5,3). Aristoteles definiert: »Ein Spruch ist eine Aussage, nicht freilich über etwas Einzelnes [...], sondern über Allgemeines« (Aristoteles, Rhet. 936). Diese Allgemeinheit der Aussage verleiht der Sentenz die Beweiskraft, sie ist eine »autoritätshaltige und auf viele konkrete Fälle verwendbare Weisheit« (Lausberg, 431), sie gibt für den Einzelfall den Maßstab der Beurteilung. Neben der vom Redner selbst vollzogenen Sentenzbildung empfiehlt Aristoteles daher die Verwendung der »vielgebrauchten und allgemein bekannten Sprüche« (Arist., Rhet. 96 a), der »Geflügelten Worte« und Sprichwörter also. Die allgemeine Kenntnis solcher Sprüche verbürgt ihre Wahrheit zusätzlich zu der ihnen qua Schlußfolgerung zukommenden. Dabei ist es zunächst gleichgültig, ob sie als Volksweisheit anonym entstanden oder von einem bestimmten bekannten Verfasser geprägt sind – in jedem Fall stellen die Sentenzen eine unentbehrliche Berufungsinstanz für den Redner dar und sind ihm bei seiner Beweisführung behilflich. Hinzu tritt die delectatio-Wirkung der Sentenzen, begründet in ihrer Kürze (brevitas-Ideal) wie in der Freude des Zuhörers darüber, daß »jemand in einem allgemeinen Satz die Ansicht trifft, die sie im besonderen bereits haben« (Arist., Rhet. 96b). Solches Wiedererkennen stimmt dem Redner gegenüber günstig; »Sprüche machen die Rede gesinnungstüchtig« (Arist., Rhet. 96 b), schließt daher Aristoteles. Der Redner erweckt Vertrauen, denn er spricht aus, was seine Zuhörer denken« (Ueding, Schillers Rhetorik, S. 182).

Die sententiae müssen nicht unbedingt an den genannten Merkmalen erkennbar sein. In der konkreten Anwendungssituation brauchen Sentenzen nämlich nicht in ihrer eigenständigen Form (sinnsprüchlichen Form) in das Redekontinuum eingefügt zu werden, sondern können kontextabhängig in res und verba mehr oder minder stark variiert werden, können also durch finite Elemente der Rede spezifiziert und zugleich verschleiert werden. Hierbei ist die Begründung für die Verschleierung in der Fordung nach Persuasionsnützlichkeit des Redeschmucks zu sehen.

Im folgenden wird die Einteilung der Sentenzen nach Quintilian skizziert und anhand von Beispielen verdeutlicht:

– **Die Sentenz als schmückendes enthymema:** Schmückend ist das Enthymem dann, wenn sein Inhalt und seine Aussage schon vorher in der Rede ausgeführt wurden.

»Die deren Ungestraftheit, Cäsar, deiner Milde Ehre macht, deren Reden sollten Dich zur Grausamkeit reizen?« (Quint. 8,5,10).

– **Die Sentenz als epiphonema:** als abchließender Ausruf nach einer narratio oder argumentatio.

»*Gemütlich* werden wir es uns wieder machen, wenn wir den Sieg in Händen haben. [...] *Jetzt* aber müssen wir die *Bequemlichkeit aufopfern,* um zum Siege zu *kommen*!« (Goebbels, 18. 2. 43).

- **Die Sentenz als Sinnspruch:** »Eine Art von Sentenzen heißt bei den Neueren Sinnspruch (noema); [...] sie haben damit das bezeichnen wollen, was man nicht sagt, aber verstanden wissen will« (Quint. 8,5,12).

»Jetzt bin ich wach, und Tag soll sein« (Schiller, Don Carlos).

- **Die Sentenz als Schlußsatz:** Im Sinne einer conclusio.

»Daher müßt ihr zuvor eure eigene That eingestehen, ehe ihr an Ligarius irgendwelche Schuld rüget« (Quint. 8,5,13).

- **Die überraschende Sentenz:** die aus einer gewissen Ratlosigkeit oder Verlegenheit hervorgeht und die vorausgegangene Rede durch ein verblüffendes Witzwort abschließt.

Quintilian führt an, jemand habe einen Mann gepanzert auf dem Forum spazieren gehen sehen. Zur Rede gestellt gestand der Mann, er tue das aus Furcht. Darauf fiel die Sentenz: »Wer hat dir erlaubt in solcher Weise Furcht zu haben?« (Quint. 8,5,15).

- **Die Sentenz, die ein Wortspiel oder eine Doppeldeutigkeit beinhaltet** (Quint. 8,5,16).
- **Schlußsätze, die aus einem anderen Sinnzusammenhang** entlehnt werden und dadurch eine semantische Erweiterung erfahren. Der besondere Reiz solcher Sentenzen ist die auf den übernommenen Satz konzentrierte Ähnlichkeit oder Unähnlichkeit der verschiedenen Kontexte. Im Falle der Unähnlichkeit wird die Sentenz komisch.
- **Die Sentenz, die durch bloße Verdoppelung entsteht** und meist mit dem Gegensatz verbunden ist.

»Der Elende, wenn er nicht reden konnte, konnte er nicht schweigen?« (Quint. 5,8,18).

- **Die Sentenz, die auf einem Vergleich beruht** und das Verständnis erleichtern soll.

»[...] Er schneidet nicht, um zu töten, sondern um das Leben des Patienten zu retten!« (Goebbels, 18. 2. 43, a.a.O., S. 188).

Als schlechte Sentenzen werden bezeichnet:
- Sentenzen, die sich auf ein einziges Wortspiel stützen (Quint. 8,5,20).
- Sentenzen, die aus zu weit hergeholten Metaphern bestehen (Quint. 8,5,20).
- Sentenzen, deren Zweideutigkeit sich auf eine fälschlich hergestellte Ähnlichkeit gründet (Quint. 8,5,20 f.).

- Sentenzen, die bei kritischer Prüfung fehlerhaft und lächerlich sind, auf den ersten Blick jedoch geistreich erscheinen.
- Sentenzen, die aus Übertreibung oder unbedeutenden Einzelheiten leben (Quint. 8,5,24; 8,5,14).

Allgemein wird als Fehler betrachtet, wenn Sentenzen angebracht werden, um das Publikum in Atempausen mit Beifall zu beschäftigen (Quint. 8,5,14) oder wenn Sentenzen zu häufig angewendet werden. Hier wie bei den Figuren gilt, daß jedes Element des Redeschmucks eine Ruhepause fordert, welche die Glanzlichter der Rede voneinander trennt (Cic. de or. 3,25,97–3,26,102), damit sie sich nicht gegenseitig in den Schatten stellen. Gegen diese Forderung verstößt insbesondere die Redeweise, die nicht nur in vielen, sondern nahezu ausschließlich aus Sentenzen besteht (s. Quint. 8,5,31).

3.4.5. compositio: Die Wortfügung

Quintilian wendet sich gegen die Auffassungen, die der Wortfügung keinerlei Bedeutung zuschreiben und diese »verwerfen und behaupten, daß jene ungeschlachtete Redeweise, wie sie einem willkürlich entfließt, theils natürlicher, theils auch männlicher sei« (Quint. 9,4,3). Er fordert von der Kunst, daß sie die Natur nicht in ihrem »rohen«, ungeordneten Zustand belasse, sondern daß sie der Natur zur Entfaltung ihrer Möglichkeiten verhelfe. »Allein das ist am meisten natürlich, was die Natur im besten Zustand entstehen läßt« (Quint. 9,4,5). Quintilian fordert von der Wortfügung – wie von der gesamten Redekunst –, daß sie der Rede die »volle Kraft« verleihe, die ihr möglich ist. »Ist ja doch in demselben Maße als der Lauf der Flüsse heftiger ist bei abschüssigem und keine Hindernisse bietendem Bett, als wenn das Wasser an entgegenstehenden Felsmassen sich bricht und zurückprallt, auch die wohlgefügte Rede, welche mit voller Kraft einherfließt, besser als eine holperichte und abgerissene« (Quint. 9,4,7).

Die Kunst der Wortfügung ist von hoher Wichtigkeit, denn sie dient sowohl zur Unterhaltung, als auch zur Erregung der Leidenschaften (s. Quint. 9,4,11). Ähnlich wie die Musik versucht, durch bestimmte Klänge und Rhythmen Gefühle hervorzurufen, so versucht dies auch die Rede mit Hilfe der Wortfügungskunst. »Haben nun Rhythmus und Melodie eine geheime Kraft, so ist diese am stärksten in der Rede, und soviel darauf ankommt, mit welchen Worten derselbe Gedanke zu seinem Ausdruck kommt, ebensoviel durch was für eine Wortstellung dieselben Worte entweder in der fortlaufenden Rede sich miteinander verknüpfen oder am Ende zum Abschluß kommen« (Quint. 9,4,13).

Quintilian unterscheidet die gebundene und die ungebundene Rede. »Vor allem also ist die Rede entweder gebunden und eng geschlossen oder ungebunden, wie in Gesprächen und Briefen, wofern diese nicht etwas über ihrer Sphäre Liegendes behandeln, Gegenstände der Philosophie, Staatskunst und Ähnliches« (Quint. 9,4,19). **Die ungebundene Rede** ist nicht »so fest geschlossen, ein Wort zieht nicht so das andere nach sich, so daß sie also mehr nur losere als gar keine Bande haben« (Quint. 9,4,20). Die ungebundene Rede verzichtet also nicht vollkommen auf die Kunst der Wortfügung; sie ist jedoch nicht in dem Maße mit ihr verbunden, wie die gebundene Rede.

Die **ungebundene Rede** hat drei verschiedene Formen der Verbindung: **die Abschnitte (kommata), die Glieder (kola) und die Periode (periodos)**, »welche man als einen Umfang, einen erweiterten Kreis, eine fortlaufende Reihe, einen Abschluß von Worten bezeichnen kann« (Quint. 9,4,22). Weitere drei Momente sind für die Wortfügung erforderlich: **die Anordnung, die Verbindung und der Rhythmus (ordo, iuntura, numerus).**

Bei der **Anordnung** ist beispielsweise darauf zu achten, daß bei der Aufeinanderfolge von einzeln stehenden (also ohne Konjunktionen verbundenen) Wörtern (Asyndeta), das Stärkere jeweils nach dem Schwächeren folgt, damit die Rede nicht an Kraft abnimmt.

»Es gibt auch noch eine andere der Natur der Dinge entsprechende Ordnung, daß man lieber ›Männer und Frauen, Tag und Nacht, Sonnenaufgang und Untergang‹ als umgekehrt sagt« (Quint. 9,4,23).

Eine festgelegte natürliche Ordnung der Wortfolge, wie sie verschiedene Grammatiker gelehrt haben, die die Substantiva stets vor die Verben stellt, Verben vor Adverbien etc., erkennt Quintilian nicht an. Vielmehr muß die Anordnung der Wörter so eingerichtet sein, daß das Wichtigste betont wird. Deshalb stellt er fest: »Mit einem Zeitwort einen Satz zu schließen ist, wenn es die Wortfügung zuläßt, weitaus das Beste. Denn auf den Zeitwörtern beruht die Kraft der Rede« (Quint. 9,4,26). Jedoch sind die Verben nicht nach dem metrischen Gebrauch abgemessen; deshalb ist es notwendig, sie dem Rhythmus der Rede angepaßt einzusetzen.

»Die glücklichste Redeweise ist freilich die, bei welcher richtige Ordnung, passende Verbindung und ein damit geschickt harmonierender Rhythmus zusammentreffen« (Quint. 9,4,27).

Die **Wortverbindung** nun betrifft einzelne Wörter, Abschnitte, Glieder und Perioden.

Es ist darauf zu achten, daß bei der Verbindung der Endsilbe eines Wortes mit der Anfangssilbe des darauf folgenden kein »unanständiges Wort« entsteht (s. Quint. 9,4,33).

Weiter ist der **Zusammenstoß von Vokalen (hiatus; Hiat)** zu vermeiden, da er den Redefluß unterbricht. Bei dem Aufeinandertreffen von zwei langen Vokalen ist die entstehende Kluft in der Rede größer als beim Aufeinandertreffen von zwei kurzen.

Um einen Hiat, der sich nicht vermeiden läßt, zu überbrücken, bedient man sich der **Synaloephe, der Buchstabenverschmelzung.** Die beiden aneinanderstoßenden Vokale werden dabei zu einem Klang zusammengezogen. »Denn die mit einander verschmelzenden Buchstaben, welche Verschmelzung genannt werden, geben der Rede sogar mehr Leichtigkeit, als wenn alle Wörter ihren eigenen Ausgang haben« (Quint. 9,4,36).

In bestimmten Situationenen ist sogar das Auftreten des Hiat von Vorteil; er kann eine »nicht unangenehme Nachlässigkeit eines Menschen, der sich mehr um den Gedanken als um die Worte kümmert« (Cic. de or. XXIII, 77), bekunden.

Auch das Aufeinandertreffen bestimmter Konsonanten am Schluß eines Wortes und am Anfang eines neuen (bspw. Schluß-s und folgendes x) sollte verhindert werden; Quintilian spricht dabei von **»rauhen Konsonanten« (consonantes asperiores)** (s. Quint. 9,4,37).

»Auch muß man darauf sehen, daß nicht die letzten Sylben eines vorhergehenden Wortes die ersten des folgenden werden« (Quint. 9,4,41).

Zu vermeiden sind ebenfalls die Aufeinanderfolge von mehreren einsilbigen Wörtern, da dadurch der Redefluß unterbrochen werden kann, und die Aneinanderreihung von Wörtern mit gleichem Rhythmus und gleicher Deklinationsform, da sie Überdruß erzeugen kann, »wenn sie nicht der Reiz der Abwechslung unterstützt« (Quint. 9,4,43).

Bei Abschnitten und Gliedern ist sowohl – wie bei einzelnen Wörtern – auf die Art der Verbindungen bestimmter Wortausklänge und -anfänge zu achten als auch auf die Zusammenfügung, darauf also, was man zuerst und nachfolgend setzt.

»Der ganze Bau, die Abmessung und Verkettung der Worte beruht entweder auf dem Tact (darunter will ich den Rhythmus verstanden wissen) oder dem Metrum (metra), d. h. einem gewissen Maße« (Quint. 9,4,45).

Der Rhythmus beruht auf Zeitabständen, während bei den **Metren** auch die Anordnung eine Rolle spielt. Quintilian unterscheidet drei Rhythmen, den **daktylischen,** bei dem eine lange Silbe zwei kurzen gleich ist, den **päonischen,** bei dem eine lange Silbe drei kurzen gleich ist und den **iambischen,** bei dem eine kurze Silbe der langen gleichgesetzt wird. Für den Rhythmus ist es nun – im Gegensatz zu den Metren – gleich, ob beispielsweise im daktylischen Rhythmus die lange Silbe vor den kurzen gesetzt wird oder umgekehrt. Auch besitzt der Rhythmus im Gegensatz zu den Metren keine abgemessene Ausdehnung, so daß er bis zur **metabolé,** »d. h. bis zum Übergang in eine andere Art des Rhythmus« (Quint. 9,4,50), fortlaufen kann; ebenfalls läßt der Rhythmus eher Pausen zu, obwohl diese auch bei den Metren vorkommen. Das Metrum beruht schließlich nur auf den Worten, während sich der Rhythmus beim Vortrag der Rede auch in den Körperbewegungen äußern kann.

»Cicero weiß recht gut und erklärt es oft, daß es ihm um eine mit **numeri** versehene Sprache zu thun sei, wonach (!) die Wortfügung zwar nicht unrhythmisch, d. h. ungebildet und roh, sein soll, aber auch nicht eigentlich rhythmisch, was der Poesie eigen ist« (Quint. 9,4,56). Die durch Versfüße bewirkte Abrundung der Rede wird nun **rhetorischer Rhythmus** oder **rednerischer Numerus** genannt.

Besonders am Anfang und am Ende von Gedankenabschnitten ist auf den rhetorischen Rhythmus zu achten, denn gerade an diesen Stellen – vor und nach der eintretenden Pause zwischen den Gedankenabschnitten – ist die Aufmerksamkeit der Zuhörer am größten. In den mittleren Stücken sollte Langatmigkeit vermieden werden, jedoch auch die Aneinanderreihung von kurzen Wörtern, die die Rede abgehackt erscheinen lassen kann (s. Quint. 9,4,62–67).

In der Rede sollten nicht ganze Verse gebildet werden; schon ein Versteil, beispielsweise ein Versschluß am Satzschluß oder ein Versanfang am Satzanfang, sollte vermieden werden; jedoch kann ein Versschluß gut am Satzanfang oder ein Versanfang am Satzschluß stehen (Quint. 9,4,72–76).

»Weil ich aber gesagt habe, alle Rede bestehe aus Füßen, so werde auch hierüber Einiges gesagt« (Quint. 9,4,79). Quintilian bestreitet, daß ein Versfuß mehr als drei Silben haben kann; er unterteilt die, die sich auf zwei Silben beziehen in vier Arten, die, die sich auf drei Silben beziehen in acht Arten.

Als Versfüße, die sich auf zwei Silben beziehen, sind zu vermerken:
- Der **Spondeus,** der aus zwei Längen besteht (– –),
- Der **Pyrrhichius (Pariambus),** der aus zwei Kürzen besteht (◡ ◡),
- der **Choreus** (den andere Theoretiker auch Trochäus nennen), der aus einer Länge und eine Kürze besteht (– ◡),
- der **Jambus,** der sich aus einer Kürze und einer Länge zusammensetzt (◡ –).

Die Versfüße, die sich auf drei Silben beziehen, sind folgende:
- der **Dactylus,** der aus einer Länge und zwei Kürzen besteht (– ◡ ◡),
- der **Anapäst,** der im Silbenwert dem Dactylus gleich ist, aber umgekehrt abläuft (◡ ◡ –),
- der **Creticus (Amphimacrus),** bei dem zwei Längen eine Kürze einschließen (– ◡ –),
- der **Amphibrachus,** bei dem zwei Kürzen eine Länge einschließen (◡ – ◡)
- Der **Bacchius,** bei dem zwei Längen einer Kürze folgen (◡ – –),

- der **Palimbacchius**, bei dem zwei Längen einer Kürze vorausgehen (– – ◡),
- der **Tribrachys** (den die, die dem Choreus nicht den Namen Trochäus gegeben haben, nun Trochäus nennen), der aus drei Kürzen besteht (◡ ◡ ◡),
- Der **Molosser**, der aus drei Längen besteht (– – –).

Den **Päon**, der aus vier Silben besteht und somit nach Quintilian nicht zu den Verfüßen gerechnet werden kann, bezeichnet er als einen **Anapäst**, der um eine Kürze vermehrt ist, also (◡ ◡ –); dieses ist der paeon posterior, der paeon primus verläuft umgekehrt (– ◡ ◡).

Die Kürzen und Längen können unter sich differieren. Bei den Versen gibt es noch zeitneutrale Silben. »Weil nun aber der Natur der Sache nach ein Vocal, der allein steht, ebensogut kurz oder lang sein kann, als wenn ein oder mehrere Consonanten ihm vorangehen, so wird wenigstens bei der Abmessung der Füße eine kurze Silbe, selbst wenn eine andere kurze folgt, die aber vorn zwei Consonanten hat, lang, wie in folgendem Vers:

> Agrestem tenui musam meditaris avena (Sinnst du ein ländliches Lied zarthalmigem Rohr zu entlocken. Vergil, 1. Ekloge, 2).

A und gres sind kurz; aber doch macht letzteres die erstere Silbe lang. Folglich gibt letztere ersterer etwas von ihrem Zeitmaß. Dieß kann sie aber nur, soferne sie ein längeres Zeitmaß hat als eine ganz kurze Sylbe, was sie wäre, wenn die Consonanten wegfielen. So aber leiht sie eine Zeiteinheit der ersteren und erhält eine von der folgenden; so bekommen zwei von Natur kurze Sylben durch Position vier Zeiteinheiten« (Quint. 9,4,85–86).

Der Redner muß bei den Versfüßen sowohl darauf achten, daß der Beifall des Publikums gefunden wird (äußere aptum) als auch darauf, daß die Gegenstände angemessen dargestellt werden (innere aptum). Die Erzählung (narratio) beispielsweise verlangt häufig bescheideneres Auftreten und langsamere Versfüße, das Prooemium soll ebenfalls bescheiden wirken, kann im Fall der Anklage, wenn es eindringend und aggressiv wirken soll, auf kurzen Versfüßen aufbauen. »Scharfe und rasche Beweisführung wird auch diesem Charakter entsprechende Füße anwenden, nicht aber Trochäen (Tribrachen), welche zwar rasch aber kraftlos sind, sondern solche, die aus Längen und Kürzen gemischt sind, jedoch nicht mehr Längen als Kürzen haben« (Quint. 9,4,135).

Das der lateinischen Sprache angemessene Maß der rhythmischen Verbindung, die kurzen und langen Silben, wird in der deutschen Sprache im allgemeinen ersetzt durch das der betonten und unbetonten Silben. So daß bei einer Übertragung des antiken Maßes auf das deutsche die Längen jeweils als betonte, die Kürzen als unbetonte erscheinen.

Unter ähnlichen Aspekten vollzieht sich auch die Anordnung der **Satzglieder**, der **Satzabschnitte** und der **Perioden**; die Anwendung kurzer aufeinanderfolgender Perioden ist eindringlicher, als die Verwendung von langen Perioden, die aus mehreren Gliedern bestehen. Die *Satzabschnitte* stellen abgeschlossene Gedanken dar, die jedoch noch nicht durch einen vollständigen Rhythmus abgeschlossen sind, die Satzglieder Gedanken, die im Rhythmus abgeschlossen, aber vom Satzganzen abgerissen sind (s. Quint. 9,4,122–123). Die **Periode** schließlich besteht entweder aus einem oder aus mehreren Gedanken und enthält Glieder und Abschnitte. »Die Periode hat zum Mindesten zwei Glieder [...]. Ihr Wesen besteht darin, daß sie den Gedanken zum Abschluß bringe, sie soll deutlich sein um verstanden, nicht übermäßig lang, um im Gedächtnis behalten zu werden« (Quint. 9,4,125).

Zusammenfassend erklärt Quintilian über die Wortfügung: sie »soll anständig, angenehm abwechselnd sein. Ihre drei Erfordernisse sind Ordnung, Verbindung, Rhythmus. Sie wird gehandhabt mittelst der Hinzufügung, Wegnahme, Vertauschung [adiectio, detractio, mutatio] der Worte. Die Art und Weise ihrer Anwendung richtet sich nach der Natur der Gegenstände, welche wir abhandeln. Sie erfordert große Sorgfalt, so jedoch, daß die Sorge für Gedanken und Ausdruck vorgeht. Ganz besonders wichtig ist die Verleugnung der Mühe, welche sie kostet, damit der Rhythmus von selbst geflossen, nicht herbeigeholt und erzwungen zu sein scheint« (Quint. 9,4,146–147).

4. actio, pronuntiatio: Die körperliche Beredsamkeit

Pronuntiatio oder actio bedeutet im weitesten Sinne die Verwirklichung der Rede durch Reden und Gesten wie auch schließlich Handlungen.

»Als pronuntiatio [...] hat die Rhetorik eine Theorie der körperlichen Beredsamkeit ausgebildet, die den äußeren Vortrag nach der sprachlichen Realisierung der res durch die ihnen angemessenen verba samt Mimik, Gestik und Aktion berücksichtigt. Da gerade von der ›Aufführung‹ einer Rede deren Wirkung abhängt, hat die Rhetorik als die einer Praxis eng verbundenen Lehre den Mienen, Gebärden und Klängen großen Wichtigkeit beigemessen: »Der äußere Vortrag, sage ich, hat in der Beredsamkeit die größte Macht. Ohne ihn kann der größte Redner in keinen Betracht kommen, mit ihm ausgerüstet der mittelmäßige oft über den größten siegen« (Cic. de or. 3,56,213). Die einzelnen Anweisungen richten sich dabei genau nach dem Zweck der Rede: zu überzeugen und den dafür während ihres Vortrags zu erregenden Affekten. Von den emotionalen Wirkungen, die als ethos und pathos systematisiert sind, meint ethos das Überzeugen durch die Glaubwürdigkeit des Redners, durch die Verläßlichkeit seines Charakters, die seinem Parteistandpunkt Ansehen und Gewicht verleiht. Dockhorn kennzeichnet unter Berufung auf Aristoteles, Cicero und Quintilian die von der *Person* des Redners ausgehende Wirkung als eine »Emotion der Neigung und des Zutraulich-Zutunlichen«, »als Emotion des Wohlwollens, der Freundlichkeit, der Geneigtheit, auch offenbar der Gelassenheit« (Dockhorn, Macht und Wirkung der Rhetorik, S. 53). Die menschlich-personhafte Glaubwürdigkeit des Redners und damit auch die der von ihm vertretenen Sache hängt weitgehend davon ab, wie sich in seinen Gesten, Gebärden, in dem Mienenspiel seines Gesichts und der Haltung seines Körpers, dem Klang der Stimme und im Ausdruck seiner Augen sein Charakter vorstellt. Dies Vorstellen heißt nicht Vorgeben, ausdrücklich weist auch Cicero darauf hin, daß der Redner als »Darsteller des wirklichen Lebens« nichts mit den Schauspielern als »Nachahmern des wirklichen Lebens« (Cic. de or. 3,56,214) zu tun habe. Der äußere Vortrag hat damit die Aufgabe, die Wirklichkeit des selbstverständlich auch charakterlich ›guten‹ Redners darzustellen (der als vir bonus ja vorausgesetzt wird) und zu verhindern, daß diese Wirklichkeit hinter einem verfehlten Vortrag verschwindet.

Solche Bestimmungen erweitern die Redelehre schon expressis verbis zu einer Anweisung zum richtigen und wahren Leben, das sich gesellschaftlich verwirklichen soll, machen sie tauglich für ein Erbe, wie es beispielhaft Castiglione angetreten hat« (Ueding, Schillers Rhetorik, S. 55).

Die Redeaufführung besteht also aus verbalem Vortrag und – vor allem der Affekterregung dienenden – Handlungen, die aber auch, wie das Vorzeigen von Indizien, die Beweisführung empirisch stützen können.

Hierher gehören außer Gebärden und Körpersprache des Redners das Vorführen von Zeugen, Objekten, zeichnerischen Darstellungen (Moritatentafeln), theatralischen Requisiten schließlich auch der gesamte äußere Rahmen, sofern er vom Redner gestaltet oder mitgestaltet wurde und die Wirkung seiner Rede unterstützen soll; ein vor allem demagogisch vielbenutztes Mittel, das sogar die architektonische Gestaltung eines Platzes, den Schmuck des Podiums, Fahnen- und Plakatdemonstrationen miteinbezieht. Daß gerade solche meist zur heftigen Affekterregung des Publikums eingesetzte Mittel und Techniken vom Redner eine besondere Fähigkeit und Feinfühligkeit hinsichtlich der äußeren Bedingungen der Redesituation (äußeres aptum) erfordern, erinnert eindringlich Quintilian:

> »Besonders ist daran zu erinnern, daß nur ein Redner von höchster Kraft und Begabung sich daran wagen darf, zu Tränen zu rühren; denn wie diese Gefühlsregung bei weitem die heftigste ist, wenn sie ihre Kraft hat entfalten können, so wirkt sie, wenn sie nichts erreicht, so lau, daß ein schwacher Prozeßredner sie besser dem schweigenden Mitdenken der Richter überlassen hätte. Denn sowohl die Miene wie auch die Stimme und die ganze Erscheinung des aufgerufenen Angeklagten fordern meist gar die Menschen zum Spott heraus, wenn sie sie nicht haben rühren können. Deshalb möge der Prozeßredner seine Kräfte ermessen und sie sorgsam abschätzen und sich darüber im klaren sein, welche Last er auf sich laden will: diese Aufgabe kennt kein Mittleres, sondern entweder erzielt sie die Tränen oder – Gelächter« (Quint. 6,1,44 ff.).

5. memoria: Das Einprägen der Rede, Gedächtnis

Mit memoria wird in der Rhetorik das Stadium der Redebearbeitung benannt, in dem sich der Redner seine Gedanken und deren sprachliche Formulierung zusammen mit den während der Redeaufführung geplanten Aktionen einprägt.

»Wie gewinnreich aber, wie nützlich und wie wichtig das Gedächtnis für den Redner sei, wozu soll ich das erwähnen? Daß wir nämlich mittels seiner das behalten, was wir bei Annahme der Sache vernommen, was wir selbst ausgedacht haben, daß alle Gedanken in unserer Seele festhaften, daß der ganze Vortrag von Worten gehörig angeordnet ist, daß wir sowohl den, von dem wir uns belehren lassen, als auch den, dem wir antworten müssen, so anhören, daß sie die Reden nicht in unsere Ohren hineinzugießen, sondern in die Seele einzugraben scheinen. Nur die also, die ein starkes Gedächtnis haben, wissen, was, wieviel und wie sie reden müssen [...]« (Cic. de or. 2,87,355).

Im abendländischen Bildungssystem spielte die memoria bis in die Neuzeit eine wichtige Rolle beim Unterricht und galt vielfach als die Voraussetzung fürs Studium. Die Gedächniskunst zu üben, war wesentlicher Bestandteil des Unterrichts – als Auswendiglernen und Zitieren der auctores, der vor allem antiken Autoritäten, der Philosophen, Schriftsteller und Dichter.

»Wer sich um Gelehrsamkeit müht, muß zugleich mit einer guten *Fassungskraft* und mit einem guten *Gedächtnis* begabt sein. Beide hängen bei jeglichem Studium und bei aller Unterweisung so eng zusammen, daß eines niemanden zur Vollendung führen kann, wenn das andere fehlt [...]. Die Fassungskraft findet die Weisheit, und das Gedächtnis bewahrt sie« (Hugo von St. Viktor, Didascalion. Garin I, 194).

6. exercitatio: Die Übung

Das Einüben der Redepraxis, wie es vor allem in den Redeschulen ein fester Bestandteil des Unterrichts war und dann ein ebenso fester Bestandteil des europäischen Bildungssystems wurde, der erst in der Gegenwart Gefahr läuft, wirklich eliminiert zu werden.

Die Übung umfaßte Lese- **(lectio)**, Schreib- **(scribendo)** und Sprechübungen **(dicendo)**, wobei vor allem die Lektüre der geistigen Autoritäten Aristoteles, Cicero, Quintilian, der antiken Philosophen, Redner und Schriftsteller seit dem Mittelalter die europäische Kultur bestimmte. »Die Dichter, die großen Autoren, die zu uns sprechen und in vollkommener Weise ihre Menschlichkeit ausdrücken, helfen uns, unsere eigene Menschlichkeit zu finden, Freuden und Leiden, Schuld und Tugend zu entdecken und die Welt zu erfahren, menschliches Laster und menschlichen Wert« (Garin L, 31). Das gebildete Gespräch über die Jahrhunderte hinweg gehört zum Kern der humanistischen Bildung und erst spät wird der vorbildliche Lesekanon mit zeitgenössischen Schriftstellern erweitert: in der deutschen Literatur entscheidend erst im 18. Jahrhundert.

»Schüler (zu seinem Lehrer]: Du versprachst früher einmal, mir die Anfangsgründe weltlicher Gelehrsamkeit, angepasst meiner schwerfälligen Fassungskraft, beizubringen; dabei sollte ich mit gewissen kleineren Autoren beginnen und durch sie zu den größeren gelangen, und die Stufenfolge der niedrigen Autoren sollte mir beim Erlernen der höheren zustatten kommen« (Konrad von Hirsau, Dialog über die Autoren oder Didascalion. Garin I 145).

Anmerkungen

I. Die rhetorische Theorie in der Antike

1 Es ist hier nicht beabsichtigt, eine vollständige Geschichte der rhetorischen Theorie aufzuzeichnen; vielmehr sollen, unter dem Gesichtspunkt ihrer späteren Wirkungsgeschichte ausgewählt, bestimmte Aspekte der Rhetoriktheorien verschiedener Epochen diskutiert werden. Dabei soll vermieden werden, die Geschichte der Rhetorik als bloße Addition zeitlich versetzt entstandener Regeln zu einem normativen Regelsystem, das als festes Maß über »gute« oder »schlechte« Rede oder Literatur entscheidet, zu betrachten; vielmehr ist ein Ziel dieser Arbeit, die jeweilige Veränderung der rhetorischen Theorie durch verschiedene Autoren als historisch zu erfassen.

2 *Tacitus,* Publius Cornelius: Dialogus 37. In: *ders.,* Die historischen Versuche. Agricola-Germania-Dialogus. Übers. u. hrsg. v. Karl *Büchner,* Stuttgart 1955, S. 269.

3 *Cicero,* Marcus Tullius: Brutus XII, 45. In: *ders.,* Der Redner-Brutus. Übers. v. Julius Sommerbrodt und Wilhelm Binder, eingel. v. Marion *Müller,* München o. J.

4 Die Rhetorik ist in einem Staat entstanden, in dem die Tyrannenherrschaft abgeschafft worden war und größere Teile der Bevölkerung an Entscheidungen, die das Gemeinwesen betrafen, teilnahmen (s. u.). Der Topos, der Demokratie und Rhetorik als verknüpft begreift und in der Geschichte der Rhetorik häufig auftaucht, dürfte jedoch mehr das Selbstverständnis der deliberativen und iudicialen Rhetorik darstellen, als *die* Rhetorik betreffen. Es ist nicht möglich, von *der* Rhetorik zu sprechen und als Definition derselben eine bestimmte historische Form anzuführen. Auch unter Tyrannenherrschaft existiert Rhetorik, wenn auch in ganz andrer Form. So ist Rhetorik nicht aus dem historischen Prozeß auszuklammern; vielmehr stellt ihre besondere Ausprägung einen Teil des Prozesses dar, in dem sie verschiedene Formen eingeht. Erst die Untersuchung dieser Formen, ihrer Voraussetzungen und Konsequenzen kann ein Verständnis für rhetorische Probleme schaffen. Sicherlich ist jedoch festzustellen, das besonders die deliberative und iudiciale Rhetorik in Staatsformen ein stärkeres Gewicht bekamen, in denen es Einrichtungen gab, wo öffentlich über die Belange des Gemeinwesens entschieden wurde, da diese für sie ein Feld für die Praxis darstellten. (Die epideiktische Rede hatte dann oft weniger Bedeutung und diente zu rhetorischen Übungen, vorbereitend für die Volks- und Gerichtsrede.)

5 *Cicero:* XII, 46.

6 Ebd.

7 *Beck,* Ingo: Untersuchungen zur Theorie des Genos symbuleutikon. Phil. Diss. Hamburg 1970, S. 35.
8 *Tacitus:* Dialogus 40, a.a.O.
9 *Tarkiainen,* Tuttu: Die athenische Demokratie. München 1972, S. 124.
10 *Wülfing – v. Martitz,* Peter: Grundlagen und Anfänge der Rhetorik in der Antike. In: Euphorion, Zeitschr. f. Literaturgeschichte Bd. 63, Heidelberg 1969, S. 209 u. 210.
11 Vgl. *Platon:* Phaidros 266e ff. In: *ders.,* Sämtliche Werke. Übers. v. Friedrich Schleiermacher, mit der Stephanus-Numerierung. Hamburg 1957–59, Bd. IV.
12 *Buchheit,* Vinzenz: Untersuchungen zur Theorie des Genos Epideiktikon von Gorgias bis Aristoteles. München 1960, S. 39.
13 Ebd., S. 27 ff.
14 Gorgias fr. 16 (Palamedes). In: *Nestle,* Wilhelm: Die Vorsokratiker. Deutsch in Auswahl mit Einleitungen, Düsseldorf–Köln 1956, 4. Aufl., S. 192.
15 Gorgias fr. 15 (Aus der »Helena«). In: Ebd., S. 190.
16 *Cicero:* XII, 47.
17 *Buchheit:* S. 32.
18 Gorgias fr. 3: Auszug aus dem Bericht des Sextus Empiricus (Adv. math. VII. 65 ff.) über den Inhalt der Schrift »Über das Nichtseiende oder über die Natur«. In: *Nestle,* S. 186.
19 *Platon:* Gorgias 449a. In: Bd. I.
20 *Gomperz,* Heinrich: Sophistik und Rhetorik. Das Bildungsideal des εὖ λέγειν in seinem Verhältnis zur Philosophie des 5. Jahrhunderts. 1912 (Nachdr.: Darmstadt 1966), S. 30.
21 Ebd., S. 46.
22 *Nestle,* Wilhelm: Die Schrift des Gorgias »Über die Natur oder über das Nichtseiende«. In: *Hermes,* Zeitschr. f. class. Philol. 57. Bd., 1922 (Nachdr.: Nendeln-Liechtenstein 1967), S. 553/54.
23 Ebd., S. 561.
24 *Windelband,* Wilhelm: Lehrbuch der Geschichte der Philosophie. Hrsg. v. Heinz *Heimsoeth,* Tübingen 1967, 15. durchges. u. erg. Aufl. (1. Aufl.: 1891), S. 77.
25 *Windelband,* Wilhelm: Geschichte der alten Philosophie, München 1894, 2. Aufl., S. 74.
26 *Thiel,* Elisabeth: Der ethische Gehalt des Gorgias. Phil. Diss. Breslau 1911, S. 58.
27 *Nestle,* Wilhelm: Vom Mythos zum Logos. Stuttgart 1940, S. 331.
28 *Gigon,* Olof: Gorgias »Über das Nichtsein«. In: Hermes, Zeitschr. f. klass. Philologie 71. Bd., 1936 (Nachdruck: Nendeln-Liechtenstein 1967), S. 16.
29 *Nestle:* S. 309.
30 Gorgias fr. 3. In: *Nestle,* Vorsokratiker, S. 187.
31 Ebd., S. 187/88.
32 Parmenides fr. 3. In: *Diels,* Hermann: Die Fragmente der Vorsokratiker. Griech. u. dtsch., 6. verbess. Aufl. hrsg. v. W. *Kranz* (1. Aufl.: 1903) 3 Bde., Berlin-Grunewald 1951–52, Bd. I, S. 231.
33 Gorgias fr. In: Ebd., S. 188.
34 *Hegel,* Georg Wilhelm Friedrich: Vorlesungen über die Geschichte der Philosophie I, Werke Bd. 18, Frankfurt/M. 1971, S. 436.
35 *Gorgias:* S. 189.

36 *Nestle:* Über die Schrift, S. 557.
37 Gorgias fr. 26. In: *Diels,* Bd. II, S. 306.
38 Ebd., fr. 23, S. 305.
39 *Nestle:* Vorsokratiker, Einleitung, S. 36.
40 Melissos fr. 1. In: *Diels,* Bd. I, S. 268.
41 Protagoras fr. 1. In: *Diels,* Bd. II, S. 263.
42 *Nestle:* S. 62.
43 Alkidamas fr. 1. In: *Nestle,* S. 194.
44 Alkidamas fr. 4. In: Ebd., S. 194.
45 Prodikos fr. 6. In: *Diels,* Bd. II, S. 317.
46 Vgl. *Platon:* Gorgias 455d.
47 Gorgias fr. 15 (Helena). In: *Nestle,* S. 191.
48 *Platon:* Gorgias 460c.
49 *Hegel: S. 426.*
50 *Platon:* Kratylos 383a. In: Ders. Sämtliche Werke, Bd. II.
51 A.a.O. 386d–e.
52 *Derbolav,* Josef: Platons Sprachphilosophie im Kratylos und in den späteren Schriften. Impulse d. Forschung Bd. 10, Darmstadt 1972, S. 69 Anmerkung.
53 *Platon:* Kratylos 432b–d.
54 *Derbolav:* S. 99.
55 *Platon:* VII. Brief 342e–443a. In: Werke, Bd. I.
56 Ebd., 341c–d.
57 *Bloch,* Ernst: Subjekt–Objekt. Werke Bd. 8, Frankfurt/M. 1962, S. 478.
58 *Platon:* Menon 81e–82a. In: Werke, Bd. II.
59 *Platon:* Gorgias 463a–b.
60 *Platon:* Phaidros 272d–e.
61 Vgl. dazu ebd. 269d.
62 Ebd., 259e.
63 Ebd., 270e.
64 Ebd., 269d.
65 Vgl. ebd., 263e ff. u. 265e ff.
66 Es ist falsch, in diesem Entwurf einer platonischen Redekunst eine »Rhetorik der Wissenden« zu sehen, die der »Rhetorik der Nichtwissenden« (*Hellwig,* Antje: Untersuchungen zur Theorie der Rhetorik bei Platon und Aristoteles. Hypomnemata, Heft 38, Göttingen 1973, S. 75) gegenübergestellt wird. Diese Meinung fußt scheinbar auf dem alten Vorurteil, das mit der Sophistik den Begriff der Sophisterei verbindet. »Sophisterei ist ein übelberüchtigter Ausdruck, und zwar besonders durch den Gegensatz [sic!] gegen Sokrates und Platon sind die Sophisten in den schlimmen Ruf gekommen. Es bedeutet dies Wort gewöhnlich, daß willkürlicherweise durch falsche Gründe entweder irgendein Wahres widerlegt, schwankend gemacht oder etwas Falsches plausibel, wahrscheinlich gemacht wird. Diesen schlimmen Sinn haben wir auf die Seite zu stellen und zu vergessen« (*Hegel,* S. 408/409). Die sophistische Redekunst und der platonische Entwurf einer Rhetorik sind nur zu begreifen, wenn man sie in Zusammenhang mit der betreffenden Philosophie und der ihr verpflichteten Praxis sieht, denn aus dieser Gegensätzlichkeit bei den Sophisten und Platon ist auch ihre unterschiedliche Rhetorikkonzeption hervorgegangen.
67 *Platon:* Phaidros 273e.
68 Ebd., 274c.

69 Diese Konzeption von Rhetorik wird von Adam Müller aufgegriffen.

70 Im Gegensatz hierzu steht die sophistische Auffassung von der Aufgabe der Strafe. Sie sieht Strafe nicht, wie Platon, als reinigend im Sinne der Idee des Guten an, sondern fordert eine erziehende Wirkung für künftiges Handeln. »Wer aber mit Vernunft sich vornimmt, einen zu strafen, der bestraft nicht um des begangenen Unrechts willen, denn er kann ja doch das Geschehene nicht ungeschehen machen, sondern des zukünftigen [sic!] wegen, damit nicht ein andermal wieder, weder derselbe noch einer, der diesen bestraft gesehen hat, dasselbe Unrecht begehe« (*Platon:* Protagoras 324b. In: Werke, Bd. 1).

71 *Platon:* Gorgias 523a ff.

72 Ebd., 480c–d.

73 *Platon:* Phaidros 276d.

74 *Platon:* Menon 82e.

75 *Bloch,* Ernst: Tübinger Einleitung in die Philosophie 2, Frankfurt/M. 1969, 4. Aufl. (1. Aufl.: 1964), S. 142/143.

76 *Grassi,* Ernesto: Die Theorie des Schönen in der Antike. Köln 1962, S. 111.

77 *Platon:* Apologie 22b–c. In: Werke, Bd. I.

78 Vgl. *Platon:* Ion 534b–c. In: Werke, Bd. I.

79 Vgl. *Platon:* Politeia 598b. In: Werke, Bd. III.

80 *Platon:* Phaidros 249c–d.

81 Ebd., 250e.

82 Platon wendet sich wahrscheinlich gegen die Benutzung der Dichter als Quellen praktischer Weisheit; das Volk verwandelte die Verse der Dichter oft zu Merksprüchen für das praktische Leben (vgl. dazu *Verdinius,* Wilhelm Jacob: Platos doctrine of artistic imitation and its meaning to us. Leiden 1972, 3. Aufl., S. 6).

83 *Platon:* Ion 535c–e.

84 *Platon:* Politeia 387c.

85 *Aristoteles:* Poetik. Übers. u. hrsg. v. O. *Gigon,* Stuttgart 1961, 14. Kap.

86 *Schadewaldt,* Wolfgang: Furcht und Mitleid? In: Antike und Gegenwart. Über die Tragödie. München 1966, S. 31.

87 Ebd., S. 43.

88 *Groothoff,* Hans-Hermann: Untersuchungen über die philosophische Wesensbestimmung der Kunst bei Plato und Aristoteles und ihre Bedeutung für die neuzeitliche Poetik und Philosophie der Kunst. Phil. Diss. (masch.) Kiel 1951, S. 254.

89 *Aristoteles:* Kap. 6.

90 *Grassi:* S. 124.

91 *Aristoteles:* Die Nikomachische Ethik. Übers. u. hrsg. v. O. *Gigon,* München 1972, 1140b.

92 *Grassi:* S. 127.

93 *Aristoteles:* Poetik. Kap. 2.

94 Vgl. ebd., Kap. 4.

95 Die Verbindung der Menschen mit edlen oder gemeinen Handlungen führte im Mittelalter zu einer spezifischen Interpretation, die nicht die Handlung als das Offenbaren eines Möglichen in seinem Gelingen oder Scheitern – durch Personen bewirkt – begriff, sondern den Menschen gemäß ihres sozialen Status eine edle Handlung und Sprache, bzw. gemeine, in der Theorie der Dichtung und Rhetorik beilegte.

96 *Aristoteles:* Kap. 13.
97 *Aristoteles:* Rhetorik II, 8. Hrsg., übertr. u. erl. v. P. *Gohlke.* Paderborn 1959.
98 *Brecht,* Bertolt: Über eine nichtaristotelische Dramatik. In: Ges. Werke Bd. 15, Schriften zum Theater I, Frankfurt/M. 1967, S. 240.
99 *Szondi,* Peter: Poetik und Geschichtsphilosophie I. Frankfurt/M. 1974, S. 13.
100 *Aristoteles:* Poetik, Kap. 19.
101 Vgl. ebd., Kap. 22.
102 Ebd., Kap. 25.
103 Ebd., Kap. 24.
104 Ebd., Kap. 9.
105 *Aristoteles:* Rhetorik I, 2.
106 Ebd., I, 1.
107 Ich gehe hier nur soweit auf die aristotelische Philosophie ein, wie es mir zur Darstellung des Zusammenhangs mit der Rhetorik als notwendig erscheint.
108 *Aristoteles:* Metaphysik 987b, 5–9. Übers. u. hrsg. v. Franz F. *Schwarz,* Stuttgart 1970.
109 Ebd. 991b, 1–3.
110 *Bloch,* Ernst: Das Materialismusproblem, seine Geschichte und Substanz. Werke Bd. 7, Frankfurt/M. 1972, S. 144.
111 *Buchheit:* S. 114.
112 *Aristoteles:* Rhetorik I, 3.
113 Ebd.
114 Ebd. II, 18.
115 *Wikromanayake,* George Herbert: Das Verhältnis von Philosophie und Rhetorik bei Platon und Aristoteles. Phil. Diss. (masch.) Göttingen 1965, S. 115. Übersetzung von mir. Es heißt: »In ceremonal speeches the hearer is a spectator of the speakers ability.«
116 *Buchheit:* S. 125.
117 *Aristoteles:* I, 1.
118 Ebd. I, 5.
119 *Aristoteles:* Politik. Übers. u. hrsg. v. O. *Gigon,* München 1973, 1324a, 5–7.
120 *Aristoteles:* Rhetorik I, 5.
121 Ebd. I, 9.
122 *Aristoteles:* Topik. Hrsg. u. übers. v. E. *Rolfes,* Hamburg 1968, 100a–b (I, 1).
123 *Aristoteles:* Rhetorik I, 1.
124 Ebd. I, 3.
125 Ebd. I, 1.
126 Ebd.
127 Vgl. I, 1 u. I, 2.
128 I, 1.
129 II, 20.
130 Ebd. I, 1.
131 II, 1.
132 I, 2.
133 Vgl. dazu *Grimaldi,* William M. A.: Studies in the Philosophie of Aristotles' Rhetoric. In: Hermes, Zeitschr. f. d. klass. Philologie, Einzelschr., Heft 25, Wiesbaden 1972, S. 136. »and the source material both logical and

psychological which will enable the audience under the informed direction of the speaker (or writer) to attain the truth as best it can be reached on an open problem.«

134 *Aristoteles:* Sophistische Widerlegungen. Hrsg. u. übers. v. E. *Rolfes,* Hamburg 1968.

135 *Aristoteles:* Rhetorik I, 1.

136 Rhetorik an Alexander. In: *Aristoteles,* Die Lehrschriften. Hrsg., übertr. u. erläutert v. P. *Gohlke,* Paderborn 1959. Der Verfasser dieser Rhetorik ist unbekannt; oft wird Anaximenes vermutet. Es ist nun nicht meine Aufgabe, mich hier in den Philologenstreit um die Verfasserschaft einzumischen; es dürfte jedoch aus den darüber verfaßten Schriften klar hervorgehen, daß Aristoteles – wie es der Übersetzer Paul Gohlke annimmt – nicht der Verfasser ist. Die Rhetorik wurde mit den anderen Schriften des Aristoteles überliefert. Sie ist vor der Rhetorik des Aristoteles erschienen und ist eventuell nach dem Vorbild der Theodekteia verfaßt, einer anderen Lehrschrift, einer Sammlung von verschiedenen Teilen, die von der Rhetorik handeln; ein Teil wird Aristoteles zugeschrieben. Die Theodekteia, vermutet Barwick, ist teils von Theodektes, teils von Aristoteles geschrieben; sie ist jedoch nur durch Berichte antiker Autoren schemenhaft rekonstruierbar. Barwick betrachtet die Theodekteia als Lehrbuch für die rednerische Praxis. »Er [Theodektes] besaß genug philosophische Bildung, um das Berechtigte an dieser [philosophischen] Auffassung zu begreifen, mußte aber als Mann der Praxis auch erkennen, daß das abstrakte System des Philosophen für den Redner der Wirklichkeit allein nicht ausreichte: es bedurfte einer Ergänzung durch die vulgärrhetorische Theorie, die ganz auf die Bedürfnisse der Praxis zugeschnitten war. Wir können nun verstehen, wie bei Theodektes der Wunsch rege ward nach einem Lehrbuch, das beides, philosophische und vulgäre Rhetorik, in sich vereinigte. Die letztere schrieb Theodektes selbst, das konnte er besser als Aristoteles. Wir haben uns in ihr eine τέχνη [techne] vararistotelischen Stils zu denken, in der jedoch die Besonderheiten der Isokrateischen Theorie berücksichtigt waren.« *Barwick,* Karl: Die Gliederung der rhetorischen TEXNH und die Horazische Epistula ad Pisones. In: Hermes, Zeitschr. f. class. Philologie 57. Band, 1922 (Nachdr.: Nendeln Liechtenstein 1967), S. 25.

137 *Clarke,* Martin Lowther: Die Rhetorik bei den Römern. Göttingen 1968, S. 16.

138 Vgl. Ebd.

139 *Marx,* Karl: Der achtzehnte Brumaire des Louis Bonaparte. In: Marx-Engels-Werke Bd. 8, Berlin/DDR 1972, S. 115.

140 *Clarke:* S. 177.

141 *Schulte,* Hans Kurt: Orator, Untersuchungen über das ciceronianische Bildungsideal. Frankfurt/M. 1935, S. 42.

142 Vgl. dazu *Kroll,* Wilhelm, Cicero und die Rhetorik. In: Neue Jahrbücher für das klass. Altertum, Leipzig 1903, 10. Heft, S. 687 ff., auch *ders.:* Studien über Ciceros Schrift de Oratore. In: Rheinisches Museum für Philologie, 58. Bd., Frankfurt/M. 1903, S. 552 ff., auch *Barwick,* Karl: Probleme der stoischen Sprachlehre und Rhetorik. In: Abhandlungen der sächsischen Akademie der Wissenschaften zu Leipzig, Phil.-hist. Klasse, 49. Bd., Heft 3, Berlin/DDR 1957.

143 *Barwick:* a.a.O., S. 102.

144 Ebd., S. 93.

145 *Sueton:* Rhetorik 1, zit. nach *Clarke:* S. 23.

146 *Werner,* Julius: Zur Frage nach dem Verfasser der Herenniusrhetorik. In: Jahresbericht des k.k. Staatsgymnasiums in Bielitz f. d. Schulj. 1905/1906, Bielitz 1906, S. 17.

147 Rhetorik an Herennius. Uebers. v. Übers. v. Christian *Walz.* In: *Cicero,* Marcus Tullis: Werke Bd. 26. Römische Prosaiker in neuen Übersetzungen Bd. 160, Stuttgart 1842, I, 1.

148 Ebd. I, 2.

149 Ebd. III, 8.

150 Beispielsweise gehörte bei den Jesuiten die Rhetorik an Herennius zum Unterricht. »Da die Jesuiten nun durch die Beredsamkeit die große Masse gewinnen wollten, so konnte ihnen gerade eine Sprechweise nach dem Vorbilde des Autors Vorschub leisten.« *Mertz,* Georg: Über Stellung und Betrieb der Rhetorik in den Schulen der Jesuiten, mit besonderer Berücksichtigung der Abhängigkeit vom Auctor ad Herennium. Heidelberg 1898, S. 56.

151 *Barwick,* Karl: Das rednerische Bildungsideal Ciceros. In: Abhandlungen der sächsischen Akademie der Wissenschaften zu Leipzig, Phil.-hist. Klasse Bd. 54, Heft 3, Berlin/DDR 1963, S. 29.

152 *Cicero,* Marcus Tullius: Der Redner (orator). Übers. v. Julius *Sommerbrodt.* In: Der Redner. Brutus. München o. J., XIX, 64.

153 Ebd., XI, 37.

154 *Cicero:* Vom Redner (de oratore). Übers. u. hrsg. v. Raphael *Kühner,* München o. J., 3, XVI, 59–60.

154a *Cicero:* Über den Staat, 2. Übers. u. hrsg. v. Walther *Sontheimer,* Stuttgart 1971.

155 *Cicero:* Rede für Sestius. In: Reden. Übers. u. hrsg. v. Marion *Giebel,* München 1970, 91.

156 *Cicero:* Rhetorik oder Von der rhetorischen Erfindungskunst. [de inventione rhetorica] Übers. v. Wilhelm *Binder,* Stuttgart o. J., I, 2.

157 *Cicero:* Vom Redner 1, VIII, 33.

158 *Barwick:* S. 5.

159 *Cicero:* a.a.O. 1, XV, 68.

160 *Cicero:* Der Redner. XXI, 70–71.

161 *Cicero:* Vom Redner. 3, XXXI, 122.

162 Ebd. 2, II, 5. Ich gehe hier nicht auf alle Unterschiede zwischen »Von der rednerischen Erfindungskunst« und den späteren ciceronischen Schriften ein – bezeichnet Cicero seine späteren Werke doch selbst als »Gefeilteres und Vollendeteres« (Vom Redner 1, II, 5) –, sondern versuche die rhetorische Konzeption Ciceros als geschlossen darzustellen, wobei die späteren Werke besoners berücksicht werden.

163 Vgl. *Wilamowitz-Möllendorf,* Ulrich v.: Asianismus und Attizismus. In: Hermes, Zeitschr. f. class. Philologie, 35. Bd., 1900 (Nachdr.: Vaduz 1964), S. 18.

164 *Aristoteles:* Rhetorik I, 2.

165 *Cicero:* Ebd, 1, VI, 21.

166 *Cicero:* Der Redner XIV, 45.

167 A.a.O. XXXVI, 125. Im Buch »Vom Redner« erklärt Cicero, daß jeder besondere Fall in der Rede als allgemeiner dargestellt werden kann, später nimmt er davon die Streitfragen mit dem status coniecturalis aus. Vgl. *Barwick:* Rednerisches Bildungsideal. S. 60, auch *Cicero:* XXXVI, 126 u. *ders.:* Vom Redner 2, XXXI, 133 ff.

168 *Cicero:* Vom Redner 1, LI, 219–224.
169 *Cicero:* Der Redner III, 12.
170 *Cicero:* Vom Redner 3, XXVII, 107.
171 Ebd. 3, XXI, 80.
172 *Barwick:* Rednerisches Bildungsideal. S. 41.
173 *Barwick:* Die Gliederung der rhetorischen TEXNH. S. 45.
174 *Cicero:* 1, XXV, 113 u. 114.
175 Ebd. 1, XXIII, 109.
176 Ebd. 1, VI, 20.
177 Ebd. 3, VI, 24.
178 *Cicero:* Der Redner LXXI, 237.
179 Ebd. XXI, 69.
180 Ebd. XXIX, 100.
181 *Cicero:* Vom Redner 3, XL, 159–160.
182 Zur Herstellung der Überzeugung durch das Ethische und Pathetische siehe »Aristoteles-Kapitel« (S. 36). Cicero übernimmt die Theorie in großen Teilen.
183 *Grassi:* S. 160.
184 *Cicero:* 3, XLVI, 180.
185 Ebd. 3, XLV, 178.
186 *Cicero:* Der Redner II, 9.
187 *Grassi:* S. 159.
188 Vgl. dazu auch die Theorie des perfectus orator; auch hier wird ein nur zu denkendes Idealbild konstruiert, daß der Realität als Maß gelten soll.
189 *Grassi:* S. 160.
190 Vgl. *Cicero:* Der Redner LIII, 177–178.
191 Vgl. *Cicero:* Vom Redner 3, XXV, 98–100.
192 Ebd. 1, XVI, 70.
193 *Barwick:* Die Gliederung der rhetorischen TEXNH, a.a.O., S. 51/52.
194 *Grassi:* S. 168.
195 *Seneca:* Contr. I, 5 zit. nach *Clarke:* S. 120.
196 *Aristoteles:* Rhetorik II, 21.
197 Vgl. dazu *Clarke:* S. 125.
198 Vgl. dazu auch *Wilamowitz:* Quintilian sieht die asianische Redeweise seit altersher als schwülstig an. Siehe dazu *Quintilian,* Marcus Fabius: Ausbildung des Redners. Hrsg. u. übers. v. Helmut *Rahn,* 2. Bde. (Texte zur Forschung Bd. 2 u. 3) Darmstadt 1972 u. 1975, 12; 10; 16 u. 17. An dieser Stelle möchte ich mich bei der Wissenschaftlichen Buchgesellschaft und Herrn Jürgen Bauer bedanken, die mir freundlicherweise den zweiten Band der angeführten Ausgabe von Quintilian vor Erscheinen als Korrekturfahnen zur Verfügung stellten.
199 *Petronius Arbiter,* Titus: Satiricon. Lat. u. Dtsch. v. Carl *Hoffmann,* Tübingen 1948, c. 5.
200 Vgl. *Schönberger,* Karl Hermann Otto: Die Klagen über den Verfall der römischen Beredsamkeit im ersten Jahrhundert nach Christus. (Ein Beitrag zum Problem der Dekadenz.) Phil. Diss. Würzburg 1951, S. 32 u. 35.
201 *Tacitus:* Dialogus 32. In: a.a.O.
202 Ebd. 40.
203 Ebd. 41.
204 Ebd. 12.

205 *Brandt,* Reinhard: Einleitung zu Pseudo-Longinos: Vom Erhabenen. Griech. u. dtsch. Übers. u. hrsg v. R. *Brandt,* Darmstadt 1966, S. 12.
206 Pseudo-Longinos: 44, 1–4.
207 Ebd. 44, 10–11.
208 Ebd. 3, 4.
209 Ebd. 3, 4.
210 Vgl. *Mutschmann,* Hermann: Tendenz, Aufbau und Quellen der Schrift vom Erhabenen. Berlin 1913, S. 71 u. 108.
211 Pseudo-Longinos: 8, 1.
212 Ebd. 8, 1.
213 Ebd. 7, 4.
214 Ebd. 35, 2–3.
215 Ebd. 15, 8.
216 Ebd. 15, 8. Dazu im Gegensatz steht die (bildende) Kunst, die durch genaueste Ausführung Bewunderung erregt; deshalb stuft Longin sie als geringfügiger ein. »Bei Statuen sucht man die Ähnlichkeit mit dem Menschen, bei der Rede, wie gesagt, das Übermenschliche« 36, 3.
217 Ebd. 35, 4.
218 Ebd. 22, 1.
219 Ebd. 33, 5.
220 Ebd. 9, 2.
221 Ebd. 9, 7.
222 Ebd. 9, 9.
223 Ebd. 30, 1.
224 Ebd. 1, 3.
225 Ebd. 1, 4.
226 *Rahn,* Helmut: Vorwort zu Quintilian: 1. Bd., S. XI.
227 *Quintilian:* 1; Vorw.; 6.
228 *Rahn:* Nachwort zu Quintilian: 2. Bd., S. 810.
229 *Quintilian:* 1; 1; 4–5.
230 Ebd. 1; 2; 18.
231 Vgl. ebd. 1; 4; 1 ff.
232 Vgl. ebd. 2; 1; 1 ff.
233 Ebd. 12; 11; 3.
234 Ebd. 12; 1; 1.
235 Ebd. 1; Vorw.; 9.
236 Ebd. 12; 2; 1.
237 *Appel,* Benedikt: Das Bildungs- und Erziehungsideal Quintilians nach der Institutio oratoria. Phil. Diss. München 1913 (Donauwörth 1914), S. 16.
238 *Quintilian:* 12; 2; 7.
239 Ebd. 12; 3; 11.
240 Ebd. 1; 5; 11.
241 Ebd. 1; 6; 2.
242 Ebd. 1; Kap. 4–6.
243 Ebd. 1; 8; 7.
244 Ebd. 1; 10; 24.
245 Vgl. ebd. 1; 10; 22–27.
246 Vgl. ebd. 1; 10; 34–37.
247 Vgl. ebd. 1; 10; 46 u. 47.
248 Ebd. 1; 10; 1.
249 Vgl. dazu den methodischen Teil dieses Buches.
250 Vgl. *Quintilian:* 11; 3; 69 f.

251 Vgl. ebd. 11; 3; 82 f.
252 Vgl. ebd. 11; 3; 124 f.
253 Ebd. 11; 3; 137. Zweifellos steht auch Knigge mit seinen Verhaltensregeln »Über den Umgang mit Menschen« in rhetorischer Tradition.
254 Ebd. 11; 1; 9.
255 Ebd. 11; 3; 180.
256 Ebd. 11; 3; 177.
257 Vgl. ebd. 2; 15; 38.
258 Ebd 2; 17; 23.
259 Ebd. 8; Vorw.; 6.
260 Ebd. 2; 18; 5.
261 Vgl. ebd. 2; 20; 3.
262 Ebd. 1; Vorw.; 13.
263 Ebd. 12; 7; 12.
264 Vgl. ebd. 12; 1; 36 u. 2; 17; 19.
265 Ebd. 12; 1; 40.
266 Ebd. 12; 1; 38, vgl. dazu den Aufsatz von Immanuel *Kant* »Über ein vermeintliches Recht aus Menschenliebe zu lügen«, der die Frage im Sinne seiner Ethik genau gegensätzlich beantwortet.
267 Ebd. 12; 1; 39.
268 Ebd. 2; 17; 28 u. 29.
269 Ebd. 2; 17; 33.
270 Ebd. 2; 17; 32.
271 Ebd. 6; 2; 24.
272 Vgl. 2; 13; 7 u. 8.
273 *Schönberger:* S. 166.
274 *Quintilian:* 2; 10; 5.
275 Ebd. 2; 5; 11–12.
276 Ebd. 6; 5; 1.
277 Vgl. 2; 5; 23.
278 Ebd. 1; 1; 2.
279 Vgl. ebd. 1; Vorw.; 26 u. 12; 11; 10–14.
280 Vgl. zum Ursprung der Rhetorik aus der Natur und zur Brauchbarkeit für die Menschen ebd. 3; 2; 1.
281 *Appel:* S. 62.
282 *Quintilian:* 10; 2; 7.

II. Die Rhetorik im Mittelalter

1 *Burdach,* Konrad: Reformation, Renaissance, Humanismus – zwei Abhandlungen über die Grundlage moderner Bildung und Sprachkunst. Darmstadt 3/1963, S. 124.
2 Die Notwendigkeit der Beherrschung der 7 freien Künste (artes liberales) für den Humanisten, wird zum Beispiel bei Melanchthon in ›de artes liberalibus‹ ausdrücklich betont.
3 Als Beispiel sei die Bibelfassung des Hieronymus um 400 n. Ch. erwähnt.
4 Hermogenes: Hrsg. v. H. *Rabe,* 1913, pp 213–413. Diomedes: Vgl. *Curtius,* E. R.: Zur Literaturästhetik des Mittelalters III, in ZRPh 58, 1938, S. 444 ff. Vgl. auch *Halm, C.:* Rhetores latini minores, 1863, S. 125 f. Nach *Curtius,* Ernst Robert: Die Lehre von den drei Stilen in Altertum und

Mittelalter. In: Romanische Forschungen, 64. Band, 1+2 Heft, Frankfurt a. M., 1952, S. 63 f.

5 Vgl. *Augustinus:* de doctrina christiana, prolog 5/6 und 8, in der Übersetzung der Bibliothek der Kirchenväter Bd. 34.

6 Vgl. *Augustinus:* 4, 20, 42 ff.

7 *Hartmann* (Hrsg.): Monumenta Germaniae Historica Epistola II (MGH), Dokumente XI, 34, S. 303. »Pervenit ad nos, quod sine vericundia memorare non possumus, fraternitatem tuam grammaticam quibusdam exponere [...] In uno se ore cum Jovis laudibus Christi laudes non capiunt. Et quam grave nefandumque sit episcopis canere, quod ne laico religiose conveniat, ipse considera.«

8 MGH, epistularum tom. I, pars II, Nr. V, 53a, S. 355–358. »Quaeso autem, ut huius operis dicta percurrens in his verborum folia non requiras, quia per sacra eloquia ab eorum tractatoribus infructuosae loquacitatis levitas studiose compescitur, dum in templo Dei nemus plantari prohibetur. Et cuncti procul dubio scimus, quia, quotiens in folii male laetae, segetis culmi proficiunt, minori pletitudine spicarum grana turgescunt. Unde et ipsam loquendi artem, quam magisteria disciplinae exterioris insinunant, servare despexi. Nam sicut huius quoque epistolae tenor, enuntiat, non metacismi collisionem fugio, non barbarismi confusionem devito, situs modosque et praepositionum casus servare contemno, quia indignum vehementer existimo, ut verba caelestis oraculi restringam sub regulis Donati.«

9 Vgl. *Wallach,* Luitpold: Charlemagne's de litteris colendis and Alcuin. A Diplomatic and Historical Study. Speculum XXVI, 1951, S. 288–305.

10 Vgl. Disputatio de rhetorica et de virtutibus, mit Einleitung und Noten von W. S. *Howell,* Princeton 1941.

11 *Garin,* Eugenio: Geschichte und Dokumente der abendländischen Pädagogik I – Mittelalter. Hamburg 1964, S. 15.

12 *Isidor von Sevilla:* Etymologien oder Ursprünge. Der lateinische Text folgt der Ausgabe von W. M. *Lindsay,* Oxford 1911, Nachdruck 1962. »De septem liberalibus disciplinis. Disciplinae liberalium artium septem sunt. Prima grammatica, id est loquendi peritia. Secunda rhetorica, quae propter nitorem et copiam eloquentiae suae maximae in civilibus questionibus necessaria existimatur. Tertia dialectica cognomento logica, quae disputationibus subtilissimis vera secernit a falsis. Quarta arithmetica, quae continet numerorum causas et divisiones. Quinta musica, quae in carminibus cantibusque consistit. Sexta geometrica, quae mensuras terrae dimensionesque complectitur. Septima astronomia, quae continet legem astrorum.«

13 Vgl. *Augustinus:* de doctrina christiana.

14 Vgl. R. *Latouche:* Historiarum libri IV. Paris 1937, Bd. 2, S. 554 ff.

15 Vgl. *Augustinus:* de doctrina christiana.

16 Vgl. *Roth,* Dorothea: Die mittelalterliche Predigttheorie und das Manuale Curatorum des Johann Ulrich Surgant. Basel, Stuttgart 1956, S. 36 ff.

17 *Erdmann,* Carl: Studien zur Briefliteratur Deutschlands im 11. Jahrhundert. 1938. Nachdr. 1952.

18 Vgl. *Curtius,* Ernst Robert: Dichtung und Rhetorik im Mittelalter. In: Deutsche Vierteljahreszeitschrift für Literaturwissenschaft und Geistesgeschichte. Hrsg. Paul *Kluckhohn* und Erich *Rothacker* 16. Jahrgang, XVI. Band, Halle 1938, S. 445 ff.

19 Vgl. *Bruhn,* Hans: Specimen vocabularii rhetorici ad inferioris aetatis latinitatem pertinans. Diss. Marburg 1911, S. 24 ff.
20 Vgl. *Auerbach,* Erich: sermo humilis. In Romanische Forschungen, 64. Band, 1+2 Heft, Frankfurt a. M. 1952, S. 350 ff.

III. Humanismus und Barock

1 Der Begriff »Barock« ist in der Literaturwissenschaft umstritten; auf seine Problematik kann hier nicht weiter eingegangen werden, wir verwenden ihn hier »als eine Übereinkunftsbezeichnung [...], die auf einigermaßen ungenaue Weise das 17. Jahrhundert meint« (*Schöne,* Albrecht: Barock. Die deutsche Literatur. Texte und Zeugnisse. Bd. III, S. VIII f.).
2 Die wichtigsten Handbücher für diesen Zeitabschnitt vgl. Literaturliste.
3 *Meyfart,* Johann Matthäus: Teutsche Rhetorika [...]. Coburg 1634. Kap. I, S. 7.
4 *Barner,* Wilfried: Barockrhetorik. Tübingen 1970. S. 242.
5 Ebd. S. 286.
6 Leonardo Bruni *Aretino.* In: *Garin,* Eugenio: Geschichte und Dokumente der abendländischen Pädagogik. 3 Bde. Reinbek 1964–67. Bd. 2, S. 176.
7 Melanchthons Kursächsische Schulordnung von 1528. In: *Vormbaum,* Reinhold: Evangelische Schulordnungen. 2 Bde. Gütersloh 1860–64. Bd. 1, S. 6.
8 Vgl. hierzu: *Meyfart:* Teutsche Rhetorika, II. Teil.
9 *Weise,* Christian: Politischer Redner [...]. Leipzig 1677. Vorwort.
10 *Barner:* Barockrhetorik. S. 275.
11 *Vormbaum:* Evangelische Schulordnungen. II, S. 55.
12 Siehe auch: S. 97 ff.
13 *Vormbaum:* Evangelische Schulordnungen. I, S. 615.
14 *Barner:* Barockrhetorik. 321.
15 Ebd. S. 321.
16 Ebd. S. 325.
17 Ebd. S. 372 f.
18 Ebd. S. 378.
19 Ebd. S. 384.
20 Ebd. S. 385.
21 Ebd. S. 394.
22 Ebd. S. 407/8.
23 *Ueding,* Gert: Schillers Rhetorik. Idealistische Wirkungsästhetik und rhetorische Tradition. Tübingen 1971. S. 180.
24 *Castiglione,* Baldesar: Das Buch vom Hofmann. Übers. v. Fritz Baumgart. Bremen 1960. S. 128.
25 *Meyfart:* Teutsche Rhetorika. S. 32.
26 Ebd. Kap. II, S. 11.
27 *Böckmann,* Paul: Formgeschichte der deutschen Dichtung. Bd. 1: Von der Sinnbildsprache zur Ausdruckssprache. Hamburg [2]1965. S. 319.
28 Paris *von dem Werder.* Friedensrede. Hamburg 1918. Nachdruck der Ausgabe von 1640. Hier beginnt der Beitrag von E. Haas.
29 Vgl. *Quintilian:* Ausbildung des Redners. Hrsg. und übers. von H. *Rahn.* Erster Teil. Darmstadt 1972. 1. Buch, Vorrede 9 (S. 7). Vgl. auch: *Cicero:* Vom Redner. 3,14,55.

30 *Meyfart:* Teutsche Rhetorica. I, S. 100, 111 f., 132, 138, 143, 146, 200, 205, passim.

31 *Scaliger,* Julius Caesar: Poetices libri septem [...] Lyon 1561. I, 1, S. 2 Col. I B. Vgl. auch die Darstellung dieses Gegenstandes bei *Dyck,* Joachim: Ticht-Kunst. Bd. Homburg v. d. H. ^{2}1969. S. 122–129.

32 *Opitz,* Martin: Buch von der deutschen Poeterey. Breslau 1624. II. Cap., B 2^{a}.

33 *Klaj,* Johann: Lobrede der Teutschen Poeterey. Nürnberg 1645. S. 6.

34 *Harsdörffer,* Georg Philipp: Poetischer Trichter. Nürnberg 1648–1653. II. Teil, 11. Stund, S. 72 f.

35 *Lausberg,* Heinrich: Elemente der literarischen Rhetorik. München ^{4}1971. § 464. Ein verwandter Begriff ist »decorum«. Vgl. dazu *Fischer,* Ludwig: Gebundene Rede. Tübingen 1968. S. 191 f.

36 *Gadamer,* Hans Georg: Wahrheit und Methode. Tübingen ^{3}1972. S. 18. Gadamer beschreibt hier exemplarisch die Auffassung des großen Nachfahren der Humanisten G. B. *Vico* (1668–1744).

37 Vgl. etwa auch: *Breen,* Quirinus: The Subordination of Philosophy to Rhetoric in Melanchthon. In: Archiv für Reformationsgeschichte 43 (1952) H. 1, S. 13–28.

38 Eine gute Darstellung der Entwicklung der Wissenschaftstheorie findet sich bei *Gadamer:* S. 16 ff.

39 *Barner:* Barockrhetorik. S. 372.

40 *Castiglione:* Das Buch vom Hofmann. S. 136.

41 Vgl. die aufschlußreiche Arbeit von *Loos,* E.: Baldassare Castigliones »Libro del Cortegiano«. Frankfurt/M. 1955. Eine sehr gute Darstellung des europäischen Adelsideals gibt auch Heinz Otto *Burger* in: Dasein heißt eine Rolle spielen. München 1963. S. 211–232. Schließlich ist auch als grundlegend zu nennen: *Curtius,* Ernst-Robert: Europäische Literatur und lateinisches Mittelalter. Bern, München. ^{6}1967. S. 435.

42 Schon der Humanist Friedrich *Riederer* stellt in seinem »Spiegel der waren Rhetoric« (Freiburg 1493. S. 202, 212) Bildung und Tugend gleichberechtigt neben die Auszeichnung des Adlig-Geborenseins. Zum Grundsätzlichen vgl. *Ueding,* Gert: Schillers Rhetorik. S. 24.

43 Aufgeführt in: *Hille,* Carl Gustav: Der Teutsche Palmbaum [...] Nürnberg 1647. S. 65. Neu herausgegeben von *Bircher,* Martin: Die Fruchtbringende Gesellschaft. Bd. 2. München 1970.

44 s. u. S. 131 ff.

45 *Bohse,* August (Talander): Talanders neuerläuterte Teutsche Rede-Kunst und Brieffverfassung [...] Leipzig 1700. S. 4.

46 *Weise:* Politischer Redner. S. 889.

47 *Weise:* Vorwort, o. Pag.

48 *Barner:* S. 187.

49 *Breen:* The Subordination. S. 15, 27.

50 *Hauser,* Arnold: Der Manierismus. München 1964. S. 8.

51 *Luther,* Martin: Kritische Gesamtausgabe. Tischreden. Bd. 2. Weimar 1913. S. 506.

52 *Erasmus* zitiert nach: *Garin:* Geschichte. Bd. 2, S. 259.

53 *Boccaccio* zitiert nach: *Garin* Bd. 2, S. 117.

54 *Harsdörffer,* Philipp Georg: Frauenzimmer Gesprechspiele [...] Nürnberg 1643 ff. VII, Kap. CCLXV, § 13, S. 269.

55 *Lausberg:* Elemente. §§ 40, 46, 91.

56 *Opitz:* Poeterey. V. Cap. C 4^{a}.

57 *Harsdörffer,* Georg Philipp: Poetischer Trichter. I,. Die II. Stund, S. 16.
58 Z. B. ebd. sowie *Opitz:* Poeterey. Das V. Capitel.
59 Z. B. *Harsdörffer:* Die achte Stund, S. 15 sowie *Opitz:* Das VI. Capitel.
60 s. u. S. 89 ff.
61 Vgl. die Darstellung bei *Kayser,* Wolfgang: Die Klangmalerei bei Harsdörffer. Reihe Palaestra 179. Göttingen ²1962. S. 137 ff.
62 Daß das Wort so gut wie das Ding sei, ist ebenso auch eine kabbalistische Überzeugung.
63 *Conrady,* Karl Otto: Lateinische Dichtungstradition und deutsche Lyrik des 17. Jahrhunderts. Bonn 1962. S. 48.
64 *Erasmus* zitiert nach: *Garin* Bd. 2, S. 51.
65 *Harsdörffer:* Poetischer Trichter. I, Die siebende Stund, S. 8.
66 III, S. 166 f. Vgl. hierzu die Kommentierung bei *Hocke,* Gustav René: Manierismus in der Literatur. Reinbek 1969. S. 171.
67 Ebd. S. 169 f. Zum Begriff »Manierismus« s. u. S. 94 ff.
68 Vgl. *Böckmann,* Paul: Formgeschichte der deutschen Dichtung. Hamburg ²1965. Bd. 1, S. 343 sowie *Curtius:* Europäische Literatur und lateinisches Mittelalter. S. 79.
69 *Salutati* zitiert nach: *Garin* Bd. 2, S. 142.
70 *Opitz:* Poeterey. IV. Capitel, C 3^b.
71 Vgl. *Dyck:* Ticht-Kunst. S. 118–122.
72 *Boccaccio* zitiert nach: *Garin.* Bd. 2, S. 121.
73 *Lausberg:* Elemente. §§ 466–468.
74 Eine ausführliche Aufarbeitung des Komplexes findet sich bei *Fischer:* Gebundene Rede. S. 106 ff. Vgl. auch *Quadlbauer,* Franz: Die antike Theorie der genera dicendi im lateinischen Mittelalter. Wien 1962.
75 *Lausberg:* Elemente. § 465, S. 154.
76 Eigene Übersetzung von: »Perfectus est orator, a potest parva summisse, mediocria moderaté, magna graviter dicere.« In: *Ramus,* Petrus: Scholae in liberales artes. Basel 1569. Lib. II, Spalte 288 (Reprogr. Nachdruck. Hildesheim, New York 1970).
77 *Scaliger,* Julius Caesar: Poetices libri septem [...] (Lyon) 1561. Lib. IV, Cap. I.
78 s. o. S. 66 ff.
79 *Petrarca* nachzulesen in: *Garin:* Bd. 2, S. 107 ff. Salutati. a.a.O. S. 143 ff.
80 *Luther,* Martin: Tischreden. a.a.O. Nr. 2216. Übersetzung nach: Dr. Martin Luthers Pädagogische Schriften und Äußerungen. Hrsg. und gesammelt von H. *Keferstein.* Langensalza 1888. S. 134 f.
81 Eine ausführliche Aufarbeitung nach rhetorischen Gesichtspunkten fehlt bislang. Joachim *Dyck* gelang eine sehr gute Charakterisierung des Predigtstils in seinem Aufsatz: »Ornatus und Decorum im protestantischen Predigtstil des 17. Jahrhunderts.« ZfdA 94. 1965. S. 225–236. Daß Luthers Predigt bis ins kleinste durchrhetorisiert ist, weist Birgit *Stolt* anschaulich nach: Docere, delectare und movere bei Luther. In: DVjs 44. 1970. H. 3, S. 433–474. Vgl. dazu auch *Weithase,* Irmgard: Zur Geschichte der gesprochenen deutschen Sprache. 2 Bde. Tübingen 1961. Bd. 1, S. 80 ff. Breites soziologisches Material bietet: *Mohr,* Rudolf: Protestantische Theologie und Frömmigkeit im Angesicht des Todes während des Barockzeitalters hauptsächlich auf Grund hessischer Leichenpredigten. Diss. Marburg 1964. Eine informative Beispielsammlung von Predigten findet sich schließlich bei: *Beste,* Wilhelm: Die bedeutendsten Kanzelredner der älteren lutherischen Kirche. 3 Bde. Dresden 1856–1886.

82 Zu diesem Komplex vgl. *Barner:* Barockrhetorik. S. 344–366.
83 *Opitz:* Poeterey. VI. Capitel, F 2^b.
84 Vgl. u. a. *Windfuhr,* Manfred: Die barocke Bildlichkeit und ihre Kritiker. Stilhaltungen in der deutschen Literatur des 17. und 18. Jahrhunderts. Stuttgart 1966. S. 127. Sowie *Ueding,* Gert: Schillers Rhetorik. S. 57.
85 *Hildebrandt-Günther,* Renate: Antike Rhetorik und deutsche literarische Theorie im 17. Jahrhundert. Marburg 1966. S. 119.
86 *Harsdörffer:* Poetischer Trichter. II, Die eilffte Stund, S. 71.
87 Ebd. I, Die sechste Stund, S. 106.
88 *Windfuhr:* Barocke Bildlichkeit. S. 128.
89 Dockhorns Urteil, daß die Rhetorik den Barockheroismus »weitgehend mit aufgebaut« und »wieder abgebaut« hat, ist für die Literaturwissenschaft ungemein befruchtend gewesen. *Dockhorn,* Klaus: Die Rhetorik als Quelle des vorromantischen Irrationalismus in der Literatur- und Geistesgeschichte. (1949). In: Macht und Wirkung der Rhetorik. Bd. Homburg usw. 1968. S. 94.
90 *Weise,* Christian: Curiöse Gedancken von Deutschen Brieffen [...] Dresden 1691. II, 3, S. 418 f.
91 Ebd. S. 427. Hinter diesen beiden Stil-Charakterisierungen stehen die stilistischen Vorbilder Cicero und Seneca. Vgl. *Blackall,* Eric A.: Die Entwicklung des Deutschen zur Literatursprache. Stuttgart 1966. S. 110 ff.
92 *Weise,* Christian: Politische Nachricht von Sorgfältigen Briefen [...] Dreßden und Leipzig 1701. S. 149.
93 *Weise,* Christian: Curiöse Gedanken von Deutschen Brieffen [...] Dresden 1691. II, S. 487.
94 Ebd. II, S. 85.
95 Windfuhr stellt noch für das 18. Jahrhundert fest: »Die Verschiedenheit des 17. und 18. Jahrhunderts läßt sich nicht einfach auf den Gegensatz Hof und Bürgertum zurückführen. Im deutschen 18. Jahrhundert spielen die Höfe noch eine stark stilbildende Rolle, bis zum Weimarer Hof. Gottsched gibt dem gewandelten Sprachideal Ausdruck, wenn er erklärt: ›auch die erhabenen dieser Welt reden natürlich‹.« [*Gottsched:* Ausführliche Redekunst. Leipzig 1759. S. 275] *Windfuhr:* Barocke Bildlichkeit. S. 155.
96 *Dyck,* Joachim: Ticht-Kunst. a.a.O. S. 112.
97 *Meyfart:* Teutsche Rhetorica. I, S. 70.
98 Ebd. I, S. 219.
99 Ebd., S. 332.
100 Ebd. I, S. 359.
101 Vgl. dazu etwa: *Mühlemann,* Martin Christoph: Fischarts »Geschichtklitterung« als manieristisches Kunstwerk. Diss. Bern, Frankfurt/M. 1972. S. 97 f.
102 Vgl. Lausberg: Elemente. §§ 68 ff.
103 s. u. S. 283.
104 Vgl. die grundlegenden Ausführungen von *Dockhorn,* Klaus: Macht und Wirkung der Rhetorik. S. 55, Anm. 26; S. 91.
105 s. o. S. 46 f.
106 Vgl. etwa *Opitz,* Martin: Poeterey. E 2^a, S. 26 f.
107 *Meyfart:* Teutsche Rhetorica. Zur Klangmalerei: Ebd. I, S. 325 ff. Vgl. dazu: *Kayser,* Wolfgang: Lautmalerei bei Harsdörffer. S. 110 ff. Das Thema Klangmalerei im Barock behandelt auch ausführlich: *Wiedemann,* Conrad: Johann Klaj und seine Redeoratorien. Nürnberg 1966.
108 Vgl. *Barner:* Barockrhetorik. S. 56 ff.

109 *Curtius:* Europäische Literatur. S. 278.
110 Ebd. S. 277, 286.
111 Ebd. S. 277.
112 *Hocke:* Manierismus in der Literatur. S. 144 ff. *Hauser,* Arnold: Der Manierismus. Die Krise der Renaissance und der Ursprung der modernen Kunst. München 1964. S. 287 ff.
113 *Hocke.* S. 136, 146 f., passim. U. a. kritisiert *Barner* (Barockrhetorik. S. 38 f.) überzeugend den Begriff »Para-Rhetorik«, weil auch der Manierismus durch Wirkungsabsicht – er will Bewunderung und Staunen erregen – gekennzeichnet sei und weil auch hier klare Regeln gegeben würden.
114 Vgl. *Hocke.* S. 140. *Curtius:* Europäische Literatur. S. 299 ff.
115 Vgl. *Wiedemann:* Johann Klaj. S. 122.
116 *Hocke.* S. 27, passim.
117 Ebd. S. 17, passim.
118 *Tesauro,* Emanuele: Il Cannocchiale Aristotelico [...] [lit.]. Übersetzt von Caspar *Cörber.* Frankfurt und Leipzig 1698. (Erstauflage des Originals 1655). *Gracián,* Baltasar: Agudeza y Arte de Ingenio. Ausgabe Buenos Aires 1945. (Erstauflage des Originals 1648). Weitere Quellen finden sich in: *Buck,* August; *Heitmann,* Klaus und *Mettmann,* Walter (Hrsg.): Dichtungslehren der Romania aus der Zeit der Renaissance und des Barock. Frankfurt/M. 1972. Eine aufschlußreiche Diskussion bietet: *Lange,* Klaus-Peter: Theoretiker des literarischen Manierismus. München 1968.
119 Vgl. u. a. *Hocke:* Manierismus in der Literatur. S. 253, passim. *Hauser:* Der Manierismus. S. 9, 15, 291, passim. *Klaniczay,* Tibor: La crise de la Renaissance et le maniérisme. In: Acta Litteraria Academiae Scientiarum Hungaricae 13 (1–4) 1971. S. 269–311.
120 *Hocke.* S. 116–122, passim.
121 Ebd. S. 101, 169 f., passim. Die Autoren der Jahrhundertwende, die sog. Galanten, werden in der traditionellen Literaturkritik ebenfalls als Manieristen eingestuft. Eine moderne Auseinandersetzung mit ihnen fehlt leider. Die Arbeit von *Wendlang,* Ulrich: Die Theoretiker und Theorien der sogen. galanten Stilepoche und die deutsche Sprache. Leipzig 1930 ist hoffnungslos veraltet.
122 Vgl. *Barner:* Barockrhetorik. S. 44 ff.
123 Vgl. z. B. *Geibel,* Hedwig: Der Einfluß Marinos auf Christian Hofmann von Hofmannswaldau. Gießen 1938. Das Buch ist allerdings revisionsbedürftig.
124 Die gleiche Haltung nimmt Wolfgang *Drost* in seinem Aufsatz ein, in dem er den Manierismus als Struktur begreift: Strukturprobleme des Manierismus in Literatur und bildender Kunst. Vicenzo Giusti und die Malerei des XVI. Jahrhunderts. In: Arcadia 7. 1972. S. 22 f.
125 Vgl. *Scholte,* J. H.: Schwulst. In: Merker, Stammler: Reallexikon der deutschen Literaturgeschichte. 3. Bd. 1928/29. S. 234–236.
126 *Friedrich,* Hugo: Epochen der italienischen Lyrik. Frankfurt/M. 1964. S. 533. *Ders.:* Artikel »Manierismus«. In: Fischer Lexikon. Literatur 2/2. Frankfurt/M. [6]1973. S. 353.
127 *Friedrich:* Artikel »Manierismus«. a.a.O. S. 357.
128 A.a.O.
129 Unterschiedliche Abgrenzungen finden sich z. B. bei: *Buck,* August: Barock und Manierismus: die Anti-Renaissance. In: Forschungen und Fortschritte 39. 1965. H. 8, S. 247. *Capua,* A. G. de: Baroque and Mannerism.

In: Colloquia Germanica 1. 1967. S. 105. *Carozza,* Davy A.: For a definition of mannerism: the Hatzfeldian thesis. In: Colloquia Germanica 1. 1967. S. 74. *Hartmann,* Horst: Barock oder Manierismus. In: Weimarer Beiträge VII. 1961. Heft 1, S. 46–60. *Hocke:* Manierismus in der Literatur. S. 144 ff. *Spahr,* Blake Lee: Baroque and Mannerism: Epoch and Style. In: Colloquia Germanica 1. 1967. S. 99. *Wiedemann:* Johann Klaj. S. 123. *Windfuhr,* Manfred: Die barocke Bildlichkeit. S. 261 f.

130 *Hocke.* a.a.O. S. 147.

131 Vgl. die Werke von: *Curtius,* Europäische Literatur und *Conrady,* Karl Otto: Lateinische Dichtungstradition.

132 *Böckmann,* Paul: Formgeschichte der deutschen Dichtung. Bd. 1. Hamburg ²1965. S. 368.

133 Vgl. *Garin:* Geschichte und Dokumente. Bd. 2, S. 13 f.

134 *Salutati* zitiert nach: *Garin:* Bd. 2, S. 140.

135 *Boccaccio* zitiert nach: *Garin* Bd. 2, S. 119.

136 *Schottel,* Justus Georg: Ausführliche Arbeit von der Teutschen Haubt-Sprache [...]. Braunschweig 1663. I, S. 27 ff.

137 Vgl. *Lausberg:* Elemente. §§ 102 ff.

138 *Schottel* I, Erklärung des Kupfertituls, o. Pag., Widmungsrede für Herzog August, o. Pag., passim.

139 Ebd. I, S. 11, passim. Schottels Auffassung, daß Sprache von Natur regelmäßig sei, fußt auf dem antiken Prinzip der Analogie, das im 17. und 18. Jahrhundert von den Rationalisten wieder aufgenommen und neu formuliert wird.

140 *Dante,* Alighieri: Über das Dichten in der Muttersprache. Übersetzt von F. *Dornseiff* und J. *Balogh.* Nachdruck der Ausgabe von 1925. Darmstadt 1966. S. 44. Dante meint, daß es den einzigen – kaiserlichen – Hof in Italien leider noch nicht gebe, sondern nur seine einzelnen »Glieder« (die italienischen Höfe einer Region oder einer Stadt), er würde aber allein der wahre Ort der kunstmäßigen Sprache sein. Realiter mißt Dante alle italienischen Mundarten am »höfischen« Sprachgebrauch in der Toskana.

141 Nachzulesen etwa in: *Krause,* Gottlieb: Der Fruchtbringenden Gesellschaft ältester Ertzschrein [...] Leipzig 1855. *Gottsched,* Johann Christoph: Vollständigere und Neuerläuterte Deutsche Sprachkunst [...] Leipzig ⁵1762. *Adelung,* Johann Christoph: Umständliches Lehrgebäude der Deutschen Sprache zur Erläuterung der Deutschen Sprachlehre für Schulen. 2 Bde. Leipzig 1782.

142 *Harsdörffer:* Poetischer Trichter. Erster Theil, Die II. Stund, S. 18.

143 Literatur, die den Einfluß der Rhetorik auf die Entwicklung der deutschen Hochsprache beschreibt, gibt es bisher nicht. Die Verfasserin arbeitet z. Z. an einer diesbezüglichen Darstellung.

144 Als Einführung in die Fakten der Sprachgeschichte des 17. Jhs. sind zu empfehlen: *Eggers,* Hans: Deutsche Sprachgeschichte. 3 Bde. Reinbek (rde) ⁵1963 ff. *Jellinek,* Max Hermann: Geschichte der neuhochdeutschen Grammatik von den Anfängen bis auf Adelung. 2 Bde. Heidelberg 1913/14. *Langen,* August: Deutsche Sprachgeschichte, vom Barock bis zur Gegenwart. In: Deutsche Philologie im Aufriß. Hrsg. v. W. *Stammler.* Bd. 1 ²1966. Sp. 931–1396. *Nerius,* Dieter: Untersuchungen zur Herausbildung einer nationalen Norm der deutschen Literatursprache im 18. Jahrhundert. Halle 1967. *Stoll,* Christoph: Sprachgesellschaften im Deutschland des 17. Jahrhundert. München: List 1973.

IV. Literarische Wirkungsabsicht und rhetorische Tradition. Kapitel 1 und 2.

1 Johann Christoph *Gottsched:* Ausführliche Redekunst. Leipzig 1736. Reprographischer Nachdruck Hildesheim 1973, S. 35.
2 Ebd., S. 33.
3 Ebd.
4 Johann Andreas *Fabricius,* Philosophische Oratorie. Leipzig 1724, S. 3.
5 Ebd., Vorrede.
6 *Gottsched:* Ausführliche Redekunst. S. 35.
7 Johann Georg *Sulzer:* Allgemeine Theorie der Schönen Künste. Bd. 2. Leipzig 1771, S. 959.
8 *Gottsched:* Ausführliche Redekunst. S. 33.
9 Ebd. S. 34.
10 *Fabricius:* Philosophische Oratorie. S. 4.
11 *Gottsched:* Ausführliche Redekunst. S. 31.
12 *Sulzer:* Allgemeine Theorie. S. 959.
13 Christian Friedrich Daniel *Schubart:* Kurzgefaßtes Lehrbuch der Schönen Wissenschaften. Münster 1781, S. 101.
14 Da der Begriff der Aufklärung in der Literatur widersprüchlich verwendet wird, sei er hier als Bezeichnung der Epoche vom Ende des 17. bis zum Beginn des 19. Jahrhunderts benutzt.
15 Hans-Peter *Herrmann:* Naturnachahmung und Einbildungskraft. Zur Entwicklung der deutschen Poetik von 1760 bis 1740. Ars Poetica Bd. 8. Bad Homburg u. a. 1970, S. 22.
16 Vgl. Eric A. *Blackhall:* Die Entwicklung des Deutschen zur Literatursprache 1700–1775. Stuttgart 1966, S. 122 f.
17 Gert *Ueding:* Schillers Rhetorik. Idealistische Wirkungsästhetik und rhetorische Tradition. Tübingen 1971, S. 5.
18 Vgl. Walter *Jens:* »Rhetorik«. In: *Merker/Stammler,* Reallexikon der deutschen Literaturgeschichte. Bd. 3. Berlin/New York 1972, S. 8.
19 Ebd. S. 2.
20 Ebd. S. 8.
21 *Fabricius:* Philosophische Oratorie. S. 5.
22 Ebd. S. 6.
23 Rudolf Abraham *Gersdorf:* Antrittsrede in die Leipziger Deutsche Gesellschaft. In: Der Deutschen Gesellschaft in Leipzig Gesammelte Reden und Gedichte. Hrsg. v. J. Chr. *Gottsched.* Leipzig 1732, S. 337.
24 *Gottsched:* Ausführliche Redekunst. S. 66 f.
25 Ebd. S. 67.
26 Ebd. S. 67 ff.
27 Ebd. S. 71.
28 Ebd.
29 Ebd.
30 Friedrich Andreas *Hallbauer:* Anleitung zur Politischen Beredsamkeit. Jena/Leipzig 1736, Vorrede.
31 Johann Jakob *Bodmer:* Brief-Wechsel von der Krafft des Geschmackes in Beurtheilung der Wohlredenheit. o. O. 1736. Deutsche Neudrucke. Texte des 18. Jahrhunderts. Stuttgart 1966, S. 62.
32 Christoph Martin *Wieland:* Theorie und Geschichte der Red-kunst und Dicht-kunst. o. O. 1757, Einleitung.
33 *Fabricius:* Philosophische Oratorie. S. 4.

34 Ebd. S. 6.
35 Ebd. S. 7.
36 Gottsched: Ausführliche Redekunst. a.a.O., S. 46.
37 Ebd.
38 Vgl. ebd. S. 54 ff.
39 Vgl. Gottfried Wilhelm *Leibniz:* Unvorgreifliche Gedanken betreffend die Ausübung und Verbesserung der deutschen Sprache. In: Paul *Pietsch,* Gottfried Wilhelm Leibniz. Zum Gedächtnis an den 14. November 1716. Berlin 1916, S. 49–92.
40 Friedrich Gottlieb *Klopstock:* Von der Darstellung. In Klopstock: Werke in einem Band. München 1954, S. 152.
41 *Klopstock:* Von der heiligen Poesie. In: *ders.:* Werke S. 311.
42 Ebd.
43 *Klopstock:* Die deutsche Gelehrtenrepublik. In: *ders.:* Werke. S. 233.
44 Ebd. S. 239.
45 Ebd. S. 238.
46 Ebd.
47 Irmgard *Weithase:* Zur Geschichte der gesprochenen deutschen Sprache. 2 Bd. Tübingen 1971, S. 357 ff.
48 *Herrmann:* Naturnachahmung. S. 277 ff.
49 Vgl. Ursula *Stötzer:* Deutsche Redekunst im 17. und 18. Jahrhundert. Halle 1962, S. 107 f.
50 Erdmann *Neumeister:* Die allerneueste Art zur Reinen und Galanten Poesie zu gelangen. Hamburg 1742, S. 511.
51 Johann Georg *Walch:* Philosophische Lexicon. Leipzig 1726. Sp. 2019 und 2022. Vgl. *Herrmann:* Naturnachahmung. S. 19 f.
52 *Anonym:* Anleitung zur Poesie. Darinnen ihr Ursprung, Wachsthum, Beschaffenheit und rechter Gebrauch untersucht und gezeigt wird. Breslau 1725, S. 93 f.
53 Vgl. Gottsched a.a.O. S. 54 ff.
54 Vgl. etwa *Herrmann:* Naturnachahmung. S. 92 ff.
55 Vgl. *Blackall:* Die Entwicklung. S. 76–109.
56 Vgl. *Blackall:* Die Entwicklung S. 129 f.
57 *Klopstock:* Von der Sprache der Poesie. In: *ders.:* Werke. S. 322.
58 *Sulzer:* Allgemeine Theorie. S. 146.
59 Ebd.
60 *Schubart:* Kurzgefaßtes Lehrbuch. S. 98.
61 *Sulzer:* Allgemeine Theorie. S. 152.
62 Ebd. S. 962.
63 Ebd. S. 148.
64 Ebd. S. 152.
65 Ebd. S. 153.
66 Ebd. S. 146.
67 Ebd. S. 147.
68 Ebd.
69 Ebd.
70 Ebd. S. 104.
71 Ebd. S. 101.
72 Ebd. S. 100.
73 Ebd. S. 104.
74 Ebd. S. 105.

75 *Schubart:* Kurzgefaßtes Lehrbuch. S. 99.
76 Ebd.
77 Ebd. S. 100.
78 Ebd.
79 Andreas Jakob *Hecker:* Gedanken über die beste Art des Vortrags der Rhetorik und der Bildung populärer Volksredner auf Schulen. Berlin 1783, S. 7.
80 Ebd. S. 11.
81 Ebd. S. 9.
82 Ebd. S. 12.
83 Immanuel *Kant:* Kritik der Urteilskraft. Hrsg. v. K. *Vorländer.* Leipzig 1922, S. 183.
84 Ebd. S. 184.
85 Ebd.
86 Ebd. S. 185.
87 Ebd. S. 184.
88 Johann Peter *Eckermann:* Gespräche mit Goethe. Hrsg. v. *Höfer.* Leipzig 1913, S. 226.
89 Vgl. *Jens:* »Rhetorik«. S. 2.
90 Johann Wolfgang *von Goethe:* Dichtung und Wahrheit II. In: *ders.:* Werke. Hrsg. im Auftrag der Großherzogin Sophie von Sachsen. Bd. 27. Weimar 1889, S. 374. Zu Schillers Verhältnis zur Rhetorik siehe: *Ueding:* Schillers Rhetorik.
91 Johann Gottfried *Herder:* Briefe, das Studium der Theologie betreffend. In: *ders.:* Sämmtliche Werke. Religion und Philosophie. 10. Teil. Carlsruhe 1821, S. 39.
92 *Herder:* Sollen wir Ciceronen auf den Kanzeln haben? In: *ders.:* Sämmtliche Werke. Zur schönen Literatur und Kunst. Zweiter Teil, S. 399 f.
93 *Herder:* Der Redner Gottes. In: *ders.:* Sämmtliche Werke. 10. Theil, S. 467.
94 *Herder:* Sollen wir Ciceronen ...? S. 340 f.
95 *Herder:* Der Redner Gottes. S. 465.
96 Friedrich *Nietzsche:* Jenseits von Gut und Böse. In: *ders.:* Werke. Hrsg. v. K. *Schlechta.* Darmstadt [2]1960. Bd. II, S. 714 f.
97 Adam *Müller:* Zwölf Reden über die Beredsamkeit und deren Verfall in Deutschland (Wien 1812). In: *ders.:* Kritische, ästhetische und philosophische Schriften. Bd. 1. Hrsg. v. W. *Schroeder* u. W. *Siebert.* Neuwied u. Berlin 1967, S. 438.
98 Ebd. S. 439.
99 Ebd. S. 438.
100 Ebd.
101 Ebd.
102 Ebd. S. 297.
103 Ebd. S. 298.
104 Ebd. S. 334.
105 Ebd. S. 449 f.
106 Ebd. S. 377.
107 Ebd. S. 307 f.
108 Ebd. S. 372.
109 Ebd. S. 330.
110 Georg Wilhelm Friedrich *Hegel:* Vorlesungen über die Ästhetik III. In: *ders.:* Werke, Bd. 15. Frankfurt a. M. 1970, S. 262.

111 Ebd. S. 265.
112 Ebd.
113 Ebd. S. 266.
114 Vgl. Joachim *Goth:* Nietzsche und die Rhetorik. Untersuchungen zur deutschen Literaturgeschichte Bd. 5. Tübingen 1970, S. 7.
115 Friedrich Ludwig *Jahn:* Deutsches Volkstum. In: *ders.:* Werke. Bd. 1. Hrsg. v. C. *Euler.* Hof 1884, S. 285.
116 K. G. *Jochmann:* Über die Sprache. Faksimiledruck nach der Originalausgabe von 1828. Hrsg. v. C. J. *Wagenknecht.* Göttingen 1968, S. 209.
117 Ernst Moritz *Arndt:* Über den Volkshaß und den Gebrauch einer fremden Sprache. Leipzig 1813, S. 45.
118 Ebd. S. 76.
119 Ebd. S. 77 f.
120 *Goth:* Nietzsche und die Rhetorik. S. 25.
121 *Nietzsche:* D. F. Strauß. In: *ders.:* Werke. Bd. I, S. 190.
122 Ebd.
123 *Nietzsche:* Schopenhauer als Erzieher. In: *ders.:* Werke. Bd. I, S. 292.
124 *Nietzsche:* Menschliches Allzumenschliches. In *ders.:* Werke. a.a.O., Bd. I, S. 568.
125 *Nietzsche:* Jenseits von Gut und Böse. In: *ders.:* Werke. Bd. II, S. 714 f.
126 *Nietzsche:* Werke. Neue Ausgabe. Leipzig 1901–1913. Bd. XVIII, S. 248.
127 Otto *von Bismarck:* Reichstagsrede vom 26. 3. 1886. In: Fürst Bismarck als Redner. Hrsg. v. *Böhm-Dove.* Berlin u. Stuttgart o. J., Bd. 15, S. 125 f.
128 *Bismarck:* Reichstagsrede vom 29. 4. 1881. Bd. 11, S. 187 f.
129 Reden des Kaisers. Hrsg. v. E. *Johann.* München 1966 (dtv dokumente), S. 16.
130 Rudolf *Mehringer:* Aus dem Leben der Sprache. Berlin 1908, S. 238 f.
131 Hellmut *Geißner:* Rede in der Öffentlichkeit. Eine Einführung in die Rhetorik. Stuttgart u. a. 1969, S. 238 f.

IV. 3. Rhetorik und Ästhetik in Schillers theoretischen Abhandlungen

1 Auch in meinem Buch »Schillers Rhetorik. Idealistische Wirkungsästhetik und rhetorische Tradition« (Tübingen 1971), das die konstitutive Bedeutung der Rhetorik für Schillers Ästhetik und Dramentheorie ausführlicher darlegt, konnte dieses Problem noch nicht in angemessener Ausführlichkeit dargestellt werden.
2 Friedrich *Schiller:* Sämtliche Werke. 5 Bde. Hrsg. v. G. *Fricke* und H. G. *Göpfert.* München 1965. Bd. 5. Die Seitenzahl in der Klammer bezieht sich immer auf diesen Band dieser Ausgabe. Andere Bände sind mit römischen Ziffern vor der Seitenzahl gekennzeichnet.
3 Ein guter rhetorischer Gebrauch: die Exempelerzählung zur Verdeutlichung des Gemeinten wie auch zur Vermeidung des taedium beim Publikum.
4 Bronislaw *Baczko:* Rousseau. Einsamkeit und Gemeinschaft. Wien, Frankfurt, Zürich 1970. S. 117.
4a Das Bild von der Bekleidung der Dinge für die geziemende Bezeichnung der res durch die verba hat alte Tradition in der Rhetorik. – Vgl. Ludwig *Fischer:* Gebundene Rede. Tübingen 1968. S. 148 f.

5 *Aristoteles:* Rhetorik. – In: *ders.:* Die Lehrschriften. Hrsg. u. übers. v. P. *Gohlke.* Paderborn 1959. III, 2, S. 188.
6 Vgl. *Quintilian:* Institutio oratoria. VIII, 8.
7 Vgl. Renate *Hildebrandt-Günther:* Antike Rhetorik und deutsche literarische Theorie im 17. Jahrhundert. Marburg 1966. S. 68.
8 *Cicero:* Der Redner. Orator. Übers. v. J. *Sommerbrodt* u. W. *Binder.* München o. J. XXI, 71, S. 41.
9 Vermittler der stoischen convenientia-Lehre in der Renaissance war vor allem Cicero. – Vgl. Karl *Borinski:* Die Antike in Poetik und Kunsttheorie. 2 Bde. Darmstadt 1965. Bd. 1, S. 147 f.
10 Wilfried *Barner:* Barockrhetorik. Tübingen 1970. S. 369.
11 In seiner Besprechung von »Kabale und Liebe« pointiert noch Joseph Hillebrand 1845 genau diesen Gegensatz: »Dem Privilegium derselben [der bevorzugten Stände] und ihrer moralischen wie socialen Entartung wird der Bürgerstand mit seiner menschlichen Wahrheit und Berechtigung gegenübergesetzt und auf diese Weise dann überhaupt der Gegensatz zwischen Konvenienz und Natur, zwischen sittlicher Gesinnung und unsittlicher Gesinnungslosigkeit dargestellt.« – Joseph *Hillebrand:* Die deutsche Nationalliteratur. Hamburg und Gotha 1845. 2. Teil. S. 331.
12 *Fischer:* S. 184 ff.
13 An dieser Stelle sehr deutlich spiegelt sich in Schillers Individualitätsbegriff die bürgerliche Individualität in ihrer historisch-realen Gestalt wieder als vereinzelter Einzelner, der aus der Gesellschaft, dem Allgemeinen herausgetreten ist und als dieses besondere und einmalige Subjekt begriffen werden will.
14 »Die Kriterien gerade für die Gestaltung der Tropen im einzelnen sind allerdings schwankend und weniger präzise als etwa die Angaben über die Verwendung dieses Schmuckes in unterschiedlichen Stillagen.« – *Fischer: S.* 187.
15 Schillers Briefe. Kritische Gesamtausgabe. Hrsg. v. Fritz *Jonas.* 7 Bde. Stuttgart 1892–1896. Bd. 2, S. 188.
16 Hervorhebung von mir.
16a Vgl. dazu: Klaus *Dockhorn:* Die Rhetorik als Quelle des vorromantischen Irrationalismus in der Literatur- und Geistesgeschichte. – In: Nachrichten der Akademie der Wissenschaften in Göttingen. Phil.-Hist.-Klasse 5, 1949.
17 *Jonas:* Bd. 6, S. 262.
18 Vgl. Schillers Gespräche. Hrsg. v. Julius *Petersen.* Leipzig 1911. S. 223 f. Dazu auch: Hermann *Meyer:* Schillers Philosophische Rhetorik, Euphorion. 53 (1959).
19 *Cicero:* Vom Redner. De oratore. Übers. u. eingel. v. R. *Kühner.* München o. J. III, 142, S. 303.
20 Baldesar *Castiglione:* Das Buch vom Hofmann. Übers. u. eingel. v. Fritz *Baumgart.* Bremen o. J. S. 53.
21 Diderot ist einer der ersten, der sie anzweifelt. – Vgl. Theo *Buck:* Brecht und Diderot. Tübingen 1971. S. 20 ff.
22 Bertolt *Brecht:* Gesammelte Werke. 20 Bde. Frankfurt/M. 1967. Bd. 18, S. 165.
23 *Borinski:* Poetik. Bd. 1, S. 124.
24 *Borinski:* S. 124.
25 Karl *Borinski:* Baltasar Gracian. Tübingen 1971. S. 43. – Gerade die ältere Forschung (Borinski, Bäumler) hat die gesellschaftliche und literarische

Bedeutung der europäischen Geschmacksdiskussion herausgearbeitet. Vernachlässigt man sie, so gefährdet das die angemessene Einschätzung der rhetorischen Tradition in der deutschen Literatur.

26 Vgl. Hellmut *Jansen:* Die Grundbegriffe des Baltasar Gracian. Genf, Paris 1958. S. 66 ff.

27 *Borinski:* Gracian. a.a.O. S. 42.

28 Klaus *Dockhorn:* a.a.O., S. 126.

29 *Borinski:* Gracian. a.a.O. S. 42.

30 Hervorhebung von mir.

31 Vgl. Hans-Günther *Thalheim:* Schillers Stellung zur Französischen Revolution und zum Revolutionsproblem. In: Forschen und Wirken. Festschr. z. 150-Jahr-Feier der Humboldt Universität. Berlin 1960. S. 206 f.

32 Heinrich *Lausberg:* Handbuch der literarischen Rhetorik. 2 Bde. München 1960. Bd. 1, S. 143.

33 Ernst *Bloch:* Vom Hasard zur Katastrophe. Frankfurt/M. 1972. S. 197.

34 *Borinski:* Poetik. a.a.O. Bd. 2, S. 263.

35 *Pseudo-Longinos:* Vom Erhabenen. Hrsg. u. übers. v. R. *Brandt.* Darmstadt 1966. S. 99.

35a Dazu: Karl *Viëtor:* Die Idee des Erhabenen in der deutschen Literatur. In: *ders.:* Geist und Form, Bern 1952.

36 Das Erhabene ist auch der Ausgang einer ästhetischen Rechtfertigung des Nicht-Schönen, die Schiller entgegen der klassizistischen Kunstdoktrin ausführt. – Vgl. S. 89 ff. meines Schillerbuches.

36a Klaus L. *Berghahn:* Das Pathetischerhabene. Schillers Dramentheorie. – In: Deutsche Dramentheorie. Hrsg. v. R. *Grimm.* Frankfurt/M. 1971. S. 225.

37 *Jonas:* Bd. 1, S. 114.

38 *Jonas:* Bd. 5, S. 297 f.

39 Karl *Marx:* Grundrisse der Kritik der politischen Ökonomie. Berlin 1953. S. 5.

40 *Marx:* S. 75.

41 *Berghahn:* S. 218.

42 Georg *Lukács:* Schillers Theorie der modernen Literatur. – In: *ders.:* Faust und Faustus. Ausgew. Schriften. Hamburg 1968. Bd. 2, S. 87.

43 Paul *Böckmann:* Stilprobleme in Schillers Dramen. – In: Jb. des Freien deutschen Hochstifts. Frankfurt/M. 1929. S. 13.

44 *Marx–Engels:* Werke. MEW Bd. 8. S. 116.

45 *Lausberg:* Bd. 1, S. 56.

46 *Jonas:* Bd. 4, 224.

V. 1. Aspekte moderner Rhetorikrezeption

1 *Kopperschmidt,* Josef: Rhetorik – Einführung in die Theorie der Persuasiven Kommunikation. Stuttgart/Berlin/Köln/Mainz 1973. K. schlägt diesen Terminus vor, um die Doppelbedeutung von »überreden« und »überzeugen«, die im Adjektiv steckt, nicht zu verwischen.

2 *Mayer,* Hans: Rhetorik und Propaganda. In: *ders.:* Zur deutschen Literatur der Zeit. Reinbek bei Hamburg 1967. S. 107.

3 *Perelman,* Ch./*Olbrechts-Tyteca,* L.: The New Rhetoric – A Treatise on

Argumentation. London/Indiana [2]1971 (La Nouvelle Rhétorique: Traité de l'Argumentation. Presses Universitaires de France, 1958). S. 10.

4 *Reichenbach,* Hans: Der Aufstieg der wissenschaftlichen Philosophie. Braunschweig [2]1968 (Berlin 1953), S. 245 und S. 247.

5 *Perelman,* Ch./*Olbrechts-Tyteca,* L.: S. 4/5.

6 *Toulmin,* Stephen: The Uses of Argument. Cambridge 1969.

7 *Lorenz,* Kuno: Elemente der Sprachkritik. Frankfurt a. M. 1971, gibt einen Überblick über den »linguistic turn«.

8 Ebd. S. 16/17.

9 *Mayer,* H.: S. 109.

9a *Dieckmann,* Walther: Sprache in der Politik. Heidelberg 1969. S. 38.

10 *Schramm,* Wilbur (Hrsg.): Grundfragen der Kommunikationsforschung. München [4]1971. gibt aus der Sicht des Beteiligten einen Überblick über Entstehung und Arbeitsweise der Disziplin.

11 *Maccoby,* Nathan: Die neue »wissenschaftliche Rhetorik«. In: *Schramm,* W.: S. 56.

12 Ebd. S. 57. In der Einleitung bezeichnet Schramm die Kommunikationsforschung als »Theorie des Gesinnungswandels durch Kommunikation« (S. 14).

13 Ausgewählte Aufsätze aus verschiedenen Zeitschriften von S. I. *Hayakawa* nebst instruktiver Einführung enthält: Wort und Wirklichkeit – Beiträge zur allgemeinen Semantik. Herausgegeben von Günther Schwarz. Darmstadt o. J. (1958). Zur Kritik vgl. das entsprechende Kapitel in: *Schaff,* Adam: Einführung in die Semantik. Frankfurt a. M. 1969.

14 *Osgood,* Charles E.: Eine Entdeckungsreise in die Welt der Begriffe und Bedeutungen. In: *Schramm,* W.: S. 51.

15 Vgl. als Beispiel *Martin,* Howard H./*Colburn,* C. William: Communication and Consensus: An Introduction to Rhetorical Discourse. New York/Chicago/S. Francisco/Atlanta 1972.

16 *Eco,* Umberto: Einführung in die Semiotik. München 1972, S. 273. Seiner Meinung nach »erweist sich die Rhetorik (nach der Linguistik) als das zweite Kapitel einer allgemeinen Semiotik« (S. 26).

17 Ebd. S. 273.

18 *Haug,* Wolfgang Fritz: Kritik der Warenästhetik. Frankfurt a. M. [3]1972, S. 11.

19 Ebd. S. 17.

20 Vgl. *Gadamer,* Hans-Georg: Rhetorik, Hermeneutik und Ideologiekritik. In: Hermeneutik und Ideologiekritik. Frankfurt a. M. 1971.

21 *Schulz,* Walter: Philosophie in der veränderten Welt. Pfullingen 1972.

22 J. Kopperschmidt strebt eine der pragmatisch-positivistischen Verwertung entzogene Rhetorik in Abgrenzung zur »New Rhetoric« amerikanischer Provenienz an. Sein Entwurf in emanzipatorischer Absicht greift dabei auf die Ansätze der Frankfurter Schule, speziell auf J. Habermas, zurück. Bei diesem findet sich an zahlreichen Stellen das Motiv der »verschütteten Reflexion« (Erkenntnis und Interesse) und der »Herabsetzung der Produktivkraft Wissenschaft zur Produktivkraft einer industrialisierten Gesellschaft« (*Kopperschmidt,* Theorie und Praxis. Neuwied und Berlin [3]1969, S. 239). Vgl. auch Anm. 1.

23 *Richter,* Dieter: Geschichte und Dialektik in der marxistischen Literaturtheorie. In: Alternative 84, S. 3.

24 Die wichtigsten Aufsätze sind enthalten in: Texte der russischen Formalisten. Band I (Texte zur allgemeinen Literaturtheorie und zur Theorie der

Prosa) hrsg. von Jurij *Striedter*. München 1969. Band II (Texte zur Theorie des Verses und der poetischen Sprache) hrsg. von Wolf-Dieter *Stempel*. München 1972.

25 *Mukarovský*, Jan: Kapitel aus der Poetik. Frankfurt a. M. 1967.

26 Ebd. S. 13. Zur Methodologie äußert er in diesem Zusammenhang: »auch für die Geisteswissenschaften wird die aus den Naturwissenschaften bekannte experimentelle Arbeitsmethode zum Vorbild« (S. 12).

27 *Barthes*, Roland: Kritik und Wahrheit. Frankfurt a. M. 1967, S. 48.

28 *Weimann*, Robert: Literaturgeschichte und Strukturalismus. In: *ders.*: Literaturgeschichte und Mythologie. Berlin und Weimar [3]1974, S. 293.

29 *Dubois*, Jacques u. a.: Allgemeine Rhetorik. München 1974.

30 Ebd. S. 48.

31 *Brecht*, Bertolt: Der Dreigroschenprozeß. Werkausgabe Band 18 S. 139–209. Frankfurt a. M.

32 *Benjamin*, Walter: Das Kunstwerk im Zeitalter seiner technischen Reproduzierbarkeit. Frankfurt a. M. [3]1969. Benjamin hat in seinem Essay Brechts Prozeß-Erfahrungen verarbeitet.

33 *Weimann*, R.: Tradition als literatur-geschichtliche Kategorie. In: *ders.*: Literaturgeschichte und Mythologie. S. 63.

34 Der Ausdruck stammt aus dem gleichnamigen Essay von Max *Horkheimer* und Theodor W. *Adorno* in: Dialektik der Aufklärung. Amsterdam 1947.

35 *Ogden*, C. K./*Riachards*, I. A.: The Meaning of Meaning. [10]1972, Vorwort zur 1. Auflage von 1923, S. VIII.

36 Ebd. S. 10. Auf S. 36 ff. geben sie zahlreiche historische Beispiele für das, was sie »Sprachmagie« nennen. Es sind Belege für ihre These: »Die Macht der Worte ist die konservativste Kraft in unserem Leben« (S. 25).

37 Vgl. z. B. *Brooks*/*Cleanth*/*Warren*, Robert *Penn*: Modern Rhetoric. New York/Chicago/S. Francisco/Atlanta *1972.

38 Zit. nach *Brown*: Merle E. Kenneth Burke. Minneapolis 1969, S. 21.

39 *Benjamin*, W.: Der Autor als Produzent. In: *ders.*: Versuche über Brecht. Frankfurt a. M. [3]1971, S. 98 f.

40 Ebd. S. 105.

41 *Frisch*, Max: Der Autor und das Theater. In: *ders.*: Öffentlichkeit als Partner. Frankfurt a. M. [2]1967, S. 73.

42 *Brecht*, B.: Fünf Schwierigkeiten beim Schreiben der Wahrheit. In: *ders.*: Über Realismus. Leipzig 1968, S. 66.

V. 2. Roland Barthes

1 Es ist hier nicht der Ort, die umfangreichen Grundlagen ›des‹ Strukturalismus darzustellen. Nicht nur, weil es ›den‹ Strukturalismus nicht gibt, wie in jeder Einleitung zu lesen ist, sondern auch weil innerhalb jenes intellektuellen Bereichs in Frankreich, wo der Strukturalismus längst keine Mode mehr ist, die Überlegungen nicht abgeschlossen sind, so daß immer neue Grundlagen zur ›strukturalen Analyse der Gegenwartskultur« herangezogen werden. Bestes Beispiel dafür ist die ›Wiederentdeckung‹ der Rhetorik‹. Ich verweise auf: *Schiwy*, Günther: Der französische Strukturalismus. Mode Methode Ideologie. Mit einem Textanhang. Reinbek bei Hamburg 1969. *Broekman*, Jan M.: Strukturalismus. Moskau – Prag –

Paris. München 1971. *Wahl,* François (Hrsg.): Einführung in den Strukturalismus. Frankfurt/Main 1973 (Paris 1968).

2 Vgl. Einleitung zum Heft 16 der Zeitschrift ›Communications‹ 1970.

3 Vgl. *Barthes,* Roland: L'ancienne Rhétorique. Aide-mémoire. Communications Nr. 16, 1970.

4 *Dubois,* Jacques u. a.: Allgemeine Rhetorik. München 1974. (Paris 1970) S. 16.

5 Der Ethnologe Claude Lévi-Strauss greift in seiner zuerst 1945 erschienenen Arbeit ›Die Strukturanalyse in der Sprachwissenschaft und in der Anthropologie‹ (deutsch in: *Levi-Strauss,* Claude: Strukturale Anthropologie. Frankfurt/Main 1967. S. 43–67) die auf Saussure fußende Methode der Analyse in der Phonologie des ›Prager linguistischen Kreises‹ (Trubetzkoi) auf. Levi-Strauss erkennt als eine »unbewußte Infrastruktur« (S. 45) in den sozialen Tatsachen (Versandschaftssysteme, Heiratsregeln, Riten und anderem) symbolische Systeme, denen ein Kommunikationssystem zugrunde liegt.

6 *Barthes,* Roland: Eléments de Sémiologie. In: Communications Nr. 4, 1964. S. 132.

7 Vgl. Communications Nr. 4, 1964. S. 1.

8 *de Saussure,* Ferdinand: Grundfragen der allgemeinen Sprachwissenschaft. Hrsg. von Charles *Bally* und Albert *Sechehaye.* Berlin ²1967. S. 19.

9 Ebd.

10 Zur Problematik der Unterscheidung ›Semiotik‹ / ›Semiologie‹. Vgl. *Eco,* Umberto: Einführung in die Semiotik. München 1972 (Milano 1968). S. 17.

11 *de Saussure:* Grundfragen. S. 76 ff.

12 *Helbig,* G.: Geschichte der neueren Sprachwissenschaft. Reinbek 1974. S. 39.

13 Vgl. *Barthes,* Roland: Über die Semiologie der Mode und der Literatur. Ein Gespräch mit Raymond Bellour. Deutsch in: *Reif,* Adelbert (Hrsg.): Antworten der Strukturalisten. Hamburg 1973. S. 12 f.

14 *Barthes,* Roland: L'activité structuraliste. In: *ders.* Essais critiques. Paris 1964. S. 213–220. Hier zitiert nach *Schiwy,* Günther: Der französische Strukturalismus. Reinbek bei Hamburg 1969. Textanhang: *Barthes,* Roland: Die strukturalistische Tätigkeit. S. 157.

15 Ebd.

16 Ebd. S. 154.

17 Ebd. S. 157.

18 Ebd. S. 154.

19 Vgl. ebd. S. 155.

20 Ebd. S. 156.

21 Ebd.

22 Ebd. S. 154.

23 Vgl. *Barthes,* Roland: Die Rhetorik des Bildes. In: *Schiwy:* S. 158 ff., gekürzte Übersetzung von: *Barthes,* Roland. Rhétorique de l'image. In: Communications Nr. 4. S. 40 ff.

24 Vgl. ebd. S. 159.

25 Metapher soll die paradigmatische Ebene kennzeichnen, denn hier dominiert als Organisationsprinzip die Ersetzung eines Begriffs durch einen anderen. Metonymie soll die syntagmatische Ebene kennzeichnen, denn hier dominiert als Unterscheidungsmerkmal die Anordnung der Zeichen. (Vgl. *Lausberg,* Handbuch der literarischen Rhetorik. München 1960. §§ 565–571. »Die Metonymie verwendet [...] ein Wort in der Bedeutung

eines anderen Wortes, das semantisch mit dem verwendeten Wort in einer realen Beziehung steht.« *Lausberg:* § 565.) Siehe auch S. 244 f.

26 *Barthes,* Roland: Eléments de sémiologie. In: Communications Nr. 4 1964. S. 101.

27 *Barthes:* Rhetorik des Bildes. S. 163. (Das analysierte Beispiel zeigt ein halbgeöffnetes Netz mit der Ausbeute eines Markteinkaufs: Spaghettipäckchen, eine Dose, verpackter Käse, Tomaten, eine Paprika. Bedingungen für das Verständnis [kulturelles Wissen]: Kenntnis einer Kultur in der die Möglichkeit des ›Sich-selbst-Versorgens‹ auf dem Markt positiv besetzt ist etwa im Gegensatz zum ›Versorgtwerden« durch Tiefkühlkost. Mögliche Bedeutung aufgrund dieses Verständnisses: reiche Fülle, Frische der Produkte: Möglichkeit der Zubereitung durch die Hausfrau.)

28 Vgl. *Barthes:* Rhetorik des Bildes. S. 162.

29 Ebd.

30 Ebd.

31 Ebd.

32 Ebd.

33 *Barthes,* Roland: Eléments de Sémiologie. S. 130.

34 Ebd. S. 131.

35 Vgl. *Barthes:* Die Rhetorik des Bildes. S. 163.

36 Ebd. S. 165.

37 *Barthes:* Mythen des Alltags. Frankfurt [3]1794. (Paris 1957).

38 Ebd. S. 7.

39 Ebd.

40 Der Mythos ist für Barthes »in voller Übereinstimmung mit der Etymologie« (ebd. S. 85) eine Aussage, d. h. ein Mitteilungssystem, eine Botschaft. Er ist »kein Objekt, kein Begriff oder eine Idee. [...]; er ist eine Weise des Bedeutens, eine Form.« Ebd.

41 Ebd. S. 86.

42 Ebd. S. 91.

43 Ebd.

44 Ebd. S. 97 f.

45 Ebd. S. 103.

46 Ebd. S. 93.

47 Ebd. S. 130. Barthes gibt ein anschauliches Beispiel: Beim Friseur betrachtet der Kunde das Titelbild einer französischen Illustrierten. Auf dem Titelbild ist ein junger Neger in einer Uniform der französischen Armee abgebildet, der, den Blick erhoben, der Trikolore den militärischen Gruß erweist. Das Bild soll dem Betrachter bedeuten: »daß Frankreich ein großes Imperium ist, das alle seine Söhne, ohne Unterschied der Hautfarbe, treu unter seiner Fahne dienen und daß es kein besseres Argument gegen die Widersacher eines angeblichen Kolonialismus gibt als den Eifer dieses jungen Negers, seinen angeblichen Unterdrückern zu dienen. Ich habe also auch hier ein erweitertes semiologisches System vor mir: es enthält ein Bedeutendes, das selbst schon von einem vorhergehenden System geschaffen wird *(ein farbiger Soldat erweist den französischen militärischen Gruß),* es enthält ein Bedeutetes (das hier eine absichtliche Mischung von Franzosentum und Soldatentum ist), und es enthält schließlich die Präsenz des Bedeuteten durch das Bedeutende hindurch.« Ebd. S. 95.

48 Ebd. S. 140.

49 Ebd.

50 Ebd.

51 Ebd. S. 142.
52 Ebd. S. 144.
53 Ebd.
54 Ebd. S. 146.
55 *Barthes:* Literatur oder Geschichte. Frankfurt/Main 1969. S. 108 f.
56 *Barthes:* Kritik und Wahrheit. Frankfurt/Main 1967. S. 68.
57 Wenn auch die gegen Ende des 19. Jahrhunderts auftretende Adaption des Positivismus in den Geisteswissenschaften im Bereich der Literaturwissenschaft in erster Linie nicht dazu führte, daß »der Innenhorizont, das, was die Dichtung konstituiert und was wesentlich zu ihr gehört [...]«, [*Leibfried,* Erwin: Kritische Wissenschaft vom Text. Stuttgart ²1972. S. 130] untersucht werden, so richteten sich doch schon einige methodische Forderungen von Positivisten des Wiener Kreises darauf, die Elemente der Literatur und deren ›Funktionalität‹ zu erforschen (so z. B. Mach).
58 *Erlich,* Victor: Russischer Formalismus. München 1964. Hier zitiert nach: suhrkamp taschenbuch wissenschaft 21, Frankfurt 1973, S. 71.
59 Jakobson war einst Mitglied der ›Gruppe der russischen Formalisten‹, dann in der Prager Schule aktiv, nach dem Zweiten Weltkrieg Lehrtätigkeit in den USA.
60 *Jakobson,* Roman: Linguistik und Poetik. In: *Blumensath,* Heinz (Hrsg.): Strukturalismus in der Literaturwissenschaft. Köln 1972. S. 120.
61 Jakobson fügt dem traditionellen Modell der Sprachfunktionen (nach Bühler), das die denotative (Einstellung auf Inhalt, Nachricht), die emotive (Sprecher betont seine persönliche Einstellung) und die konative Funktion (Ausrichtung der Einstellung des Sprechers auf den Zuhörer) umfaßt, drei weitere Funktionen hinzu: 4. Die phatische Funktion. Sie bezeichnet die Einstellung des Sprechers auf den Kontakt zum Zuhörer. 5. Die metasprachliche Funktion. Sie bezeichnet die Einstellung des Sprechers auf den Code (Sprache). Sie wird oft zur Verdeutlichung gebraucht. 6. Die poetische Funktion. Sie bezeichnet die Einstellung des Sprechers zur Nachricht um ihrer selbst willen.
62 *Jakobson,* Roman: Zwei Seiten der Sprache und zwei Typen aphasischer Störungen. Berlin (DDR) 1960. Teil II. Daraus entnommen: S. 51–54 und 65–70 als: *Jakobson,* Roman: Zum Metaphernbegriff. In: *Ihwe,* Jens (Hrsg.): Literaturwissenschaft und Linguistik. Ergebnisse und Perspektiven. Band I. Frankfurt/Main 1971. S. 328.
63 Ebd. S. 329.
64 Ebd.
65 *Varga,* Kibédi A: La rhétorique et la critique structuraliste. In: Het Fransche Boek, Januar 1968. S. 69 f.
66 *Genette,* Gérad: La rhéthorique restreinte. In: Communications Nr. 16 1970. S. 158 ff.
67 Rhetorik – so nannte man bis in unser Jahrhundert die Abschlußklassen des Gymnasiums in Frankreich. Vgl. dazu: *Barthes:* L'ancienne rhétorique. Aide mémoire. In: Communications Nr. 16 1970. S. 173: »Geboren vor 2500 Jahren aus Prozessen um Grundbesitz, verliert sich die Rhetorik und stirbt in der Klasse der ›rhétorique‹, niedere Weihe der bürgerlichen Kultur.«
68 *Genette:* S. 160.
69 Vgl. ebd. S. 161.
70 Fontaniers Rolle als Begründer der modernen Rhetorik ist eine symbolische. Genette merkt an, daß sein Handbuch zwar in den Schulklassen des

19. Jahrhunderts sehr häufig benutzt wurde, daß aber darüber hinaus sein praktischer Einfluß ›gleich Null‹ war.
71 *Genette: S. 161.*
72 *Barhtes:* Literature as Rhetoric, in: E. and T. *Burus* (Hrsg.): Sociology of Literature and Drama. London, 1973. S. 196.
73 Ebd. S. 197.
74 *Barthes:* Literatur oder Geschichte, Frankfurt am Main 1969. S. 21.

V. 3. Kenneth Burke

1 Robert *Weimann:* New Criticism und die Entwicklung der bürgerlichen Literaturwissenschaft. Halle/Saale 1962. S. 85.
2 »Die Antworten darauf [wer dem New Criticism zuzuschreiben sei, d. Verf.] erreichten einen solchen Grad der Uneinigkeit, daß C. Hugh Homann sich 1955 bereits in der Lage glaubte, dieses Problem nur noch statistisch – durch eine Meinungsfrage in acht Werken der einschlägigen Sekundärliteratur – lösen zu können. Das Ergebnis erbrachte keine Klarheit. [...] John Crowe Ransom und R. P. Blackmur findet er je siebenmal, Allen Tate, Yvor Winters und Cleanth Brooks je sechsmal, Kenneth Burke viermal, Robert Penn Warren dreimal, Edmund Wilson zweimal genannt.« Ulrich *Halfmann:* Der amerikanische »New Criticism«. Frankfurt/Main 1971. S. 6.
3 Godehard *Schramm:* New Criticsm. In: Heinz Ludwig *Arnold*/Volker *Sinemus* (Hrsg.): Grundzüge der Literatur- und Sprachwissenschaft. Bd. 1: Literaturwissenschaft. München 1973. S. 367.
4 Vgl. *Weimann:* New Criticism. S. 13 f.
5 Vgl. die Einleitung zu diesem Abschnitt: U. P. *Kampers:* Zu einigen Grundlagen moderner Rhetorik.
6 Vgl. *Halfmann:* New Criticism. S. 40.
7 Ebd.
8 Vgl. *Schramm:* New Criticism. S. 369.
9 Ebd.
10 Ebd.
11 »imagery« entspricht in etwa dem deutschen Begriff »anschauliche Schilderung«.
12 *Schramm:* New Criticism. S. 369 f.
13 Vgl. Ludwig *Fischer:* Rhetorik. In: *Arnold/Sinemus:* Literaturwissenschaft. a.a.O. S. 134–156.
14 Merle E. *Brown:* Kenneth Burke. Minneapolis 1969. S. 5; übersetzt von den Verfassern.
15 Vgl. L. Virginia *Holland:* Counterpoint: Kenneth Burke and Aristotele's Theories of Rhetoric. New York o. J. An dieser Stelle möchten wir Mrs. S. *Juntune* von der Okemos High School, Okemos/Michigan, unseren Dank aussprechen, da sie uns den Zugang zu diesem Werk ermöglichte, durch das wir grundlegende Erkenntnisse für unsere Arbeit gewannen.
16 Vgl. Armin Paul *Frank:* Notes on the Reception of Kenneth Burke in Europe. In: *Rueckert:* Critical Responses. S. 424–443.
17 Hierbei handelt es sich um die folgenden Bücher: Kenneth *Burke:* Dichtung als symbolische Handlung. Eine Theorie der Literatur. Frankfurt/Main 1966. Kenneth *Burke:* Die Rhetorik in Hitlers ›Mein Kampf‹ und andere Essays zur Strategie der Überredung. Frankfurt/Main 1967.

18 Marie Hochmuth *Nichols:* Kenneth Burke and the »New Rhetoric«. In: *Rueckert:* Critical Responses. S. 283.
19 Willi *Erzgräber:* Moderne englische und amerikanische Literaturkritik. Darmstadt 1970; bes. die Einleitung.
20 Z. B. *Brown:* Kenneth Burke; Hochmuth *Nichols:* Kenneth Burke.
21 *Brown:* Kenneth Burke. S. 39: »The terms, but not the meanings, of the New Critics are what he adopts.« [Die Begriffe, aber nicht die Bedeutungen, sind es, die er von den Neuen Kritikern übernommen hat; d. Verf.]
22 Vgl. dazu u. a. Max *Black:* A Review of A Grammer of Motives. In: *Rueckert:* Critical Responses. S. 166–169.
23 Zit. nach: Hochmuth *Nichols:* Kenneth Burke. S. 271.
24 Vgl. *Fischer:* Rhetorik; ebenso: Richard E. *Young*/Alton L. *Becker*/ Kenneth L. *Pike:* Rhetoric: Discovery and Change. New York/Chicago/ San Francisco/Altana 1970; bes. die Einleitung.
25 Dies fiel bereits einem frühen Rezensenten auf; Th. W. *Copeland:* Critics at Work. The Yale Review. XL (Autumn 1950). S. 167–169; zit. nach: Hochmuth *Nichols:* Kenneth Burke. S. 276: »It gradually appears that there is no form of action of men upon each other (or of individuals on themselves) which is really outside of rhetoric. But if so, we should certainly ask whether rhetoric as a term has any defining value.« [Es scheint allmählich, daß es keine Art der Handlung der Menschen unter sich (oder der Individuen mit sich selbst) gibt, die wirklich außerhalb der Rhetorik liegt. Aber wenn es so ist, sollten wir gewiß fragen, ob Rhetorik als Begriff irgendeinen definitorischen Wert besitzt; d. Verf.]
26 *Young/Becker/Pike:* Rhetoric. S. 8 f.
27 Ebd. S. 9.
28 Ebd. S. 1.
29 *Holland:* Counterpoint. S. 7.
30 Kenneth *Burke:* A Rhetoric of Motives. New York 1950. S. 291.
31 *Burke:* Hitlers ›Mein Kampf‹. S. 14.
32 *Holland:* Counterpoint. S. 7.
33 *Burke:* Hitlers ›Mein Kampf‹. S. 150. Anm. 15.
34 Kenneth *Burke:* Definition of Man. In: *ders.:* Language as Symbolic Action. Berkeley 1968. S. 3.
35 *Burke:* Rhetoric and Poetics. In: *ders.:* Symbolic Action. S. 295.
36 *Burke:* Rhetoric of Motives. S. 276.
37 *Burke:* Terministic Screens. In: *ders.:* Symbolic Action. S. 44.
38 Vgl. *Burke:* Definition of Man. S. 5.
39 *Burke:* What are the Signs of What? In: *ders.:* Symbolic Action. S. 294.
40 Ebd. S. 371.
41 Ebd. S. 373.
42 Ebd. S. 361/373.
43 Ebd. S. 368.
44 *Burke:* Definition of Man. S. 9.
45 *Burke:* Dramatistic View of the Origines of Language. In: *ders.:* Symbolic Action. S. 419.
46 Vgl. *Burke:* Terministic Screens. S. 44 f.
47 Vgl. ebd.
48 *Burke:* Myth, Poetry and Philosophy. In: *ders.:* Symbolic Action.
49 Ebd. S. 398.
50 Vgl. zum folgenden den Teil 1.1.

51 Robert E. *Spiller* u. a. (Hrsg.): Literaturgeschichte der Vereinigten Staaten. Mainz 1959. S. 1387.
52 Auch hier ergibt sich die Schwierigkeit, daß die Entwicklung Burkes im Detail in dieser Arbeit nicht berücksichtigt werden kann. Wir mußten uns darauf beschränken, allgemeine, für seine Werke gültige Tendenzen herauszuarbeiten.
53 Die Definition des Begriffes »Gedicht« wird von Burke sehr weit gefaßt; er meint damit sämtliche Literatur.
54 J. *Strelka*/W. *Hinderer:* Moderne amerikanische Literaturtheorien. Frankfurt/Main 1970. S. 171.
55 Ebd. S. 172.
56 Die Definition des Begriffes »Dichter« wird von Burke genau so weit gefaßt wie die des Begriffes »Gedicht«; vgl. Anm. 53.
57 *Burke:* Symbolische Handlung. S. 7.
58 Vgl. hierzu Teil 2.1.
59 *Burke:* Symbolische Handlung. S. 8.
60 Ebd. S. 17.
61 Vgl. S. 30.
62 *Burke:* Terministic Screens. S. 296.
63 Vgl. *Burke:* Rhetoric of Motives. S. 179.
64 *Burke:* Vom Nutzen und Nachteil des Entlarvens. In: *Burke:* Hitler ›Mein Kampf‹. S. 93.
65 Ebd.
66 Ebd.
67 *Holland:* Counterpoint. S. 13.
68 Ebd. S. 13 ff.
69 *Burke:* Rhetoric of Motives. S. 21 ff.
70 Ebd. S. 22; Hervorhebg. im Original.
71 Vgl. Hochmuth *Nichols:* Kenneth Burke. S. 257.
72 *Burke:* Rhetoric of Motives. S. 22.
73 Vgl. *Burke:* Rhetoric of Motives. S. 23; ebenso: *Holland:* Counterpoint. S. 114. Anm. 17.
74 *Burke:* Rhetoric of Motives. S. 23.
75 Ebd. S. 43 f.
76 Hochmuth *Nichols:* Kenneth Burke. S. 274 f.; Hervorhebg. im Original.
77 Zit. nach: Adam *Schaff:* Einführung in die Semantik. Frankfurt/Main 1969. S. 196; vgl. auch Christian *Enzensberger,* Nachwort zu: Lewis *Carrol:* Alice im Wunderland. Frankfurt/Main 1974.
78 Vgl. *Holland:* Counterpoint. S. 26 ff.
79 *Burke:* Counter-Statement. Berkeley/Los Angeles 1968. S. 210.
80 *Burke:* The Philosophy of Literary Form. Louisiana 1941. S. 321; zit. nach: Hochmuth *Nichols:* Kenneth Burke. S. 272; Hervorhebg. im Original.
81 *Holland:* Counterpoint. S. 26.
82 Ebd.
83 Ebd.
84 Vgl. ebd. S. 27.
85 *Burke:* Lexicon Rhetoricae. In: *Stallmann* (Hrsg.): Critiques and Essays in Criticism. New York 1949. S. 234.
86 Ebd. Hervorhebung im Original.
87 Vgl. ebd.
88 Vgl. *Burke:* Rhetoric of Motives. S. 40 ff.

89 Ebd. S. 43; Hervorhebung des gesamten Zitates im Original.

90 Vgl. *Holland:* Counterpoint. S. 86 ff.; »To the extent that both Aristotle and Burke »define« rhetoric, there are four possible differences: (1) the language symbol vs. *any* symbol; (2) written and spoken language vs. spoken language« (3) therory and use of rhetoric vs. theory; (4) the method of the strategy of identification vs. the modes of persuasion. Three are apparent differences only. Burke's definition, accordingly, is in essence the same as Aristotle's with one exception. Burke conceives of rhetoric as a body of persuasive principles that is concerned with spoken and written language. It may be utilized by speaker and writer alike. Aristotle, on the other hand, conceives of rhetoric as a body of persuasive principles that is concerned with spoken language. It is to be utilized only by the speaker.« A.a.O., S. 89 f. Hervorhebung im Original. [Bis zu dem Grad, daß beide, Aristoteles und Burke, Rhetorik »definieren«, gibt es vier mögliche Unterschiede: (1) das sprachliche Symbol vs. irgendein beliebiges Symbol; (2) geschriebene und gesprochene Sprache vs. gesprochene Sprache; (3) Theorie und Praxis vs. Theorie; (4) das System der Strategie der Identifikation vs. die Arten der Überredung bzw. Überzeugung. Drei sind nur scheinbar Unterschiede. Burkes Definition ist demgemäß im Kern die gleiche wie die von Aristoteles, mit einer Ausnahme. Burke stellt sich Rhetorik als ein System von Überredungs- bzw. Überzeugungsprinzipien vor, das sich auf gesprochene und geschriebene Sprache bezieht. Es kann ebenso vom Sprechenden wie vom Schreibenden benutzt werden. Aristoteles andererseits stellt sich Rhetorik als ein System von Überredungs- bzw. Überzeugungsprinzipien vor, das sich auf gesprochene Sprache bezieht. Es soll nur vom Redner benutzt werden; d. Verf.]

Literaturverzeichnis

Adamietz, Joachim: Ciceros de inventione und die Rhetorik ad Herennium. Phil. Diss. (masch.) Marburg 1960.

Adelung, Johann Christoph: Umständliches Lehrgebäude der Deutschen Sprache zur Erläuterung der Deutschen Sprachlehre für Schulen. 2 Bde. Leipzig 1782. Nachdruck Hildesheim, New York 1971.

Anonym: Anleitung zur Poesie. Darinnen ihr Ursprung, Wachsthum, Beschaffenheit und rechter Gebrauch untersucht und gezeigt wird. Breslau 1725.

Adorno, Theodor Wiesengrund: Standort des Erzählers im zeitgenössischen Roman. In: *ders.:* Noten zur Literatur I. Frankfurt 1969.

Alkuin: Disputatio de rhetorica et de virtutibus. Hrsg., übers., eingel. u. mit Noten vers. von W. S. *Howell.* Princeton 1941.

Altvater, Elmar: Industrieschulen und Fabrikschulen im Frühkapitalismus. In: *ders.* u. Freerk *Huisken* (Hrsg.): Materialien zur politischen Ökonomie des Ausbildungssektors. Erlangen 1971.

Appel, Benedikt: Das Bildungs- und Erziehungsideal Quintilians nach der Institutio oratoria. München, Phil. Diss. 1913 (Donauwörth 1914).

Aristoteles: Kategorien / Lehre vom Satz (Organon I/II). Übers. u. hrsg. v. Eugen *Rolfes,* Hamburg 1974, (Nachdruck v. 1925, 2. Aufl.).

–: Metaphysik. Übers. u. hrsg. v. Franz F. *Schwarz,* Stuttgart 1970.

–: Die Nikomachische Ethik. Übers. u. hrsg. v. Olof *Gigon,* München 1972.

–: Poetik. Übers. u. hrsg. v. O. *Gigon,* Stuttgart 1961.

–: Politik. Übers. u. hrsg. v. O. *Gigon,* München 1973.

–: Sophistische Widerlegungen (Organon VI). Übers. u. hrsg. v. E. *Rolfes,* Hamburg 1968 (Nachdr. v. 1922, 2. Aufl.).

–: Topik (Organon V). Übers. u. hrsg. v. E. *Rolfes,* Hamburg 1968 (Nachdr. v. 1922, 2. Aufl.).

–: Rhetorik. Die Lehrschriften. Hrsg., übertragen u. erläutert v. Paul *Gohlke.* Paderborn 1959.

[Aristoteles]: Rhetorik an Alexander. Die Lehrschriften. Hrsg., übertragen u. erläutert v. Paul *Gohlke.* Paderborn 1959.

Arndt, Ernst Moritz: Über den Volkshaß und den Gebrauch einer fremden Sprache. Leipzig 1813.

Arnim, Hans v.: Leben und Werke des Dion von Prusa. Berlin 1898.

Arnold, Heinz Ludwig und *Sinemus,* Volker: Grundzüge der Literatur- und Sprachwissenschaft. Band 1. München 1973.

Auerbach, Erich: Sermo humilis. In: Romanische Forschungen Bd. 64, Heft 1 u. 2. Frankfurt/M. 1952.

Augustinus: De doctrina christiana. Übers. n. d. Bibliothek der Kirchenväter. 1911 ff. Bd. 34.

Baeumler, Alfred: Das Irrationalitätsproblem in der Ästhetik und Logik des 18. Jahrhunderts bis zur Kritik der Urteilskraft. Darmstadt [2]1967. (Repro. Nachdruck der 1. Auflage Halle/S. 1923 = Kants Kritik der Urteilskraft. Ihre Geschichte und Systematik Bd. 1.

–: Das mythische Weltalter. München 1965 ([1]1926).

Barner, Wilfried: Barockrhetorik. Tübingen 1970.

Barthes, Roland: Mythen des Alltags. Frankfurt/Main [3]1974 (Paris 1957).

–: Am Nullpunkt der Literatur. Hamburg 1959 (Paris 1953).

–: Essais critiques. Paris 1964.

–: Kritik und Wahrheit. Frankfurt/Main 1967 (Paris 1966).

–: Literatur oder Geschichte. Frankfurt/Main 1969.

Barwick, Karl: Die Gliederung der rhetorischen TEXNH und die Horazische Epistula ad Pisones. In: Hermes, Zeitschr. f. class. Philologie 57. Bd., 1922 (Repr.: Nendeln, Liechtenstein 1967).

–: Der Dialogus de oratoribus des Tacitus (Motive und Zeit seiner Entstehung). In: Berichte über d. Verhandlungen der sächs. Akademie d. Wissenschaften zu Leipzig Bd. 101, Heft 4, Berlin/DDR 1954.

–: Probleme der stoischen Sprachlehre und Rhetorik. In: Abhandlungen der sächs. Akademie d. Wissenschaften zu Leipzig, Phil.-hist. Klasse Bd. 49, Heft 3, Berlin/DDR 1957.

–: Martial und die zeitgenössische Rhetorik. In: Ber. über d. Verhandlg. d. sächs. Akad. d. Wissenschaften zu Leipzig, Phil.-hist. Kl. Bd. 104, Heft 1, Berlin/DDR 1959.

–: Das rednerische Bildungsideal Ciceros. In: Abhandlungen d. sächs. Akad. d. Wissenschaften zu Leipzig, Phil.-hist. Kl. Bd. 54, Heft 3, Berlin/DDR 1963.

Beaujean, Marion: Der Trivialroman in der zweiten Hälfte des 18. Jahrhunderts, Die Ursprünge des modernen Unterhaltungsromans. Abhandlungen zur Kunst-, Musik- und Literaturwissenschaft Bd. 22. Bonn 1964.

Beck, Ingo: Untersuchungen zur Theorie des Genos symbuleutikon. Phil. Diss. (masch.) Hamburg 1970.

Bender, Wolfgang: Johann Jakob Bodmer und Johann Jakob Breitinger. Stuttgart 1973.

Benjamin, Walter: Ursprung des deutschen Trauerspiels. Berlin 1928.

–: Der Erzähler. In: *ders.:* Illuminationen. Ausgewählte Schriften. Frankfurt 1961.

Bernays, Jacob: Grundzüge der verlorenen Abhandlung des Aristoteles über Wirkung der Tragödie. Hildesheim – New York 1970.

Beste, Wilhelm: Die bedeutendsten Kanzelredner der älteren lutherischen Kirche [...]. 3 Bde. Dresden 1856–1886.

Bierwisch, Manfred: Strukturalismus. Geschichte, Probleme und Methoden. In: Kursbuch 5, 1966. S. 77 ff.

Biesterfeld, Wolfgang: Die literarische Utopie. Stuttgart 1974.

Bismark, Otto v.: als Redner. Hsg. v. *Böhm-Dove.* Berlin u. Stuttgart o. J. (16. Bd.).

Bircher, Martin (Hrsg.): Die Fruchtbringende Gesellschaft. Quellen und Dokumente in vier Bänden. München 1970 ff.

Birken, Sigmund von: Teutsche Rede-bind- und Dicht-Kunst / oder Kurze Anweisung zur Teutschen Poesy / mit Geistlichen Exempeln [...] Nürnberg 1679.

Blackall, Eric A.: Die Entwicklung des Deutschen zur Literatursprache 1700–1775. Stuttgart 1966.

Blanckenburg, Friedrich von: Versuch über den Roman. 1774. Unveränd. Nachdruck Stuttgart 1965. Nachwort v. Eberhard Lämmert.

Blass, Friedrich: Die attische Beredsamkeit. 3 Bde., Leipzig [3]1887–1898.

Bloch, Ernst: Subjekt-Objekt. Werke Bd. 8, Frankfurt/M. 1962.

–: Tübinger Einleitung in die Philosophie 2, Frankfurt/M. 1969, 4. Aufl. (1. Aufl. 1964).

–: Das Materialismusproblem, seine Geschichte und Substanz. Werke Bd. 7, Frankfurt/M. 1972.

Blum, Herwig: Die antike Mnemotechnik. Spudasmata, Studien zur klass. Philologie u. ihren Grenzgebieten Bd. XV, Hildesheim–New York 1969.

Blumensath, Hans (Hrsg.): Strukturalismus in der Literaturwissenschaft. Köln 1972 (mit ausführlicher Bibliographie).

Bodmer, Johann Jakob: Brief-Wechsel von der Krafft des Geschmackes in Beurtheilung der Wohlredenheit. O. O. 1736. Repro Stuttgart 1966.

Böckmann, Paul: Formgeschichte der deutschen Dichtung. Bd. 1: Von der Sinnbildsprache zur Ausdruckssprache. Hamburg [2]1965.

Bohse, August (Talander): Talanders neuerläuterte Teutsche Rede-Kunst und Brieffverfasseung / Oder Auffrichtige Anleitung / wie sowohl bey Hofe / als auch in bürgerlichen Angelegenheit eine geschickte Compliment, gute Oration, und wohlbefliessder Brief / einzurichten [...] Leipzig 1700 (3. Auflage des »Weg-Weisers zur teutschen Rede-Kunst [...]«).

Bouterwek, Friedrich: Geschichte der Poesie und Beredsamkeit seit dem Ende des 13. Jahrhunderts. 4 Bde. Göttingen 1801–1819.

Brandt, Wilhelm J.: The Rhetoric of Argumentation. Indianapolis/New York 1970.

Brecht, Bertolt: Über eine nichtaristotelische Dramatik. In: Ges. Werke Bd. 15, Schriften zum Theater I, Frankfurt/M. 1967.

Breen, Quirinus: The Subordination of Philosophy to Rhetoric in Melanchthon. A Study of his reply to G. Pico della Mirandola. In: Archiv für Reformationsgeschichte 43. 1952. H. 1, S. 13–28.

Breuer, Dieter: Einführung in die pragmatische Texttheorie. München 1974.

Brinkschulte, Eduard: Julius Caesar Scaligers kunsttheoretische Anschauungen und deren Hauptquellen. In: Renaissance und Philosophie. Beiträge zur Geschichte der Philosophie. 10. Heft. Bonn 1914.

Broekman, Jan M.: Strukturalismus. München 1971.

Brooks, Cleanth/*Warren,* Robert Penn: Modern Rhetoric. New York/Chicago/San Francisco/Atlanta [3]1972.

Brown, Merle E.: Kenneth Burke – Pamphlets on American Writers. Minneapolis 1969.

Brüggemann, Fritz: Der Kampf um die bürgerliche Welt- und Lebensanschauung in der deutschen Literaturwissenschaft und Geistesgeschichte. Jg. 3, Halle 1925, S. 94–127.

–: Hrsg. der Reihe: Aufklärung (14) in: Deutsche Literatur in Entwicklungsreihen. Leipzig.

–: Bd. 2: Das Weltbild der deutschen Aufklärung. 1930.

–: Bd. 3: Gottscheds Lebens- und Kunstreform. 1935.

–: Bd. 4: Vorboten der bürgerlichen Kultur. 1931.

–: Bd. 5: Die bürgerliche Gemeinschaftskultur der vierziger Jahre. 1933.

–: Bd. 7: Der Anbruch der Gefühlskultur in den fünfziger Jahren. 1935.

–: Bd. 8: Die Anfänge des bürgerlichen Trauerspiels in den fünfziger Jahren. 1934.

–: Bd. 11: Die Aufnahme Shakespeares auf der Bühne der Aufklärung in den sechziger und siebziger Jahren. 1937.

Bruford, Walter Horace: Die gesellschaftlichen Grundlagen der Goethezeit. Weimar 1936.

Bruhn, Hans: Specimen vocabularii rhetorici ad inferioris aetatis latinitatem pertinens. Diss. Marburg 1911.

Buchheit, Vinzenz: Untersuchungen zur Theorie des Genos Epideiktikon von Gorgias bis Aristoteles. München 1960.

Buchner, August: Anleitung Zur Deutschen Poeterey [...]. Wittenberg 1665. Nachdr. Hrsg. M. *Szyrocki* (Dt. Neudr. R. Barock 5) Tübingen 1966.

Buck, August: Barock und Manierismus: die Anti-Renaissance. In: Forschungen und Fortschritte 39. 1965. H. 8, S. 246–249.

Buck, August; *Heitmann,* Klaus; *Mettmann,* Walter (Hrsg.): Dichtungslehren der Romania aus der Zeit der Renaissance und des Barock. Frankfurt/Main 1972.

Buck, Theo: Diderot und Brecht oder Über Schwierigkeiten mit der Rationalität in Deutschland. Tübingen 1971.

Burdach, Konrad: Reformation, Renaissance, Humanismus – zwei Abhandlungen über die Grundlage moderner Bildung und Sprachkunst. Darmstadt [3]1963.

Burger, Heinz Otto: ›Dasein heißt eine Rolle spielen.‹ Studien zur deutschen Literaturgeschichte. Literatur als Kunst. Eine Schriftenreihe hrsg. von Kurt *May* und Walter *Höllerer.* München 1963.

–: Renaissance – Humanismus – Reformation. Deutsche Literatur im europäischen Kontext. Bad Homburg v. d. H., Berlin, Zürich 1969.

Burke, Kenneth: The Philosophy of Literary Form. Louisiana 1941 Lexicon Rhetoricae. In: Stallmann, Robert *Wooster* (Hrsg.): Critiques and Essays in Criticism. New York 1949. S. 234–249.

–: Psychology and Form. In: *Stallmann:* Critiques. a.a.O. S. 224–233.

–: A Rhetoric of Motives. New York 1950.

–: U. a.: Über Formalismus – Diskussion eines ästhetischen Begriffs. Frankfurt/Main 1966.

–: Die Rhetorik in Hitlers ›Mein Kampf‹ und andere Essays zur Strategie der Überredung. Frankfurt/Main 1967.

–: Counter-Statement. Berkeley/Los Angeles 1968.

–: Zur Methodologie. In: *Strelka,* Josef *Hinderer,* Walter (Hrsg.): Moderne amerikanische Literaturtheorien. Frankfurt/Main 1970. S. 169–183.

Capua, A. G. de: Baroque and Mannerism: Reassessment 1965. In: Colloquia Germanica 1. 1967. S. 101–110.

Carozza, Davy A.: For a definition of mannerism: the Hatzfeldian thesis. In: Colloquia Germanica 1. 1967. S. 66–77.

Cassirer, Ernst: Eidos und Eidolon. Das Problem des Schönen und der Kunst in Platons Dialogen. In: Vorträge d. Bibl. Warburg II, 1, 1922/23.

Castiglione, Baldesar: Das Buch vom Hofmann. Übers. von Fritz *Baumgart.* Bremen 1960.

Cicero, Marcus Tullius: Rhetorik oder Von der rhetorischen Erfindungskunst. Übers. v. Wilhelm *Binder,* Stuttgart o. J., (Hoffmansche Verlags-Buchhandlung).

–: Vom Redner (de oratore). Übers. u. hrsg. v. Raphael *Kühner,* München o. J.

–: Der Redner (orator). Brutus (De claris oratoribus). Übers. v. Julius *Sommerbrodt* u. Wilhelm *Binder,* eingel. v. Marion Müller, München o. J.

–: Reden. Übers., eingel. u. erläut. v. Marion *Giebel,* München 1970.
–: Über den Staat. Übers. u. hrsg. v. Walther *Sontheimer,* Stuttgart 1971.
–: Gespräche in Tusculum. Übers. u. hrsg. v. Olof *Gigon,* Stuttgart 1973.
–: Brutus. Erläutert v. Otto *Jahn* und Wilhelm *Kroll,* 7. Auflage, überarbeitet v. Bernhard *Kytzler,* Zürich–Berlin 1964.
–: Orator. Textbearbeitung u. Einl. v. Otto *Seel,* Heidelberger Texte, Lateinische Reihe Bd. 21, Heidelberg 1952.
[*Cicero,* Marcus Tullius]: Rhetorik an Herennius. Übers. v. Christian *Walz,* Werke Bd. 26, Römische Prosaiker in neuen Übersetzungen Bd. 160, Stuttgart 1842.
Clarke, Martin Lowther: Die Rhetorik bei den Römern. Göttingen 1968.
Communications: (Zeitschrift) Nr. 4 Recheres sémiologiques (1964).
–: Nr. 8 L'analyse structurale du récit (1966).
–: Nr. 16 Recherches rhétoriques (1970).
Conrady, Karl Otto: Lateinische Dichtungstradition und deutsche Lyrik des 17. Jahrhunderts. Reihe: Bonner Arbeiten zur deutschen Literatur. Bd. 4. Bonn 1962.
Croll, Morris W.: Style, Rhetoric, and Rhythm. Essays by Morris W. Croll. Edited by J. M. *Patrick,* R. O. *Evans* u. a. Princeton, New Jersey 1966.
Curtius, Ernst Robert: Europäische Literatur und lateinisches Mittelalter. Bern, München [6]1967.
–: Die Lehre von den drei Stilen in Altertum und Mittelalter. In: Romanische Forschungen Bd. 64, 1./2. Heft, 1952.
–: Dichtung und Rhetorik im Mittelalter. In: DVjS, 16. Jg., Bd. 16, Halle 1938.
–: Zur Literaturästhetik des Mittelalters. In: Zeitschrift für romanische Philologie 58, 1938.
Damaschke, Adolf: Geschichte der Redekunst. Jena 1921.
Dante, Alighieri: Über das Dichten in der Muttersprache. Originaltitel: De vulgari eloquentia. Aus dem Lateinischen übersetzt und erläutert von Franz *Dornseiff* und Joseph *Balogh.* Unveränderter Nachdruck der Ausgabe Darmstadt 1925. Darmstadt 1966.
Dau, Rudolf: Friedrich Schiller und die Trivialliteratur. In: Weimarer Beiträge Jg. XVI. Heft 9/1970.
Daunicht, Richard: Die Entstehung des bürgerlichen Trauerspiels in Deutschland. Berlin 1963.
Derbolav, Josef: Platons Sprachphilosophie im Kratylos und in den späteren Schriften. Impulse der Forschung Bd. 10, Darmstadt 1972.
Dieckmann, Walter: Sprache in der Politik. Heidelberg 1969.
Diels, Hermann: Die Fragmente der Vorsokratiker. Griech. u. dtsch., 6. verbesserte Aufl. hrsg. v. Walter *Kranz* (1. Aufl. 1903), 3 Bde., Berlin-Grunewald 1951–52.
Dilthey, Wilhelm: Gesammelte Schriften. II. Band: Weltanschauung und Analyse des Menschen seit Renaissance und Reformation. Stuttgart, Göttingen [7]1964.
Dockhorn, Klaus: Macht und Wirkung der Rhetorik. Vier Aufsätze zur Ideengeschichte der Vormoderne. Respublica Literaria 2. Bd. Homburg v. d. H., Berlin, Zürich 1968.
–: Die Rhetorik als Quelle des vorromantischen Irrationalismus in der Literatur- und Geistesgeschichte. In: Nachrichten der Akademie der Wissenschaften in Göttingen. Phil.-Hist.-Klasse 5. 1949. S. 109–150.
Doderer, Klaus: Fabeln, Figuren, Lehren. Zürich 1970.

Dolch, Josef: Lehrplan des Abendlandes. Zweieinhalb Jahrtausende seiner Geschichte. Ratingen 1965.

Drost, Wolfgang: Strukturprobleme des Manierismus in Literatur und bildender Kunst. Vicenzo Giusti und die Malerei des XVI. Jahrhunderts. In: Arcadia. Zeitschrift für vergleichende Literaturwissenschaft 7. 1972. S. 12–36.

Dubois, Jacques u. a.: Allgemeine Rhetorik. München 1974.

Dumarsais–Fontanier: Les Tropes. publiées avec une introduction de Gérad Genette. Slatkine Reprints. Genève à 1967.

Dyck, Joachim: Ornatus und Decorum im protestantischen Predigtstil des 17. Jahrhunderts. Zeitschrift für deutsches Altertum und deutsche Literatur 94. 1965. S. 225–236.

–: Philosoph, Historiker, Orator und Poet. Rhetorik als Verständnishorizont deutscher Literaturtheorie des 17. Jahrhunderts. In: Arcadia 4. 1969.

–: Ticht-Kunst. Deutsche Barockpoetik und rhetorische Tradition. Bd. Homburg v. d. H. [2]1969.

Ebneter, Theodor: Strukturalismus und Transformalismus. München 1973.

Eckermann, Johann Peter: Gespräche mit Goethe. Hrsg. *Höfer.* Leipzig 1913.

Eco, Umberto: Einführung in die Semiotik. München 1972.

Edinger, Wilhelmine: Ciceros Stellung zur Kunst (Dichtkunst, bildende Kunst, Musik) in seinen rhetorischen Schriften. Phil. Diss. (masch.) Innsbruck 1951.

Eggers, Hans: Deutsche Sprachgeschichte. 3 Bde. Reinbek (rde) [5]1963 ff.

Eisenhut, Werner: Einführung in die antike Rhetorik und ihre Geschichte. Darmstadt 1974.

Erdmann, Carl: Studien zur Briefliteratur Deutschlands im 11. Jahrhundert. 1938. Nachdr. 1952.

Erzgräber, Willi: Moderne englische und amerikanische Literaturkritik. Darmstadt 1970.

Fabricius, Johann Andreas: Philosophische Oratorie. Leipzig 1724.

Fischer, Ludwig: Gebundene Rede. Dichtung und Rhetorik in der literarischen Theorie des Barock in Deutschland. Tübingen 1968.

–: Rhetorik. In: Grundzüge der Literatur- und Sprachwissenschaft. Hrsg. von Heinz Ludwig *Arnold* und Volker *Sinemus.* Bd. 1: Literaturwissenschaft (dtv-Band 4226) München [2]1974.

Finsler, Georg: Platon und die aristotelische Poetik. Leipzig 1900.

Flemming, Willi: Deutsche Kultur im Zeitalter des Barocks (Handbuch der Kulturgeschichte, I. Abt.: Zeitalter dt. Kultur I). Konstanz [2]1960.

Flessau, Kurt-Ingo: Der moralische Roman. Studien zur gesellschaftskritischen Trivialliteratur der Goethezeit. Literatur und Leben, Neue Folge, Bd. 10. Köln u. Graz 1968.

Frank, Horst Jochim: Geschichte des Deutschunterrichts von den Anfängen bis 1945. München 1973.

Friedrich, Hugo: Artikel »Manierismus«. In: Fischer Lexikon. Literatur 2/2. S. 353–358. Hrsg.: *Friedrich,* W.-H. und *Killy,* W., Frankfurt/M. [6]1973.

–: Epochen der italienischen Lyrik. Frankfurt/M. 1964.

–: Über die Silvae des Statius (insbes. V, 4, Somnus) und die Frage des literarischen Manierismus. In: Wort und Text. Festschrift für F. Schalk. Frankfurt/M. 1963.

–: Abeé Prévost in Deutschland. Ein Beitrag zur Geschichte der Empfindsamkeit. Heidelberg 1929.

Fritz, Kurt v.: Philosophie und sprachlicher Ausdruck bei Demokrit, Plato und Aristoteles. Darmstadt 1963.

Gadamer, Hans-Georg: Wahrheit und Methode. Grundzüge einer philosophischen Hermeneutik. Tübingen ³1972.

–: Platon und die Dichter. Frankfurt/M. 1934.

Gallas, Helga: Strukturalismus als interpretatives Verfahren. Darmstadt und Neuwied 1972.

Garin, Eugenio: Geschichte und Dokumente der abendländischen Pädagogik. 3 Bde. Mehrfach aufgelegt. Reinbek (rde) 1964–67.

Geerdts, Hans Jürgen (Hrsg.): Deutsche Literaturgeschichte in einem Band. Berlin/DDR 1971.

Geibel, Hedwig: Der Einfluß Marinos auf Christian Hofmann von Hofmannswaldau. Gießener Beiträge zur deutschen Philologie. 63. Gießen 1938.

Geißner, Helmut: Rede in der Öffentlichkeit. Eine Einführung in die Rhetorik. Stuttgart/Berlin/Köln/Mainz 1969.

Gersdorf, Rudolf Abraham: Antrittsrede in die Leipziger Deutsche Gesellschaft. In: Der Deutschen Gesellschaft in Leipzig. Gesammelte Reden und Gedichte. Hrsg. Joh. Chr. *Gottsched.* Leipzig 1732.

Gigon, Olof: Gorgias »Über das Nichtsein«. In: Hermes, Zeitschr. f. klass. Philologie 71. Bd., 1936 (Nachdr.: Nendeln-Liechtenstein 1967).

Glaser, Horst Albert: Das bürgerliche Rührstück. Stuttgart 1969.

Goethe, Johann Wolfgang von: Werke (Sophienausgabe). Weimar 1889. Bd. 27 (Dichtung und Wahrheit II).

–: Werke (Berliner Ausgabe). Berlin u. Weimar 1972 ff. Bd. 9 (Leiden des jungen Werthers 1. u. 2. Fassung; Wilhelm Meisters theatralische Sendung); Bd. 10 (Wilhelm Meisters Lehrjahre).

Gomperz, Heinrich: Sophistik und Rhetorik. Das Bildungsideal des εὖλέγειν in seinem Verhältnis zur Philosophie des 5. Jahrhunderts. 1912 (Nachdr. Darmstadt 1966).

Goth, Joachim: Nietzsche und die Rhetorik. Untersuchungen zur deutschen Literaturgeschichte, Bd. 5. Tübingen 1970.

Gottsched, Johann Christoph: Ausführliche Redekunst, nach Anleitung der alten Griechen und Römer, wie auch der neuern Ausländer; in zweenen Theilen verfasset und mit den Zeugnissen der Alten und Exempeln der größten deutschen Redner erläutert. Leipzig 1736.

–: Vollständigere und Neuerläuterte Deutsche Sprachkunst, Nach den Mustern der besten Schriftsteller des vorigen und itzigen Jahrhunderts abgefasset, und bey dieser fünften Auflage merklich verbessert [...] Leipzig 1762.

–: Ausführliche Redekunst. (Leipzig 1736) Repro Hildesheim 1973.

–: Schriften zur Theorie und Praxis aufklärender Literatur. Hrsg. Uwe-K. *Ketelsen.* Reinbeck 1970.

Gracián, Baltasar: Agudeza y Arte de Ingenio. Ausgabe Buenos Aires 1945.

Grassi, Ernesto: Die Theorie des Schönen in der Antike. Köln 1962.

Gregorius: Epistolae. Hrsg. v. *Hartmann.* In: Monumenta Germaniae historica. Epistolae I und II. Berlin 1887/91.

Greiner, Martin: Die Entstehung der modernen Unterhaltungsliteratur. Hrsg. Therese *Poser.* Reinbeck 1964.

Grimaldi, William M. A.: Studies in the Philosophie of Aristotle's Rhetoric. In: Hermes, Zeitschr. f. d. klass. Philologie, Einzelschriften, Heft 25, Wiesbaden 1972.

Groothoff, Hans-Hermann: Untersuchungen über die philosophische Wesensbestimmung der Kunst bei Plato und Aristoteles und ihre Bedeutung für die neuzeitliche Poetik und Philosophie der Kunst. Phil. Diss. (masch.) Kiel 1951.

Gundolf, Friedrich: Shakespeare und der deutsche Geist. Godesberg [9]1947.

Habermas, Jürgen: Strukturwandel der Öffentlichkeit. Neuwied u. Berlin [5]1971.

Halfmann, Ulrich: Der amerikanische »New Criticism«. Frankfurt/M. 1971.

Hallbauer, Friedrich Andreas: Anleitung zur Politischen Beredsamkeit. Jena u. Leipzig 1736.

Halm, C. (Hrsg.): Rhetores latini minores. 1863.

Hankamer, Paul: Die Sprache, ihr Begriff und ihre Deutung im 16. und 17. Jahrhundert. Bonn 1927. Reprograf. Nachdruck Hildesheim 1965.

Harsdörffer, Georg Philipp: Frauenzimmer Gesprechspiele so bey Ehr= und Tugend=liebenden Gesellschaften / mit nutzlicher Ergetzlichkeit / beliebet und geübet werden mögen. Teil I–VIII [in 4 Bänden gebunden]. Aus Italiänischen / Frantzösischen und Spanischen Scribenten angewiesen [...] Nürnberg 1643 ff.

–: Poetischer Trichter. Die Teutsche Dicht= und Reimkunst ohne Behuf der Lateinischen Sprache in VI. Stunden einzugiessen. Ausgabe Nürnberg 1648–1653. Reprografischer Nachdruck, drei Teile in einem Band. Hildesheim, New York 1971.

Hartmann, Horst: Barock oder Manierismus? In: Weimarer Beiträge. Zeitschrift für dt. Literaturgeschichte VII. 1961. H. 1, S. 46–60.

Hauser, Arnold: Der Manierismus. Die Krise der Renaissance und der Ursprung der modernen Kunst. München 1964.

–: Sozialgeschichte der Kunst und Literatur. München [2]1967.

Haushalter, Bruno: Plato als Gegner der Dichter. In: Zu den öffentlichen Prüfungen sämmtlicher Classen des Fürstlichen Gymnasiums und der Realschule, Rudolstadt 1875.

Hecker, Andreas Jakob: Gedanken über die beste Art des Vortrags der Rhetorik und der Bildung populärer Volkredner auf Schulen. Berlin 1783.

Hegel, Georg Wilhelm Fridrich: Vorlesungen über die Ästhetik II. In: Hegel: Werke, Bd. 15. Frankfurt 1970.

–: Vorlesungen über die Geschichte der Philosophie I, Werke Bd. 18, Frankfurt a. M. 1971.

Hellwig, Antje: Untersuchungen zur Theorie der Rhetorik bei Platon und Aristoteles. Hypomnemata, Heft 38, Göttingen 1973.

Herder, Johann Gottfried: Sämmtliche Werke. Karlsruhe 1821 ff.

Hermand, Jost: Synthetisches Interpretieren. Zur Methodik der Literaturwissenschaft. München 1971.

Hermogenes: opera. Hrsg. v. H. *Rabe* (Rhetores Graeci. vol. VI). 1913 (Teubner).

Herrmann, Hans-Peter: Naturnachahmung und Einbildungskraft. Zur Entwicklung der deutschen Poetik von 1670 bis 1740. Ars poetica Bd. 8 Bad Homburg usw. 1970.

Hildebrandt-Günther, Renate: Antike Rhetorik und deutsche literarische Theorie im 17. Jahrhundert. Marburger Beiträge zur Germanistik Bd. 13, Marburg 1966.

Hirzel, Rudolf: Über das Rhetorische und seine Bedeutung bei Plato. Leipzig 1871.

Hocke, Gustav Rene: Manierismus in der Literatur. Reinbek (rde) [1]1959. [5]1969.

–: Die Welt als Labyrinth. Manier und Manie in der europäischen Kunst. Reinbek (rde) [1]1957.
Holland, Virginia L.: Counterpoint: Kenneth Burke and Aristoteles Theories of Rhetoric. New York o. J.
Hommel, Hildebrecht: »Rhetorik«. In: dtv-Lexikon der Antike, Philosophie, Literatur, Wissenschaft, Bd. 4 Plu-Z, München 1970, S. 127 ff.
Horaz [Quintus Horatius Flaccus]: Sämtliche Werke. Lat. u. dtsch., nach Kayser, Nordenflycht u. Burger, hrsg. v. Hans *Färber,* Tusculum-Bücherei 54, München 1957.
Ihwe, Jens: Literaturwissenschaft und Linguistik. Ergebnisse und Perspektiven. 3 Bde. Frankfurt ab 1971.
Isidor von Sevilla: Etymologien oder Ursprünge. Lat. Text n. d. Ausg. v. W. M. *Lindsay.* Oxford 1911 (Nachdr. 1962).
Jahn, Friedrich Ludwig: Deutsches Volkstum. In: *ders.* Werke Bd. 1. Hrsg. C. *Euler.* Hof 1884.
Jellinek, Max Hermann: Geschichte der neuhochdeutschen Grammatik von den Anfängen bis auf Adelung. 2 Bde. Heidelberg 1913/14.
Jens, Walter: Rhetorik. In: Reallexikon der deutschen Literaturgeschichte. Hrsg. v. P. *Merker* u. W. *Stammler.* Bd. 3. [2]1972. S. 432–456.
–: Von deutscher Rede. München 1972 (dtv 806).
Joachimsen, Paul: Loci communes. Eine Untersuchung zur Geistesgeschichte des Humanismus und der Reformation. In: Luther-Jahrbuch VIII. 1926. S. 27–97. Hrsg. von J. *Jordan.* Amsterdam, Berlin 1926.
Jochmann, K. G.: Über die Sprache. Hrsg. C. J. *Wagenknecht.* 1828. Unveränd. Repro. Nachdr. Göttingen 1968.
Kayser, Wolfgang: Die Klangmalerei bei Harsdörffer. Palaestra 179. Göttingen [2]1962.
Kant, Immanuel: Kritik der Urteilskraft. Leipzig [5]1922.
Kimpel, Dieter: Der Roman der Aufklärung. Stuttgart 1967.
Kindermann, Balthasar M.: Der Deutsche Poet / Darinnen gantz deutlich und ausführlich gelehret wird / welcher gestalt ein zierliches Gedicht / auf allerley Begebenheit / auf Hochzeiten / Kindtauffen [...] u.s.f. [...] kan wol erfunden und ausgeputzet werden [...] Wittenberg 1664.
Klaj, Johann: Lobrede der Teutschen Poeterey. Nürnberg 1645.
Klaniczay, Tibor: La crise de la Renaissance et le maniérisme. In: Acta Litteraria Academiae Scientiatum Hungaricae 13 (1–4). 1971. S. 269–311.
Klein, Richard (Hrsg.): Das Staatsdenken der Römer. Wege der Forschung Bd. XLVI, Darmstadt 1966.
Klopstock, Friedrich Gottlieb: Werke in einem Band. München 1954.
–: Ausgewählte Werke. Hrsg. K. A. *Schleiden.* München 1962.
Knautz, Güther: Studien zur Ästhetik und Psychologie der Schauspielkunst. Diss. Kiel 1934.
Knox, George: Kenneth Burke's Categories and Critiques. Seattle 1957.
Königs, Franz: Über Platos Kunstanschauung. Progr. Saargemünd 1879, S. 9–28, 1881, S. 3–20.
Kofler, Leo: Zur Geschichte der bürgerlichen Gesellschaft. Neuwied u. Berlin [4]1971.
–: Perspektiven des revolutionären Humanismus. Hamburg 1968.
Kopperschmidt, Josef: Rhetorik – Einführung in die Theorie der persuasiven Kommunikation. Stuttgart/Berlin/Köln/Mainz 1973.
Krause, Gottlieb: Der Fruchtbringenden Gesellschaft ältester Ertzschrein. Briefe, Devisen und anderweitige Schriftstücke. Urkundlicher Beitrag zur Ge-

schichte der deutschen Sprachgesellschaften im 17. Jahrhundert. Leipzig 1855. Nachdruck Hildesheim, New York 1973.

Kreuzer, Helmut und *Gunzenhäuser,* Rul (Hrg.): Mathematik und Dichtung. München 1965.

Kroll, Wilhelm: Studien über Ciceros Schrift De oratore. In: Rhein. Museum f. Philologie, Frankfurt/M. 1903.

–: Cicero und die Rhetorik. In: Neue Jahrbücher für das klassische Altertum, Geschichte und Deutsche Literatur und für Pädagogik, VI. Jahrgang 1903, 10. Heft, Leipzig 1903.

–: »Rhetorik«. In: Pauly-Wissowa, Real-Encyclopädie der classischen Altertumswissenschaft, Suppl. 7, Stuttgart 1940, S. 1039 ff.

Krüger, Gerhard: Einsicht und Leidenschaft. Das Wesen des platonischen Denkens. Frankfurt/M. 1939.

Kube, Jörg: τέχνη und ἀρετή. Berlin 1969.

Kytzler, Bernhard (Hrsg.): Ciceros literarische Leistung. Wege der Forschung Bd. CCYL, Darmstadt 1973.

Lange, Konrad: Die ästhetische Illusion im 18. Jahrhundert. In: Zeitschrift für Ästhetik und allgemeine Kunstwissenschaft. Stuttgart 1906.

Lange, Klaus-Peter: Theoretiker des literarischen Manierismus. Tesauros und Pellegrinis Lehre von der »acutezza« oder von der Macht der Sprache. Humanistische Bibliothek. Reihe I. Bd. 4. München 1968.

Langen, August: Deutsche Sprachgeschichte, vom Barock bis zur Gegenwart. In: Deutsche Philologie im Aufriß. Hrsg. von Wolfgang *Stammler.* Bd. 1. ²1966. Sp. 931–1396.

Latouche, R.: Historiarum libri IV. Paris 1937.

Lausberg, Heinrich: Artikel »Rhetorik«. In: Fischer Lexikon, Literatur 2/2, S. 474–482. Hrsg. von *Friedrich,* W.-H. und *Killy,* W. Frankfurt/M. ⁶1973.

–: Elemente der literarischen Rhetorik. München ²1963.

–: Handbuch der literarischen Rhetorik. Eine Grundlegung der Literaturwissenschaft. 2 Bde. München 1960.

Leibfried, Erwin: Kritische Wissenschaft vom Text. Stuttgart ²1972.

Leibniz, Gottfried Wilhelm: Unvorgreifliche Gedanken betreffend die Ausübung und Verbesserung der deutschen Sprache.

Lepenies, Wolf: Melancholie und Gesellschaft. Frankfurt 1972.

Lepschy, Giulio C.: Die strukturale Sprachwissenschaft. München 1969 (Turin 1966).

Lessing, Gotthold Ephraim: Werke in sieben Bänden. Hrsg. Georg *Witkowski.* Leipzig u. Wien o. J.

Levi-Strauss, Claude: Strukturale Anthropologie. Frankfurt am Main 1967 (Paris 1958).

Löwenthal, Leo: Erzählkunst und Gesellschaft. Neuwied u. Berlin 1971.

Loos, E.: Baldassare Castigliones »Libro del Cortegiano«. Studien zur Tugendauffassung des Cinquecento (Analecta Romanica. 2). Frankfurt/M. 1955.

Lorenz, Kuno: Elemente der Sprachkritik. Frankfurt/M. 1971.

Luther, Martin: Dr. Martin Luthers Pädagogische Schriften und Äußerungen. Hrsg. und gesammelt von H. *Keferstein.* Langensalza 1888.

–: D. Martin Luthers Werke. Kritische Gesamtausgabe. Tischreden. 6 Bde. Weimar 1912–1921.

Martin, Josef: Antike Rhetorik Technik und Methode. Handbuch der Altertumswissenschaft, 2. Abteilung, 3. Teil, München 1974.

Martin, Howard H./*Colburn,* C. Williams: Communication and Consensus: An Introduction to Rhetorical Discourse. New York/Chicago 1972.

Martinet, André: Grundzüge der allgemeinen Sprachwissenschaft. Stuttgart [4]1970 (Paris 1960).

Marx, Friedrich: Die Zeit der Schrift vom Erhabenen. Wiener Studien 20, 1898.

Marx, Karl: Der achtzehnte Brumaire des Louis Bonaparte. In: Marx-Engels-Werke Bd. 8, Berlin/DDR 1972, S. 111–207.

Mayer, Hans: Rhetorik und Propaganda. In: Mayer, Hans: Zur deutschen Literatur der Zeit. Reinbek 1967.

Medved, Maria: Das Verhältnis von Ciceros »Libri Rhetorici« zum »Auctor ad Herennium«. Phil. Diss. Wien 1940.

Mehring, Franz: Gesammelte Werke. Bd. 9 u. 10. Berlin/DDR 1961.

Mehringer, Rudolf: Aus dem Leben der Sprache. Berlin 1908.

Melanchthon, Philipp: Philippi Melanthonis Opera. Darin: Elementorum Rhetorices Libri Duo. Edidit C. G. Bretschneider. In: Corpus Reformatorum XIII. 1846. Sp. 417–506.

Merkel, Gottfried: Artikel: »Predigt/Rede«. In: Fischer Lexikon. Literatur 2/2. S. 442–457. Frankfurt/M. [6]1973.

Mertz, Georg: Über Stellung und Betrieb der Rhetorik in den Schulen der Jesuiten, mit besonderer Berücksichtigung der Abhängigkeit vom Auctor ad Herennium. Heidelberg 1898.

Messer, August: Quintilian als Didaktiker. In: Jahrb. f. Philol. 156 (1897).

Meyer, Herman: Schillers philosophische Rhetorik. In: *ders.:* Zarte Empirie. Stuttgart 1963.

Meyfart, Johann, Matthäus: Teutsche Rhetorica / Oder Redekunst / Darinnen von aller Zugehör / Natur und Eygenschafft der Wohlredenheit gehandelt / Auch Wie dieselbe in vnsere teutsche Muttersprach füglichen zubringen: Vnd Bey allerhand Geist=Weltlich vnd Militarischen Verrichtungen / so wol in gebunden als vngebundener Rede zierlichen zugebrauchen sey / nach anleitung der berühmtesten Redener / in zweyen Büchern gezeiget wird [...]. Coburg 1634.

Mohr, Rudolf: Protestantische Theologie und Frömmigkeit im Angesicht des Todes während des Barockzeitalters hauptsächlich auf Grund hessischer Leichenpredigten (Diss.). Marburg 1964.

Morhof, Daniel Georg: Unterricht in der Teutschen Sprache und Poesie / Deren Ursprung / Fortgang und Lehrsätzen / Sampt dessen Teutschen Gedichten / Jetzo von neuem vermehret und verbessert / und nach des Seel. Auctoris eigenem Exemplare übersehen / zum anderen mahle / Von den Erben / heraus gegeben. Lübeck, Franckfurt 1700.

Müller, Adam: Zwölf Reden über die Beredsamkeit und deren Verfall in Deutschland (Wien 1812). In: *ders.:* Kritische, ästhetische und philosophische Schriften. Bd. 1. Hrsg. W. *Schroeder* u. W. *Siebert.* Neuwied u. Berlin 1967.

Mühlemann, Martin Christoph: Fischarts »Geschichtklitterung« als manieristisches Kunstwerk. Verwirrtes Muster einer verwirrten Welt (Diss.). Bern, Frankfurt/M. 1972.

Müller, Günther: Deutsche Dichtung von der Renaissance bis zum Ausgang des Barock. Unveränderter fotomech. Nachdruck der 1. Aufl. von 1927. Darmstadt 1957.

–: Höfische Kultur der Barockzeit. In: Hans *Naumann* und Günther *Müller:*

Höfische Kultur. Deutsche Vierteljahrsschrift für Literaturwissenschaft und Geistesgeschichte 17. Halle/Saale 1929.

Müller, Johannes: Quellenschriften und Geschichte des deutschsprachigen Unterrichtes bis zur Mitte des 16. Jahrhunderts. Gotha 1882. Nachdruck Hildesheim, New York 1969.

Mukarovsky, Jan: Kapitel aus der Poetik. Frankfurt/M. 1967.

Mutschmann, Hermann: Tendenz, Aufbau und Quellen der Schrift vom Erhabenen. Berlin 1913.

Nerius, Dieter: Untersuchungen zur Herausbildung einer nationalen Norm der deutschen Literatursprache im 18. Jahrhundert. Halle/Saale 1967.

Nestle, Wilhelm: Die Schrift des Gorgias »Über die Natur oder über das Nichtseiende«. In: Hermes, Zeitschr. f. class. Philol. 57. Bd., 1922 (Nachdr.: Nendeln-Liechtenstein 1967).

–: Vom Mythos zum Logos. Die Selbstentfaltung des griechischen Denkens von Homer bis auf die Sophistik und Sokrates. Stuttgart 1940.

–: Die Vorsokratiker. Deutsch in Auswahl mit Einleitungen, Düsseldorf-Köln 1956, 4. Aufl. (1. Aufl.: Jena 1922).

Neukirch, Benjamin: Benjamin Neukirchs Anthologie. Herrn von Hoffmannswaldau und andrer Deutschen auserlesener und bißher ungedruckter Gedichte anderer Theil. Leipzig 1697. Nachdruck Tübingen 1965.

Neumeister, Erdmann: Die allerneueste Art zur Reinen und Galanten Poesie zu gelangen. Hamburg 1742.

Nickisch, Reinhard M.: Die Stilprinzipien in den deutschen Briefstellern des 17. und 18. Jahrhunderts. Göttingen 1969.

Niebergall, Alfred: Die Geschichte der christlichen Predigt. In: Leiturgia. Handbuch des evangelischen Gottesdienstes. Hrsg. von K. F. *Müller* und W. *Blanckenburg.* 2. Bd., S. 181–353. Kassel 1955.

Nietzsche, Friedrich: Werke. Hrsg. K. *Schlechta.* Darmstadt ^{2}1960.

Nivelle, Armand: Kunst- und Dichtungstheorien zwischen Aufklärung und Klassik. Berlin 1960.

Norden, Eduard: Die antike Kunstprosa. 2. Bde., 6. unveränderte Aufl., Darmstadt 1971.

Oellers, Norbert (Hrsg.): Schiller – Zeitgenosse aller Epochen. Frankfurt 1970.

Ogden, C. K./*Richards,* I. A.: The Meaning of Meaning. o. O. ^{10}1972.

Opitz, Martin: Martini Opitii Buch von der Deutschen Poeterey. In welchem alle ihre eigenschafft vnd zuegehör gründtlich erzehlet / vnd mit exempeln außgeführet wird. Breslau 1624. Neudrucke deutscher Literaturwerke Neue Folge 8. Tübingen 1963.

Otto, Walter F.: Das Wort in der Antike. Stuttgart 1962.

Perelman, Ch./*Olbrechts-Tyteca,* L.: The New Rhetoric – A Treatise on Argumentation. London/Indiana ^{2}1971.

Petriconi, Hellmuth und *Pabst,* Walter: Einwirkungen der italienischen auf die deutsche Literatur. In: Deutsche Philologie im Aufriß. Hrsg. von Wolfgang *Stammler.* Bd. 3. ^{2}1962. Sp. 107–146.

Petronius [Arbiter, Titus]: Satiricon. Lat. u. dtsch. v. Carl *Hoffmann,* Tübingen 1948.

Platon: Sämtliche Werke. 6 Bde., übers. v. Friedrich *Schleiermacher* mit der Stephanus-Numerierung, hrsg. v. W. F. *Otto,* E. *Grassi* u. G. *Plamböck,* Hamburg 1957–59.

Plett, Heinrich Friedrich: Rhetorik der Affekte. Englische Wirkungsästhetik im Zeitalter der Renaissance. Frankfurt/M. 1973.

Pöhlmann, Oskar: Das stilistische Verhältnis Quintilians zu Cicero. Phil. Diss. Nürnberg 1922.

Promies, Wolfgang: Die Bürger und der Narr oder das Risiko der Phantasie. München 1966.

Pseudo-Longinos: Vom Erhabenen. Griech. u. dtsch. Übers. u. hrsg. v. Reinhard *Brandt,* Darmstadt 1966.

Quadlbauer, Franz: Die antike Theorie der Genera Dicendi im lateinischen Mittelalter. In: Österreichische Akademie d. Wissenschaften, Philosoph.-hist. Klasse, Sitzungsberichte, 241. Bd., 2. Abhdlg., Wien 1962.

Quintilianus, Marcus Fabius: Ausbildung des Redners. Hrsg. u. übers. v. Helmut *Rahn,* 2. Bd. [Texte zur Forschung Bd. 2 u. 3] Darmstadt 1972 u. 1975.

–: Zwölf Bücher. Anleitung zur Beredsamkeit. Übers. v. *Boßler* u. *Baur,* Stuttgart 1863–64.

–: M. Fabi Quintiliani Institutiones oratoriae libri XII. Ed. Ludwig *Radermacher.* Add. Vinzenz Buchheit. Leipzig 1959.

Ramus, Petrus Ramus. Scholae in liberales artes. With an introduction by Walter J. Ong. Reprogr. Nachdruck d. Ausg. Basel 1569. Hildesheim, New York 1970.

Reble, Albert: Geschichte der Pädagogik. Stuttgart [7]1964.

Reden des Kaisers. Hrsg. E. *Johann.* München 1966.

Reichenbach, Hans: Der Aufstieg der wissenschaftlichen Philosophie. Braunschweig [2]1968.

Riederer, Friedrich: Spiegel der waren Rhetoric. uß M. Tulio. C. und andern getütscht: mit Irn glidern cluger reden sandbriefen / und formen menicher contract / setzam. Regulierts Tütschs und nutzbar exempliert / mit fügen uff göttlich und keiserlich schrifft und rechte gegründt. nuwlich (und vormaln in gemein nye gesehen) yetz loblich uß gangen. Freiburg/Br. 1493.

Riffaterre, Michael: Strukturale Stilistik. München 1973.

Rist, Johann (alias Baptistae Armati VATIS THALOSI): Rettung der Edlen Teutschen Hauptsprache / Wider alle deroselben muthwillige Verderber und alamodesirende Auffschneider / In unterschiedenen Briefen / allen dieser prächtigen und vollen kommensten Sprache auffrichtigen teutschen Liebhaberen für die Augen gestellet. Hamburg 1642.

Rotermund, Erwin: Affekt und Artistik. Studien zur Leidenschaftsdarstellung und zum Argumentationsverfahren bei Hoffmann von Hofmannswaldau. Beihefte zu Poetica. H. 7. München 1972.

Roth, Dorothea: Die mittelalterliche Predigttheorie und das Manuale Curatorum des Johann Ulrich Surgant. Basel/Stuttgart 1956.

Rueckert, William H. (Hrsg.): Critical Responses to Kenneth Burke 1924–1966. Minneapolis 1969.

de Saussure, Ferdinand: Grundfragen der allgemeinen Sprachwissenschaft. Berlin [2]1967.

Scaliger, Julius Caesar: Poetices libri septem [...] (Lyon) 1561.

Schadewaldt, Wolfgang: Antike und Gegenwart. Über die Tragödie. München 1966.

Scherpe, Klaus: Werther und Wertherwirkung. Zum Syndrom bürgerlicher Gesellschaftsordnung im 18. Jahrhundert. Bad Homburg usw. 1970.

Schiller, Friedrich: Sämtliche Werke in fünf Bänden. Hrsg. G. *Fricke* u. H. G. *Göpfert* in Verb. mit H. *Stubenrauch.* München [4]1965.

Schlüter, Hermann: Grundkurs der Rhetorik. München 1974.

Schmalzriedt, Egidius: Platon. Der Schriftsteller und die Wahrheit. München 1969.

Schmidt, Arno: Nachrichten von Büchern und Menschen. Zur Literatur des 18. Jahrhunderts. Frankfurt u. Hamburg 1971.

Schneidewin, Wilhelm: Das sittliche Bewußtsein. Eine Gorgiasanalyse. Paderborn 1937.

Schönberger, Karl Hermann Otto: Die Klagen über den Verfall der römischen Beredsamkeit im ersten Jahrhundert nach Christus. (Ein Beitrag zum problem der Dekadenz.) Phil.Diss. Würzburg 1951.

Schöne, Albrecht: Emblematik und Drama im Zeitalter des Barock. München 1964.

Schöne, Albrecht (Hrsg.): Das Zeitalter des Barock. Texte und Zeugnisse. Reihe: Die deutsche Literatur. Bd. II. München 1963.

Scholte, J. H.: Schwulst. In: Reallexikon der deutschen Literaturgeschichte. Hrsg. von Paul *Merker* und Wolfgang *Stammler.* 3. Bd. 1928/29. S. 234–236.

Schottel, Justus Georg: Ausführliche Arbeit von der Teutschen Haubt-Sprache / Worin enthalten Gemelter dieser Haubt Sprache Uhrankunft / Uhralterthum / Reinlichkeit / Eigenschaft / Vermögen / Unvergleichlichkeit / Grundrichtigkeit / zumahl die SprachKunst und VersKunst Teutsch und guten theils Lateinisch völlig mit eingebracht / wie nicht weniger die Verdoppelung / Ableitung / die Einteilung / Nahmwörter / weniger Authores vom Teutschen Wesen und Teutscher Sprache / von der verteutschung / Item die Stammwörter der Teutschen Sprache samt der Erklärung und derogleichen viel merkwürdige Sachen. Abgetheilet in 5 Bücher. Braunschweig 1663. Neudruck in 2 Bden.Tübingen 1967.

–: Teutsche Sprachkunst / vielfältig vermehret und verbessert / darin von allen Eigenschaften der so wortreichen und prächtigen Teutschen Hauptsprache ausführlich und gründlich gehandelt wird. Braunschweig ²1651.

Schramm, Godehard: New Criticism. In: Arnold/Sinemus (Hrsg.): Grundzüge der Literatur- und Sprachwissenschaft. Bd. 1. München 1973.

Schramm, Wilbur (Hrsg.): Grundfragen der Kommunikationsforschung. München ⁴1971.

Schubarth, Christian Friedrich Daniel: Kurzgefaßtes Lehrbuch der Schönen Wissenschaften. Münster ²1781.

Schulte, Hans Kurt: Orator. Untersuchungen über das ciceronianische Bildungsideal. Frankfurt/M. 1935.

Schwarz, Günther (Hrsg.): Wort und Wirklichkeit. Beiträge zur allgemeinen Semantik. Darmstadt o. J.

Sommerfeld, Martin: Romantheorie und Romantypus der deutschen Aufklärung. Darmstadt 1965. Unveränd. Repro aus: Deutsche Vierteljahrsschrift und Geistesgeschichte. Jg. 4, 1926, S. 459–490.

Sonnino, L. A.: A handbook to 16th century rhetoric. London 1968.

Spahr, Blake Lee: Baroque and Mannerism: Epoch and Style. In: Colloquia Germanica 1. 1967. S. 78–100.

Spengel, Leonhardus: Über die Rhetorik des Aristoteles. In Abhandlungen der philosophisch-philologischen Classe der königlich bayrischen Akademie der Wissenschaften, phil.-hist. Kl. Bd. 6, 2, München 1852.

Spiegel, Marianne: Der Roman und sein Publikum im frühen 18. Jahrhundert 1700–1767. Bonn 1967.

Spiller, Robert E. u. a. (Hrsg.): Literaturgeschichte der Vereinigten Staaten. Mainz 1959.

Stahr, K.: Die antike Tragödie, insbesondere die Tragödie des Euripides, und ihr Verhältnis zur antiken Komödie. In: Zu dem öffentl. Redeacte und d. Abiturienten-Entlassung, Gymnasium zu Stettin, Bericht ü. d. Schulj. v. Michaelis 1846/47, Stettin 1847.

Stallmann, Robert W. (Hrsg.): Critiques and Essay in Criticism. New York 1949.

Stempel, Wolf-Dieter (Hrsg.): Texte der russischen Formalisten II. Texte zur Theorie des Verses und der poetischen Sprache. München 1972.

Stemplinger, Eduard: Mimesis im philosophischen und rhetorischen Sinne. In: Neue Jahrbücher f. d. klass. Altertum, Geschichte und deutsche Literatur und für Pädagogik, 16. Jahrg. 1913, 31. Bd., 1 Heft, Berlin 1913.

Stenzel, Julius: Platon der Erzieher. Die großen Erzieher, Bd. XII, Leipzig 1928.

Stieler, Kaspar: Teutsche Sekretariat-Kunst / Was sie sey / worvon sie handele / was darzu gehöre [...]. Nürnberg 1673.

Stötzer, Ursula: Deutsche Redekunst im 17. und 18. Jahrhundert. Halle/Saale 1962.

Stoll, Christoph: Sprachgesellschaften im Deutschland des 17. Jahrhunderts. München (List) 1973.

Stolt, Birgit: Docere, delectare und movere bei Luther. Analysiert anhand der »Predigt, daß man Kinder zur Schule halten solle«. In: Deutsche Vierteljahresschrift für Literaturwissenschaft und Geistesgeschichte 44. 1970. H. 3, S. 433–474.

–: Studien zu Luthers Freiheitstraktat. Mit besonderer Rücksicht auf das Verhältnis der lateinischen und der deutschen Fassung zueinander und die Stilmittel der Rhetorik. Stockholm 1969.

Strelka, Josef/*Hinderer,* Walter (Hrsg.): Moderne amerikanische Literaturtheorien. Frankfurt/M. 1970.

Striedter, Jurij (Hrsg.): Texte der russischen Formalisten I. Texte zur allgemeinen Literaturtheorie und zur Theorie der Prosa. München 1969.

Süss, Wilhelm: Ethos. Studien zur älteren griechischen Rhetorik. Leipzig-Berlin 1910.

Sulzer, Johann Georg: Allgemeine Theorie der Schönen Künste. Leipzig 1771.

Syphert, Wylie: Four stages of Renaissance style. Transformations in art and Literature. 1400–1700. Garden City New York 1955.

Szondi, Peter: Poetik und Geschichtsphilosophie I. Frankfurt/M. 1974.

Tesauro, Emanuele: Il Cannocchiale Aristotelico [lat.] Emaneulis Thesauri idea argutae et ingeniosae dictionis, ex principiis Aristotelicis sic eruta ut in universum arti oratoriae [...]. Übersetzt von Caspar *Cörber.* Frankfurt und Leipzig 1698.

Trunz, Erich: Der deutsche Späthumanismus um 1600 als Standeskultur. In: Zeitschrift für Geschichte der Erziehung und des Unterrichts 21. 1931. H. 1–4. S. 17–53.

Tacitus, Publius Cornelius: Die historischen Versuche. Agricola-Germania-Dialogus. Übers. u. hrsg. v. Karl *Büchner,* Stuttgart 1955.

Tarkiainen, Tuttu: Die athenische Demokratie. München 1972.

Thiel, Elisabeth: Der ethische Gehalt des Gorgias. Phil. Diss. Breslau 1911.

Todorov, Tzvetan: Littérature et signification. Paris 1967 (Larousse).

Tomberg, Friedrich: Polis und Nationalstaat. Eine vergleichende Überbauanalyse im Anschluß an Aristoteles. Darmstadt – Neuwied 1973.

Touaillon, Christine: Der deutsche Frauenroman des 18. Jahrhunderts. Wien u. Leipzig 1919.

Toulmin, Stephen: The Uses of Argument. Cambridge 1969.

Ueding, Gert: Schillers Rhetorik. Idealistische Wirkungsästhetik und rhetorische Tradition. Tübingen 1971.

–: Glanzvolles Elend – Versuch über Kitsch und Kolportage. Frankfurt 1973.

–: Traumliteratur. Über literarische Erfahrung und deren Wirkung. In: Ernst Blochs Wirkung. Ein Arbeitsbuch zum 90. Geburtstag. Frankfurt/M. 1975.

Varga, Kibédi A.: La rhétorique et la critique structuraliste. Amsterdam 1968.

Verdinius, Wilhelm Jacob: Platons doctrine of artistic imitation and its meaning to us. Leiden 1972, 3. Aufl.

Viëtor, Karl: Die Idee des Erhabenen in der deutschen Literatur. In: *ders.:* Geist und Form. Aufsätze zur deutschen Literaturgeschichte. Bern 1952.

Volkmann, Richard: Die Rhetorik der Griechen und Römer in systematischer Übersicht. Leipzig 1885, 2. Aufl. (Nachdr.: Hildesheim 1963).

Vormbaum, Reinhold: Evangelische Schulordnungen. 2 Bde. Gütersloh 1860–64.

Wahl, François (Hrsg.): Einführung in den Strukturalismus. Frankfurt 1973.

Walch, Johann Georg: Philosophisches Lexicon. Leipzig 1726.

Wallach, Luitpold: Charlemagne's de litteris colendis and Alcuin. A Diplomatic and Historical Study. Speculum XXVI, 1951.

Warren, Austin/*Wellek,* Rene: Theorie der Literatur. Bad Homburg v. d. H. 1959.

Weaver, Richard M.: The Ethics of Rhetoric. Chicago 1953.

Wehrli, Fritz: Der erhabene und der schlichte Stil in der poetisch-rhetorischen Theorie der Antike. In: Pyllobolia für Peter von der Mühll, Basel 1946.

–: Die antike Kunsttheorie und das Schöpferische. Museum Helveticum 14. Jahrg. 1957 (Nachdruck: Amsterdam 1968).

Weimann, Robert: New Criticism und die Entwicklung bürgerlicher Literaturwissenschaft. Geschichte und Kritik neuer Interpretationsmethoden. Halle/Saale 1969.

Weinrich, Harald: Semantik der kühnen Metapher. In: Deutsche Vierteljahresschrift für Literaturwissenschaft und Geistesgeschichte 37. 1963. S. 325–344.

Weise, Christian: Curiöse Gedanken von Deutschen Brieffen. Wie ein junger Mensch / sonderlich ein zukünfftiger POLIDCUS, Die galante Welt wol vergnügen soll. In kurtzen und zulänglichen Regeln. So dann in anständigen und practicablen Exempeln ausführlich vorgestelet. Dresden 1691.

–: Curiöse Gedancken von Deutschen Versen / Welcher gestalt Ein Studierender In dem galantesten Theile der Beredsamkeit was anständiges und practicables finden soll / damit er Gute Verse vor sich erkennen / selbige leicht und geschickt nachmachen / endlich eine kluge Masse darinn halten kan [...]. Leipzig ²1702.

–: Gelehrter Redner / Das ist: Ausführliche und getreue Nachricht / Wie sich ein junger Mensch Jn seinen Reden Klug und complaisant aufführen soll / Wenn er zur Beförderung seines Glückes die Opinion eines Gelehrten von-

nöthen hat / Und wie er theils in der ALLUSION, Theils in der EXPRESSION Gelehrt und Klug procediren kann [...]. Leipzig 1693 ([1]1692).
–: Politische Nachricht von Sorgfältigen Briefen / Wie man sich in odieusen undfavorablen Dingen einer klugen Behutsamkeit gebrauchen / und Bey Oratorischen oder Epistolischen Regeln die politischen Exceptiones geschickt anbringen soll [...]. Dreßden und Leipzig 1701 ([1]1693).
–: Politischer Redner / Das ist: Kurtze und eigentliche Nachricht / wie ein sorgfältiger Hofmeister seine Untergebene zu der Wolredenheit anführen soll / damit selbige lernen 1. Auff was vor ein Fundament eine Schul=Rede gesetzt ist; 2. Worinnen die Complimenten bestehen? 3. Was Bürgerliche Reden sind; 4. Was bey hohen Personen sonderlich zu Hofe vor Gelegenheit zu reden vorfällt: Alles mit gnugsamen Regeln / anständigen Exempeln / un endl. mit einem nützlichen Register ausgefertiget / Leipzig 1677. (Chr. Weisens Neu-Erleuterter Politischer Redner. Leipzig 1696. Nachdruck Kronsberg Ts. 1974).

Weithase, Irmgard: Zur Geschichte der gesprochenen deutschen Sprache. 2 Bde. Tübingen 1961.

Wendland, Ulrich: Die Theoretiker und Theorien der sogen. galanten Stilepoche und die deutsche Sprache. Form und Geist 17. Leipzig 1930.

Weniger, Heinz: Die drei Stilcharaktere der Antike in ihrer geistesgeschichtlichen Bedeutung. Göttingen 1932.

Werder, Paris von dem: Friedens / Rede / Jn Gegenwart vieler Fürsten / Fürstinnen / vnd Fräwlein / auch grosser Anzahl / Hochadelicher gelehrter vnd anderer – [...] Personen [...] Sehr behertzt vnnd nachtrucklich [...] abgelegt [...] Hamburg 1640. Nachdruck Hamburg 1918.

Werner, Julius: Zur Frage nach dem Verfasser der Herenniusrhetorik. In: Jahresbericht des k.k. Staats-Gymnasiums in Bielitz f. d. Schuljahr 1905/1906, Bielitz 1906.

Wiedemann, Conrad: Johann Klaj und seine Redeoratorien. Erlanger Beiträge zur Sprach- und Kunstwissenschaft 26. Nürnberg 1966.

Wieland, Christoph Martin: Theorie und Geschichte der Red-kunst und Dicht-kunst. O. O. 1757.

Wikromanayake, George Herbert: Das Verhältnis von Philosophie und Rhetorik bei Platon und Aristoteles. Phil. Diss. (masch.) Göttingen 1965.

Wilamowitz-Möllendorf, Ulrich v.: Asianismus und Attizismus. In: Hermes, Zeitschr. f. class. Philologie, 35. Bd., 1900 (Nachdruck: Vaduz 1964).

Windelband, Wilhelm: Lehrbuch der Geschichte der Philosophie. Hrsg. v. Heinz *Heimsoeth,* Tübingen 1957, 15. durchgesehene u. ergänzte Aufl. (1. Aufl.: 1891).
–: Geschichte der alten Philosophie. München 1894, 2. Aufl.

Windfuhr, Manfred: Die barocke Bildlichkeit und ihre Kritiker. Stilhaltungen in der deutschen Literatur des 17. und 18. Jahrhunderts. Germanistische Abhandlungen 15. Stuttgart 1966.

Wolf, Hermann: Versuch einer Geschichte des Geniebegriffs in der deutschen Ästhetik des 18. Jahrhunderts, Bd. 1. Heidelberg 1923.

Wülfing-v. Martitz, Peter: Grundlagen und Anfänge der Rhetorik in der Antike. In: Euphorion, Zeitschr. f. Literaturgeschichte Bd. 63, Heidelberg 1969.

Würtenberger, Franzsepp: Der Manierismus. Der europäische Stil des 16. Jahrhunderts. Wien, München 1962.

Wychgram, Marianne: Quintilian in der deutschen und französischen Literatur des Barock und der Aufklärung. In: Friedrich Manns Pädagogisches Magazin. H. 803. Langensalza 1921.

Young, Richard E./*Becker,* Alton L./*Pike,* Kenneth L.: Rhetoric: Discovery and Change. New York/Chicago/S. Francisco/Atlanta 1970.

Zielinski, Thaddäus: Cicero im Wandel der Jahrhunderte. Leipzig 1912 (Nachdr.: Darmstadt 1967).

Sach- und Personenregister
(eingerichtet v. Bernd Steinbrink)

Hinweis zur Benutzung

Die Seitenzahlen für Begriffe und Personen, die dem fortlaufenden Text entnommen sind, erscheinen im Normaldruck, die auf den Anmerkungsteil sich beziehenden sind *kursiv* gedruckt; erscheint im Sachregister eine Seitenzahl in Klammern, so weist dies darauf hin, daß dort das Wort (bzw. eine Ableitung) nicht explizit angeführt ist, der Sachzusammenhang jedoch darauf hindeutet. Das Personenregister beschränkt sich beim II. Teil des Buches (Einführung in Technik und Methode der Rhetorik) darauf, nur die Namen des fortlaufenden Textes aufzuführen, die in diesem Teil in Klammern nachgestellten Literaturangaben wurden dabei nicht berücksichtigt (größtenteils Beispiele für rhetorische Formen).

In das Begriffsregister wurden sowohl die lateinischen (bzw. griechischen) rhetorischen Termini aufgenommen als auch größtenteils die Übersetzungen und deutschen Begriffe; um den Zusammenhang nicht zu zerreißen, wurden Querverweise eingeführt und die Seitenzahlen jeweils nur unter dem Wort angeführt, das im Sinne der rhetorischen Terminologie als geeignet erschien.

Sachregister

Personenregister